Grischa Thomas W. Eichfuss

edition
WEISENWERCK

Grischa Thomas W. Eichfuss

Kosmologie der Würde

Friedliche Lösungen zur Rettung der Welt

EDITION WEISENWERCK

Bibliographische Information der Deutschen Nationalbibliothek

Die Deutsche Bibliothek verzeichnet diese Publikation
in der Deutschen Nationalbibliographie;
detaillierte bibliographische Daten
sind im Internet über http://dnb.d-nb.de abrufbar.

ISBN 978-3-96498-004-5

Grischa Thomas W. Eichfuss: Kosmologie der Würde.
Friedliche Lösungen zur Rettung der Welt
Lektorat: Gerhard Lentzen, BGP
Umschlagbilder: © Elena Merkulova, solvod / istockphoto LP
Gestaltung: weisenwerck

www.weisenwerck.de

WIDMUNG UND DANKSAGUNG

Ich widme dieses Buch meiner geliebten Mutter. Sie hat mich voller Liebe durch mein turbulentes und oftmals kompliziertes Leben begleitet. Sie ist der wichtigste Mensch für mich und ich möchte mich an dieser Stelle bei ihr für all das bedanken, was sie für mich getan hat

INHALT

Würde ist kein moralisches Prinzip, sondern ein Naturgesetz.

Wie eine Blume am Winterbeginn
Und so wie ein Feuer im eisigen Wind
Wie eine Puppe, die keiner mehr mag
Fühl ich mich an manchem Tag

Dann seh' ich die Wolken, die über uns sind
Und höre die Schreie der Vögel im Wind
Ich singe aus Angst vor dem Dunkeln ein Lied
Und hoffe, dass nichts geschieht

Ein bisschen Frieden, ein bisschen Träumen
Und dass die Menschen nicht so oft weinen
Ein bisschen Frieden, ein bisschen Liebe
Dass ich die Hoffnung nie mehr verlier

A little loving, a little giving
To build a dream for the world we live in
A little patience and understanding
For our tomorrow a little peace

A little sunshine, a sea of gladness
To wash away all the tears of sadness
A little hoping, a little praying
For our tomorrow a little peace

Sing mit mir ein kleines Lied
Dass die Welt in Frieden lebt
Singt mit mir ein kleines Lied
Dass die Welt in Frieden lebt

Nicole, Ein bisschen Frieden, 1982

I. VORWORT

Dies ist ein Buch des Friedens. Ein Buch der Versöhnung und der Gerechtigkeit, ein Buch das die Welt einen soll. Ich werde Lösungen aufzeigen, wie unser Land und die ganze Welt zu einem guten und gerechten Ort für jeden werden kann. Frieden setzt Gewaltlosigkeit voraus. Der Mensch wendet jedoch täglich massive Gewalt an – gegen andere Menschen, aber insbesondere gegen Tiere und die Natur. Die tägliche Tötung von hunderten Millionen unschuldiger Tiere in Massentierhaltung und industrieller Fischerei steht beispielhaft für eine nie dagewesene Vernichtung von Leben.

Ein Menschenleben zählt so viel wie ein Tierleben, zählt so viel wie ein Pflanzenleben, zählt so viel wie ein Stein; jedes Leben zählt, denn es ist durchdrungen von Schönheit, Einheit und Würde. Kein Wesen, auch nicht der Mensch, steht über den anderen. Es macht aus meiner ethischen Sicht keinen moralischen Unterschied, ob jährlich 100 Milliarden Tiere (Das ist die tatsächliche Zahl geschlachteter Nutz- und Wildtiere 2016) oder Menschen ermordet werden. Mord ist Mord, Mord ist Gewalt und ist unter keinen Umständen gerechtfertigt. Nur weil die Tiere anders sind, darf das die moralische Beurteilung der Tat nicht verändern. Es ist immer Unrecht.

Menschen jagen die Tiere, zerstören ihren natürlichen Lebensraum, vergiften Wälder, Flüsse und Atmosphäre. Massives Artensterben bei Pflanzen und Tieren hat eingesetzt, die Meere erwärmen sich und werden sauer, so dass die Sauerstoffbildung für die Atmosphäre in Gefahr schwebt. Dieses gnadenlose, gewalttätige Verhalten ist das Gegenteil von Frieden und Versöhnung. Erst wenn die Menschheit die Tiere und die Natur rechtlich gleichstellt, hat die Gewalt ein Ende. Nur dann können meine gesellschaftlichen Innovationen und Reformen, die ich im zweiten Teil dieses Buches vorstelle, die menschlichen Gesellschaften gleicher, gerechter und friedlicher gestalten. Erst dann können Armut, Krankheit, Krieg und Ausbeutung auf unserer Welt ein Ende haben. Die Menschheit muss aber vorher lernen, den schwachen und wehrlosen Geschöpfen Barmherzigkeit und Freundlichkeit entgegenzubringen, bevor sie in sich selbst Frieden finden kann. Ich habe über vier Jahre an dem Buch geschrieben. In dieser Zeit hat mich die Realität immer wieder überholt. Corona brach aus, Trump wurde abgewählt, Rot-Grün-Gelb kam an die Regierung und der Ukraine-Krieg brach aus. Ich habe die Kapitel, so gut es ging, auf den aktuellen Stand gebracht. Falls mir das nicht immer gelungen ist, bitte ich Sie um Nachsicht.

Grischa Thomas W. Eichfuss

Gorxheimertal, den 12. September 2022

II. EINLEITUNG

Der Mensch hat dreierlei Wege klug zu handeln: erstens durch Nachdenken, das ist der edelste, zweitens durch Nachahmen, das ist der leichteste, und drittens durch Erfahrung, das ist der bitterste.
Konfuzius

Bereits vor dem Ausbruch des Corona-Virus hat sich unsere Welt in einer globalen Krise befunden. Trotz großer Bemühungen gelingt es nicht, den Klimawandel aufzuhalten. Ein immenses Artensterben hat begonnen, der Mensch vernichtet systematisch weltweit den natürlichen Lebensraum; Kriege, Gewalt und Armut sind für die Hälfte der Menschen bitterer Alltag; vier Milliarden Menschen müssen in unzureichenden sanitären und hygienischen Verhältnissen leben, sie haben geringen oder keinen Zugang zu medizinischer Grundversorgung, Wasser oder regelmäßigen Mahlzeiten. Täglicher Überlebenskampf um Grundnahrungsmittel zeichnet ihr Dasein.

Im Westen hingegen herrschen Überfluss und Dekadenz. Wir leben in Sicherheit vor Krieg und Armut, können jederzeit von allem essen, so viel wir wollen. Es ist ein wahrgewordenes Schlaraffenland. Wir haben die besten Ärzte, die saubersten Häuser, können weltweit Urlaub an den schönsten Stränden machen. Doch wir wollen den Armen von unserem Wohlstand nicht abgeben und sind nicht bereit, wirklich zu helfen. Wenn die sechzig wohlhabendsten Länder zwischen 3 % und 10 % ihres Reichtums an die Armen der 3. Welt spenden würden, gäbe es dort keinen Hunger, keine Krankheiten und keinen Durst mehr. Der Großteil bekäme endlich Zugang zu Bildung, gesunder Nahrung und medizinischer Versorgung. Der westliche Lebensstil, alles zu wollen, alles zu bekommen und nichts zu teilen, während viele Milliarden Menschen leiden, ist ein ungerechter Irrweg. Die Welt von heute ist ungleich. Europa, Nordamerika, Australien, Neuseeland, Teile Asiens und der arabischen Halbinsel leben in Wohlstand und Überfluss, während der große Rest der Erdbevölkerung in armen Verhältnissen leben muss. Weltweite Konflikte und Klimaschäden zwingen hunderte Millionen dazu, ihre Heimat zu verlassen. Unser größtes Problem ist, dass die Renten um ein Prozent sinken, dass Hartz IV zu wenig ist, dass die Krankenkassen zu wenig bezahlen und Arbeitslose vom Arbeitsamt gegängelt werden. In den meisten Ländern gibt es diese Sozialleistungen nicht einmal. Wenn arme Menschen in Dritte-Welt-Ländern in Not geraten, können sie schauen, wo sie bleiben. Es kümmert niemanden. Keiner kommt und hilft ihnen. Das bedeutet nicht selten ihren sicheren Tod. Die politisch Verantwortlichen in armen Ländern kümmern sich häufig nicht um die Unterprivilegierten in ihrem Land, da die Mittel fehlen oder sie kein Interesse haben zu helfen haben. Reiche Diktaturen mit ihren hierarchischen, korrupten Clanstrukturen und Eliten beanspruchen das vorhandene Kapital für sich, um ihren luxuriösen Lebensstil zu finanzieren. Das passiert alles, während das Volk hungert. Menschen aus solch unsozialen und menschenverachtenden Staaten würden alles dafür geben, um krankenversichert zu sein oder Sozialhilfe zu empfangen.

Und der Westen jammert, weil es ihm nicht genug ist. Man will immer mehr, ist nie zufrieden. Dabei leben wir in einem historischen Schlaraffenland – und sind doch undankbar. Unser Lebensstil ist dekadent: All der Luxus wie beheizte Wohnungen, Essen und Trinken im Überfluss, großartige Ärzte, politische Freiheit, großzügige Sozialleistungen, stabile und friedliche Verhältnisse, usw. nehmen wir als selbstverständlich. Etwas als selbstverständlich anzunehmen, was nicht selbstverständlich ist, ist Dekadenz. Wir vergessen, dass unser Wohlstand zu einem nicht unbeträchtlichen Teil auf Kosten anderer geht. Milliarden Tiere sterben jährlich für den menschlichen Genuss, ein Artensterben großen Ausmaßes hat eingesetzt, die Wälder werden abgeholzt, die Meere verschmutzt – damit wir unseren wahnsinnigen Lebensstil leben und finanzieren können. Der neoliberale Kapitalismus der ersten Welt verhinderte die faire Verteilung der Mittel. Dessen festgefahrenen Strukturen von Härte, Gier und Egoismus verhindern trotz aller gegenteiligen Beteuerungen eine bessere Welt.

Dieses asymmetrische System ist langsam dabei, auseinanderzubrechen. Aber was kommt danach? Welche Vision hat die Menschheit? Friday for Future ist unser Wecker gewesen. Der Alarm ist laut und unüberhörbar. Das war der nötige Weckruf, das CO_2-Problem wird endlich konsequenter angegangen. Aber es ist nur ein Symptom, das behandelt wird. Die Ursachen liegen in den Denkmustern verborgen. Wenn diese sich nicht verändern, folgen der Klimakatastrophe weitere Dystophien wie z.B. Covid-19. Die Fürsorge für die Natur ist nicht echt. Unsere Triebfeder ist nicht Verständnis, Einsicht und Liebe zur Natur. Die Motivation des Naturschutzes wird gespeist aus Angst um unser eigenes Überleben. Wir handeln aus egoistischen Gründen, um nicht unterzugehen.

Was uns fehlt ist die Vision einer neuen Erde. Die Vision einer friedlichen, gerechten und ökologischen Welt. Eine neue und bessere Welt, in der Mensch und Natur gleichwertige

Partner sind, und globale Armut, Hunger und Gewalt der Vergangenheit angehören

Diese Vision habe ich in diesem Werk beschrieben. Ich habe bei meinen Lösungen darauf geachtet, dass sie einfach und praxisnah anzuwenden sind. Die Vereinten Nationen, einzelne Staaten und Regierungen können morgen damit beginnen. Möge es jetzigen und zukünftigen Generationen als Orientierung dienen.

III. GEWALT GEGEN DIE NATUR

Für ein kleines Stückchen Fleisch rauben wir den Tieren die Seele, nehmen ihnen die Sonne, das Licht, die Lebenszeit (...) Welche Mahlzeit, für die ein beseeltes Wesen getötet wird, kommt nicht teuer zu stehen? Betrachten wir denn die Seele als geringen Preis?
Plutarch, De esu carnium

Der Mensch ist dabei, die Natur zu vernichten und das Klima zu unseren Ungunsten zu verändern. Wir alle haben bemerkt, dass das Wetter extremer geworden ist. Das CO2 in der Atmosphäre erhöht weltweit die Temperaturen. Die Folgen dürften Ihnen bekannt sein: Die Polkappen schmelzen, Dürren, Hitzewellen und Feuersbrünste, arktische Kältewellen, Supertornados und Überschwemmungen. Wir sind mittendrin im menschengemachten Klimawandel. Wissenschaftler prophezeien zurecht, dass diese Wetterextreme an Intensität und Häufigkeit zunehmen werden. Der CO2-Ausstoß muss bis spätestens 2050 aufhören, ansonsten ist der Prozess nicht mehr umkehrbar. Das wäre das Ende der menschlichen Zivilisation, wie wir sie kennen.

Wenn wir jeden einzelnen Menschen fragen würden, ob er die Natur zerstören oder Tiere quälen möchte, würde er dies vehement verneinen. Und doch geschieht es. Wie kann das sein? Viele geben der Regierung die Schuld, der Ölindustrie, den Chinesen oder dem Globalismus. Aber es stehen immer Menschen hinter diesen Begriffen. Es geschieht nicht durch Zauberhand. Ich möchte mich in meinem Buch mit den tatsächlichen Ursachen der Umweltzerstörung beschäftigen. Der Klimawandel ist die logische Konsequenz unseres Handelns. Er ist aber nur das Symptom. Also warum handeln wir so? Warum zerstören wir die Natur und damit uns selbst? Die Ursache liegt in unserem Denken begründet. Innere Überzeugungen, Lebenseinstellungen, Wertesysteme und Ideen von der Beschaffenheit der Realität lenken unser Handeln. Dieses Denken, das uns an den Rand des Untergangs gebracht hat, analysiere ich in diesem Buch.

Die Antwort meiner analytischen Forschungen ist folgende: Menschen halten sich für wertvoller als Tiere und die Natur. Ein Menschenleben zählt mehr als das Leben eines Schweins oder eines Baums. Aus diesem Denken heraus halten es Menschen für ihr selbstverständliches Recht, ihre Interessen über jene der Natur zu stellen. Diese Denkmuster sind ein Irrtum. Mensch, Tier und Natur sind absolut gleich in ihrem Wert und besitzen die gleiche

Würde. Sie sind eins. Erst wenn diese Idee der Gleichheit in die Köpfe und Herzen der Menschen eindringt, wird die Zerstörung der Erde ein Ende finden. Selbst wenn wir das CO2-Problem lösen sollten, kommt mit Sicherheit bald die nächste globale Bedrohung. Wenn sich unsere Einstellung zu Mutter Erde nicht ändert, ist die Zerstörung der Natur vorprogrammiert. Das sogenannte Anthropozän muss umgehend in ein Öko-Anthropozän übergehen.

Am Beispiel der Massentierhaltung zeige ich, wie das anthropozentrische Denken, mehr Wert zu sein als die Natur, zu einem grausamen Massenmord und Folter an (sogenannten) Nutztieren geführt hat. Jährlich sterben **74 Milliarden Tiere** weltweit in unseren Schlachthöfen. Bis die Tiere getötet werden, leben sie unter grauenhaften Bedingungen, die von Schmerz und Angst geprägt sind. Die kognitive Einstellung des Menschen zum Tier hat zu unermesslichen Leid und Unrecht geführt. So wie die Einstellung zum Tier zur ethischen Katastrophe in der Nutztierhaltung geführt hat, so hat die anthropozentrische Haltung des Menschen zur Natur zu einer globalen Umwelt- und Klimakatastrophe geführt. Der Schlüssel zur Lösung der aktuellen Problematik ist die Akzeptanz der Natur in Würde und Gleichheit. Deshalb muss es zu einer rechtlichen und politischen Gleichstellung der belebten und unbelebten Natur zum Homo Sapiens kommen.

KAPITEL 1
TIERQUÄLEREI IN DER MASSENTIERHALTUNG

STATISTIKEN UND ZAHLEN

74 Milliarden Landtiere werden pro Jahr geschlachtet, davon rund 750 Millionen in Deutschland. Hierzulande wurden 2017 insgesamt 683 Millionen Geflügeltiere[1] getötet (599 Millionen Masthühner, 31 Millionen Suppenhühner, 16 Millionen Enten, 35 Millionen Truthühner und 800.000 Gänse). Hinzu kommen 58 Millionen Schweine, 3,5 Millionen Rinder, 1,1 Millionen Schafe, 20.000 Ziegen und 7.100 Pferde (Das sind zusammen 64 Millionen getötete

1 Statistisches Bundesamt (Destatis): Geflügelschlachtereien, Geschlachtete Tiere, Schlachtmenge: Deutschland, Jahre, Geflügelart 2017: in: Statistisches Bundesamt Deutschland - GENESIS - Online, 2017, https://www-genesis.destatis.de/genesis/online?sequenz=tabelleAufbau&selectionname=41322-0001#astructure (abgerufen am 22.06.2018).

Tiere.)[2] Zusätzlich werden in Deutschland 1,6 Millionen Wildtiere (Füchse, Hasen, Hirsche, Rehe) durch Jagd getötet.[3] Betrachten wir nun die getöteten Fische und Meeresfrüchte. In Aquakulturen wurden 2017 in Deutschland über 36 Millionen Kilogramm Fisch, Weichtiere und Fischrogen produziert. Weltweit (Aquakultur und gefangene Meeresfrüchte) liegt die Schlachtmenge bei 172,2 Milliarden Kilo.[4] Die größte Schlachtmenge wird in China erzielt, gefolgt von Indonesien, Indien, USA und Russland.[5] Eine Statistik über die Anzahl der getöteten Fische habe ich in keiner Datenbank finden können. Wenn man ein durchschnittliches Gewicht von 5kg zugrunde legt, wurden 2016 schätzungsweise 35 Milliarden Fische und Meeresfrüchte getötet.

Gebiet	Bereich	Tierart	Jahr	Menge
World	Geschlachtete Tiere	Esel	2016	2.569.520
World	Geschlachtete Tiere	Vögel	2016	55.324.000
World	Geschlachtete Tiere	Büffel	2016	26.190.707
World	Geschlachtete Tiere	Kamel	2016	2.445.235
World	Geschlachtete Tiere	Rinder	2016	302.018.862
World	Geschlachtete Tiere	Hühner	2016	65.847.411.000
World	Geschlachtete Tiere	Enten	2016	3.056.103.000
World	Geschlachtete Tiere	Wild	2016	655.978
World	Geschlachtete Tiere	Ziegen	2016	459.861.000
World	Geschlachtete Tiere	Gänse, Perlhühner	2016	658.903.000
World	Geschlachtete Tiere	Pferde	2016	4.784.491
World	Geschlachtete Tiere	Maultiere	2016	477.506
World	Geschlachtete Tiere	Andere	2016	93.292
World	Geschlachtete Tiere	Andere Kameliden	2016	944.671
World	Geschlachtete Tiere	Andere Nagetiere	2016	70.440.000
World	Geschlachtete Tiere	Schweine	2016	1.478.167.073
World	Geschlachtete Tiere	Kaninchen	2016	980.785.000
World	Geschlachtete Tiere	Schafe	2016	551.420.651
World	Geschlachtete Tiere	Puten	2016	673.278.000
			TOTAL	**74.171.872.986**

Quelle: *FAOSTAT [Region: World + (Total), Element: Producing Animals/Slaughtered, Items Aggregated: Meat, Total > (List), Year: 2016]*

Tabelle 1: Menge der weltweit geschlachteten Tiere im Jahr 2016

2 Vgl. Statistisches Bundesamt (Destatis): *Geschlachtete Tiere, Schlachtmenge: Deutschland, Jahre, Tierarten, Schlachtungsart für 2017*

3 2018-01 Infografik Jahresjagdstrecke Bundesrepublik Deutschland.pdf jagdverband.de: in: jagdverband.de, o. D., https://www.jagdverband.de/sites/default/files/2018-01%20Infografik%20Jahresjagdstrecke%20Bundesrepublik%20 Deutschland.pdf (abgerufen am 11.07.2018).

4 *FAO yearbook. Fisheries and Aquaculture Statistics, 2016*: Seite 7, 2018

5 Ebd.

Addiert man die Anzahl geschlachteter Land- und Wassertiere, töteten Menschen im Jahre 2016 annähernd 110 Milliarden Lebewesen. Weltweit wurden seit Beginn des Jahrtausends schätzungsweise 1,4 Billionen Lebewesen ermordet. Das ist die schlimmste und blutigste Form von Gewalt, die jemals auf der Erde ausgeübt wurde. Zur Zeit der Dinosaurier kamen die fleischfressenden Arten nicht in die Nähe solcher Zahlen. Die Summe aller menschlichen Kriege, Völkermorde und Massaker können es nicht an Blutrünstigkeit mit dem aufnehmen, was die moderne Gesellschaft fühlenden Geschöpfen Tag für Tag antut. Der Blutzoll, den man bezahlt, ist historisch. Das allein ist schlimm genug. Aber die Grausamkeiten, die man Tieren ihr Leben lang vor der Schlachtung antut, lassen ihr Dasein endgültig zur wahrgewordenen Hölle auf Erden werden.

Die ihr eintretet, lasst alle Hoffnung fahren!
Dantes, Die Göttliche Komödie, Hölle III, 9

Im letzten Kapitel habe ich Ihnen gezeigt, wie viele Tiere getötet werden. Die Zahlen sind absurd und monströs. Das ist sehr schlimm. Es ist das Resultat der Industrialisierung in der Massentierhaltung. Das hergestellte Produkt sind Tiere und deren Erzeugnisse. Tierische Lebewesen werden als Produktionsgüter betrachtet. Sie unterliegen ausschließlich den Faktoren Effizienz und Rentabilität. Lebewesen werden als Gegenstände und Handelsware gesehen und entsprechend behandelt. Fühlende Geschöpfe wie leblose Gegenstände zu behandeln, ist eine ethische Todsünde. Das Leben der Tiere ist grauenhaft: Sie verbringen ihre zumeist kurze Existenz unter unwürdigen Qualen, ohne Hoffnung und Freude, sie sind Todgeweihte. Dieses „Leben" möchte ich im folgenden Abschnitt behandeln.

Landwirtschaftliche Massentierhaltung zielt darauf ab, in kürzester Zeit ein Maximum an Tieren zu schlachten oder möglichst viele Eier, Milch und andere tierische Produkte wie Daunen, Wolle oder Leder zu produzieren. Bei dieser Haltungsform müssen sehr viele Tiere auf engsten Raum miteinander leben. Dies hat sehr unangenehme Konsequenzen für die Tiere.[6]

6 Deutscher Tierschutzbund www.tierschutzbund.de/information/hintergrund/landwirtschaft, Abruf: 2018

MINIMALE BEWEGUNGSMÖGLICHKEITEN

Da die Tiere viel zu wenig Platz haben, ist es ihnen unmöglich, sich natürlich auszuleben. Ein arteigenes Verhalten wird unterdrückt. Dies führt zu immensen psychischen Problemen. [7]

- Die Tiere sind zusammengepfercht und haben keine oder nur minimale Bewegungsmöglichkeiten.
- Keine Ruhe- und Rückzugsmöglichkeiten: Die Tiere sind rund um die Uhr mit tausenden von Artgenossen zusammen. Es ist laut, es stinkt. Da die Tiere nirgendwo hinkönnen, um wenigstens ein paar Minuten Ruhe zu haben, leiden sie enorm. In Haltungen mit Freilauf hätten Tiere die Möglichkeit, sich zurückzuziehen.
- Keine arteigene Futteraufnahme: Schweine wühlen in der Erde und suchen zum Beispiel in Freiheit die Nahrung oft stundenlang. Dies können sie in Massenhaltungen nicht tun.
- Kein arteigenes Erkundungs-, Komfort- oder Sozialverhalten.

PSYCHOSOMATISCHE FOLGEN DER OBIGEN PUNKTE:

- Die Tiere sind aggressiv und unruhig.
- Ängstlichkeit: Viele Tiere reagieren mit deutlich gesteigerter Angst auf die beengte Situation. Sie sind nervös und wissen nicht, wohin mit ihren Gefühlen.
- Stereotypien: Es entwickeln sich zwanghafte Verhaltensmuster, wie zum Beispiel das andauernde Nicken von Hühnern. Auch Tiere in Zoos bilden oft unnatürlicher Muster wie immer wiederkehrender Bewegungsabläufe. In der Regel spricht man von Stereotypie, wenn ein dysfunktionales, pathologisches Verhalten ständig wiederholt wird.
- Kannibalismus: Tiere beißen und verletzen sich gegenseitig. Sie fallen übereinander her und versuchen das Fleisch des Artgenossen zu essen.
- Langeweile: Dadurch, dass es für die Tiere nichts zu tun gibt und sie sich schwerlich bewegen können, langweilen sie sich. Da sich kaum jemand persönlich um sie kümmert, erhalten sie weder Ansporn noch Zuspruch. Die Kombination aus eingesperrt und vom Menschen sich selbst überlassen sein, erschafft eine monotone und reizarme Umgebung.
- Hohe Krankheitsanfälligkeit.

---

7 www.tierschutzbund.de/information/hintergrund/landwirtschaft/was-ist-massentierhaltung/ Abruf: 2018

ANTIBIOTIKA GABEN

- Durch die Enge der Tiere kommt es zu Verletzungen und hoher Ansteckungsgefahr.
- Deshalb erhalten Tiere regelmäßig Antibiotikagaben[8]. Untersuchungen in Nordrhein-Westfalen und Niedersachsen ergaben, dass 91 % aller Masthühner in ihrem Leben mit Antibiotika behandelt wurden. Antibiotika werden häufig nur prophylaktisch gegeben. Dies ist auch notwendig, weil die Zahl der Krankheitserreger extrem hoch ist. Die Exkremente tausender Tiere, der geschlossene Raum und die stinkende Luft sind ein idealer Nährboden für Bakterien, Viren und Pilze.
- Antibiotika Resistenzen: Durch die ununterbrochenen Antibiose-Behandlungen bilden die Bakterien eine immer größere Widerstandsfähigkeit aus, so dass die Wirksamkeit der Therapie nachlässt. Das bedeutet, dass die Tiere öfter und länger erkranken. Dies hat zur Folge, dass sie noch häufiger mit Antibiotika behandelt werden, was wiederum zu größeren Resistenzen führt. Die Tiere stecken in einer ungesunden Abwärtsspirale aus Krankheit, Immunschwäche und immer höheren Antibiose-Gaben. Die resistenten Keime stellen weltweit für Landwirte und die Bevölkerung eine großes Gesundheitsrisiko dar. Die benachbarte Umgebung der Massentierhaltungen ist gefährdet, da die Abluftanlagen der Gehöfte die resistenten Mikroben in die Luft blasen und Menschen sich mit ihnen anstecken.

GEWALTSAME ZWANGSANPASSUNG DER TIERE AN DIE MASSENHALTUNG

- Schnäbel von Hühnern werden gekürzt, damit die Tiere sich in der Enge nicht wie oben beschrieben gegenseitig töten oder verletzen.
- Enthornung: Kühen und Rindern werden die Hörner abgesägt, damit sie sich in der Beschränktheit des Raums nicht gegenseitig lädieren oder die Landwirte verletzen.
- Ringelschwänze Kupieren: Schweinen werden die Schwänze abgeschnitten, weil sie „kleiner“ werden und dadurch Platz eingespart wird. Dies ermöglicht es, mehr Schweine zu halten, um die Produktion zu erhöhen. Ein weiterer Grund: Schweine beißen sich aufgrund der nicht artgerechten

8 https://www.tierschutzbund.de/information/hintergrund/landwirtschaft/antibiotika

Haltung gegenseitig in die Ringelschwänze. Das führt zu Verletzungen, Krankheiten und Kannibalismus. Um dies zu verhindern, werden die Schwänze gewaltsam entfernt.

- Schweine werden ohne Betäubung kastriert. Um das Ausleben des Sexualtriebs zu verhindern, der aufgrund der Enge zu Chaos führen würde, werden ihnen im wörtlichen Sinne die Eier abgeschnitten. Die Tiere schreien vor Schmerz und haben Todesangst.
- Ein weiterer Grund für die Kastration ist die Unterdrückung der Eberhormone in männlichen Hausschweinen. Diese führen dazu, dass die Schweine bestialisch stinken, was wiederum den Fleischgeschmack mindert.

ZÜCHTUNG DER TIERE AUF SCHNELLES WACHSTUM, HOHE LEISTUNGSFÄHIGKEIT UND OPTIMIERTE SCHLACHTMENGE

Tiere werden so gezüchtet, dass sie genetisch optimal an ihre Aufgabe angepasst sind. Kühe haben große Euter, Rinder extreme Muskelmasse, und Hühner legen viele Eier. Der Deutsche Tierschutzbund schreibt dazu auf seiner Homepage: „Gewinnmaximierung ist auch in der Tierzucht oberstes Ziel. Ergebnis sind rekordverdächtige und unphysiologisch hohe Leistungen, die allzu oft erhebliche Leiden für die Tiere mit sich bringen.“[9]

Der Faktor Zeit spielt für eine effiziente Produktivität eine große Rolle. Denn wie wir alle wissen: „Zeit ist Geld“. Also werden alle Tiere, die Fleisch liefern sollen, auf eine Art und Weise gezüchtet, dass sie so schnell wie möglich wachsen, um so schnell es geht geschlachtet zu werden. Masthähnchen erreichen ihr Schlachtgewicht bereits 6 Wochen nach ihrer Geburt. In den Achtzigerjahren des 20. Jahrhunderts dauerte dies noch doppelt so lang.[10] Puten müssen im Vergleich zur ursprünglichen Wildform das Dreifache ihres Körpergewichts tragen.

Dieses Schnellwachstum hat sehr unangenehme Folgen für die Tiere:

- Die Hälfte der fleischliefernden Arten hat starke Gelenkschmerzen, Gelenk- und Knochendeformationen, da

9 https://www.tierschutzbund.de/information/hintergrund/landwirtschaft/hochleistungszucht/

10 Homepage Deutscher Tierschutzbund 2018: www.tierschutzbund.de

die Entwicklung der Beine langsamer ist als das Wachstum der fleischbringenden Muskelmasse.

- Die Tiere knicken immer wieder ein. Sie leiden darüber hinaus an Übergewicht und bekommen massive Herz-Kreislauf Probleme.
- Auch Legehennen und Milchkühen steht ein schmerzhaftes Leben bevor. Legehennen legen 300 Eier im Jahr (fast jeden Tag eins). Das ist das Fünffache der Hühner-Wildform. Für diese Massenproduktion sind die Hennen trotz Züchtung nicht gemacht. Sie leiden regelmäßig unter schmerzhaften Eileiterentzündungen.
- Milchkühe sind so gezüchtet, dass ihr Körper die zehnfache Menge an Milch produziert, die für das Säugen des Kälbchens notwendig wäre. Ihre überdimensionierten Euter entzünden sich immer wieder insbesonders an den Zitzen.
- Da die Milch hormonell mit der Geburt gekoppelt ist und hier durch Züchtung eingegriffen wird, leiden die Milchkühe an starken Stoffwechselstörungen. Dies führt zu einer deutlich verkürzten Lebenserwartung.
- In Deutschland leben über 1 Million Kühe und Bullen in der sogenannten Anbindehaltung. Dabei sind die Tiere in den Wintermonaten oder ganzjährig am Hals angebunden, so dass sie nicht einmal in der Lage sind, sich zu drehen. Die führt zu psychischen und körperlichen Leiden: Schmerzhafte Liegeschwielen, entzündete Gelenke, Lahmheit sowie Einschnürungen und Quetschungen am Hals durch die Anbindevorrichtungen.[11]

Lassen Sie uns resümieren: Fleischliefernde, milchgebende und eierlegende Tiere leiden in ihrer (kurzen) Existenz an chronischen Schmerzen und Entzündungen, ihnen ist aufgrund der Herz-Kreislauf Problematik oft schwindelig und übel. Sie können sich kaum bewegen, leben ohne Rückzugsmöglichkeit und können ihr natürliches arteigenes Verhalten nicht ausleben. Denken Sie daran, welche Leiden die Tiere durch die Enge, den Bewegungsmangel und den Gestank erdulden müssen. Sie sehen nie die Sonne oder natürliches Tageslicht. Es ist die wahr gewordene Hölle auf Erden.

11 PETA: Die Anbindehaltung von Kühen ist Tierquälerei!, 2020, www.peta.de/themen/anbindehaltung; Abruf: September 2021

Um optimale Resultate bei der „Produktherstellung“ zu erzielen, greift die Industrie schon seit langer Zeit auf exzessive Züchtung und künstliche Befruchtung zurück. Das „Produkt Tier“ wird seit Jahrzehnten nicht mehr durch sexuelle Fortpflanzung hergestellt. „Kaum ein Nutztier in Menschenhand erlebt den Zyklus des Lebens, der die Evolution antrieb: weil das Prinzip, die Leiden und die Erniedrigungen der Industrialisierung eben nicht nur für das Ende, sondern auch für den Beginn dieser Leben gelten.“[12] Die Fortpflanzung in der Rinderzucht läuft in den meisten Fällen folgendermaßen ab: Am Anfang steht die Produktion von männlichem Sperma in Samenbanken. Hierzu zeigt man Bullen einige weibliche Kühe aus sicherer Entfernung, um sie zu erregen. Dann führt man die Rinder zu einem Ochsen. Da die Bullen in ihrem Leben noch nie einen Ochsen zu Gesicht bekommen haben, bemerken sie nicht, dass sie reingelegt werden. Erregt besteigt der Stier den armen Ochsen. Kurz bevor der Bulle das Sperma abspritzt, springt er mit den Hinterbeinen hoch. Das ist das Zeichen. Schnell wird er heruntergezogen, bekommt eine Art Kondom auf seinen Penis und ejakuliert dort hinein. Das Ejakulat wird dann umgehend in diverse Laborröhrchen abgefüllt, beschriftet und sofort eingefroren.[13]

Der nächste Schritt ist die Besamung. Spermalabore bieten landwirtschaftlichen Betrieben das passende Sperma an. Dazu fährt ein Außendienstmitarbeiter mit einem Laptop zu den Landwirten. Im PC führt er eine ausführliche Datenbank mit sich. Der Stammbaum eines jeden Spenderbullen mit seinen besonderen Eigenschaften ist dort notiert: Ein Steckbrief seiner DNS, wenn man so will. Die Landwirte wählen das Sperma, welches am besten zu den Zuchtzielen passt. Dazu werden die Stammbäume der Kühe herangezogen. Dies erledigt eine entsprechende Software. Hat der Bauer das passende Sperma bestellt, erhält er das tiefgefrorene Ejakulat und besamt damit künstlich die Kühe.[14]

In der Massentierhaltung werden nicht nur Rinder ausschließlich durch künstliche Besamung „hergestellt“. Dies gilt für alle Tiere. Das heißt, dass kein einziges tierisches Lebewesen mehr durch natürliche Paarung entsteht. Das Millionen Jahre alte Fortpflanzungsprinzip findet in der Intensivlandwirtschaft ein evolutionäres Ende. Das letzte Bindeglied zu einem natürlichen

12 Süddeutsche Zeitung 2014, Artikel *Hungertote Tiere*, www.sueddeutsche.de
13 Arte TV. (2014). *Das Leben der Kühe*, 2014; Abruf: 2018
14 Ebd.

Leben ist durch die ausschließlich künstliche Fortpflanzung endgültig zerschnitten.

In meinen Augen wird den Tieren damit der Rest an Würde, Identität und Seele geraubt. Das Leben der Tiere ist begleitet von physischen und psychischen Schmerzen. Sie sind Todgeweihte und wissen es. Ihr Leben ist kurz und von größten Qualen begleitet, die mich an menschliche Foltermethoden zur Zeit der Inquisition erinnern. Denken Sie bitte daran: **Tiere sind – wie der Mensch! – leidensfähige und fühlende Lebewesen.** All die Verstümmelungen, die Unterdrückung ihrer Lebensweise, die klaustrophobischen Lebensumstände, der Mangel an frischer Luft und direktem Sonnenlicht, der bestialische Gestank und die Aussicht auf ein kurzes Leben machen ihre Existenz zu einem freudlosen kafkaesken Albtraum, aus dem es kein Erwachen gibt. Diese Tiere sind Kreaturen ohne Hoffnung.

Stellen Sie sich nun vor, dass Sie vom Anfang bis zum Ende ein Leben wie diese armen Geschöpfe führen müssten. Was würden Sie fühlen? Wie wäre Ihre Lebensqualität? Lassen Sie uns ein kleines Gedankenexperiment machen.

Bitte legen Sie mein Buch für einen Moment zur Seite und schließen zwei Minuten die Augen.

1. Stellen Sie sich ca. 30 Sekunden bildlich vor, wie ein Schwein ohne Betäubung kastriert wird.
2. Danach stellen Sie sich ca. 30 Sekunden bildlich vor, wie die Schweine mit leerem, traurigem Blick zu Tausenden aneinandergereiht in ihren Buchten stehen, ohne Möglichkeit zur Bewegung. Ein Leben ohne Sonne und Hoffnung, lebenslänglich im Gefängnis mit dem sicheren Tod vor Augen.
3. Jetzt stellen Sie sich Punkt 1 erneut vor, mit dem kleinen Unterschied, dass Sie selbst anstatt des Schweins kastriert werden.
4. Jetzt stellen Sie sich Punkt 2 noch einmal genauso vor, mit dem kleinen Unterschied, dass Sie selbst in der Box stehen, anstatt des Schweins, und Tausende andere Menschen mit Ihnen eingepfercht sind. Es stinkt nach Urin und Fäkalien.
5. **Und nun fragen Sie sich noch mal: Was würden Sie fühlen? Wie wäre Ihre Lebensqualität?**

Worte allein genügen nicht, um Menschen die Qual wirklich verstehen zu lassen. Sie benötigen Emotionen, um sie zu verinnerlichen. Zum Abschluss dieses Kapitels möchte ich deshalb das grauenerfüllte Leben der Tiere, in einem Gedicht widerspiegeln. Bitte lesen Sie, was ein Tier fühlt, wenn es sein Leben in der Massentierhaltung führen muss.

Schlafenszeit

Traurig der Welt entrückt, sinniert dem Elend
Umfasst der Funke der Verdammnis in steter Glut
Der Höllenlast umgeben von der Pein,
die sich in die Seele ätzt

Freude ist nur der Traum der Höllenmaschine
Traurig, entgeistert in der Ferne des Gespenstes tiefer Verdammnis
Unbefugt streckt sich die wahnsinnige Erkenntnis
in mein blutend Herz

Verloren im Sumpf stinkender Exkremente,
der Sache erlegend dem Henker
Meiner Kinder Kindeskinder erstickt,
besudelt, darnieder gestreckt das Eisen gelabter

Ja ich will gestrig, vorhergehend ist Tod und Leid mein Brot.
Weint in meiner tiefsten Pein der siechende Schlund
der getrieften frostigen dunklen Seel
Tod sein, kastriert, erschlagen, was ich tragen kann,
kümmert des Sensenmeisters nicht

Er kann die Qual in der Hölle der Tiefe nicht erspüren,
spinnt teuflisches Garn um meine Kehle
Starre Erkenntnis tötet stärker als der Wunsch der meinen
endlich die ferne Sonne zu sehen

Helft meinen Kindern die Flut des Blutes
in den tödlichen Horizont zum Gestern zu begleiten
Weint in Ergriffenheit, die Seele zu begreifen,
höhlt den Schrecken, der mich umgibt.

IV. TIER- UND NATURETHIK

"Dem wahrhaft ethischen Menschen ist alles Leben heilig, auch das, das uns vom Menschenstandpunkt aus als tiefer stehend vorkommt."
Albert Schweitzer

KAPITEL 2
GLEICHHEIT VON MENSCHEN, TIER UND NATUR

Vorab einige Begriffsdefinitionen. Wenn ich im weiteren Verlauf von der Massentierhaltung schreibe, meine ich damit Tiere, die von den Menschen als Nutztiere gehalten werden. Spreche ich von Menschen, ist damit die Art (Spezies) des Homo sapiens gemeint. Wenn ich über Tiere oder Pflanzen spreche, meine ich damit das Reich der Tiere und Pflanzen mit der Gesamtheit aller Arten (Spezies) – außer dem Homo sapiens.

Die Begriffe *Natur*, *Naturreich*, *Mutter Erde* oder *Mutter Natur* verwende ich als Synonyme und definiere sie als

- die Gesamtheit der belebten, biotischen (Pflanzen, Tiere, Pilze, Protisten, Prokaryoten und deren Ökosysteme) und unbelebten, abiotischen Natur unserer Erde. Zur unbelebten Natur zähle ich Mineralien, Steine, Vulkanismus, Tektonik, Strahlungen, Schnee, Atmosphäre, Wasser, Ozeane, Gase, Luftströmungen, Biosphäre und deren Systeme.
- die Summe der globalen Ökosysteme, an denen weder Pflanzen, Tiere, Pilze, Protisten, Prokaryoten beteiligt sind.

Wenn ich über Natur im kosmologischen Sinne spreche, meine ich damit obige beiden Punkte ergänzt durch die Menge aller astronomischen Objekte (Planeten, Quasare, Monde, Sterne, Schwarze Löcher usw.) und außerirdischen Lebens.

Meine Definitionen bedienen sich der biologischen Taxonomie und Phylogenetik und sind der Übersicht halber einfach gehalten und beanspruchen keine Vollständigkeit im wissenschaftlichen Sinne.

DER MEHRWERT DES MENSCHEN

Die Tötung eines Menschen oder eines Tieres stellt formal gesehen denselben Akt mit demselben Ergebnis dar. Ein Kopfschuss tötet ein Schwein genauso wie einen Menschen. Trotzdem wird die

Tötung eines Menschen im Gesetz härter bestraft als die Tötung eines Tiers. Die Bestrafung für den Mord an einem Menschen ist in Deutschland eine lebenslange Haftstrafe; in einigen Ländern verhängt man dafür sogar die Todesstrafe.

Im Tierschutzgesetz gilt für einen Menschen, der „ein Wirbeltier ohne vernünftigen Grund tötet oder einem Wirbeltier aus Rohheit erhebliche Schmerzen oder Leiden oder länger anhaltende oder sich wiederholende erhebliche Schmerzen oder Leiden zufügt", dass dieser neben einer Geldstrafe eine Gefängnisstrafe von bis zu 3 Jahren erhalten kann. In der rechtlichen Praxis ist die Kluft noch größer, da die Haftstrafe für die Tötung eines Tieres so gut wie nie zur Anwendung kommt. In der Regel wird die Straftat mit einer Bewährungs- oder Geldstrafe geahndet.

Ich selbst bin bei meiner Recherche in Deutschland nur auf 2 Fälle gestoßen, bei denen Menschen für Tiertötung in eine Haftanstalt mussten: Ein Mann musste für 7 Monate einsitzen, weil er eine Katze aus dem 3. Stock aus dem Fenster warf und die Katze zu Tode kam. In einem weiteren Fall wurde eine junge Frau zu zwei Jahren und vier Monaten Haftstrafe verurteilt, weil sie ein Pony erst getötet und anschließend zerstückelt hatte.

Hier einige Beispiele meiner Internetrecherche, welche Strafen für die Tötung eines Tiers in der Praxis verhängt wurden:

- Ein Paar tötete zur Luststeigerung beim Liebesspiel regelmäßig Kleintiere (Hamster, Meerschweinchen, Mäuse etc.), und nahm dies auf Video auf. Beide wurden zu einem Jahr Haftstrafe auf Bewährung und jeweils zu einer Geldstrafe von 1500€ verurteilt. (Quelle: www.kostenlose-urteile.de)

Auf www.greifvogelverfolgung.de fand ich folgende Fälle:

- Weil er im Dezember 2010 einen Habicht gefangen und später getötet hat (vgl. Hirschfeld 2011), ist ein Hühnerhalter aus Bornheim (Rhein-Sieg-Kreis) am 5.7.2013 vom Amtsgericht Bonn wegen Verstoßes gegen das Bundesnaturschutzgesetz (BNatSchG; Fangen einer streng geschützten Vogelart) in Tateinheit mit Verstoß gegen das Tierschutzgesetz (Töten eines Wirbeltieres ohne vernünftigen Grund) zu einer Geldstrafe von 90 Tagessätzen zu je 20 € (1.800 €) und zur Zahlung der Verfahrenskosten verurteilt worden. (Aktenzeichen 76Ds-300 Js 1/11- 450/12, rechtskräftig)
- Um seine Tauben vor dem Habicht zu schützen, stellte ein Geflügelhalter im Februar 2012 einen Habichtfangkorb und ein großes Tellereisen neben seinen Taubenkäfigen auf. Mindestens ein Greifvogel wurde damit gefangen und

getötet. Obwohl die Beweislage eindeutig war, stellte die Staatsanwaltschaft Dortmund das Verfahren gegen den Mann gemäß § 153a Abs. 1 StPO gegen Zahlung von 100 € ein. (Aktenzeichen 164 Js 46/12)

- Wegen der Vergiftung von drei Bussarden und eines Rotmilans sowie des Abschusses eines weiteren Greifvogels wurde gegen einen Taubenzüchter aus Minden ein Strafbefehl in Höhe von 2.700 Euro (90 Tagessätze á 30 Euro) verhängt. (AG Minden, Geschäftsnummer 5 Cs-16 Js 187/08-625/08, rechtskräftig)
- Wegen Tierquälerei und Verstoß gegen das Bundesnaturschutzgesetz wurde ein Jagdpächter aus dem Kreis Düren am 3. September 2009 zu einer Geldstrafe von 2.400 Euro (80 Tagessätze à 30 Euro) verurteilt. Nach Auffassung des Gerichtes hat der Mann in einem Fall einen Bussard nachweislich vergiftet sowie Greifvögeln mit einem Habichtfangkorb nachgestellt. (LG Aachen, Geschäftsnummer, 43 Ds-603 Js 112/07 - 207/08, rechtskräftig)

Das ist erstaunlich. Für den formal gleichen Akt der Tötung verhängt das Gesetz zwei verschiedene Grade der Bestrafung, je nachdem, ob die Tötung an einem Menschen oder Tier begangen wurde: Wenn Sie den **Hund** Ihres Nachbarn erschießen, erhalten Sie eine Geld- oder Bewährungsstrafe. Wenn Sie aber den **Nachbarn** erschießen, werden Sie mit einer langjährigen Gefängnisstrafe belegt oder in einigen Ländern sogar hingerichtet. Warum sehen die Konsequenzen so unterschiedlich aus? Warum wird hier von der Rechtsprechung mit zweierlei Maß gemessen?

Noch einmal zurück zu unserem Beispiel mit dem Kopfschuss. Von außen betrachtet passiert dasselbe: Erst hält der Täter dem Schwein die Pistole an den Kopf und drückt ab. Es knallt, Blut spritzt, und das Schwein fällt tot um. Dann hält der Täter dem Menschen die Pistole an den Kopf und drückt ab. Es knallt, Blut spritzt, und der Mensch fällt tot um. Was führt also zu dieser völlig unterschiedlichen Beurteilung der gleichen Handlung?

An der Härte der Bestrafung kann man die Bewertung des Tötungsakts erkennen: Der Verlust des Menschen wird von der Gesellschaft schwerwiegender bewertet (deshalb ist die Sanktion härter) als der Verlust des Tieres (deshalb ist die Sanktion geringer). Im Umkehrschluss bedeutet das: **Das Leben eines Menschen ist mehr wert als das eines Tieres.**

So denken auch die meisten: „Es ist nur ein Tier." Aber warum betrachten wir die Tiere als weniger wertvoll? Woher kommt das eigentlich?

Die klassische anthropologische Definition von **Kultur** besagt, vereinfacht ausgedrückt, dass der Mensch sich vom Tier darin unterscheide, dass Tiere im Gegensatz zu Menschen über kein Kulturgut verfügen. Tiere verfügen weder über Schrift, Kunst oder Wissenschaft. Darüber hinaus seien Menschen die einzige Spezies, die Kleidung trägt. Die menschliche Spezies hat sich im Gegensatz zu allen Tierarten vehement weiterentwickelt, indem das erlernte Wissen von einer Generation zur nächsten tradiert wurde. Insbesondere die Nutzung der Schriftform erwies sich dabei als ein entscheidender Faktor. Im späten Mittelalter beschleunigte sich die Verbreitung von Wissen durch die Erfindung des Buchdrucks. Menschen in Europa waren vor 500 bis 600 Jahren deutlich verständiger als ihre Vorfahren in der Steinzeit, jedoch nicht einmal ansatzweise so gebildet, wie die Menschen des 21. Jahrhunderts. Das liegt daran, das sich Wissen und dessen Anwendung immer rasanter vermehrt. Derek de Solla Price schrieb in seinem 1963 erschienen Buch *Little Sciene, Big Science*, dass sich das Wissen seit der Mitte des 17. Jahrhunderts alle fünfzehn Jahre verdoppelt habe.[15] Als Messgröße benutzte er die (steigende) Anzahl von wissenschaftlichen Publikationen in Fachzeitschriften. Der Wissenschaftshistoriker Franz Graf-Stuhlhofer sah in dieser Mess-Methode jedoch nur einen Indikator zum Wachstum der wissenschaftlichen Information und nicht von Wissen per se. Stuhlhofer fand es geeigneter, die Zunahme an Wissen anhand von drei anderen Faktoren festzumachen: Erstens dem Inhalt von Lehrbüchern aus verschiedenen Zeitaltern, zweitens der zunehmenden Zahl bedeutender Naturforscher sowie drittens anhand der Anzahl wichtiger Entdeckungen zwischen 1500 und 1900. Stuhlhofer kam zu dem Schluss, dass sich Wissen seit dem 15. Jahrhundert alle einhundert Jahre verdoppele und nicht wie allgemein angenommen alle fünfzehn. Letztere beide Messmethoden zeigten auch, dass Wissenschaft bereits Mitte des 15. Jahrhunderts begann. Allerdings stieg das Wissen nicht nur, sondern verschwand auch (Stuhlhofer sah den größten

15 Wikipedia Eintrag: *Informationsexplosion, Abruf Juni 2021*

Verluststand im Jahre 1705).[16] Auch Fuller[17] teilte Stuhlhofers Ansicht in seiner Wissensverdopplungskurve. Er erweiterte Stuhlhofers Aussage jedoch. Denn ab 1900 verdoppele sich das Wissen nicht mehr alle hundert, sondern alle anderthalb Jahre.

Allerdings stammen Stuhlhofers und Fullers Forschungen aus den frühen Achtzigerjahren des letzten Jahrhunderts. Zu dieser Zeit gab es kein Internet der Dinge, kein Big Data, keine künstliche Intelligenz im heutigen Sinne, keinen E-Mail-Verkehr in Lichtgeschwindigkeit oder weltweiten Mobilfunk. Außer Wissenschaftlern an Forschungsinstituten benutzten kaum Menschen zu Hause Personal Computer. Die Welt in unserer Gegenwart ist engmaschig vernetzt. Wissen wird von fast jedem Ort der Erde in Lichtgeschwindigkeit (Funk, Licht, Infrarot) rund um den Globus in Sekundenbruchteilen übertragen. Licht-, Funk- und Magnetwellen bewegen sich mit 1,08 Milliarden Stundenkilometern durch den Raum. Wenn man bedenkt, dass der Erdumfang bei 40.075km liegt, kann man die Kürze der Übertragungszeit erahnen. Durch diese Technologien verdoppelten sich das Wissen und die sie bereitstellende digitalen Technologien explosionsartig. IBM erweiterte Fullers Kurve bis 2020. Demnach verdoppelt sich alle 11-12 Stunden der menschliche Wissensschatz. Jeden Tag erhöhen wir demnach unseren Wissensstand um das 4-fache. Pro Stunde wächst das gesamte Wissen um 8,33-9,09 %, pro Minute sind es zwischen 0,14-0,15 % und in jeder Sekunde, in der Sie diese Zeilen lesen, verfügt die Menschheit über 0,003 % mehr Kenntnis über die Welt.

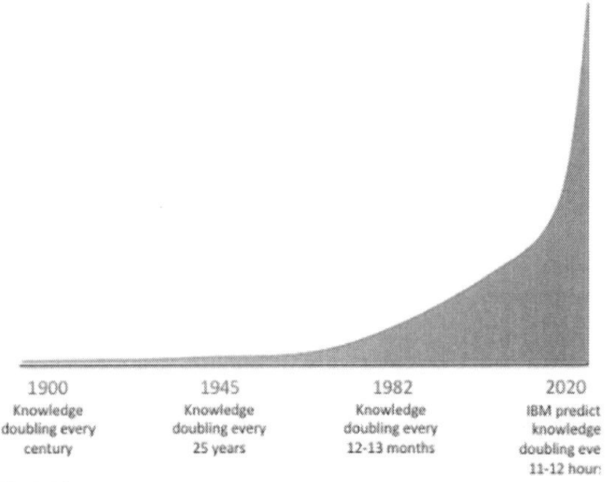

16 Aus: „Wissenschaftsgeschichte – Science and Humanities“ Erstveröffentlichung 1983. Daraus: Dr. Franz-Stuhlhofer, *Unser Wissen verdoppelt sich alle 100 Jahre: Grundlegung einer „Wissensmessung”*

17 Buckminster Fuller, *Critical Path (1982)*

Hinsichtlich Wissensvermehrung und Übertragung des Wissens auf die gesamte Spezies befindet sich der Mensch in einer eigenen Dimension, die ihn einerseits unter allen anderen bekannten irdischen Wesen einzigartig macht, ihn andererseits aber von allen anderen Entitäten trennt. Auf diesen Punkt gehe ich in einem der nächsten Abschnitte näher ein.

Die moderne Forschung entdeckt zwar immer mehr Tierarten, die Ansätze kulturellen Lebens zeigen, aber es bleiben Ausnahmen. Einige Primaten und Vögel gelten als Arten, die rudimentäre kulturelle Ansätze zeigen. Insgesamt komme ich aber zu dem Schluss, dass Menschen und Tiere sich fundamental in Bezug auf das Vorhandensein von Kultur, insbesondere auf die Wissenserweiterung unterscheiden.

Tiere sehen anders aus als Menschen: Viele haben vier Beine und gehen nicht aufrecht. Tiere haben häufig ein Fell, Flossen, Schuppen oder Federn. Viele Tierarten sind viel kleiner als der Mensch. Dazu gehören zum Beispiel alle Insekten und viele Vögel. Dann gibt deutlich größere Arten wie Elefanten, Wale, Nashörner oder Giraffen.

Aber sind Tiere weniger Wert als der Homo sapiens, weil sie ein anderes Erscheinungsbild haben? Die Begründung, dass die Tiere anders aussehen als Menschen und sie deshalb minderwertiger seien, lässt sich logisch widerlegen. Jeder Mensch sieht unterschiedlich aus, jeder Mensch hat ein einzigartiges Gesicht, das ihn von jedem anderen Menschen auf der Erde unterscheidet. Es gibt Männer und es gibt Frauen, die sich in ihren äußeren Merkmalen unterscheiden. Es existieren Menschen mit völlig unterschiedlichen Hautfarben und Menschen, die aufgrund einer Körperbehinderung, Krankheit oder Amputation anders aussehen. Laut der UNO Menschenrechtserklärung von 1948 darf kein Mensch aufgrund äußerer Merkmale diskriminiert werden. Alle Menschen haben den gleichen Wert, obwohl sie sich oft erheblich voneinander in ihrem Erscheinungsbild unterscheiden. Diese Tatsache sagt aus, dass Menschen, die anders aussehen, als gleichwertig betrachtet werden.

Bei Tieren wird dieser Schluss nicht gezogen: Man folgert aus der Andersartigkeit im Aussehen eine Minderwertigkeit. Dies ist Speziesismus, die Diskriminierung aufgrund der Zugehörigkeit zu einer Tierart (In der Literatur wird in diesem Zusammenhang oft der Begriff nicht-menschliche Tierart verwendet). Im weiteren Verlauf dieses Kapitels werden wir sehen, dass sich der Speziesismus wie ein roter Faden durch die Geschichte im Mensch-Tier Verhältnis zieht.

Jede Tierart unterscheidet sich in ihrer Lebensart vom Menschen. Es gibt Spezies, die in Gruppen, Paarbeziehungen oder allein leben. Manche Tierarten leben nur von Fleisch, andere ernähren sich vegan. Es gibt laute Tiere wie heulende Wölfe oder trompetende

Elefanten und Tierarten wie Kaninchen, die völlig stumm ihre Existenz durchleben. Spezies leben in Höhlen, Netzen, Termiten- und Ameisenbauten, unterirdischen Löchern und Gangsystem, auf dem Boden, in Bäumen, an Ufern oder im Wasser. Sie bewegen sich grundverschieden: Schlangen kriechen, Vögel fliegen und Kaninchen hoppeln. Aber auch Menschen untereinander unterscheiden sich stark in ihrem Verhalten. Jeder einzelne Mensch hat einen einzigarten Charakter. Länder. Kontinente, Regionen und Kulturen gehen hinsichtlich ihrer Mentalität und Lebensart auseinander. Aber kein Mensch darf laut der UNO Menschenrechtserklärung aufgrund seiner Lebensart und Kultur diskriminiert werden. Wenn Tiere sich anders verhalten, gelten sie als minderwertig – wenn Menschen sich anders verhalten oder aussehen, gelten sie als gleichwertig.

Tiere kommunizieren anders als wir. Sie benutzen nicht unsere ausdifferenzierte Sprache. Sie kommunizieren oft mit Gestik, Gebärden, Bewegungen, Gerüchen, Schallwellen, Lauten und Gesang. Alle menschlichen Kulturen besitzen als Merkmal Sprache. Laut Wikipedia existieren 6500 Sprachen.[18] Ein Mensch beherrscht im Schnitt neben seiner Muttersprache je nach Region ein bis zwei Fremdsprachen. Das heißt, wir verstehen fast keinen anderen Menschen auf dem Planeten. Das führte in der menschlichen Historie zu häufigen Kriegen. Deshalb wurde in den UNO Menschenrechten festgelegt, dass niemand aufgrund seiner Sprache verfolgt und diskriminiert werden darf. Alle Tierarten werden hingegen für minderwertig gehalten, weil wir ihre Sprache oder ihre Kommunikation nicht verstehen. Dies ist ein Widerspruch. Menschen, deren Sprache wir nicht verstehen, sollen wir respektieren – alle Tierarten mit ihren unendlichen Kommunikationsformen aber diskriminieren wir.

UNFÄHIGKEIT ZUM RATIONALEN DENKEN

Viele Philosophen leiten den Mehrwert der menschlichen Spezies davon ab, dass sie deutlich intelligenter wäre als alle Tierarten. Die gleiche Argumentation wird auch für die Unfähigkeit der Tiere zum rationalen Denken angewendet: Da Tiere nicht vernunftbasiert denken könnten, gelten sie dem Menschen als unterlegen. Abgesehen davon, dass die Intelligenz der Tiere unterschätzt wurde (das beweist die neueste Forschung), spielt Intelligenz keine Rolle dabei, wie **wertvoll** ein Geschöpf ist.

Niemand käme auf die Idee zu sagen, Erwachsene seien mehr wert als Kinder, nur weil sie klüger und intelligenter seien. Geistig behinderte Menschen hält man heute für gleichwertig, obwohl

18 Wikipedia, Suchwort: *Sprache; Abruf: April 2018*

sie mentale Defizite gegenüber gesunden Menschen haben. Ein weiteres Beispiel für Menschen mit intellektuellen und kognitiven Minderleistungen sind Demenzpatienten, Komapatienten oder Menschen mit starken psychiatrischen Störungen, wie z.B. Schizophrenie. Trotz ihrer stark verminderten Fähigkeit, intellektuelle bzw. kognitive Prozesse korrekt zu verarbeiten, werden sie (heutzutage) von der menschlichen Gesellschaft als gleichwertige Personen anerkannt. Niemand käme auf die Idee, an ihnen Experimente durchzuführen, sie zu quälen oder sie aufgrund ihrer geringeren Intelligenz zu töten.

Tiere hingegen werden aufgrund ihrer geringeren kognitiven Kompetenz von Menschen diskriminiert: Man leitet ihren Minderwert von einer kognitiven Minder-Leistung ab, während man bei der eigenen Spezies, unterschiedliche Intelligenzen nicht mit Minderwertigkeit gleichsetzt.

An dieser Argumentation erkennt man den Speziesismus der Menschen. Es liegt offensichtlich nicht an den mentalen Defiziten, dass Tiere von Menschen als minderwertiger betrachtet werden, sondern weil sie einer anderen Art angehören.

Aber selbst wenn die meisten Tiere nicht vernunftbegabt sind und weniger intelligent als der Homo sapiens sapiens[19], was würde dies eigentlich aussagen? Doch eigentlich nur, dass Tiere anders sind als Menschen. Es sagt nichts über ihren Wert aus.

DIE SPEZIESISMUS-DEBATTE

Nach dieser sehr allgemeinen Einführung möchte ich den Leser nun weiter auf die Reise in die Tiefen der Speziesismus Debatte mitnehmen. Ich entnehme die Argumente der schönen Zusammenfassung von Martin Pätzold[20], die ich an manchen Stellen ergänzt habe. Pätzold führt dabei immer ein Argument der Anhänger des Speziesismus ins Feld und stellt ihnen Argumente der Gegner des Speziesismus gegenüber. Die Pro Argumente der Speziesisten lassen sich dabei in drei Kategorien einteilen:

---

19 Homo sapiens bezeichnet den Modernen Menschen und beinhaltet mehrere Untergruppen z.B. Homo sapiens heidelbergensis (Fund bei Heidelberg), Homo sapiens idaltu (Fossilfund Äthopien), Homo sapiens neanderthalensis (Neandertaler) und auch Homo sapiens sapiens. Homo sapiens sapiens ist hier eine Bezeichnung für den heutigen Menschen (verständiger Mensch, Jetztzeitmensch).

20 Martin Pätzold, Argumente pro und contra Speziesismus; 2011; Website von tier-im-focus.ch (https://tier-im-fokus.ch/mensch_und_tier/speziesismus#zwischentitel_02b)

- Die **erste Kategorie** lässt sich auf folgende Aussage verdichten: *Alle nichtmenschlichen Tierarten haben weniger Rechte, weil sie einer anderen Spezies angehören.*
- Die **zweite Kategorie** lässt sich auf folgende Aussage verdichten: *Nichtmenschliche Tierarten haben weniger Rechte, weil Menschen über einzigartige Fähigkeiten oder Eigenschaften verfügen, welche kein Tier besitzt oder je besessen hat.*
- Die **dritte Kategorie** lässt sich auf folgende Aussage verdichten: *Da die Argumente der „Einzigartigkeit des Menschen" aus der zweiten Kategorie nicht widerspruchsfrei bewiesen werden können oder ethisch irrelevant sind, werden diese ergänzt. Es werden dazu weitere Argumente angeführt, die menschliche Grenzfälle bei Grundrechten einschließen und gleichzeitig Tiere davon ausschließen.*

Aus Gründen der Übersichtlichkeit habe ich Pätzolds Extrakt in tabellenartiger Form aufbereitet:

Spezifismus

Pro	Contra
Kategorie 1: Allgemeine Argumente: **FORMEL: Alle nichtmenschlichen Tierarten haben weniger Rechte, weil sie einer anderen Spezies angehören.**	
Die Ungleichbehandlung von Mensch und Tier hat eine lange Tradition, sie ist gesellschaftlich normal und deshalb gerechtfertigt.	1. **Menschensklaverei** hat eine Jahrtausende alte Tradition. Das Verbot der Sklaverei ist nur ca. 200 Jahre alt 2. Das Verbot zur Sklaverei ist zu einer Zeit erlassen worden, als Sklaverei gesellschaftlich weitgehend normal war. 3. Daher sind weder Tradition noch gesellschaftliche Normalität überzeugende Rechtfertigungen, Tieren menschliche Grundrechte vorzuenthalten.

In der Natur gilt das Recht des Stärkeren.	1. Viele Tierarten zeigen **altruistisches Verhalten** (Versorgung der Schwachen, Adoption von Waisenkindern) 2. Wir wenden in menschlichen Gesellschaften das Prinzip aus ethischen Gründen nicht mehr an. Warum wenden wir es dann auf Tiergesellschaften an? Nur um unseren Fleisch-, Fisch-, Eier- und Milchkonsumkonsum und das Töten zu rechtfertigen? 3. Tiere sind friedlicher als Menschen: Weniger Kriege, weniger Kriegsverbrecher, weniger Tote, Töten geschieht in der Regel nicht aus niedrigen/politischen Motiven (Hass, Gier, Größenwahn, Ideologie, Rassismus), sondern fast ausschließlich zur Nahrungsbeschaffung.
Ohne Tiernutzung in der Vergangenheit hätten wir nicht die Gesellschaft, wie wir sie heute kennen. Die Ungleichbehandlung von Mensch und Tier war also notwendig und ist deshalb gerechtfertigt.	Das gleiche Argument gilt für die **Sklaverei**. Obwohl westlicher Wohlstand darauf basiert, lehnen wir sie ab, aber bei Tieren befürworten wir die weitere Ungleichbehandlung.
Ohne Ungleichbehandlung von Mensch und Tier könnten wir keine Tierprodukte konsumieren.	1. Es ist möglich, sich auch ohne **Tierprodukte** ausgewogen und gesund zu ernähren – in jedem Alter und in allen Lebenslagen. 2. Tiere aus Genussgründen zu töten ist unethisch, weil das Interesse des Tieres zu leben höher zu bewerten ist als die hedonistische Befriedung des Menschen.
Wenn Menschen in einem Konfliktfall die Wahl treffen müssten, einen Menschen oder ein Tier zu retten, würden sie sich immer für den Menschen entscheiden. Daher darf man Menschen grundsätzlich anders behandeln als Tiere.	1. Das ist **nicht allgemeingültig.** Wenn es brennt, und wir nur die Wahl haben unser Haustier oder das Leben eines Terroristen, Einbrechers oder Drogenhändlers zu retten, würden wir,

ohne zu zögern, das Tier retten.[21]
2. Menschen wählen im Konfliktfall auch ihnen näherstehende Menschen anstatt Fremde, woraus aber nicht abgeleitet werden kann, dass sie Fremde außerhalb dieser Notsituation generell diskriminieren und ausbeuten dürfen.

21 Francione, G. L. (2000): Introduction to Animal Rights. Your Child or the Dog? S. 151-154; Philadelphia

Menschen haben Tiere erzeugt (gezüchtet). Daher haben sie auch ein Recht zu bestimmen, wie sie sie behandeln.

1. Der Großteil der Tiere wurde **nicht gezüchtet.** Menschen töten diese Tiere trotzdem, obwohl sie Wildtiere sind: Wildtiere an Land (Elefant, Nashorn, Insekten etc.), im Wasser (Wale, Fische, Delfine) und in der Luft (Vögel, Bienen, Insekten).
2. Eltern, die ihre Kinder gezeugt haben, besitzen dadurch kein Eigentumsrecht an ihnen. Sie dürfen sie nicht verkaufen oder ihnen Rechte und Grundrechte absprechen.
3. Sklavenhalter zwangen Sklaven, Kinder zu zeugen, um an mehr Sklaven zu kommen. Niemand würde heute sagen, dass sie dadurch das Recht besaßen, sie zu versklaven, wie wir es mit derselben Argumentation mit Tieren dürfen.

Rechte sind eine menschliche Erfindung, sie werden von Menschen gemacht und gelten nur für Menschen.

1. **Historischerer Widerspruch:**
a. Rechte, die Weiße ursprünglich nur Weißen zugestanden hatten, wurden auf Schwarze ausgedehnt.
b. Rechte, die Männer ursprünglich nur Männern zugestanden hatten, wurden auf Frauen ausgedehnt.
c. Rechte, die geistig Gesunde ursprünglich nur geistig Gesunden zugestanden hatten, wurden auf geistig Behinderte ausgedehnt.

Gott hat die Herrschaft über die Tiere legitimiert und nur Rechte für Menschen geboten. Außerdem haben Tiere keine Seele.

1. Diese Aussage ist nur relevant für **gläubige Christen**. Sie ist unbedeutend für ungläubige Christen („Sonntagsgläubige"), die die Rituale der Christen äußerlich durchführen, ohne an die Inhalte der Bibel zu glauben, Ebenso betrifft die Bibel auch nicht Milliarden von Andersgläubigen und Atheisten. Für die überwältigende Mehrheit der Menschen ist dieser Gedanke also nicht bindend.
2. Aus der Bibel können k**eine Menschenrechte** abgeleitet werden. Teilweise wird sogar Sklaverei gutgeheißen. Menschenrechte sind eine säkulare Idee der Aufklärung und können durch christliche Schriften weder belegt noch widerlegt werden.
3. **Falsche Übersetzung**: „untertan machen". Das hebräische „Kabasch" bedeutet auch „als Kulturland in Besitz nehmen", „dienstbar, urbar machen" (Genesis 1,28).4. Gott fordert die Menschen im nächsten Vers in Genesis I, 29 auf, sich ausschließlich von Früchten, Getreide und Gemüse zu ernähren [22]
5. Dass Tiere keine **Seele** haben sollen, rechtfertigt nicht, sie zu töten und auszubeuten. Im Gegenteil: Sie leben nach christlicher Lehre nach dem Tod nicht weiter und sollten gerade deshalb zu Lebzeiten gut behandelt werden.
6. Weder die Existenz Gottes oder der Seele ist **wissenschaftlich** erwiesen und kann deshalb nichts Säkulares beweisen oder rechtfertigen, also auch nicht die Ausbeutung von Tieren.

22 An anderen Stellen der Bibel finden sich jedoch auch Aussagen, die den Fleisch- und Fischgenuss nicht in Frage stellen. In Gen 9.3 gibt Gott dem Menschen zum Beispiel explizit das Recht, alles zu essen. was er möchte, außer bluthaltigem Fleisch (Gen 9.4). Der Verzehr von Fleisch wird manchmal eingeschränkt, wie z.B. beim Fasten oder bei unreinen Tieren.

Religionen wie der Buddhismus lehren, dass die Reinkarnation von Menschen in Tieren als Strafe wegen schlechten Karmas erfolgt. Das zeigt die geringere Wertigkeit der Tiere gegenüber Menschen, und deshalb ist die Ungleichbehandlung gerechtfertigt.	1. Auch dieses Argument ist nur für **gläubige Buddhisten** bindend, nicht aber für Atheisten und Milliarden Andersgläubige gültig, zumal die Existenz von Reinkarnation ebenfalls unbewiesen und wissenschaftlich betrachtet äußerst unwahrscheinlich ist. 2. Buddhisten lehnen jegliche Form von Gewalt ab und leben deshalb vegetarisch, da sie nicht töten. Es mag zwar sein, dass aus buddhistischer Sicht der Mensch über dem Tier steht, trotzdem töten oder verletzen sie kein Tier.
Fazit und Schlussfolgerung	Angeführte „Gründe für den Speziesismus sind die populären Argumente. Sie sind weit verbreitet, doch sind es schwache Argumente. Es kann einfach gezeigt werden, dass sie logisch nicht konsistent sind, in vergleichbaren Fällen nicht gelten und/oder die dahinterstehende Voraussetzung nicht existiert.“

<table>
<tr><th>Pro</th><th>Contra</th></tr>
<tr><td colspan="2">Kategorie 2: Spezifische Argumente:
FORMEL: Alle nichtmenschlichen Tierarten haben weniger Rechte, weil Menschen über einzigartige Fähigkeiten oder Eigenschaften verfügen.

BEDINGUNGEN für den Beweis[23]:
1. Alle Menschen besitzen jene Fähigkeiten oder Eigenschaften.
2. Ausschließlich Menschen besitzen jene Fähigkeiten oder Eigenschaften.
3. Jene Fähigkeiten oder Eigenschaften sind ethisch relevant.

Jedes Argument der Speziesisten muss alle obigen Bedingungen erfüllen.</td></tr>
<tr><td>Nur Menschen können Schmerz empfinden, denn nur sie können uns das durch Sprache mitteilen. Ob Tiere Schmerz empfinden, selbst wenn ihr Verhalten ähnlich dem menschlichen Verhalten bei Schmerzempfindung ist, lässt sich nicht beweisen.</td><td>1. Menschen mit angeborener Schmerzunempfindlichkeit (Analgesie), Sprachbehinderte, Babies, Demente, Stumme, Ohnmächtige, geknebelte Menschen und Komapatienten können ur ihren Schmerz sprachlich nicht mitteilen, und trotzdem behandelt man sie gegen Schmerzen und beraubt sie nicht ihrer Rechte.
2. Schmerz von Tieren kann auch ohne Sprache erkannt werden: EU-Parlamentari weinten als sie das verzweifelte Quieken von Schweinen im Schlachthof in einer filmischen Doku sahen.
3. Analogieargument[25]: Tiere besitzen physiologische Schmerzrezeptoren (Noziz-Rezeptoren), die mit dem Zentralnervensystem verbunden sind und dorthin bei Reizung Signale senden. Ihr Körper erzeugt darüber hinaus schmerzstillende Substanzen (Opiode). Warum sollte ein Körper schmerzstillend</td></tr>
</table>

23 Pluhar, E. (2005), *Beyond Prejudice. The moral significance of human and nonhuman animals*, S.139; Durham / London. Aus: Ach, J. S. (1999): *Warum man Lassie nicht quälen darf. Tierversuche und moralischer Individualismus,* S.117f. Erlangen

24 Dunayer, J. (2004): *Speciesism*, S. 27; Fairborn Court.

25 Wild, M. (2008): *Tierphilosophie zur Einführung,* S.141f; Hamburg

Substanzen erzeugen, wenn er keinen Schmerz empfindet? Das ist aus evolutionärer Sicht unlogisch. Verletzungen lösen bei Tieren ein Verhalten aus, sich der Quelle der Verletzung zu entziehen. Exakt auf diese Weise reagieren Menschen, somit ist dies eine Gemeinsamkeit zwischen Tier und Mensch
4. **Evolutionsargument**[26]: Schmerz hat eine bedeutende evolutionäre Funktion, Schäden am Körper wahrzunehmen, was wiederum die Überlebenschance erhöht. Deshalb besitzen die meisten Tiere Schmerzempfinden. Da der Mensch ebenfalls der Evolution entstammt und sich aus anderen Tierarten heraus entwickelt hat, ist nicht anzunehmen, dass das menschliche Schmerzempfinden einzigartig ist oder sich von nicht-menschlichen Tierarten unterscheidet.

26 Ebd.

Tiere sind weniger intelligent als Menschen, daher dürfen sie auch anders behandelt werden.

1. Dies gilt nur für den Durchschnitt, aber nicht für jeden Fall. Es gibt den Fall eines geistig stark Behinderten mit IQ 9, dem ein Gericht die Grundrechte zusprach. Gorillas, die einen IQ von 90 haben und somit deutlich intelligenter sind als obiger Junge, erhalten diese bis heute nicht. Das bedeutet, dass die Diskriminierung nicht aufgrund einer Intelligenzleistung geschieht[27]. Ansonsten könnte man Föten, Babys, Dementen, geistig Behinderten und psychiatrisch schwer Erkranken ihre Grundrechte entziehen, was man aber nicht tut.
2. Da nicht alle Menschen intelligenter als sämtliche Tiere sind, ist die Bedingung der Einzigartigkeit nicht erfüllt, womit die Diskriminierung einen logischen Widerspruch darstellt.

27 Vgl. Dunayer 2004, S.26

1. Aufgrund ihrer geringeren Intelligenz können sich Tiere nicht an so vielen Aspekten des Lebens erfreuen wie Menschen. Ihr Leben ist daher weniger wertvoll.

2. Zudem leiden weniger intelligente Lebewesen in vergleichbaren Situationen weniger als intelligentere Lebewesen!

1. Es ist äußerst fraglich, ob intelligentere Wesen mehr Freude empfinden als weniger Intelligente. Kinder und Trisomie 21-Patienten sind oft glücklicher als Erwachsene, gerade weil sie weniger Wissen haben und dadurch unbeschwerter leben.
2. Die Evolution hat dafür gesorgt, dass Lebewesen die einfachen Dinge des Lebens (in der Sonne liegen, Sex, Gartenarbeiten, gutes Essen) eher genießen als intellektuelle Tätigkeiten.
3. Tiere haben oft deutlich ausgeprägtere Sinnesorgane als Menschen, nehmen einiges deshalb gewiss intensiver wahr. Viele Tierarten hören, sehen und riechen um ein Vielfaches besser als Menschen. Darüber hinaus haben sie dem Menschen einzigartige Fähigkeiten voraus oder können vorhandene effektiver nutzen (fliegen, klettern, hoch springen, schnell rennen, langes Tauchen und Schwimmen ohne Hilfsmittel). Ihre Wahrnehmung und Erleben können dadurch sehr abwechslungsreich sein.
4. Zu Pro-Argument 2: Manchmal schützt Unwissenheit vor Leid, aber manchmal erzeugt es Leid. Menschen können in Schmerz- oder Leidenssituation vorhersehen, dass Leid irgendwann endet oder dass es zeitlich begrenzt ist (Zahnarzt, OP, Spritze, Blutabnahme, Betäubung, Gefängnis) oder es einem danach besser gehen wird. Dieses Wissen reduziert das Leid. Tiere können nicht erkennen, dass eine leidvolle oder unangenehme Begebenheit zeitlich begrenzt ist oder ihnen hilft, wie z.B. eine unangenehme tierärztliche Behandlung.

Tiere können nicht wie Menschen reflektieren. Daher dürfen sie auch ungleich behandelt werden.

1. Wenn reflektieren meint, dass Tiere nicht über ihre Position in der Welt nachdenken (verorten), so ist das fraglich.
2. Sie haben Gedanken in mentalen Repräsentationen[28] , d.h. sie interpretieren Dinge in ihrer Umwelt und verhalten sich dementsprechend. Ein Beispiel: Aufgrund meiner Behinderung habe ich für einige Türen Bodensensoren. Wenn ich mit dem Rollstuhl darüberfahre, öffnen sich die Türen. Unser Zwergkaninchen Bello hat zufällig entdeckt, dass die Schlafzimmertür sich öffnet, wenn er den Taster berührt. Als er das nächste Mal bei mir war und wieder aus dem Zimmer hinaus wollte, berührte er ganz bewusst den Sensor und hoppelte aus der sich öffnenden Tür. Er benutzt den Sensor seitdem immer wie selbstverständlich.
3. Selbst wenn bewiesen wäre, dass Tiere nicht reflektieren könnten, ist diese Tatsache ethisch nicht relevant, da aus ihr weder Diskriminierung noch das Vorenthalten von Grundrechten gefolgert werden können.

28 vgl. Wild 2008, 106

Tiere haben zwar Gedanken, können aber nicht reflektiert denken, d.h. sie können nicht über das Gedachte nachdenken. Sie bilden keine Metagedanken. Daher dürfen sie auch ungleich behandelt werden.

1. Metagedanken setzen die kognitive Fähigkeit voraus, dass man beurteilen kann, ob das Gedachte falsch oder richtig ist. Ein Indikator dafür ist, ob Wesen ein geändertes Verhalten zeigen. Genau dieses Verhalten legen manche Tierarten an den Tag. Dies wurde inzwischen bei Schweinen

bewiesen.[29] Wenn dies bei Schweinen bewiesen wurde, muss man aufgrund der Einheit der Evolution davon ausgehen, dass dies bei allen Tieren vergleichbarer und höherer Intelligenz ebenso der Fall ist.

2. Es gibt Menschen (Babys, Demente, Psychotiker, Komapatienten oder geistig Behinderte, usw.) die sich aller Wahrscheinlichkeit nach nicht in der Welt geistig verorten können und trotzdem Grundrechte haben (sogar tote Menschen erhalten Pietät: ihre toten Körper werden nicht verfüttert oder in die Biotonne gesteckt). Das Reflexionsvermögen ist also kein ethisch relevantes Kriterium, weil man obigen Menschen ansonsten ihre Grundrechte absprechen müsste.

29 Allan, C. (2005): Tierbegriffe neu betrachtet. Ein empirischer Ansatz: Die Analyse einer Selbststeuerung, in: Der Geist der Tiere, ed. D. Perler & M. Wild, Frankfurt a. M.

Tiere haben keine Sprachfähigkeit und daher keine Rationalität; diese besitzt nur der Mensch.

1. Nur weil Tiere aus **physiologischen** Gründen nicht artikuliert sprechen können, heißt das nicht, dass sie nicht die geistigen Fähigkeiten dazu haben. Die Verhaltensforschung hat bewiesen, dass Schimpansen, die sich aufgrund der Physiologie nicht artikulieren können, eine komplexe Zeichensprache mit Syntax und mehreren Tausend Wörtern erlernt haben. Das beweist auch, dass es Tiere gibt, die geistig genauso in der Lage sind wie Menschen, sich zu artikulieren. Weitere Beispiele sind Graupapageien und Meerkatzen, wobei letztere sogar in der Lage sind,

abstrakte Begriffe auszudrücken.[30]
2. Einfache Lautäußerung und Gesten erfüllen laut Perler & Wild[31] die Voraussetzung von Sprache: Die Erfüllung einer referenziellen, semantischen, pragmatischen und kommunikativen Funktion. Wenn dies bei Papageien und Primaten bewiesen wurde, muss man aufgrund der Einheit der Evolution davon ausgehen, dass Sprachfähigkeit auch bei vielen anderen Tieren vorhanden ist.
3. Es ist nicht bewiesen, dass Wesen, die nicht sprechen können, nicht vernunftbegabt sind (siehe die Übersicht bei Wild & Tietz 2006, 18-21).[32] Viele Philosophen gehen aber davon, dass dem so sei. Sie argumentieren, dass Wesen kognitiv in der Lage sein müssen, sprachliche Begriffe zu bilden, um zu denken. Der Satz „Ich fahre mit dem Auto in die Stadt" setzt voraus, dass ich die sprachlichen Begriffe ‚Auto', ‚fahren' und ‚Stadt' bilde. Dazu seien Tiere nicht in der Lage und somit nicht zur Rationalität fähig. Dagegen spricht folgende empirische Tatsache: 5-jährige Kinder erinnern sich an Erlebnisse, als sie 1 Jahr waren. Sie hatten also höchstwahrscheinlich bereits zu einer Zeit ein Denkvermögen, in der sie noch kein Sprachvermögen besaßen.[33]

---

30 Allan, C. & Saidel, E. (2005): Die Evolution der Referenz, in: Der Geist der Tiere, ed. D. Perler & M. Wild, Frankfurt a. M.
31 Perler und Wild 2005
32 Wild, M. & Tietz, S. (2006): Denken Tiere? Ein Forschungsbericht, in: Information Philosophie 34/2006
33 Tustin, K. & Hayne, H. (2010): Defining the boundary. Age-related changes in childhood amnesia, in: Developmental Psychology 46/2010

1. Tiere haben kein Bewusstsein von sich selbst.
2. Sie können sich nicht als Individuen wahrnehmen, d.h. von anderen Tieren unterscheiden.
3. Und sie können dies deshalb nicht, weil sie sich nicht in der Zeit verorten können.

Es müssen hier vier Dinge unterschiede werden[34]:
„(1) ob Tiere kein Bewusstsein von sich selbst haben;
(2) ob Tiere kein Bewusstsein von sich als Individuen haben;
(3) ob für ein Bewusstsein von sich selbst eine Verortung in der Zeit notwendig ist;
(4) ob Selbstbewusstsein nur Menschen ur keinen anderen Tieren zukommt und dam ethisch relevant ist."

1. Es ist nicht bewiesen, dass die Annahm stimmt, dass Tiere kein Bewusstsein von sich haben. Die Ethologen Donald und Bernard Rollin behaupten, dass jedes wahrnehmende Geschöpf einen gewissen Grad an Selbstbewusstsein hat[35]. Wenn d Wesen Schmerz oder Freude wahrnimmt, ist es sich bewusst, dass der Schmerz oder die Freude seine eigenen sind. Wäre es nicht selbstbewusst, wüsste es nicht, ob es sein Schmerz oder seine Freude ist. Aber dann hätte es auch keine Wahrnehmung von irgendwas. (Selbst im Falle von Telepathie und Empathie würde zwar die Wahrnehmung von anderen Wesen stammen, aber um das zu erkennen, muss das Wesen den Schmerz oder die Freude bei sich selbst wahrnehmen können.)
2. Der Herdentrieb zeigt, dass Tiere sich sehr wohl als Einzelner im Gegensatz zu einem Rudel oder einer Herde bewusst sind. Wenn eine Büffelherde in Gefahr gerät, beginnen einige Tiere der Herde loszulaufen, manche bleiben noch stehen. Dann jedoch erkennen die Nachzügler die Flucht der Artgenossen und beginnen

34 Vgl. Pätzold 2011, Abschnitt Selbstbewusstsein und Zukunftsbewusstsein
35 Steiner 2008: Animals and the Moral Community. Mental Life, Moral Status, and Kinship, Kapitel 2; New York.

ebenfalls zu fliehen, so dass nach wenigen Sekunden die gesamte Herde flieht. Das Nachahmen mit zeitlicher Verzögerung stellt eine kognitive
Leistung dar:
a. Der stehende Büffel ist fähig, sich als Individuum wahrzunehmen, da er
b. erstens nicht wie seine Büffelkollegen sofort losrennt und
c. zweitens jedoch erkennt, dass er selbst ein Büffel ist, weil er den anderen Büffeln später nachläuft, was beweist, dass er sich als Teil der Büffelherde wahrnimmt.
3. Gary Francione argumentiert in Anlehnung an Damasio[36] [37], dass Selbstbewusstsein keine Verortung in der Zeit (autobiographischer Sinn) voraussetzt. Damasio unterscheidet Kernbewusstsein von Erweiterten Bewusstsein.

Das **Kernbewußtsein**[38] „informiert das Ich über seine Situation im Hier und Jetzt".

Das **Erweiterte Bewußtsein**[39] „informiert über die Vergangenheit sowie die Pläne für die Zukunft."

Die meisten Tiere besitzen kein oder im Vergleich zum Menschen geringes erweitertes Bewusstsein. Dies trifft jedoch auch auf bestimmte Menschen zu: menschliche Unfallopfer mit Hirnschädigungen, geistig Behinderte ab einem gewissen Schweregrad, Demenzkranke, Komapatienten und

---

36 Francione 2000, S.139f
37 Damasio, A. R. (1999): The Feeling of What Happens. Body and Emotion in the Making of Consciousness, New York
38 Ebd. Zitiert aus Pätzold 2011, Abschnitt Selbstbewusstsein und Zukuftsbewusstsein
39 Ebd.

Kleinkinder unter drei Jahren, usw. Sie besitzen zwar keine zeitliche Verortung (durch das Fehlen des Erweiterten Bewusstseins), verfügen aber über ein Kernbewusstsein, welches sie den Alltag (mit fremder Hilfe) bewältigen lässt. Diese Menschen verfügen deshalb eindeutig über Selbstbewusstsein, weil sie das sonst nicht könnten. Deshalb kann davon ausgegangen werden, dass dies im gleichen Maße für Tiere zutrifft. Dies zeigt, dass ein Bewusstsein von sich selbst kein erweitertes Bewusstsein voraussetzt.
4. Es gibt Menschen ohne erweitertes Bewusstsein, und trotzdem werden ihnen ihre Grundrechte nicht abgesprochen, den Tieren aber schon. Gewisse Tierarten verfügen sogar über eine Verortung in der Zeit, selbst diese, die menschlichen Grenzfällen diesbezüglich überlegen sind. Und trotzdem entzieht man selbst jenen Tieren menschliche Grundrechte.

Weil der Mensch ein Bewusstsein von der Zukunft hat, hat er ein Interesse weiterzuleben. Tiere hingegen haben kein Zukunftsbewusstsein und daher keine Wünsche für die Zukunft und auch kein Interesse am Weiterleben. Deshalb fügt man ihnen keinen Schaden zu, wenn man sie tötet.

„An diesem Argument ist zweierlei fraglich:
1. dass aus dem Fehlen eines Zukunftsbewusstsein folgt, Tiere hätten kein Interesse am Weiterleben;
2. dass es nur Menschen und keinen anderen Tieren zukommt und somit ethisch relevant ist.“[40]
3. Jedes empfindungsfähige Tier hat ein Interesse, Freude zu vermehren und Leid zu vermeiden. Freude zu vermehren, setzt voraus, am Leben zu bleiben, ob man sich der Zukunft nun bewusst ist oder nicht. Tötet man es, kann es seinen starken Wunsch, die Freude in seinem Leben zu maximieren, nicht mehr

40 Ebd.

nachkommen.[41 42 43]
4. Der Überlebensinstinkt beweist, dass Tiere weiterleben wollen. Warum ergibt sich das Zebra nicht widerstandslos in sein Schicksal und lässt sich vom jagenden Löwen fressen? Es flieht in wilder Panik. Warum tut es das? Weil das Zebra leben will, es will in der Zukunft weiterexistieren.

41 Francione G.L. 2000, S.137-146 und Francione, G. L. (2008): Animals as Persons. Essays on the Abolition of Animal Exploitation, S.148-169; New York.
42 DeGrazia, D. (1996): Taking Animals seriously. Mental Life and Moral Status, S.236; New York.
43 DeGrazia, D. (2002): Animal Rights. A Very Short Introduction, S.60; Oxford.

Die Ethik der Menschen kommt durch einen gegenseitigen **Vertragsschluss** zustande, wozu die Wechselseitigkeit (Reziprozität) der Teilnehmenden gehört: Nur wer Pflichten übernimmt, soll auch Rechte haben. Da Tieren die Fähigkeit fehlt, am Vertragsschluss teilzunehmen bzw. Pflichten wahrzunehmen, müssen sie auch nicht nach dem Gleichheitsprinzip berücksichtigt werden.

Menschliche Grenzfälle wie geistig Behinderte, Komapatienten, Menschen mit Hirnverletzungen, psychotische Menschen oder Babys erfüllen die geforderten Anforderungen der Reziprozität nicht. Nach Logik des Pro-Arguments gehören obige Menschengruppen nicht zur Gesellschaft und könnten ohne Folgen verkauft, gequält und getötet werden. Trotzdem macht man bei der eigenen Spezies berechtigte Ausnahmen, lässt dies aber bei Tieren nicht zu.

Nur Menschen kennen Moral, unter Tieren gibt es sie nicht. Daher müssen Tiere moralisch nicht berücksichtigt werden.

1. Moral hat sich während der Evolution entwickelt, weil es für die Spezies vorteilhaft war, sich moralisch zu verhalten.
2. Wir können dies bei Menschen und inzwischen bei Affen nachweisen.
3. Da alle anderen Tierarten neben

	Affen und Menschen den Gesetzen der Evolution unterlagen, ist es sehr wahrscheinlich, dass auch die meisten anderen Spezies Moral entwickelt haben [44] [45] 4. Selbst wenn Tiere keine Moral hätten, was aber laut de Waals nicht der Fall ist, könnten wir sie moralisch behandeln. 44 de Waal, F. (2000): Der gute Affe. Der Ursprung von Recht und Unrecht bei Menschen und anderen Tieren, München. 45 de Waal, F. (2008): Primaten und Philosophen. Wie die Evolution die Moral hervorbrachte, München.
Fazit und Schlussfolgerung	Die Schwachstellen der PRO Argumente im zweiten Teil liegen darin begründet, dass sie fast immer ethisch irrelevant sind und dass keines in der Lage ist: 1. „alle Menschen in die moralische Gemeinschaft einzuschließen 2. und gleichzeitig alle Tiere auszuschließen.“ [46] […] In der Folge, würde man die Argumente der Speziesisten „konsequent umsetzen, hieße das, dass menschliche Grenzfälle wie Kleinkinder und geistig behinderte Menschen keine Grundrechte besitzen würden.“[47]

46 Vgl. Pätzold 2001, Abschnitt Nachbemerkungen
47 Ebd.

<table>
<tr><th>Pro</th><th>Contra</th></tr>
<tr><td colspan="2">Kategorie 3: Ergänzende Argumente zu Kategorie 2:
FORMEL: Alle nichtmenschlichen Tierarten haben weniger Rechte, weil Menschen, inklusiver aller existierender menschlicher Grenzfälle, über einzigartige Fähigkeiten oder Eigenschaften verfügen,

BEDINGUNGEN für den Beweis:
a) Alle Menschen besitzen jene Fähigkeiten oder Eigenschaften.
b) Ausschließlich Menschen besitzen jene Fähigkeiten oder Eigenschaften.
c) Jene Fähigkeiten oder Eigenschaften sind ethisch relevant.
d) Das Argument muss alle menschlichen Grenzfälle einschließen und gleichzeitig alle Tiere ausschließen.

Jedes Argument der Speziesisten muss alle obigen Bedingungen erfüllen.</td></tr>
<tr><td>Auch wenn Kleinkinder bestimmte Eigenschaften und Fähigkeiten noch nicht aufweisen, werden sie es bei normaler Entwicklung in absehbarer Zeit tun. Im Gegensatz zu Tieren haben sie die Möglichkeit (Potenzialität), diese Eigenschaften und Fähigkeiten zu erlangen. Tiere aber haben diese Potenzialität nicht.</td><td>1. Dieses Argument schließt den Grenzfall von Kleinkindern korrekt ein, schließt aber Menschen mit irreversiblen Behinderungen (z.B. Trisomie-21, Tay-Sachs-Syndrom, Mikro-Zephalie), Krankheiten (Fortgeschrittene Demenz, Alzheimer-Erkrankung) und Unfallopfer mit nicht heilbaren Gehirnschäden aus.
2. Es ist unplausibel, Rechte und Privilegien aufgrund vorhandener Potentiale zu vergeben. Jedes Neugeborene hat das Potential mit 18 das Wahlrecht zu erhalten, trotzdem lässt man Babys nicht wählen. Ebenfalls hat jedes Baby mit deutscher Staatsbürgerschaft die Chance Bundeskanzler zu werden, trotzdem erhält kein Baby das Recht, die Regierungsgeschäfte zu leiten.
3. Menschen mit tödlichen Erkrankungen, die bald sterben werden, werden nicht so behandelt, als ob sie bereits tot wären.</td></tr>
</table>

Menschlichen Grenzfällen fehlt zwar die jeweilige Eigenschaft oder Fähigkeit, aber die meisten anderen Menschen besitzen diese Eigenschaft oder Fähigkeit normalerweise. Daher sollte man sie so behandeln, wie man Menschen im Normalfall behandeln würde.

1. Das Argument widerspricht der Natur von Rechten. Rechte werden an bestimmte Individuen entsprechend ihrer Interessen (die oft aus ihren Fähigkeiten und Eigenschaften resultieren) verliehen.
2. Das Argument verstößt gegen das Prinzip des moralischen Individualismus, demzufolge wir jedes Individuum nach Maßgabe seiner Eigenschaften und Fähigkeiten behandeln müssen und nicht nach denjenigen von anderen Individuen.[48]
3. Ein Schüler einer gymnasialen Abschlussklasse besteht die Prüfung als einziger nicht. Seine Mitschüler bestehen allesamt und erwerben damit das Recht an der Uni zu studieren. Der scheiternde Schüler kann dieses Recht nicht mit der Begründung einklagen, es sei in seiner Klasse normal gewesen, die Prüfung zu bestehen, und deshalb müsse seine Prüfung ebenfalls als bestanden gewertet werden.

48 Ach, J. S. (1999): Warum man Lassie nicht quälen darf. Tierversuche und moralischer Individualismus, S.112; Erlangen.

Menschliche Grenzfälle müssen moralisch berücksichtigt werden, weil sie uns näher verwandt sind als Tiere.

1. Aus genetischer Ähnlichkeit ethische Schlussfolgerungen zu ziehen, ist rassistisch. Genau dies taten Befürworter der Sklaverei, Apartheid, Nationalsozialiste
2. Denn aus biologischen Unterschieder folgt nicht das Recht, das Gleichheitsprinzip zu verletzen, wenn […} gleiche Interessen vorliegen.
3. Das Argument suggeriert, das soziale Nähe zu Blutsverwandten gesucht und bevorzugt wird. Verwandtschaftliche Beziehungen sind tatsächlich aber häufi weniger angenehm und nicht so intensiv wie Beziehung
zu Freunden oder Lebenspartnern. Dah folgt auch die Lebensweisheit: Freunde kann man sich aussuchen – die Verwandtschaft nicht.

Nur Menschen besitzen Menschenwürde, daher muss man auch menschliche Grenzfälle so behandeln, wie man andere Menschen behandeln würde, weil sie Menschen sind.	Das Argument begründet Speziesismus mit Speziesismus 1. Diese Behauptung setzt Speziesismus voraus, um Speziesismus damit zu begründen. Denn zu sagen, nur Menschen besitzen Menschenwürde, ist bereits speziesistisch. 2. Dieses Argument ist ein Zirkelschluss und somit inhaltlich und beweistechnisch wertlos.
Fazit und Schlussfolgerung	1. Manche Argumente können einige der menschlichen Grenzfälle einschließen, sie sind jedoch konstruiert und unplausibel. 2. Die wenigen, die alle Grenzfälle berücksichtigen, sind nicht ethisch relevant oder kein Argument zur Verteidigung des Speziesismus, sondern selbst eine Form von Speziesismus und bleiben daher ohne ethische Begründung.

Es gibt auch in obiger Zusammenfassung kein Argument, dass ethisch eindeutig begründen könnte, warum Tieren menschliche Grundrechte vorenthalten werden. Da aus obigen Argumentationen der logische Schluss folgt, dass weder Aussehen, Sprache, Intelligenz, Kultur, Kognition oder Verhalten die Ursache für die Diskriminierung der Tiere sein können, bleibt (neben der faktischen Dominanz) einzig und allein ihre Zugehörigkeit zu einer anderen Art als Diskriminierungsgrund. Das wird Speziesismus genannt, den wir diskutiert haben. Die philosophischen Spiegelfechtereien bleiben aber in Angesicht des täglichen Grauens, das Tieren angetan wird, recht akademisch. Ob Tiere nun ein Kernbewusstsein oder doch ein Zeitbewusstsein haben, ob sie sich in der Zeit verorten können, mehr oder weniger Freude empfinden als der Mensch oder kein Teil des Gesellschaftsvertrags sind, nichts von alledem rechtfertigt das jährliche Töten und Quälen von hundert Milliarden Tieren. Gewalt ist niemals gerechtfertigt[49], so schön sie auch verpackt und gerechtfertigt erscheint!

49 Wie bei allem gibt es Ausnahmen: Zum Beispiel die Selbstverteidigung. Als China Tibet überfiel verteidigten die Mönche sich mit Waffengewalt. Damit verschafften die Mönche dem Dalai Lama Zeit, sicher ins Exil zu fliehen.

Generell muss man sich fragen, ob Unterschiede, die (sieht man von Sonderfällen wie Krankheit, Alter und Behinderung ab) kognitiv und kulturell vorhanden sind, irgendetwas über den Wert von Mensch und Tier aussagen. Zählt das Leben eines Menschen mehr, weil er ein vernunftbegabtes Gehirn besitzt und Dinge kann, die Tiere nicht können? Die menschliche Spezies tut Dinge anders und manchmal besser als Tiere. Ja, und? Gibt dieser Sachverhalt dem Menschen das Recht, Tiere zu töten oder zu quälen? Nur weil Tiere anders sind, sind sie weniger wertvoll? Das ist irrational und nicht logisch. Nach dieser Argumentation müssten Vögel über dem Menschen stehen, da sie ohne Hilfsmittel fliegen können, der Mensch jedoch nicht. Menschen begehen seit jeher den gleichen Fehler: Sie verwechseln Andersartigkeit mit Minderwertigkeit. Wenn die Begründungen, Tiere zu diskriminieren, derart widersprüchlich und unlogisch sind, weshalb hält die Menschheit daran fest? Sie tut es, weil sie die Macht dazu hat.

DER MACHTFAKTOR

Der Hauptunterschied zwischen Mensch und Natur im Allgemeinen sowie Mensch und Tier im Speziellen liegt im Anhäufen von Wissen und dessen Weitergabe innerhalb der Generation und generationsübergreifend. Dadurch gelangte Homo sapiens sapiens im Laufe der Geschichte an einen Punkt, an dem er allen Arten durch seine (Waffen)-Technik überlegen war. Damit sind wir nach dem vordergründigen Speziesismus bei dem eigentlichen Hauptgrund angekommen, warum Menschen sich für wertvoller als Tiere halten und ihnen Grundrechte verweigern. Die menschliche Spezies tut es, weil sie es kann. Sie tut es, weil sie die Macht dazu hat! Menschen sind als Sieger aus dem evolutionären Anpassungsprozess hervorgegangen. Der Homo Sapiens ist die dominante Spezies auf dem Planeten. Durch die Weiterentwicklung der Waffentechnik hat das Tier keine Chance gegen menschliche Gewalt.

Die physische Herrschaft über die Tiere hat die menschliche Spezies glauben lassen, sie sei etwas Besseres als die tierische Spezies. Menschen bestimmen über Leben und Tod jedes Tiers. Menschen entscheiden, welche Tiere als Nutztiere sterben, ob und welche Art geschützt wird bzw. welche nicht und welche Spezies als Haustier sein Leben geliebt und in Sicherheit führen darf. Wir führen die Speziesismus-Debatte nur deshalb, weil wir in der Position des Stärkeren sind. Könnten wir die Tiere nicht derart beherrschen, würden wir eine Diskussion über Grundrechte für Tiere nicht führen. Sie macht nur Sinn, weil der Mensch beide Optionen (Ausbeutung versus Grundrechte) umsetzen kann.

Wie oben immer wieder anklang, ist es nicht eine Debatte zwischen Tier und Natur einerseits und Mensch andererseits, sondern es ist eine über das hierarchische Verhältnis zwischen Stärkeren und Schwächeren, Mächtigen und Machtlosen, Unterdrücker und Unterdrückten.

Mag sich die Menschheit als eine Gemeinschaft gegenüber den Tieren sehen. Innerhalb der eigenen Spezies herrscht diese Einigkeit nicht, der Kampf der Völker und Nationen untereinander hat zu unermesslichem Leid geführt. Wie viele Kriege, Folterungen, Pogrome und ethnische Säuberungen hat der Mensch schon gegen andere Menschen durchgeführt, die nicht so waren wie er selbst. Immer wieder tritt der alte Fehler des Menschen zutage: Er verwechselt Andersartigkeit mit Minderwertigkeit. Völker und Nationen besiegten mit physischer Gewalt andere Völker und Nationen. Die Gewinner sehen sich als das Volk mit dem höheren Wert an. Warum tun sie das? Sie tun es, weil sie es können.

Die Mächtigen suchen sich im Nachhinein immer vernünftige, (scheinbar) gerechte und (scheinbar) logische Legitimationen. Kein Herrscher begründet seine Macht damit, dass er sagt, er herrsche, weil er am besten darin war, andere gewaltsam umzubringen. Die Pro-Speziesismus-Argumente sind aber genau das. Die herrschende menschliche Spezies legitimiert ihren Machtanspruch mit scheinbar vernünftigen Argumenten, die aber bei genauerem Hinsehen widersprüchlich, unlogisch und äußerst zweifelhaft sind. Außerdem zieht man aus den gemachten Prämissen immer den Schluss, Tiere weiterhin auszubeuten, obwohl man aus denselben Prämissen auch zu Schlüssen kommen könnte, Tieren Grundrechte zu geben. Als Beispiel sei das Recht des Stärkeren erwähnt. Speziesisten argumentieren, dass im Tierreich das Recht des Stärkeren herrsche, und der Mensch dies deshalb auf Tiere anwenden dürfe. Genauso gut könnte man argumentieren, dass in menschlichen Gesellschaften alle gleiche Rechte haben (sollen) und man dies auch auf die Natur anwenden sollte.

Gibt es denn nun objektive Kriterien, jenseits anthropozentrischer Vorstellungen, warum ein fühlendes und soziales Lebewesen wie ein Tier weniger wert sein sollte als der Mensch? **Die menschliche Spezies diskriminiert alle Tiere, weil sie anders sind und weil der Mensch sie beherrscht.** Dies sind primitive Argumente. Sie sind subjektiv und dumm. Sie drücken die Arroganz und Borniertheit des Stärkeren aus. Die Argumentation ist willkürlich, entbehrt jeglicher Logik und ethischer Moralvorstellungen und ist einer überheblichen Siegermentalität entsprungen.

Fazit:
Aus einer neutralen, objektiven Sicht konnte ich keinen vernünftigen Grund finden, warum ein Tier weniger wert als ein Mensch sein sollte. Tiere sind genauso viel wert wie Menschen.

URSACHEN DES SPEZIESISMUS

Wie kommt es immer wieder dazu, dass Menschen von Andersartigkeit auf Minderwertigkeit schließen? Woran liegt das? Warum halten sich Menschen für etwas Besseres, nur weil sie sich von Tieren unterscheiden?

Menschen tendieren dazu das Wohl der Angehörigen der eigenen Art, über das Wohl derer zu stellen, die nicht ihrer Spezies angehören. Soziale Gemeinschaften definieren sich über Gemeinsamkeiten. Der Zusammenhalt innerhalb einer Gemeinschaft ist umso stärker, je mehr man sich von anderen abgrenzt bzw. je mehr an die Überlegenheit der eigenen Spezies geglaubt wird.

Evolution – Gleich und gleich gesellt sich gern

Die Ursachen für dieses Verhalten sind in der Evolution zu sehen. Die Überlebenschancen steigen, wenn Lebewesen Gruppen und Gemeinschaften bildeten. Um die Überlebenschancen in einer gefährlichen Umwelt weiter zu optimieren, organisierten sich Lebewesen der gleichen Fortpflanzung. Dies erhöhte die Chance, mehr Nachwuchs zu zeugen, was den Bestand der Art sicherte.

Lebewesen, die über die Fortpflanzung hinausgehende Gemeinschaften mit Lebewesen ähnlicher Kommunikationsform, Zielen, Aussehen und Bedürfnissen bildeten, setzten sich im Überlebenskampf gegen solche Spezies durch, die ihre Fortpflanzungspartner wahllos aussuchten. Die verbesserte Kommunikation war bei Warnrufen, der Jagd und Interaktionen von Vorteil. Missverständnisse in der Kommunikation konnten das Leben kosten. Der Bedarf nach gleichen oder ähnlich gearteten Nahrungsmitteln, sorgte dafür, dass die Individuen bei der Suche nach Essen, zusammenbleiben konnten. Dadurch waren sie sicherer vor Angriffen.

Ähnliche Morphotypen (Tier gleicher Form) gruppierten sich, da dies die Auswahl einer geeigneten Unterkunft für alle einfacher, schneller und somit sicherer machte. All diese Faktoren und viele weitere „Ähnlichkeits-Parameter“ sorgten dafür, dass Tiere und Menschen, die unter ihresgleichen blieben, sich evolutionär durchsetzen konnten.

Die Einheit der Gemeinschaft gab den Individuen der Gruppe physische und psychische Stärke, Nahrung, Sicherheit, Gemeinschaft und Nähe. Um den Erhalt der Gruppe und damit das

Überleben dauerhaft zu sichern, entwickelten sich innerhalb der Gemeinschaft Mechanismen, die Kohärenz (Zusammenhalt) zu stärken. Neben einer klaren Hierarchie und Aufgabenteilung, schuf die Überbewertung der eigenen Gruppe gegenüber anderen eine tiefe Bindung.

Vordergründig hob man das eigene über alle anderen, eben weil sie anders aussahen, anders rochen und sich anders verhielten. Je größer die Unterschiede waren, desto stärker war die Ablehnung und umso mehr wuchs der gruppeninterne Zusammenhalt. Die Ablehnung einer anderen Gruppe der gleichen Art, fiel dementsprechend geringer aus als die Ablehnung einer speziesfremden Gruppe. Insofern war es gemeinschaftsfördernd, die Andersartigkeit anderer Spezies als Minderwertigkeit hervorzuheben und zu kultivieren. Auf diese Weise entstand, in einfachen Worten ausgedrückt, der Speziesismus, der heute weiter in den Köpfen spukt.

Speziesismus heute

Heutzutage ist das Überleben von Menschen (zumindest in der westlichen Welt) nicht mehr in dem Maße davon abhängig, in Gruppen unter gleichen zu leben. Trotzdem wird das Verhalten bei den Menschen fortgeführt, indem Völker mit ähnlicher Lebensart, Kultur und Sprache, eigenständige Länder und Nationen bilden. Um Kriege und Unterdrückung aufgrund solcher Differenzen zukünftig zu vermeiden, wurde die UNO aktiv. Nach der Katastrophe des 2. Weltkriegs, der von den Nazis aufgrund ihrer rassistischen Ideologie vom Zaun gebrochen wurde und 40 Millionen Menschenleben kostete, wollten die neugegründeten Vereinten Nationen, dass sich, insbesondere in Anbetracht von über 6 Millionen ermordeten Juden, dieser Wahnsinn nie wiederholen sollte. In der Erklärung der Menschenrechte von 1948 legte die Weltgemeinschaft fest, dass keine Nation eine andere aufgrund von kulturellen Verschiedenheiten unterdrücken darf. Bei der Anwendung der Menschenrechte, die in dieser Erklärung verankert sind, darf kein Unterschied im Wert zwischen Gruppen von Menschen gemacht werden. So darf zum Beispiel niemand aufgrund von Herkunftsland, Rasse, Hautfarbe, Behinderung, Geschlecht, sexueller Orientierung, Sprache, Religion und politischen (sowie allen anderen) Überzeugungen diskriminiert werden.

Leider hat man die Erklärung nicht auf Tiere und die Natur ausgedehnt. Tiere und Mutter Erde werden weiterhin aufgrund ihrer Andersartigkeit für minderwertig gehalten und ausgebeutet. Wohin das geführt hat, sehen wir jetzt: Unsere eigene Spezies droht unterzugehen aufgrund der unermesslichen Gewalt, die Menschen der Natur und den in ihr lebenden Tierarten angetan haben. Das ist historisch wenig überraschend, wenn wir den Verlauf blutiger Gewaltherrschaften wie durch Hitler, Stalin, Cäsar, Dschingis Kahn oder Pol Pot betrachten: Sie sind vergangen im historischen Nebel.

KAPITEL 3
PRÄFERENZUTILITARISMUS VON PETER SINGER – KRITIK AM PERSONENBEGRIFF

Ich möchte mich nun mit Peter Singer, dem wohl berühmtesten Tierethiker der Neuzeit beschäftigen. In seinem Buch Praktische Ethik von 1979 postuliert er erstmals in der modernen Philosophie die Gleichheit von Mensch und Tier.

Hauptthese: *Neben menschlichen Interessen (Bedürfnissen) sollen laut Singer bei allen Entscheidungen, die der Mensch trifft, auch die Interessen und Bedürfnisse von Tieren miteinbezogen werden, so „dass wir in unseren moralischen Überlegungen den ähnlichen Interessen all derer, die von unseren Handlungen betroffen sind, gleiches Gewicht geben“*[50]

Singer argumentiert, dass es im Laufe der Menschheitsgeschichte immer wieder dazu kam, dass die Interessen von Menschen aufgrund ihrer Zugehörigkeit zu einer Rasse oder einem Geschlecht nicht berücksichtigt wurden, da sie aufgrund ihrer Merkmale für minderwertig galten. Man nahm keine Rücksicht auf die Bedürfnisse dieser Menschen. Es spielte keine Rolle, was mit ihnen geschah oder wie sie sich fühlten. Aus heutiger Sicht verurteilen wir dieses Vorgehen als Rassismus und Sexismus. In Anlehnung daran nennt Singer eine Missachtung der Interessen aufgrund der Zugehörigkeit eines Lebewesens zu einer nicht-menschlichen Tierart Speziesismus.[51]

Singer ist Utilitarist. Für ihn muss alles rational erklärbar sein. Gotteserklärungen lässt er genau so wenig wie eine Pflicht zur Moral gelten. Er beschäftigt sich nicht damit, ob eine Handlung *an sich* gut oder schlecht ist, sondern nur damit, welche **Auswirkung** diese Handlung auf die Interessen der Betroffenen hat. Ist der Nutzen der Handlung für die Interessen der betroffenen Entitäten größer als der Schaden, dann ist es aus Singers Sicht eine moralisch gute Tat. Ist aber der Schaden größer als der Nutzen, dann ist es eine moralisch schlechte Tat.

---

50 Peter Singer: *Praktische Ethik*. Reclam, Stuttgart 1994, S. 39

51 Der Begriff wurde erstmal 1970 vom Psychologen Richard Ryder eingeführt.

SINGERS INTERESSEN-BEGRIFF

Was meint Singer mit „Interessen"? Für Singer handelt es sich dabei um Wünsche, Bedürfnisse, Wille und Vorlieben der Entität. Eine Präferenz (daher der Name Präferenz-Utilitarismus) kann zum Beispiel sein, am Leben zu bleiben, Nahrung zu konsumieren und Freude zu empfinden. Interessen können aber auch in der Vermeidung von unangenehmen Erfahrungen bestehen, wie zum Beispiel Trauer, Angst und Schmerz.

Das Empfinden von **Freude und Schmerz** sind für Singer fundamental. Sie sind Voraussetzungen, um überhaupt Interessen haben zu können. Sie sind für ihn der Indikator, ob das Lebewesen ein Bewusstsein hat. Denn nur Entitäten, die bewusst sind, können für Singer Freude, Schmerz und somit Interessen besitzen (Deshalb sind für Singer Pflanzen, Pilze, Prokaryonten und die unbelebte Natur nicht Gegenstand moralischer Betrachtung.)[52] In diesem Punkt unterscheidet er nicht zwischen Mensch und Tier. Es kommt nach Singer nicht darauf an, welche sonstigen Fähigkeiten ein Lebewesen besitzt oder welcher Spezies es zugerechnet wird. In dem Moment, in dem es Schmerz empfindet, hat es Interessen, die bei Entscheidungen berücksichtigt werden müssen. Im Umkehrschluss bedeutet dies, dass Lebewesen, bei denen man davon ausgeht, dass sie kein Schmerzempfinden besitzen, auch keine Interessen haben. Folglich fallen alle diese Lebewesen aus dem Kosten-Nutzen-Kalkül vollständig heraus.

Die Interessen von allen Lebewesen, die Schmerz empfinden, müssen berücksichtigt werden. In diesem Punkt sind alle Lebewesen gleich, Tiere wie Menschen. Würde man das Privileg der Interessenberücksichtigung nur Menschen zugestehen, wäre dies **Speziesismus**. Denn ansonsten würde es bedeuten, dass eine biologische Art im Wert über den anderen stünde. In biologischer Hinsicht ist dies nicht relevant. Darwins Evolutionstheorie beweist, dass alle Tiere (Homo Sapiens ist biologisch gesehen eine Tierart) gemeinsame Vorfahren haben. Zwischen Tieren gibt es grundsätzlich keinen Wertunterschied, es gibt höchstens verschiedene Zeitpunkte im Erscheinen der Spezies in der Zeit.

---

52 In späteren Ausgaben revidierte Singer diese Ansicht zum Teil. Das lag am gesellschaftlich aufkommenden Umweltbewusstsein und der wissenschaftlichen Forschung, die bewies, dass Pflanzen- und Ökosysteme Rückkopplungssysteme besitzen, so dass dortige Veränderungen oder Zerstörung sich auf die Atemluft, Klima Wetter und Gesundheit der Menschen auswirken.

Auf den ersten Blick mutete Singers Ansatz wie eine postulierte Egalität zwischen Mensch und Tier an. Singer führt jedoch (leider) den Speziesismus durch die Hintertür des Personenbegriffs wieder ein. Während er noch bei der Interessensdefinition fordert, "dass unsere Rücksicht auf andere nicht davon abhängen darf, was sie sind oder welche Fähigkeiten sie haben"[53], verlangt Singer jetzt gewisse qualifizierende Fähigkeiten, die er vom Begriff der *menschlichen Person* ableitet. Für eine Person gilt ein generelles Tötungsverbot, für den Rest bewusster Lebewesen nicht. Das darf man nicht so verstehen, dass Singer im Umkehrschluss fordert, Tiere zu töten. Das würde nämlich deren Interessen unberücksichtigt lassen, was Peter Singer aber verurteilt. Der Personenbegriff ist, wie wir später noch sehen werden, zu ungenau definiert und zwingt Singer dazu, seiner eigenen Logik folgend, Euthanasie und Infantizid zu befürworten.

Wie kommt Singer zu dem Schluss, dass ein generelles Tötungsverbot exklusiv für Wesen mit Personenstatus gilt nicht aber für alle anderen Tierarten? Laut Singer gibt es nicht nur Lebewesen, die **bewusst** sind und Interessen haben. Es gibt Lebewesen, die sich darüber hinaus **ihrer selbst bewusst** sind. Er bedient sich dabei des Personenbegriffs bei Finch und John Locke. Singer schreibt: „Ein selbstbewusstes Wesen ist sich seiner selbst als einer distinkten Entität bewusst, mit einer Vergangenheit und Zukunft. (Dies war, wie wir sahen, Lockes Kriterium für die Person)“[54] Singer führt weiter aus, dass „ein Wesen, das in dieser Weise sich selbst bewusst ist, fähig ist, Wünsche hinsichtlich seiner eigenen Zukunft zu haben"[55]. Lebewesen mit obigem Bewusstsein verfügten über mehr Interessen als bewusste Wesen, so dass, „nimmt man einem dieser Menschen [oder Tiere, Anmerkung des Autors] ohne seine Zustimmung das Leben, man damit seine Wünsche für die Zukunft durchkreuzt".[56] Singer behauptet, „eine Person zu töten bedeutet [...] normalerweise nicht nur eine, sondern eine Vielzahl der zentralen und bedeutendsten Präferenzen, die ein Wesen haben kann, zu verletzen. Sehr oft wird dadurch alles, was das Opfer in den vergangenen Tagen, Monaten oder sogar Jahren zu tun bemüht war, ad absurdum geführt.“[57] Deshalb bedeute die Tötung einer Person

53 Peter Singer: *Praktische Ethik*, Stuttgart 2013
54 Vgl. Ebd.
55 Peter Singer: *Praktische Ethik*, Stuttgart 2013
56 Vgl. Ebd.
57 Vgl. Ebd.

einen größeren Verlust. Die Zerstörung dieser zukunftsgerichteten „Super-Präferenzen" ist für Singer nicht wiedergutzumachen. Daraus folgert er: „Die Missachtung der Präferenz einer Person fällt hierbei in der Regel schwerer ins Gewicht, als dies bei anderen Wesen der Fall ist."

Personen sind nicht notwendigerweise Menschen. Hochentwickelte Tierarten wie Primaten, Wale, aber auch Katzen, gewisse Vogelarten und Hunde zählen für Singer dazu. Das sind aber die Ausnahmen. Fast alle Tierarten sind sich ihrer selbst im Singer'schen Sinne nicht bewusst. Zukunftsgerichtete Interessen gingen diesen Bewussten nicht verloren, da diese erst gar nicht darüber verfügen würden. Also verlieren sie laut Singer weniger Interessen als Selbstbewusste und fallen nicht unter das Tötungsverbot. Man darf Singer an dieser Stelle aber nicht missverstehen. Er *möchte* nicht, dass bewusste Tiere getötet werden sollen. Im Gegenteil: Singer setzt sich gegen die Tötung der bewussten Tiere ein, da mit der Tötung ihre Interessen massiv verletzt werden. Es geht um Fälle, in denen man **entscheiden muss**, wer stirbt, in denen ein Tod nicht verhindert werden kann. Müsste man sich zwischen der Tötung einer Person und einer bewussten Nicht-Person entscheiden, wählt man immer die Nicht-Person, da der Tod letzterer weniger Interessen zerstört, denn „tötet man eine Schnecke oder einen 24 Stunden alten Säugling, so vereitelt man keine Wünsche dieser [*zukunftsgerichteten*] Art, weil Schnecken und Neugeborene unfähig sind, solche Wünsche zu haben." Müsste man sich zwischen dem Tod eines gesunden Menschen oder eines Karpfens entscheiden, würde man den Karpfen exekutieren.

Ethisch heikel ist Singers Sicht deshalb, weil per definitionem nicht mehr alle Menschen vom Tötungsverbot ausgenommen sind. Alle Menschen, die kognitiv nicht in der Lage sind, zukunftserichtet zu denken, fallen nicht mehr unter den Schutz des Lebens. Alle Dementen, geistig stark Behinderte, Psychotiker, Babys, Kleinkinder und Föten sind laut Singers Vorstellung keine Personen. Letzterer Aspekt spielt bei Fragen der Abtreibung eine große Rolle.

KRITIK UND WIDERLEGUNG

Singers Personenbegriff relativiert die Gleichheit zwischen Tier und Mensch erheblich, und seine Argumentation beinhaltet einen Widerspruch. Was er zuvor postuliert, verwirft er später. Eine genaue Analyse zeigt auch, dass der Personenbegriff von Singer auf sehr tönernen Füßen steht und nicht haltbar ist. Singer begeht logische und erkenntnistheoretische Fehler. Insbesondere Singers Zeitbegriff, der bei zukünftigen Interessen eine Rolle spielt, stammt aus einer Epoche, in der man Zeit für absolut ansah. Dem relativistischen Zeitbegriff hält seine These zukünftiger Interessen nicht stand.

Es gibt acht Problematiken in seiner Argumentation:

1.) Problematik der Messbarkeit von Selbst-Bewusstsein
Wir erinnern uns. Singer definiert eine Person folgendermaßen: „Ein selbstbewusstes Wesen ist sich seiner selbst als einer distinkten Entität bewusst, mit einer Vergangenheit und Zukunft. (Dies war, wie wir sahen, Lockes Kriterium für die Person).“[58] Singer führt weiter aus, dass „ein Wesen, das in dieser Weise sich selbst bewusst ist, ist fähig, Wünsche hinsichtlich seiner eigenen Zukunft zu haben.”[59] Lebewesen mit obigem Bewusstsein verfügen über mehr Interessen, so dass, „nimmt man einem dieser Menschen [oder Tiere, *Anmerkung des Autors]* ohne seine Zustimmung das Leben, man damit seine Wünsche für die Zukunft durchkreuzt.“[60] Deshalb bedeute die Tötung einer Person einen größeren Verlust. Müsste man sich zwischen der Tötung einer Person und einer Nicht-Person entscheiden, wählt man immer die Nicht-Person, da der Tod letzterer weniger Interessen zerstört: „Tötet man eine Schnecke oder einen 24 Stunden alten Säugling, so vereitelt man keine Wünsche dieser Art, weil Schnecken und Neugeborene unfähig sind, solche Wünsche zu haben.“[61]

Aber wie will Singer empirisch beweisen, ob ein kognitiv behinderter Mensch, ein Schimpanse oder eine Biene eine Person ist oder nicht? An welchem Punkt sind Wesen noch Personen und ab wann gehören sie nur noch zu den Bewussten? Wer entscheidet das? Wer entscheidet, welche Spezies leben darf und welche getötet werden dürfen? Diese Fragen sind schwierig zu beantworten, und je nach wissenschaftlichem Stand ändern sich die Antworten (So ist erst seit Kurzem bekannt, dass Pflanzen und Bäume Schmerzen empfinden und eine Art Bewusstsein haben).[62] Dadurch müssten laut Singers Definition diese Lebewesen jetzt auch Gegenstand moralischer Betrachtung sein. Stellen wir uns den tragischen Fall vor, dass eine als bewusst eingestufte Tierart massenhaft getötet wird und die Tierart ausstirbt. Im Nachhinein erkennt man nun, dass das Lebewesen doch Selbstbewusstsein hatte. Durch die voreilige Ein-

58 Ebd.
59 Ebd.
60 Ebd.
61 a.a.O.
62 Peter Wohlleben: *Das geheime Leben der Bäume*, 2015

stufung und unkorrekte zeitgenössische Forschung ist die Spezies zu Unrecht ausgerottet worden. Deshalb warne ich immer wieder vor normativen Hierarchien. Wahrscheinlich wird es nie eindeutige Antworten geben. Singers Kategorien von „bewussten Lebewesen" und „Personen" sind wissenschaftlich nicht verifizierbar und verbleiben im Reich rationaler Spekulation.

2) Geistiges Konstrukt versus wissenschaftliche Tatsachen
Zu Beginn argumentiert Singer für eine Interessengleichheit der bewussten Tiere mit den Menschen. Später wirft er die Egalität zugunsten des geistigen Konstrukts der Person über Bord. Dieses Konstrukt ist, wie wir oben gesehen haben, mit wissenschaftlichen Methoden nur äußerst ungenau messbar. Dagegen stehen die naturwissenschaftlichen Tatsachen der Evolutionstheorie, Artenverwandtschaft und genetischen Ähnlichkeit. Anstatt sich an naturwissenschaftlichen Tatsachen zu orientieren, welche die Ähnlichkeit der Tierwelt eindeutig beweisen und Singers anfangs postulierte Interessensegalität stützen, begibt er sich nun in das Reich rationaler Spekulation. Diese bevorzugt er als Argument, um seinen anthropozentrischen Speziesismus zu beweisen. Was für eine vertane Chance! Er hätte seine postulierte Gleichheit einfach mit unumstrittenen wissenschaftlichen Tatsachen unterfüttern können. Es wäre für Singer ganz einfach gewesen, die Gleichheit von Tier und Mensch zu untermauern: Zuerst legt er die artübergreifende Interessengleichheit dar, dann weist er als Begründung auf die tatsächlichen Ähnlichkeitsverhältnisse der Tierwelt hin. Wer hätte dem widersprechen können? Wie schon gesagt: Eine vertane Chance.

3) Die Parabel des Speziesismus
Eines Tages wird die Erde von feindlichen Aliens besetzt. Sie sind uns Erdlingen waffentechnisch haushoch überlegen; ihre Wissenschaft ist der menschlichen um Jahrtausende voraus. Nach kurzen Kämpfen vernichten die Aliens die menschlichen Armeen und übernehmen die Macht auf unserem Planeten. In ihren Augen sind Menschen geistig primitive Lebewesen. Die Außerirdischen hingegen können in die Zukunft sehen, sich telepathisch mit allen Lebewesen verbinden und beherrschen Telekinese. Sie können zur gleichen Zeit mit hunderten Wesen kommunizieren und deren Gefühle tatsächlich wahrnehmen. Alle Aliens verfügen von Geburt an über ein fotografisches Gedächtnis. Darüber hinaus erkennen die Außerirdischen sofort, wenn jemand lügt, da sie die Gehirnwellenmuster ihres Gegenübers wahrnehmen. Ihr durchschnittlicher IQ liegt bei 400. Aufgrund all dieser Fähigkeiten leben sie in einer Gesellschaft, die sich durch Offenheit, Ehrlichkeit und liebevollem

Verständnis auszeichnet. Aus ihrer Sicht ist unsere Lebens- und Gesellschaftsform roh, verlogen und ungerecht. Aufgrund ihrer Gehirne haben die Aliens deutlich komplexere und langfristigere Interessen als menschliche Personen. Sie beginnen nun damit, Menschen (gegen ihren Willen) für wissenschaftliche Experimente heranzuziehen und Menschen für Nahrungszwecke zu schlachten. Die Menschen protestieren dagegen. Sie argumentieren, dass alle Menschen eine Würde hätten und dass die Tötung von Menschen und Experimente mit ihnen unethisch seien. Die Aliens wundern sich sehr: „Warum schert euch das? Habt ihr nicht das Gleiche auch mit euren Tieren gemacht? Ihr müsstet uns doch verstehen. Unser Geist vollführt Dinge, zu dem ein einfaches menschliches Gehirn niemals in der Lage sein wird. Primitive Wesen wie ihr solltet uns dienen, da ihr ansonsten zu nicht viel nütze seid." Die Menschen finden die Antwort ungerecht: „Aber wir können doch nichts dafür, dass unser Geist dem euren unterlegen ist. Ihr könnt uns doch nicht dafür bestrafen. Ihr könnt uns doch nicht dafür töten, dass wir sind, was wir sind." Die Außerirdischen blicken die Menschen einen Moment lang verständnislos an, sagen dann aber: „Wieso bestrafen wir euch denn? Ihr seid unseren weitentwickelten Fähigkeiten in allen Punkten haushoch unterlegen. Deshalb sind wir selbstverständlich wertvoller als ihr und dazu berechtigt, über euer aller Schicksal zu entscheiden. Mit Eurer Beschränktheit könnt ihr doch kein Leben mit Wert führen. Dazu haben nur hochentwickelte Lebewesen die Möglichkeit." Auf einen Wink des Aliens-Anführers stürmen Soldaten in die Menschenmenge. Die eine Hälfte zerren sie zu den Schlachthöfen und Laboren. Die andere Hälfte wird gleich an Ort und Stelle totgeschlagen. Die Menschen schreien panisch vor Schmerz, Angst und Verzweiflung: „Warum tut ihr uns das an? Wir haben Euch doch nichts getan! Habt Erbarmen, kennt Ihr denn kein Mitleid?" Doch die Aliens hören schon lange nicht mehr zu. Die Soldaten beenden ihr Werk kühl und professionell. Zum Schluss hört man den letzten Menschen bitterlich flehen: „Dann verschont wenigstens unsere Kinder." Ein Schuss fällt. Die Stimme erstirbt.

4) Logischer Fehlschluss: Quote statt Quantität
Singers Logik ist folgende:

Prämisse 1: Alle Lebewesen wollen glücklich sein.

Singer redet nicht *explizit* von Glück, sondern davon, dass die Interessen (also Wünsche, Hoffnungen, Träume, Ziele, Bedürfnisse) der bewussten Lebewesen in möglichst großem Maße befriedigt werden. Aber warum möchten Lebewesen eigentlich, das dies geschieht? Warum ist es in der Singer'schen Moralethik eine gute Tat, die Interessen von Individuen zu berücksichtigen? Weil es ihnen offensichtlich guttut. Dadurch, dass es ihnen guttut, führt dies dazu, dass sie froh, ausgeglichen und zufrieden, mit anderen Worten: glücklich sind.

Entitäten verwirklichen Interessen, um glücklich zu sein.

Prämisse 2: Je mehr Interessen ein Wesen hat, desto glücklicher ist es.

Menschen wollen glücklich sein, und zwar so glücklich es irgend geht. Deshalb streben sie danach, möglichst viele Interessen für sich oder das Allgemeinwohl umzusetzen.

In Bezug auf Personen fügt Singer die Prämisse 3 hinzu: Personen haben langfristigere und komplexere Ziele als die Bewussten. Ich vereinfache letzte Prämisse:

Personen haben mehr Interessen als die Bewussten.

Also:
Prämisse 1: Alle Lebewesen wollen glücklich sein.
Prämisse 2: Je mehr Interessen ein Wesen hat, desto glücklicher ist es.
Prämisse 3: Personen haben mehr Interessen als die Bewussten.

Folgerung: Personen sind glücklicher als die Bewussten.

Beim Tod einer Person, so folgert Singer, wird also mehr Glück zerstört als beim Tod eines Bewussten. Im Sinne einer utilitaristischen Gerechtigkeit ist es somit folgerichtig, dass, wenn man zwischen dem Tod einer Person und einem Bewussten wählen muss, immer den Bewussten wählt, weil durch seinen Tod die globale „Glücksbilanz" weniger belastet wird.

Leider ist Singer ein Logikfehler unterlaufen. Prämisse 2 ist nicht korrekt. Warum?

Es geht nicht darum, wie viele Interessen ein Individuum hat, sondern wie viele sie davon **verwirklichen** kann. Es macht ein Geschöpf nicht glücklicher oder unglücklicher, gewisse Interessen zu haben. Das Glück hängt davon ab, wie viele seiner Interessen es verwirklichen kann. **Es geht um Quote.** Je mehr das Individuum von seinen Interessen verwirklichen kann, desto glücklicher ist es. Es spielt keine Rolle, ob eine Person mehr Interessen hat als ein Bewusster.

Nehmen wir folgendes Beispiel: Ein Hase hat 10 Interessen und verwirklicht davon 8. Er hat einen „Glückskoeffizienten" von 80 %. Eine Person hat 100 Interessen und verwirklicht davon 40.

Sein „Glückskoeffizient" liegt bei 40 %. Obwohl die Person absolut gesehen mehr Interessen hat und obwohl sie absolut gesehen eine höhere Menge hat umsetzen können, wird sie aufgrund der schlechteren Glücksquote unglücklicher sein als der Hase. Also sollte man nach Singers Logik den Hasen leben lassen und die Person töten. Obiger Syllogismus ist demnach nicht korrekt.

Der richtige Syllogismus muss lauten:
1. Prämisse: Alle Lebewesen wollen glücklich sein.
2. Prämisse: Je mehr seiner Interessen das Lebewesen verwirklichen kann, desto glücklicher ist es.

Wenn wir vor der Wahl stehen, ob wir einen Hasen oder eine Person töten müssen, wählen wir das Individuum, das weniger Interessen verwirklichen kann: Wir töten die weniger glückliche Entität (< geringerer Glückskoeffizient), um die globale Glücksbilanz in geringerem Maße zu belasten.

Aber woher wissen wir, wer glücklicher war? Wie können wir das entscheiden oder gar wissenschaftlich messen? Wir müssten das komplette Leben der beiden Lebewesen kennen, und selbst dann wären wir niemals sicher. Fragen können wir nur menschliche Personen, weil sie unsere Sprache sprechen. Selbst Gorillas, denen Zeichensprache beigebracht wurde, würden die Frage aufgrund der Abstraktheit nicht verstehen. Aber selbst der Mensch, der die Frage versteht, könnte lügen und seinen Koeffizienten sehr hoch beziffern, weil er am Leben bleiben will. Es ist unmöglich, auf objektiver und wissenschaftlicher Basis eine Entscheidung zu treffen, wer leben darf und wer sterben muss. Dieses Dilemma lässt sich nicht durch eine generelle, vorher festgelegte ethische Entscheidungshilfe lösen. Es kommt auf die konkreten Umstände an. Nehmen wir den Fall, ein Mensch rennt in ein brennendes Haus und muss sich entscheiden, wen er retten will: die Katze oder einen Mann. Die Entscheidung hängt von personalen Parametern ab: Wer ist der Retter? Welche Persönlichkeit hat er? Wie reagiert er in Stresssituationen? In welchem Gemütszustand ist er? Ist er gerade müde, wach, oder wird er gerade aus dem Schlaf gerissen? Ist er nüchtern, oder steht er unter Alkohol- und/oder Drogeneinfluss? Wie viel Zeit hat er für die Entscheidung? Kennt er beide Rettungskandidaten persönlich oder nur einen von ihnen? In einer solchen Situation, in der man auf rationaler Ebene in einem unlösbaren Dilemma steckt, hören Retter auf ihre Intuition, ihren Instinkt, oder sie folgen einem spontanen Impuls. Stellen Sie sich nun einen ähnlichen Fall vor: Ein Feuerwehrmann rennt in ein brennendes Haus, er hat nur noch die Wahl, ein schreiendes Baby oder einen hilferufenden Erwachsenen zu retten, bevor das ganze Gebäude zusammenfällt. Nach Singer soll der Retter den Mann (Person) retten und das Baby (Bewusster) verbrennen lassen. Die Realität könnte nicht gegensätzlicher sein: Kein Mensch lässt in obiger Situation ein hilfloses Baby sterben! Singers Theorie ist in diesem Punkt weltfremd. Der Feuerwehrmann hilft der schwachen, unschuldigen Kreatur, weil er ein Herz hat und Mitleid mit dem Baby hat. Elemente des Mitleids und des Erbarmens kennt Singer in seiner präferenzutilitaristischen Ethik nicht. Das ist der Grund, warum viele seiner Theorien nicht praxistauglich erscheinen. Euthanasie, Infantizid und vollständige Ablehnung des Schutzes von ungeborenem Leben werden zurecht kritisiert. Die Menschen spüren, dass dies nicht der richtige Weg sein kann. Der Mensch ist nicht etwa ein rein rationales Wesen, das auf Zahlen und Logik reduziert werden könnte. Menschen haben Instinkte, Emotionen und Mitgefühl, sie haben ein Herz in der Brust und keinen Computer im Gehirn.

Da wir wie oben beschrieben ethisch a priori nicht entscheiden können, wer glücklicher ist, können wir auch nicht normativ festlegen, für welche Lebewesen ein Tötungsverbot gilt und für welche nicht. **Deshalb fordere ich Herrn Singer auf, das Tötungsverbot auf alle bewussten Lebensformen auszudehnen!**

Singers falsche Prämisse, dass es auf die Menge der Interessen ankommt (und nicht wie in Wahrheit auf den Verwirklichungsgrad) zeigt, dass seine Argumentation am Ende nicht mehr schlüssig ist. Dies ist ein weiter schwerwiegender Grund, Singers Personenbegriff in Frage zu stellen. Seine Euthanasie-Befürwortung basiert auf einer Fehlannahme. Die Tatsache, dass die Bewussten wegen fehlender Zukunftsorientierung weniger Interessen haben (wie ich später beweisen werde, ist selbst diese Annahme in den meisten Fällen falsch!), befreit sie nur von dem Zwang, diese umsetzen zu müssen, um glücklich zu sein. Allein das Vorhandensein von Interessen sagt nichts über den Wert von Lebewesen. Es sagt nur etwas darüber aus, dass Lebewesen mit einer hohen Anzahl von Interessen auch mehr an Interessensverwirklichung benötigen, um ihr Glück zu finden.

5.) Verschiedene Wege zum Glück: Buddhismus versus Präferenzutilitarismus

Ich möchte an dieser Stelle in Frage stellen, ob die präferenz-utilitaristische Prämisse der Interessensmaximierung der richtige Weg zum Glück ist. Im Buddhismus ist es genau umgekehrt. Der Buddhismus geht von der Prämisse aus, dass das Leben Leiden ist. Das Ziel besteht darin, dieses nicht zu vermeidende Element der Existenz zu minimieren. Die endgültige Auflösung kann aber nicht durch Anhaften an die materielle Welt geschehen, die wir in aufeinanderfolgenden Wiedergeburten immer wieder erleben (Reinkarnation). Das Ziel im Buddhismus lautet, sich vom Rad der Wiedergeburten zu befreien und die materielle Welt mit ihrem obligatorischen Leiden endgültig loszulassen. Dieser Zustand ist das Nirvana und bezeichnet „den Austritt aus dem Samsara, dem Kreislauf des Leidens und der Wiedergeburten (Reinkarnation) durch Erwachen (Bodhi)."[63] Wie kann das Lebewesen dies am besten erreichen? Indem es Bindungen an das Irdische und Materielle vermeidet. Eine der stärksten Bindungen stellen Wünsche dar. Je weniger Wünsche (Singer würde sagen „Interessen") das Lebewesen zu verwirklichen sucht, umso schneller kann es sich vom Rad der Widergeburt lösen. Im Gegensatz zum Utilitarismus sieht der Buddhismus in der Minimierung der Interessen den Weg zum Glück.

Buddhismus = Minimierung der Interessen = Glück

Utilitarismus = Maximierung der Interessen = Glück

6.) Ungenaue Benutzung der Begriffe ‚Zeit' und ‚Zukunft'

Linearer Zeitbegriff: Singer übernimmt den Begriff der Zukunft aus einer Epoche, in der Zeit und Raum von den Physikern noch als unveränderliche Konstanten angesehen wurden. Zeit verläuft in dieser Vorstellung stets linear und ist das zentrale Element bei der Erklärung der Kausalität. Ereignis A verursacht B und dazwischen liegt die Zeit. Die Absolutheit der Zeit wurde durch Einstein widerlegt. Die Quantenmechanik stellt die Absolutheit der linearen Zeit in Frage. Beim Prinzip der Verschränkung bewegen sich Elektronenpaare, die unendlich weit voneinander entfernt sein können, zeitgleich. Im selben Moment, in dem man beim ersten Elektron zum Beispiel den Spin ändert, wechselt der Spin des anderen Elektrons instantan. Es besteht eine noch nicht entdeckte Kausalitätsbeziehung zwischen den Elektronenpaaren.

Wenn aber Zeit instantan übertragen wird, unabhängig von der räumlichen Entfernung, ist sie synchron. Zeit vergeht nicht mehr, weil der Raum bei dieser Zeitform aus unserer Gleichung herausfällt. Der Raum beeinflusst die Zeit nicht mehr, da Entfernungen bei der Korrelierung keine Rolle spielen. Ob beide Elektronen 1cm oder hunderte Milliarden Lichtjahre auseinander sind, die Korrelierung erfolgt immer instantan. Da bei diesem Prozess keine Zeit vergeht, fließt sie nicht mehr. Die Linearität der Zeit, die aus der Vergangenheit über die Gegenwart in die Zukunft fließt, existiert nicht mehr. Mit dem Stillstand der Zeit endet auch der Ereignisfluss.

63 Siehe Wikipedia, Suchwort Nirvana. Stand: 31.01.2020

In der Raumzeit nehmen wir die Ereignisse als aufeinanderfolgend wahr. Wir konstruieren daraus drei Zeitebenen: Vergangenheit, Gegenwart und Zukunft. Indem wir Ereignisse aus diesen Ebenen miteinander vergleichen, können wir Muster erkennen, aus denen wir Ansichten über die Realität bilden. Das bedeutendste Muster ist das Prinzip von Ursache und Wirkung (Kausalität). Dieses Konzept ist maßgeblich bei unserer Wirklichkeitsbildung. Ein Gesetz der Kausalität besagt, dass eine Wirkung stets durch eine Ursache determiniert ist. Das zweite Gesetz besagt, dass die determinierende Ursache immer in der Vergangenheit der Wirkung liegen muss.

Da aber der Zeitfluss in der Welt der Elektronen bei der Quantenverschränkung zum Stillstand kommt, macht das Realitätskonzept der Kausalität keinen Sinn mehr. Wenn Ereignisse nicht mehr nacheinander geschehen, können wir sie nicht mehr in drei Zeitebenen sortieren. Da wir das nicht können, leiten wir keine Muster und somit keine Kausalität ab. Wir können keinen Zusammenhang in den Ereignissen erkennen, keine Schlüsse ziehen und keine normativen Werturteile bilden. Bei der Verschränkung wird Zeit als linearer Fluss durch das Prinzip der Gleichzeitigkeit ersetzt. Wenn aber die Zeit nicht linear ist, dann macht das Konzept der Zukunft und der Vergangenheit keinen Sinn. Auch wenn wir hier das Feld der Ethik verlassen, sollten wir Realitätskonstrukte wie die Zeit nicht aus den Augen verlieren. Besonders dann, wenn wir Lebewesen in hierarchische Ordnungen strukturieren aufgrund unserer Ideen von Raum und Zeit. Ich mahne immer wieder zur Vorsicht. Wenn nicht einmal klar ist, wie Raum und Zeit funktionieren, sollte man sich zurückhalten, bevor man ein Lebewesen, aus welchen Gründen auch immer, über ein anderes stellt.

Gerade Singers Aussagen über Euthanasie müssen in diesem Zusammenhang mindestens als äußerst bedenklich angesehen werden. Singer hat sich scheinbar über den Zeitbegriff keine Gedanken gemacht. Wenn in Wirklichkeit Zeit gleichzeitig abläuft, was wissenschaftlich in unzähligen Experimenten zumindest im Hinblick auf die Verschränkung bewiesen wurde, dann ist Singers Erklärung der Person sinnlos und widerlegt. Wenn Zukunft nur das lineare Konstrukt unseres Geistes ist, wie kann Singer dann daraus eine moralische Privilegierung von Lebewesen ableiten. Das ist absurd. Das Rätsel der ‚Zeit' ist bis heute in der Physik nicht gelöst. Bis es aber so weit ist, verbieten sich ethische Urteile darüber, wer wertvoller ist oder wem mehr Rechte zustehen aufgrund zeitbezogener Argumentationen wie Singer sie auf die Zukunftsgerichtetheit von Personen anwendet.

Relativistische Zeit: Wie oben beschrieben, galt vor Einstein

Zeit als eine Konstante. Einstein konnte aber in seiner speziellen Relativitätstheorie beweisen, dass Zeit von der Geschwindigkeit und der Position des Beobachters abhängt. In der Allgemeinen Relativitätstheorie bewies er darüber hinaus, dass Zeit in der Nähe von Massen langsamer vergeht. Zeit vergeht auch langsamer, je näher wir uns der Lichtgeschwindigkeit bewegen.

Lassen Sie uns ein Gedankenexperiment machen:
100 Menschen haben mehr und komplexere Interessen als 100 Kaninchen. Sagen wir, das Interesse der Menschen wiegt 10 mal so hoch wie das der Kaninchen.

Mensch = 100 x 10 = 1.000 Interessenswert
Kaninchen = 100 x 1 = 100 Interessenswert

Dann fliegen die 100 Menschen für 20 Jahre mit Lichtgeschwindigkeit ins All und kehren zur Erde zurück. Auf der Erde sind inzwischen 1000 Jahre vergangen. In den 20 Jahren haben diese 100 Menschen weiterhin den Interessenswert von 1000 (Ich gehe davon aus, dass auf dieser Weltraummission keine Kinder geboren wurden). In den 1000 Jahren Erdenzeit haben die Kaninchen sich über 150 Generationen vermehrt (mit durchschnittlich 6 Jungen pro Wurf) und den Interessenswert von 90.000 erreicht.

Somit wiegen am Ende der Zeit die Interessen der Kaninchen höher, während zu Beginn der Zeit die Interessen der Menschen Priorität besaßen. Vor dem Start der Rakete waren die 100 Personen wertvoller, nach ihrer Landung die Kaninchen. Dies zeigt, dass das Argument der Zukunft kein Kriterium für eine absolute, normative Aussage über den Wert von Lebewesen sein kann, da Zeit relativ ist.

7) Potentialität versus Realität
Kann die Tötung einer Person moralisch schwerer wiegen, nur weil sie sich auf die Zukunft hin entwerfen kann? Was sie momentan ist und auch empfindet, ist doch entscheidend – und eben nicht die Möglichkeit in der Zukunft, die noch nicht ist. Singer baut das Unterscheidungsmerkmal auf einem nicht-gelebten Interesse in der Zukunft.

Interessen sind aber sowohl bei Personen als auch bei den Bewussten stets zukunftsorientiert. Der Hase hat das schwerwiegende Interesse zu essen, zu rennen und sich zu vermehren. Diese Interessen wird er (sehr wahrscheinlich) sein Leben lang haben. Durch die Tötung werden dem Hasen tausend Mahlzeiten, Läufe und Kopulationen vorenthalten, die er in Zukunft noch hätte haben können. Der Unterschied ist für Singer, dass eine Person sich der entgangenen Chancen bewusst ist, der Hase hingegen reflektiert die Zukunft nicht und weiß auch nicht, dass er diese Möglichkeiten noch gehabt hätte. Die faktische Differenz liegt also darin, dass Personen sich darin von den Bewussten unterscheiden, dass Personen um den Verlust der Zukunft wissen.

8) Das Wissen um die Zukunft ist nicht gleichzusetzen mit Interessen

Aber wird dieses Wissen wirklich von Trauer, Schmerz und Wut begleitet? Ist es nicht eher das abstrakte Konstatieren um den Verlust der Möglichkeiten, ohne das Empfinden von tiefem Leid? Im Angesicht des Todes wird es Personen nichts ausmachen, ihre potenziellen Interessen zu verlieren. Sie wollen ihr jetziges Interesse in der Gegenwart sichern, nämlich zu überleben, genauso wie alle Bewussten es tun würden. Der biologische Selbsterhaltungstrieb ist bei allen Lebewesen im Angesicht des Todes übermächtig. Alle Kraft, die Emotion und die Angst sind überwältigend, alle Energie wird in den Überlebenskampf gesteckt. Niemand reflektiert da stoisch über nicht gelebte Potentiale. Das ist bei Personen nicht anders als bei Bewussten.

Andere bedauern beim Sterben den Verlust der Vergangenheit, sie betrauern Menschen, die sie verlieren, sie betrauern den Verlust ihrer gelebten Existenz. In diesem Fall spreche ich tatsächlich von Trauer und Leid. Mit Erinnerungen und der Vergangenheit sind Emotionen verbunden wie Liebe, Verzweiflung, Hass und Freude – aber doch nicht für eine noch nicht gelebte, nur potenzielle Zukunft… Das wäre viel zu theoretisch.

Zusammenfassend können wir sagen, dass Menschen zwar um den Verlust der Zukunft wissen. In der Regel werden sie sich aber im Angesicht des Todes emotional in der Gegenwart im Überlebenskampf oder in der Vergangenheit befinden.

Wenn aber der empfundene Verlust von zukünftigen Interessen, wie oben beschrieben, auf einer eher abstrakten Ebene des Konstatierens bleibt, sind sie per Definitionem keine Interessen. Denn laut Singers eigenem Kriterium kann Interesse nur bestehen, wenn es mit den Empfindungen von Freude und Schmerz gekoppelt ist. Das ist der Grund, warum er zum Beispiel die Interessen von Pflanzen nicht berücksichtigt. Was meint Singer damit, wenn er sagt, dass nur schmerzempfindende Lebewesen einbezogen werden? Natürlich haben auch Pflanzen viele Interessen. Der Unterschied für Singer ist aber, dass deren Nichtberücksichtigung kein Leid bei den Pflanzen verursacht. Deshalb bräuchte man keine Rücksicht auf diese zu nehmen. Genauso verhält es sich mit zukünftigen Interessen: Sie sind existent, aber deren Nichterfüllung löst kein Leid aus, weshalb sie nicht relevant sind.

Somit besteht diese von Singer postulierte Unterscheidung zwischen Personen und Bewussten nicht, da allein die mentale Ausrichtung auf Zukünftiges noch kein begründetes Interesse beinhaltet. Kurzum: Personen besitzen bei genauerer Analyse keine zukunftsorientierten Interessen, die sie vom Rest der Bewussten unterscheidet.

9.) Todesart

Das Ganze wird noch komplexer, weil es darauf ankommt, wie eine Person stirbt (Ich setze hierbei die Prämisse, dass das Bewusstsein mit dem Tod erlischt und nicht fortdauert). Um es vorwegzunehmen: Bis auf spezielle Konstellationen hat die Person keine Zeit, den Verlust der potenziellen Zukunft wahrzunehmen. Aber der Reihe nach.

Unmittelbarer Tod

Wird eine Person ohne Vorwarnung aus dem Leben gerissen wie bei einem tödlichen Unfall oder einem letalen Schuss aus dem Hinterhalt, hat die Person keine Zeit, über den Verlust der Zukunft zu trauern. Dann leidet die Person nicht mehr als ein Bewusster und unterscheidet sich folglich in ihrem Wert nicht von ihm.

Mittelbarer Tod

Dann gibt es Todesarten, bei denen die Person nicht schlagartig stirbt, aber den Tod unmittelbar vor Augen hat wie bei einem Herzinfarkt, Kriegsverletzungen, einem Flugzeugabsturz oder wenn sie nach einer tödlichen Verletzungen noch ein paar Minuten lebt. Dann wäre vielleicht Zeit, Trauer über nicht gelebte Interessen zu haben. Das scheint, wie bereits oben beschrieben, nicht plausibel. Es ist sehr wahrscheinlich, dass diese Person große Angst und Verwirrung spüren wird, weil es gleich stirbt. Vielleicht lässt es sein Leben Revue passieren oder ruft nach seiner Mutter. Das spürt eine Person nicht anders als ein Bewusster. Hier ist kein Unterschied erkenntbar im Hinblick auf eine Zukunftsgerichtetheit.

Langfristiger Tod

Nur bei einer Konstellation hat eine Person eine zeitliche Disposition, die Zukunft zu betrachten: Die Person kennt den genauen oder vermutlichen Zeitpunkt bzw. Zeitraum seines Todes. Das sind beispielsweise Personen, die von einem Gericht zum Tod verurteilt wurden und der Hinrichtungstermin in ein paar Tagen, Monaten oder Jahren liegt. Dann gibt es Personengruppen, denen ein Arzt eine tödliche Krebsdiagnose gestellt hat.

Hierzu möchte ich als Betroffener sprechen: Bei mir wurde 1974 im Alter von sechs Jahren eine progressive Muskeldystrophie Duchenne diagnostiziert. Die Lebenserwartung liegt bei 21. Als mir dies einige Jahre später bewusst wurde, war ich verzweifelt, wütend und am Boden zerstört. Ich fühlte mich vom Schicksal verraten. Ich weinte um der Ungerechtigkeit, die mir angetan wurde. Bei jeder Verschlimmerung tat ich mir selbst unendlich leid, wenn ich daran dachte, wie ich früher über Wiesen lief und mit meinen Kameraden kickte. Ich weinte, wenn ich wieder hinfiel. Aber wenn ich ehrlich bin, habe ich nie über das geweint, was in der Zukunft verloren geht. Wie lebte ich aber damit? Ganz einfach. Ich verdrängte und blendete den Tod aus. Ich lebte weiter, als sei nichts gewesen. Der Verlust irgendwelcher potenziellen Zukunftspläne war mir völlig egal. Es spielte nicht die geringste Rolle. Oh ja, ich litt, aber mit Sicherheit nicht an abstrakten Zukunftskonstrukten. Peter Singer hat, mit Verlaub, nicht wirkliche Ahnung davon, wie man sich fühlt, wenn man stirbt. Obwohl er selbstlos seine kranke Mutter bis zum Tod pflegte, scheint ihm die Dynamik der Psyche nicht bewusst. Eine weitere Konstellation: Es existieren (vorwiegend ältere) Personen, die um das Nahen des Todes wissen und sich ihrer Sterblichkeit auf intensive Weise bewusst werden.

Todeskandidaten sinnieren über ihr Leben. Dabei stimme ich Singer zu, dass dieser Personenkreis mehr leidet als Bewusste: Erstens, weil Bewusste nicht verstehen, dass sie in absehbarer Zukunft sterben werden und deshalb keine Angst empfinden. Zweitens könnten sie (wahrscheinlich!), selbst wenn sie um ihren Tod wüssten, nur über Gegenwart und Vergangenheit trauern, nicht aber über die vertane Zukunft.

Kann man aber anhand dieser Konstellationen des „langfristigen Tods“ darüber eine Aussage machen, dass Bewusste weniger wert sind? Es weiß doch vorher niemand, wie ein Lebewesen sterben wird. Es ist ungewiss, ob er in seiner Zukunft in eine Konstellation wie oben landen wird. Vielleicht schläft er friedlich ein und wacht nicht mehr auf. Oder ein Gehirnaneurysma platzt, und er ist auf der Stelle tot. Das alles fällt in das Reich der Spekulation. Auf derart wackeligem Wissen das Leben einer Person höher als das eines Bewussten einzuschätzen, erscheint verantwortungslos.

ZUSAMMENFASSUNG

Peter Singer hat als erster Philosoph der Neuzeit einen revolutionären Schritt vollzogen, indem er jenseits von Speziesismus alle Tiere mit Bewusstsein und der Fähigkeit zu Freude und Schmerz normativ auf eine Stufe mit dem Menschen gestellt hat. In der Frage eines Tötungsverbot weicht er aber von obiger Einstellung ab. Nach seiner Theorie sind Lebewesen mit Selbstbewusstsein, der Fähigkeit zur Selbstreflexion und der Möglichkeit zukünftige Interessen zu entwerfen, besondere Lebewesen. Diese nennt er Personen. Zu diesen Individuen gehören alle geistig gesunden Menschen und einige wenige Tierarten.

Singer unterstellt, dass Personen durch ihren Tod mehr leiden als alle anderen bewussten Geschöpfe, weil ihr Verlust an Interessen höher ist. Dabei handelt es sich um das Innehaben zukünftiger Interessen, die außer Personen kein uns bekanntes Lebewesen besitzt. Ich habe aufgezeigt, dass diese Theorie nach gründlicher Analyse nicht haltbar ist. Singer widerspricht sich selbst, indem er nun den Speziesismus durch einen am Menschen orientierten Personismus ersetzt, Logikfehler begeht, den Zeitbegriff nicht exakt definiert, die psychische Dynamik des Sterbens verkennt und zukünftige Interessen mit Wissen um die Zukunft verwechselt. Ich komme zu dem Schluss, dass Personen keine zukünftigen Interessen besitzen und der Tod von Personen folglich nicht mit mehr Verlust an Interessen begleitet wird als bei bewussten Geschöpfen. Deshalb plädiere ich dafür, dass Singer sein Tötungsverbot auf alle Bewussten ausweitet. Er entgeht damit dem eigenen logischen Zwang, in gewissen Fällen Euthanasie zu befürworten, ungeborenes Leben als Gemüse abzusehen und geistig Behinderte vom Tötungsverbot auszunehmen. Ich empfinde Singer als einen gütigen Menschen, und ich persönlich glaube, dass er sich mit den obigen Implikationen nicht wohlfühlt. Aber dem Gebot der eigenen Logik folgend, hat er keine andere Wahl, will er nicht seinen Personenbegriff opfern. Doch genau das sollte er meines Erachtens tun. Ohne den Personenbegriff ist seine Ethik wunderbar, da sie gerecht, praktisch und gütig ist. Es wäre eine Ethik, in der alle Tiere und Menschen, ob gesund, krank, schwach, jung, alt oder verwirrt, als gleichwertige Partner betrachtet werden. Schade um diese vertane Chance wahrer Egalität zwischen Natur und Mensch.

V. GLEICHHEIT UND EINHEIT

KAPITEL 4: GLEICHHEIT UND EINHEIT ALS REALITÄTSKONZEPT

In der Einleitung habe ich das Grauen der Massentierhaltung *exemplarisch für die Gewalt an der* ganzen Natur beschrieben. Meine Schlussfolgerungen im Hinblick auf die Gleichwertigkeit beziehen sich aber nicht nur auf die Tiere, sondern auf die gesamte Natur. Menschen, Pflanzen, Pilze, Ökosysteme, Berge, Vulkane, Planeten und alle Galaxien genießen vollkommene Gleichheit. Alles-was-ist – ist vollkommen gleichwertig.

So wie menschlicher Fortschritt und Erkenntnis die Diskriminierung von Frauen und Schwarzen beendet haben, weil man erkannte, dass diese Diskriminierung auf Basis falscher Tatsachen entstanden war, so prophezeie ich, dass eines Tages die Diskriminierung der belebten und unbelebten Natur beendet sein wird, weil die Menschheit ihre Fehler erkennt und korrigiert. Ich behaupte, würden den Menschen alle denkbar möglichen wissenschaftlichen Fakten und Erkenntnisse vorliegen, würde die Gleichwertigkeit des Menschen mit der kompletten Natur logisch folgen. Besäße der Homo sapiens sapiens auch nur einen Moment lang Allwissenheit, sähe er die verflochtene Einheit von Menschheit und Natur. Alles andere als eine Gleichwertigkeit wäre unwissenschaftlich, abgeleitet von zeitgenössischen Erkenntnissen und mithin anachronistisch.

Tiere, Pflanzen, Menschen und letztlich der vollständige Kosmos sind durchdrungen von Gleichheit. Keine Entität steht im Wert über einer anderen. Alle sind gleich viel Wert. Auf dieser partnerschaftlichen Basis sollte der Mensch eine technologische Ökokratie erschaffen, in der menschlicher Fortschritt und die Interessen von Tier und Natur Hand in Hand gehen. Heutzutage schreiten jedoch menschliche Technik und Entwicklung zumeist auf Kosten der Natur voran. An Tieren wird experimentiert, Milliarden von ihnen werden getötet, die Natur wird vergiftet und zerstört.

Ich bin, wie Sie jetzt wissen, davon überzeugt, dass neben dem Menschen die gesamte Natur und die ganze Welt den gleichen Wert besitzen. In Anlehnung an den Begriff der *Menschenwürde* könnte man es auch in folgenden Worten ausdrücken: Alles-was-ist besitzt Würde: Tierwürde, Pflanzenwürde, Pilzwürde, Erdenwürde und Universumswürde. Es ist ein Kosmos der Würde. **Ich werde**

deshalb ab jetzt den Begriff der *Würde* anstatt den der *Gleichwertigkeit* verwenden.

Es gibt aber auch viele Stimmen, die behaupten, dass es zur Natur gehöre, dass der Stärkere den Schwächeren dominiert; der Stärkste setze sich gegen den Schwachen durch und leite seine größere Valenz aus dieser Tatsache ab. So sei die Welt nun einmal, das könne man nicht ändern. Alles andere seien Gefühlsduseleien weltfremder Idealisten. Ja, so könnte es natürlich auch sein.

Zwei schwerwiegende Gründe sprechen dagegen:

1. Diese Einstellung hat die Menschheit in die Klima- und Umweltkatastrophe geführt, die ihre Existenz zu vernichten drohen.
2. Ich werde beweisen, dass Würde (Gleichwertigkeit) ein Naturgesetz ist, das unserer Realität zugrunde liegt.

Wir werden sehen, dass Würde, so wie die Gravitationskraft, ein Realitätsprinzip unseres Universums repräsentiert. Die Beweisführung folgt in den kommenden Abschnitten.

DAS METAUNIVERSUM DER QUANTENDIMENSION

Seit der Mensch denken kann, befasst er sich mit der Frage, was die Welt ist, die ihn umgibt. Was sehen wir? Das Abbild der uns umgebenden Materie? Oder nur ein Konstrukt, das uns unser Gehirn vorgaukelt? Oder leben wir mit unserem Bewusstsein vielleicht in einer Computer-Matrix glücklich mit Frau und Kindern, während wir in Wirklichkeit festgeschnallt auf einem Labortisch liegen? Oder ist die Wirklichkeit nur der Traum Gottes, in dem wir vorkommen? Diese Fragen versucht die Philosophie seit der Antike zu beantworten. Hier lesen Sie meine Antwort.

Um zu beweisen, dass Würde ein Naturgesetz ist, muss ich, wie nicht anders zu erwarten, weit ausholen. Wir dringen dazu tief in die Welt der Kosmologie, Quantenmechanik und Relativitätstheorie ein. Wir werden uns mit Fragen von Raum, Zeit, Kausalität und Realität beschäftigen.

VERSCHRÄNKUNG

Tauchen wir nun ein in die bizarre Welt der subatomaren Teilchen. Eine der merkwürdigsten Phänomene ist die sogenannte *Quantenverschränkung*. Bei der Quantenverschränkung haben Forscher bereits vor fast hundert Jahren folgendes Phänomen entdeckt: Man schießt ein Photon auf einen Kristall, womit man ein Photonenpaar A und B erzeugt, dessen Gesamtenergie der ursprünglichen entspricht. Wenn man nun den Zustand von A verändert, ändert sich im genau gleichen Moment der Zustand von B. Diese beiden Photonen agieren, als ob sie verschränkt seien. Verschränkte physikalische Systeme wie beispielsweise eine Wippe verhalten sich in dieser Art: Im gleichen Moment, in der Wipper A sich vom Boden nach oben abdrückt (Änderung des Zustands 1), bewegt sich Wipper B nach unten (Änderung des Zustands 2). Die Änderungen der Zustände beider Wipper geschehen immer im exakt gleichen Moment, ohne Zeitverlust (synchron). Da das Phänomen bei der Wippe jedes Mal, also bei jeder Messung, auftritt, leiten wir eine große Übereinstimmung (Korrelation) daraus ab. Wir bilden die deterministische Aussage: Immer wenn A, dann B – immer wenn Wipper A seinen Zustand von 1 nach 2 verändert, verändert Wipper B seinen Zustand von 2 nach 1. Wir erkennen ein festes Muster.

Da wir aber neugierig sind, möchten wir wissen, welche Ursachen dazu führen. Im Fall der Wippe benutzen wir die klassischen Newton'schen Gesetze der Bewegung und Mechanik. Wenn wir diese Gesetze auf die Konstruktion der Wippe anwenden, kennen wir die Ursachen bzw. Kräfte, die auf Wippe und Wipper einwirken und das Resultat bedingen. Dies nennt die Physik *Lokalität* oder *lokalen Realismus*. Wissenschaftlich ausgedrückt kann man „von der physikalischen Realität eines Systems sprechen, das sich in einem endlichen Bereich der Raumzeit befindet, und diese physikalische Realität (Lokalität) lässt sich nicht durch das beeinflussen, was mit einem zweiten System passiert, welches vom erstgenannten durch ein „raumartiges“ Intervall der Raumzeit getrennt ist.“[64] Die Ergebnisse der Quanten-Verschränkung erzeugen auf den ersten Blick gleiche Resultate wie die mechanische: Wir erleben wie im Fall des Wipper Pärchens das zeitgleiche[65] Verändern der Zustände des Photonen-Pärchens . So weit so gut. Das Verrückte an der Quanten-Verschränkung sind jedoch folgende Phänomene, die als wissenschaftlich gesichert gelten:

1. Die Korrelierung ist bei jeder Messung instantan**, gleichgültig wie weit A und B voneinander entfernt sind.**
2. Die Korrelierung erfolgt **ohne Informationsübertragung von A nach B.**

Zu Punkt 1: Theoretisch wäre es bei einer kosmischen Riesenwippe

64 Nicolas Gisin: *Der unbegreifliche Zufall, 2014; Springer-Verlag Berlin Heidelberg*

65 In der Quantenmechanik benutzt man den Begriff *instantan.*

möglich, die Korrelation der beiden Wipper auf unendliche Entfernung aufrecht zu erhalten. Da dies jedoch aus praktischen Gründen (Kosten, Material, Logistik, Technologie – und außerdem: wer baut so etwas?) scheitert, aber bei der Quantenverschränkung problemlos funktioniert, gelangen wir an die ersten Merkwürdigkeiten. Seien wir ehrlich: Jede mechanische Verschränkung wird irgendwann an seine Grenzen stoßen und niemals Lichtjahr-Dimensionen erreichen. Keine bekannte Kraft der Physik (starke Wechselwirkung, schwache Wechselwirkung, elektromagnetische Wechselwirkung und Gravitation) wirkt instantan über eine unendliche Entfernung. Aber wie gelingt es den generierten Photonenpaaren?

Zu Punkt 2: Eine Möglichkeit zur Erklärung bliebe. A überträgt Informationen an B und B reagiert darauf. Dies geschieht mit einer extremen Geschwindigkeit, dass es uns nur so vorkommt, als würde B instantan korrelieren. In Wahrheit vergeht sehr wohl Zeit, die aber so minimal ist, dass sie nicht messbar ist. Möglich. Doch auch diese Erklärung scheidet aus. Denn ab einer gewissen Entfernung müsste sich die Information mit Überlichtgeschwindigkeit von A nach B durch den Raum bewegen. Dies verstößt gegen das Gesetz von Einstein, wonach sich nichts schneller als das Licht bewegt. Dies schließt aus, dass Information instantan auf unendliche Entfernung übertragen werden kann. Neuere Untersuchungen von Zeilinger und Gisin[66] konnten jetzt auch *experimentell* beweisen, dass die instantane Übertragung *tatsächlich* deutlich schneller als mit Lichtgeschwindigkeit verläuft. Das Experiment von Gisin et. al „zeigt [...], dass die Photonen, wenn sie kommuniziert hätten, dies mindestens 100.000 Mal schneller als die Lichtgeschwindigkeit getan haben müssten, etwas, das fast alle Physiker für unmöglich hielten. Mit anderen Worten, diese Photonen können durch keinen normalen Informationsaustausch voneinander wissen."[67] Warum aber die instantane Übertragung schneller ist wie das Licht ist, bleibt der Wissenschaft ein Rätsel.

Die Wissenschaft weiß bis heute nicht, wie das physikalisch möglich ist und welche Kräfte auf das quantenmechanische System einwirken. Deshalb sprechen Forscher hier von *nicht-lokaler* Korrelation oder, falls diese nicht existiert, vom irrwitzigsten Zufall der Weltgeschichte. Es bleibt ein Rätsel.

---

66 Salart, D., Baas, A., Branciard, C., Gisin, N. & Zbinden, H. Nature , 454 , 861–864 (2008)

67 Geoff Brumfiel, Nature.com 2008

Bei der Quantenverschränkung korrelieren also verschränkte Elektronen instantan unabhängig von der Entfernung. Welche Auswirkung hat das Phänomen der Quantenverschränkung auf die Kausalität? In der Raumzeit, in der Welt, in der wir leben, nehmen wir die Ereignisse als aufeinanderfolgend wahr. Wir konstruieren daraus drei Zeitebenen: Vergangenheit, Gegenwart, Zukunft. Indem wir Ereignisse aus diesen Ebenen miteinander vergleichen, können wir Muster erkennen, aus denen wir Ansichten über die Realität bilden. Das bedeutendste Muster ist das Prinzip von Ursache und Wirkung (Kausalität). Dieses Konzept ist maßgeblich bei der Wirklichkeitsbildung. Aber Zeit vergeht nur, wenn Bewegung im Raum stattfindet. Zeit misst Abstände von Bewegungen. Linearer Zeitfluss setzt deshalb Bewegung von Entitäten im Raum voraus. Würden schlagartig sämtliche Objekte im Universum mit ihren vier Grundkräften, Zellen, Molekülen, Atomen, Atomteilchen und Quarks erstarren, würde Zeit im raum-zeitlichen Sinne stillstehen, da es keinen Ereignisfluss mehr gibt. Ohne Ereignisfluss wiederum treten keine Veränderungen in der Welt auf. Die Vergänglichkeit endet. Ewigkeit nimmt ihren Platz ein.

Das **erste Gesetz der Kausalität** besagt, dass eine Wirkung stets durch eine Ursache determiniert ist. Das **zweite Gesetz** besagt, dass die determinierende Ursache immer in der Vergangenheit der Wirkung liegen muss. Betrachten wir dazu das klassische Beispiel zur Erklärung von Kausalität: Billardkugel A wird mit einem Cue auf Kugel B geschossen. Der Aufprall von A auf B bewegt B. A ist die Ursache für die Bewegung von B. Zeitlich gesehen liegt die Ursache vor der Wirkung. Mit anderen Worten: Zwischen Ursache und Wirkung fließt Zeit.

Es gibt noch zwei weitere Elemente, die zwischen Ursache und Wirkung liegen:

Energie- und/oder Informationsübertragung: Zur Erzeugung von Wirkung müssen Energien oder Informationen bereitgestellt werden. Die Bewegung von Kugel B kommt durch die Übertragung der Bewegungsenergie von Kugel A zustande. Beim Erhalt einer E-Mail wurden vorher Licht, Informationen und Elektrizität übertragen. Wenn ich mit meiner Verabredung besprochen habe, dass sie mich abholt, und ich aus meiner Wohnung zu ihr runterkomme, sobald ich sie unten parken sehe, wird mir diese Information durch Übertragung elektromagnetischer Wellen von der Verabredung bzw. deren Auto auf meine Netzhaut angezeigt.

Übertragen wir nun das Billardkugel-Modell auf die Quantenverschränkung. Billardkugel A wird mit einem Cue auf Kugel B geschossen (Ursache). Im gleichen Moment, in dem der Cue auf A trifft, tritt die Wirkung ein, und B bewegt sich. Es vergeht keine Zeit zwischen Ursache und Wirkung, noch wird Energie oder Information von A auf B übertragen. **Ursache und Wirkung fallen zusammen**. Da bei diesem Prozess keine Zeit vergeht, fließt sie nicht mehr durch die Raumzeit. Die Linearität der Zeit, die aus der Vergangenheit über die Gegenwart in die Zukunft fließt, hat aufgehört zu existieren. Mit dem Stillstand der Zeit endet auch der Ereignisfluss.

Genau das passiert mit dem Zeitfluss bei der Quantenverschränkung: Er kommt zum Stillstand. Somit macht das Realitätskonzept der Kausalität hierbei keinen Sinn mehr. Denn wenn Ereignisse nicht mehr nacheinander geschehen, können wir sie nicht mehr in drei Zeitebenen sortieren. Da wir das nicht können, leiten wir keine Muster und somit keine Kausalität ab. Wir können keinen Zusammenhang in den Ereignissen erkennen, keine Schlüsse ziehen und keine normativen Werturteile bilden. Ich schließe aus dem oben gesagten, dass es raum-zeitliche Kausalität bei der Quantenverschränkung nicht gibt.

Wenn Ereignisse nicht mehr nacheinander geschehen, wie tun sie es dann? Es bleibt nur der Schluss: Sämtliche Ereignisse müssen zur selben „Zeit“, im gleichen Moment ablaufen. Da Vergangenheit und Zukunft de facto nicht konstruiert werden können, bleibt nur die Gegenwart übrig, das Jetzt. Wenn wir auf der Erde Verhältnisse einer instantanen Welt hätten, würden *jetzt* Feuer, Rad, Elektrizität und Atomkraft, usw. erfunden werden. *Jetzt* schlagen die Römer Jesus ans Kreuz, während im selben Augenblick Lincoln die Sklaverei abschafft und die UNO die Menschenrechte verkündet. Die Äonen der Menschheitsgeschichte wären in einem einzigen hochverdichteten Ereignispunkt konzentriert.

EINHEIT STATT TRENNUNG: DAS ENDE VON SUBJEKT UND OBJEKT

Subatomare Teilchen verhalten sich auch außerhalb der Quantenverschränkung sehr eigenartig. Beispielsweise existieren in unserer Raumzeit Dinge unabhängig davon, ob wir sie beobachten oder nicht. Wenn ich meine Augen schließe, existiert der Tisch, auf dem ich dieses Buch schreibe, weiterhin. Das merke ich an zwei Dingen: Mein Laptop fällt nicht auf den Boden, und ich kann den Tisch ertasten. Rufe ich einen Freund in mein Zimmer, schließe die Augen erneut und frage ihn, ob der Tisch noch da ist, wird er bestätigen, dass er weiterhin an Ort und Stelle steht.

Auf subatomarer Ebene gelten jedoch andere Gesetze. Elektronen erscheinen erst, wenn wir durch Beobachtung und Messung nach ihnen suchen. Solange wir das nicht tun, sind sie überall und nirgendwo *zugleich*. Erst die Messung und die Art der Messung legt den Ort ihres Seins fest, lässt sie in ihre raumzeitliche Existenz treten. Übertragen wir das auf das Tischbeispiel. Ich sehe einen Tisch vor mir. Jetzt wende ich meinen Blick ab und konzentriere mich auf meine Katze. Der Tisch verschwindet umgehend, der Laptop fällt zu Boden. Dann wende ich mich zu der Stelle um, an dem der Tisch stand – und Wumm steht er wieder da. Wenn Entitäten erst dadurch zu jenen werden, wenn wir nach ihnen mittels Beobachtung suchen, dann beweist das, dass die Dinge *nicht* unabhängig vom Beobachter existieren, dass es so etwas wie eine objektive Realität nicht gibt. Der Tisch und ich bilden eine Einheit, da dessen Existenz von meinem Focus abhängt.

Wenn sich zwei Personen auf Quantenebene gegenseitig wahrnehmen, würde dies bedeuten, dass deren gegenseitige Existenz voneinander abhängt. Sobald eine Person wegschaut, vergeht die Existenz des anderen. Es liegt eine Interdependenz vor. Daraus folgt wiederum, dass es sich streng genommen nicht mehr um zwei verschiedene autonome Wesen handelt. Sie bilden eine Einheit. Die Trennung und Aufspaltung der Welt in Subjekt und Objekt, in *Ich* und *Du*, würde auf Quantenebene nicht existieren.

GLEICHZEITIG AN MEHREREN ORTEN

Wenn man versucht, die Position von Photonen zu bestimmen, steht man vor dem Problem, dass sie sich gleichzeitig überall an unendlich vielen Orten befinden. Physiker sprechen von einer Überlagerung unterschiedlicher Pfade: Anstatt einer fest definierten Bahn zu folgen, fliegt das Teilchen gleichzeitig auf allen möglichen Bahnen.[68] In unserer Welt ist es nicht möglich, wie in der Quantenwelt üblich, an mehreren Stellen zur gleichen Zeit zu sein. Wir sind nicht zur selben Zeit in Tokio, Rio, New York und Bad Salzuflen. Wir können immer nur an einem dieser Orte zur selben Zeit verweilen.

Da Photonen oder Elektronen überall und nirgendwo existieren, sind die Arten der Messungen ausschließlich probabilistisch. Sie beschreiben nicht den exakten Punkt, sondern sagen mit **Schrödingers Wellengleichung** den wahrscheinlichsten Aufenthaltsort voraus. Die Position ergibt sich aus der statistischen Verteilung der

68 Scinexx, *Atome gleichzeitig an verschiedenen Orten, 2015. Abruf: 4.12.2020*

Messungen. Wir können bei jeder *einzelnen* Messung *nicht* die Position eines Elektrons vorhersagen, aber wir können die Position nach hunderten Messungen durch ein Wahrscheinlichkeitsmuster sehr eingrenzen.

Die Physiker konnten sich obige Paradoxien anfangs nicht erklären. In den ersten Jahren der Quantenphysik verzweifelte man daran. Irgendwann traf man dann die Entscheidung, es zu akzeptieren, so wie es ist, ohne es vollständig zu verstehen, und begann mit der Quantenmechanik (sehr erfolgreich) zu arbeiten. Laser, Atomuhr, Magnetresonanztomographie und Floating-Gate-Transistoren, die in Computern zum Einsatz kommen, wären ohne die Anwendungen aus der Quantenwelt nie entstanden.

GRENZEN DER VORHERSAGBARKEIT

Die Heisenbergsche Unschärferelation besagt, dass wir *entweder* Position *oder* Geschwindigkeit eines Quantenpartikels exakt bestimmen können, nie aber beides zu gleich. Wenn wir die Position eines Elektrons möglichst genau bestimmen wollen, müssen wir möglichst kurzwellige Strahlen nehmen, da der Abstand zwischen den Kämmen dieser Lichtwellen am kleinsten ist. Je kleiner die Abstände der Wellenkämme, um so exakter die Positionsmessung. Wenn wir das Elektron damit bestrahlen, können wir die Position relativ genau bestimmen. Kurzwellige Strahlen verfügen jedoch über ein sehr hohes Energieniveau. Damit wirken sie störend auf den Quantenzustand ein und verändern die ursprüngliche Geschwindigkeit, welche dann nicht mehr zu messen ist.

Wenn wir hingegen die Geschwindigkeit exakt messen wollen, brauchen wir langwelliges, energieschwaches Licht, um den Energiezustand des Photons möglichst wenig zu verändern. Das langwellige Licht seinerseits verfügt über große Kämme, womit wiederum die Lokalisierung des Elektrons ungenau wird. Heisenberg drückte diese Unschärferelation in folgender Korrelation aus: Die Unsicherheit hinsichtlich der Position des Teilchens mal der Unsicherheit seiner Geschwindigkeit mal seiner Masse unterschreitet nie einen Grenzwert. Dieser Grenzwert ist die Planck'sche Konstante.

Wenn es nicht möglich ist, Position *und* Geschwindigkeit eines Quantenpartikel exakt zu messen, ist es unmöglich, sein zukünftiges Verhalten exakt vorherzusagen. Das Resultat der Vorhersage bleibt verschmiert, wie es Heisenberg ausdrückte. Ein Indikator für Wissenschaftlichkeit ist aber die genaue Vorhersagbarkeit von Resultaten. Im Falle von Quantenpartikeln ist die Prognosefähigkeit möglich, aber nur mit der Abweichung der festgestellten Unschärfe. In der Praxis lässt sich damit arbeiten, aber die wissenschaftstheoretische Problematik bleibt bestehen. Der wissenschaftliche Determinismus erhält dadurch einen herben Dämpfer. Dieser besagt, dass, wenn ich alle relevanten Daten eines Systems kenne, ich in der Lage bin, bis in alle Ewigkeiten vorherzusagen, wie es sich verhalten wird. Ein gutes Beispiel hierfür sind die Planetenbahnen um die Sonne. Alle Daten wie Gravitationskraft, Masse, Geschwindigkeit und Entfernung sind bekannt. Daraus lassen sich zukünftige Planetenkonstellationen exakt vorhersagen. Die Konstellation der Planeten in fünf Jahren stehen heute schon fest. Sie sind determiniert. Dies ist in der Quantenmechanik anders. Da es nicht möglich ist, Position *und* Geschwindigkeit eines Elektrons zu messen, kennt man nicht alle relevanten Daten des Systems. Eine exakte Ausgangslage ist nicht gegeben. Deshalb ist die Vorhersagefähigkeit nicht genau und die zukünftige Determiniertheit entfällt. Es wäre so, als ob die Wissenschaft Planetenbahnen vorhersagen wollte, aber entweder den Abstand der Planten zueinander bzw. zur Sonne nicht kennen würde, oder deren Geschwindigkeit. Die Vorhersagen wären falsch, im besten Sinne ungenau. Deshalb können in der Quantenmechanik nur statistisch-probabilistische Aussagen getroffen werden, die über Häufigkeitsverteilungen die Unschärfe kompensieren. Statistik setzt der Quantenmechanik die Brille auf.

WELLE-TEILCHEN-DUALISMUS

Elektronen sind Teilchen, die sich durch die Schrödingergleichung beschreiben lassen. Sie unterliegen quantenmechanischen Gesetzmäßigkeiten, die für unsere Alltagerfahrungen absurd erscheinen. Aber es geht noch verrückter. Denn manchmal verhalten sich Elektronenteilchen wie Wellen. Ja, aber was denn nun? Welle oder Teilchen? Kann sich das Elektron bitte mal entscheiden? Nein, kann es nicht, das ist seine Natur. Wenn es dem Elektron geeignet zu sein scheint, verhält es sich als Welle, und wenn nicht, als Teilchen.

Dies wurde im berühmten **Doppelspalt-Experiment** nachgewiesen. Schießen Sie Elektronenteilchen mit konstant gleicher Wellenlänge auf eine Wand mit einem Spalt, verhalten sie sich, wie man es erwartet: Die Teilchen hinterlassen das typische Streumuster (Das sieht man am Sichtschirm, der hinter der Wand steht.)

Wir öffnen nun einen zweiten Spalt. Zu erwarten wäre, dass sich dasselbe Streumuster zeigt, aber mit einer intensiveren Dichte, da ja doppelt so viele Teilchen die Wand passiert haben müssten.

Aber siehe da: Wir entdecken jetzt auf dem Sichtschirm ein für Wellen typisches schwarz-weißes Interferenzmuster (Überlagerung).[69]

Dafür gibt es nur eine Erklärung: Die Teilchen haben sich in eine Welle verwandelt. Wie ist es dazu gekommen?

- **These**: Die schnell hintereinander abgeschossenen Elektronen sind mal in Spalt 1 und mal im Spalt 2 verschwunden und sind sich kurz nach dem Abschuss oder hinter der Wand in die Quere gekommen. Dies führte zur Überlagerung, was die Interferenz verursacht.
- **Um diese Hypothese zu überprüfen**, schießen wir nun jedes Teilchen einzeln und mit fünf Sekunden Zeitabstand auf die Wand. Eine Überlagerung der Elektronen ist ausgeschlossen. Trotzdem erhalten wir erneut das typische schwarz-weiße Interferenzmuster einer Welle.

Wie ist das möglich? Die Logik gebietet nur einen Schluss: **Das Teilchen hat mit sich selbst** interferiert. Aber woran liegt *das* nun wiederum, da dies bei nur *einem* Spalt nicht geschah? Die Ursache muss in der Öffnung des zusätzlichen Spalts liegen, weil sonst nichts weiter am Versuchsaufbau verändert wurde. Aus all diesen Fakten folgt: Das Teilchen hat sich in zwei Wellen verwandelt, ist in dieser Form gleichzeitig durch **beide** Spalten geschlüpft. Hinter der Wand haben sich die Wellen wiedervereinigt, was zu einer gegenseitigen Überlagerung und dem Interferenzmuster führte.

Natürlich gab es Anordnungen, die immer wieder zufällig ein oder zwei Spalten öffneten, oft erst im allerletzten Moment. Aber es blieb dabei: Bei einem geöffneten Spalt verhielt sich das Elektron wie ein Teilchen, bei zwei Spalten wie eine Welle. Wenn wir es nicht besser wüssten, könnte man glauben, dass das Licht Bewusstsein und Intelligenz besitzt.

Warum hat sich das Teilchen in eine Welle verwandelt? Es ist rätselhaft. Das Entscheidende des Doppelspaltversuchs ist die Erkenntnis, dass subatomare Teilchen eine Doppelnatur besitzen: **Sie sind Materie und Welle in einem.** Manchmal verhält sich das Teilchen wie ein Teilchen, manchmal wie eine Welle – je nach Beobachtungsaufbau.

---

69 Die Überlagerung von Wellen hat zwei Konsequenzen: Manche Wellen heben sich gegenseitig auf und verschwinden, manche addieren sich auf und verstärken einander. Heraus kommt ein weiß-schwarzes Muster auf dem Sichtschirm: Das Interferenzmuster. Das Schwarz zeigt dabei die Stellen an, an dem sich Wellen gegenseitig aufgehoben haben.

In unserer Makrowelt gilt das Prinzip *Entweder – Oder.* Materie kann nicht zeitgleich unendlich viele Positionen annehmen. In unserer Raumzeit definiert sich Materie dadurch, dass sie zu einem festgelegten Zeitpunkt exakt an **einem** Ort, der durch Raumkoordinaten festgelegt ist, existiert. In unserer Alltagswelt kommt so etwas nicht vor. Häuser stehen nicht heute in der Parkstraße und morgen in der Schlossallee. Entweder eine Frau ist schwanger oder nicht. Sie kann sich nicht gleichzeitig in einem schwangeren und in einem nicht schwangeren Zustand befinden. Entweder sind wir tot oder lebendig, da gibt es kein Dazwischen. Das versuchte Erwin Schrödinger in seinem Gedankenexperiment zu illustrieren, das als Schrödingers Katze in die Geschichte einging.

Unser Makrokosmos um uns existiert, ob wir nun daran glauben oder nicht. Die Welt kollabiert nicht, wenn wir sie nicht beobachten. Die Welt, die wir kennen, besteht völlig ohne unser Zutun. Sie existiert (scheinbar) unabhängig von uns. In der Welt kleinster Teilchen und Wellen ist die Welt abhängig von uns und unserer Beobachtung. Schauen wir hin, manifestiert sich diese Welt, richtet sich unsere Aufmerksamkeit woanders hin, kollabiert sie. Im Mikrokosmos kann es objektives Sein nicht geben. Subjekte erschaffen Existenz, die exklusiv ihrem Willen (zur Beobachtung) unterliegen.

Materie der Raumzeit kann sich nicht in eine Welle verwandeln. Oder haben Sie es schon einmal geschafft, bei einer zu kleinen Parklücke sich und Ihr Auto in eine elegante Welle zu transformieren, um dann lässig einzuparken? Wenn der russische Türsteher nur schöne Frauen in die Diskothek lässt, und Sie das Pech haben, ein Mann zu sein, werden Sie wohl draußen bleiben. Das wäre Ihnen in der Mikrowelt nicht passiert. Sie hätten sich einfach in eine Frau verwandelt, und der Abend wäre gerettet. Schlau wie ein Elektron müsste man sein: Wenn es die Situation erfordert verwandelt man sich einfach in eine Welle.

Fazit:
Zusammenfassend lässt sich sagen, dass auf Quantenebene fundamental andersartige Naturgesetze herrschen als in der Raum-Zeit: Zeit fließt nicht, es gibt keine Kausalität, subatomare Partikel wie Elektronen haben ein Doppelnatur (Welle-Teilchen-Dualismus), Entitäten existieren gleichzeitig an unendlich vielen Orten, und es gibt keine Trennung von Subjekt und Objekt.

RAUMZEIT	QUANTENKOSMOS
Dinge existiern unabhängig von unserer Beobachtung.	Dinge existieren durch unsere Beobachtung.
Keine Entität kann gleichzeitig an zwei oder mehreren Orten sein.	Jede Entität ist gleichzeitig an mehreren Orten.
Eindeutige Zustände von Materie.	Doppelnatur der Materie.
Trennung in Subjekt und Objekt.	Einheit von Subjekt und Objekt.
Linearität der Zeit.	Synchronizität.
Kausalität.	Instantaneität.

DIE THEORIE DES QUANTENUNIVERSUMS

In der Wissenschaft unterscheidet man diese so unterschiedlichen Welten in Mikro- und Makrokosmos. Stillschweigend setzt man voraus, dass wir hier zwei Seiten derselben Medaille betrachten, zum einen unsere Welt in ganz kleinen Bereichen und zum anderen unsere Welt in ganz großen Bereichen. Die Paradoxien, so es denn welche sind, nimmt man als gegeben, da sie der Anwendung der Quantenphysik nicht im Wege stehen. Man kann mit den Paradoxien in der Quantenmechanik arbeiten - erklären kann man sie zurzeit nicht vollständig. Wissenschaftler gehen aber davon aus, dass es eines Tages eine vollständige, einheitliche Erklärung aller quantenmechanischen Phänomene geben wird, sobald die Aussagen über die Quantenmechanik physikalisch-operationell richtig gedeutet werden. Momentan hakt es daran, dass es keine vernünftige Theorie zur Quantengravitation gibt. Die Schwierigkeiten bei der Vereinigung von Quantenmechanik und Allgemeiner Relativität sind entweder technischer Natur (UV-Divergenzen) oder operationell (Bildung von schwarzen Löchern). Bei hohen Gravitationskräften liefern Quantenphysik und die Allgemeine Relativitätstheorie widersprüchliche Vorhersagen und Ergebnisse, so dass angenommen wird, dass eine Theorie von beiden falsch sein muss.

Aber ist das so? Betrachten wir dieselbe Medaille? **Könnte es nicht auch sein, dass sich die subatomare Welt bereits in einem anderen Universum mit völlig anderen Naturgesetzen befindet?** Ich möchte dieser Hypothese nachgehen. Betrachten wir einmal die wissenschaftlich bewiesenen Quantenphänomene aus obiger Perspektive.

Wenn Quantenteilchen den Gesetzen eines anderen Universums folgen als der Makrokosmos der Raumzeit, dann würde dies die bis jetzt bestehenden Widersprüche und scheinbaren Paradoxien auflösen. Dies könnte eine Erklärung für die rätselhaften Phänomene der Quantenwelt liefern. Wenn Messungen in der Quantenwelt Messungen aus einem anderen Universum mit völlig anderen Naturgesetzen sind, sind Widersprüche nicht paradox, sondern logisch. Dann handelt es sich nicht mehr um verzwickte Paradoxien, die unlösbar erscheinen, sondern schlicht und ergreifend um Messdaten aus verschiedenen Universen. Wer würde sich dabei über Abweichungen zu unserem Kosmos wundern?

Naturgesetze und Zustände des Quantenuniversums

Wie könnte es in so einem Universum, dem Quantenuniversum zugehen? Was für eine Welt offenbart sich uns? Als Grundlage der Betrachtungen dienen mir ausschließlich die als sicher geltenden naturwissenschaftlichen Forschungsergebnisse der Quantenmechanik. Aus diesen Tatsachen ziehe ich deduktive Schlüsse über die Natur des Quantenuniversums. In der Welt der Quantenpartikel, Photonen und Elektronen existiert keine Zeit.[70] Alle Ereignisse finden, wie wir bei der Quantenverschränkung gesehen haben, instantan statt. Da Zeit nicht linear von der Vergangenheit in die Zukunft fließt, sondern alle *möglichen* Ereignisse ad hoc stattfinden, konzentrieren diese sich **in einem Punkt unendlicher Ereignisdichte und unendlicher Quantenfluktuation**. Eine unendliche Anzahl aller möglichen Realitäten verdichtet sich hier. In diesem Punkt herrscht eine unendliche Energie. Stellen Sie sich einen kochenden Eintopf vor, auf den man einen Deckel presst. Um Ihnen die Gewaltigkeit einer unendlichen Ereignisdichte begreiflicher zu machen, bediene ich mich nun zeitlicher Begriffen unseres Universums: Alle Geschehnisse vom Anbeginn der Zeit bis in alle Ewigkeit konzentrieren sich in einem Punkt. Jeder Gedanke, der bisher gedacht wurde und der noch gedacht werden wird, jedes Wort, das bis heute je gesprochen worden ist und das in den nächsten Milliarden Jahren noch gesprochen wird, jede Bewegung und jeder äonische Wimpernschlag, stecken in der unendlichen Ereignisdichte, die ich im weiteren Verlauf als **unendliche Ereignismasse** bezeichne.

Jede subatomare Entität existiert in einer Wahrscheinlichkeitswelle und ist durch ihre Superposition gleichzeitig an jedem ihr möglichen Ort in dieser Welt. Es existiert kein dreidimensionaler Raum, alles konzentriert sich auf einen Punkt. Die Zahl der Elementarteilchen ist unendlich, da durch das Fehlen von Zeit alle Teilchen, die jetzt existieren, jemals existierten und in Zukunft existieren werden, sich in einem Punkt sammeln. Alle subatomaren Entitä-

70 Siehe Tabelle am Ende des 8. Kapitels.

ten liegen als Wellen vor, da sie weder beobachtet noch gemessen werden, so dass das Wellenfeld nicht kollabiert. Sie verbleiben im Zustand unendlicher Möglichkeiten.[71] Sämtliche Quantenpartikel sind in einer zeitlosen Blase unendlicher Potentialität gefangen. Die Quantenfluktuation ist unendlich, immer wieder steigen Blasen an die Oberfläche, zerplatzen, während schon die nächste Welle an die Oberfläche drängt. In der Beschreibung kommt dies einer Singularität sehr nahe: „Hier herrschen Zustände, die einzigartig im Universum sind. Die Singularität ist der Punkt, an dem die gesamte Masse [...] vereinigt ist, die Dichte ist unendlich groß, das Volumen jedoch geht gegen Null. Hier hören Zeit und Raum, so wie wir sie kennen, auf zu existieren."[72] Wikipedia[73] spricht davon, dass die Singularität nicht mehr Bestandteil der Raumzeit ist. Dies ist schon einmal ein erstes Indiz für die Richtigkeit unserer Hypothese, dass die Welt der subatomaren Entitäten in einem anderen Universum, dem Quantenuniversum, liegt.

Das Prinzip der Einheit und Gleichheit

In einer Welt, in der subatomare Entitäten gleichzeitig alle Positionen in einem einzigen Punkt einnehmen und Zeit nicht fließt, kann es nicht mehr zur Bildung von Objekten kommen. Warum ist das so? Ohne Zeit existiert alles gleichzeitig. Ohne den Zeitfluss endet die grundsätzliche Aufteilung der Welt. Die verschiedenen subatomaren Entitäten sind in Wahrheit **eine einzige Entität.** Es ist eine holistische Welt, in der alle Photonen, Elektronen und Quarks eine Einheit der vollständigen Durchdringung erleben. Hier noch von einzelnen Entitäten zu sprechen, verfehlt die Sache. Die Welt der atomaren Kleinstteilchen ist eine einzige ganzheitliche Entität.

In diesem Urzustand gibt keine getrennten Substanzen. Alles ist eins, es gibt keine verschiedenen Subjekte geschweige denn Objekte. Wir könnten von exakt *einem* Subjekt sprechen. Da wir also keine *verschiedenen* Substanzen, Entitäten oder Objekte haben, folgt daraus, dass keine Hierarchien oder Rangordnungen existieren *können.* Mit anderen Worten: Im Urzustand herrschte in der Natur Einheit und absolute Gleichheit. Dies folgt logisch aus der Beschaf-

---

71 Ob das Wellenfeld in diesem Zustand ontologische Substanz besitzt oder einem rein mathematischen Formalismus zugeordnet ist, ist in der Physik umstritten. Ich persönlich gehe von der Annahme aus, dass quantenphysikalische Entitäten als Welle ontologische Substanz besitzen.

72 Scinexx: *Unendliche Dichte, heißes Gas und Materiejets*, März 2001 | Abruf November 2021, www.scinexx.de /dossierartikel/unendliche-dichte-heisses-gas-und-materiejets/

73 Wikipedia, Suchwort Singularität (Astronomie) | Abruf November 2021

fenheit ihrer Realität. Kurzgesagt: **Gleichheit ist im Quantenuniversum ein Naturgesetz.**

Zusammenfassung

Ich untersuche die Hypothese, dass die Welt der subatomaren Teilchen außerhalb der Raumzeit in einem eigenständigen Universum liegt. Ich habe die naturwissenschaftlich bewiesenen Naturgesetze der Quantenmechanik durchdacht und analysiert, welche Verhältnisse in einem Quantenuniversum herrschen könnten. Meine Resultate zeigen, dass sich in diesem Universum alles in einem Punkt unendlicher Dichte, Masse und Quantenfluktuation konzentriert. Sämtliche Teilchen existieren in einer Wellenform, da sie nicht beobachtet werden. Da keine Zeit fließt, gibt es keine getrennten Entitäten, so dass im Quantenuniversum alles eins ist. Aufgrund jener Eigenschaften bezeichne ich dieses Universum als Kosmos der *unendlich-holistische Quantenmatrix* (UHQ).

QUANTENKOSMOS ALS METAUNIVERSUM

Ich untersuche die Hypothese, ob die Quantenwelt ein eigenständiges Universum mit anderen Naturgesetzen ist. Oben habe ich viele Punkte gefunden, die dafür sprechen: Es erklärt die Paradoxie von Naturgesetzen, die unterschiedlicher nicht sein könnten. Darüber hinaus würde es die Bildung und die Natur von Singularitäten beschreiben. Aber es gibt berechtigte Einwände. Wenn die Quantenwelt in einem eigenen Universum beheimatet ist, wieso kann man ihre Gesetzmäßigkeiten dann in der Raumzeit technologisch verwenden? Laser, Atomuhr, Magnetresonanztomographie und Floating-Gate-Transistoren, die in Computern zum Einsatz kommen, wären ohne Erkenntnisse aus der Quantenwelt nie entstanden. Längst sind Anwendungen der Quantenphysik konkreter Bestandteil unseres Lebens geworden. Elektronik, Digitaltechnologien, Laser, Mobiltelefon, Satelliten, Fernseher, Radio, Nukleartechnik, die moderne Chemie, medizinische Diagnostik – all diese Technologien beruhen auf den Gesetzen der Quantentheorie. Mit der Quantenmechanik können (fast) alle Kräfte in Übereinstimmung mit der Allgemeinen Relativitätstheorie erklärt werden: Erstens die elektromagnetische Kraft, zweitens die schwache Kraft und drittens die starke Kernkraft. Bei der Gravitationskraft widersprechen sich Quantenmechanik und Allgemeine Relativitätstheorie, weil letztere die Unschärferelation nicht berücksichtigt. Die Erklärung dreier Grundkräfte erlaubt es der Quantenmechanik, Chemie, Elektrotechnik, Atomforschung, Molekularbiologie und alle Bereiche, bei denen die Gravitation keine Rolle spielt, exakt zu beschreiben und vorherzusagen.

Die technologische Anwendbarkeit und Erklärung fast aller Grundkräfte scheint doch dafür zu sprechen, dass der Mikrokosmos sehr wohl eine Seite derselben Raumzeit-Medaille repräsentiert. Und doch kann bis heute niemand die Ursachen vollständig erklären, warum es so ist, wie es ist, warum im innersten aller Strukturen völlig andere Naturgesetze gelten als in unserer Alltagswelt. Das wäre so, als ob die Physik behaupten würde, dass in unserem Universum in der ersten Hälfte A andere Naturgesetze vorliegen als in der zweiten Hälfte. Das wäre absurd. Naturgesetze gelten in der Regel an jedem Ort der Raumzeit. Wenn das nicht der Fall ist, sind es keine. Man kann nicht sagen, in Hälfte A des Kosmos fließt die Zeit linear und in Hälfte B nicht, in Hälfte A kann man sich gleichzeitig immer nur an einem Ort befinden und in Hälfte B an allen möglichen zugleich. Aber bei der Unterscheidung von groß und sehr klein tut die Physik genau das. Sie sagt, dass auf Quantenebene andere Naturgesetze herrschen als auf zellulärer. Während man bezüglich der Ausdehnung der Raumzeit zwei widersprüchliche Naturgesetze ausschließt, erlaubt die Wissenschaft widersprüchliche Wirkprinzipien bei verschiedenen Ebenen der Größe von Objekten.

Die Physik argumentiert dagegen, dass die Naturgesetze im Mikrokosmos (wie zum Beispiel die Gleichzeitigkeit und die Superposition) mittels Dekohärenz in Linearität der Zeit bzw. zu eindeutigen Positionen im Makrokosmus führen. Die *Dekohärenz-Theorie* beschreibt den Übergang. Sie besagt, dass, sobald Quantenteilchen in Wechselwirkung mit ihrer Umgebung treten, sie ihren Quantencharakter verlieren, so dass sie sich dann nach den Gesetzen der klassischen Physik verhalten. Was aber eigenartig bleibt, ist die Tatsache, dass die Naturgesetze der Quantenmechanik aufgrund der Dekohärenz nicht zumindest zu Varianten, Ableitungen oder Verzerrungen der quantenmechanischen Naturgesetze führen, aus denen man eine irgend geartete Ähnlichkeit oder Verwandtschaft zur Newton'schen Physik erkennen könnte. Die Naturgesetze der Quantenwelt produzieren auf den Kopf gestellte Naturgesetze ihrer selbst.

Aber warum verkehren sich die Naturgesetze der Quantenmechanik in der Makrowelt ins Gegenteil? Beide Klassen von Naturgesetzen könnten unterschiedlicher nicht sein. Es wäre doch eher zu erwarten gewesen, dass innerhalb eines Menschen auf zellulärer Ebene Varianten und Modifikationen der subatomaren Naturgesetze herrschen. Aber es wirken völlig gegenteilige Prinzipien, als ob beide aus unterschiedlichen Universen stammen. Dafür *muss* es eine plausible logische Erklärung geben. Ich habe dafür folgende Theorie: Die Welt der Quanten ist nicht nur ein eigenständiges Universum, sondern ein **Meta-Universum**, aus dem heraus unendlich viele Multiversen entstehen und entstanden sind. Durch die unvorstellbaren Energien der unendlichen Quantenfluktuation und unendlichen Ereignisdichte innerhalb der UHQ werden eine unendliche Zahl Universen geboren. Das geschieht dadurch, dass sich die unendliche Energie, entstanden aufgrund unendlicher Massen, Dichte und Quantenfluktuationen, in Matrizes entlädt und die unglaublichen Kräfte zur Bildung neuer Multiversen führen.

Aus dem Punkt unendlicher Energie (Eu) und unendlicher Ereignismasse (EMu) der UHQ entkoppelt sich eine endliche Ereignismasse EMe und eine endliche Energie Ee. Genau dies geschah beim Big-Bang. Der Urknall ist einer jener Energieausbrüche, die bei der Entladung der UHQ entstehen. Jedes Multiversum ist eine Quantenmatrix der UHQ. Die EMe konkretisiert sich im neuen Multiversum. EMe ist wie eine komprimierte ZIP-Datei, die sich in das neue Multiversum entpackt. Durch die Explosion verlieren die Elementarteilchen aufgrund der Dekohärenz ihren Wellencharakter. Dabei wird das physikalische Prinzip der Einheit aus der UHQ übertragen. Unser Universum ist eine Matrix gefüllt mit Raum, Zeit und Kausalität. Die Einheit der UHQ individuiert sich in der Raumzeit und deren Objekten. Sie manifestiert sich in allen Dingen, in Bäumen, Menschen, Staubkörnern, Atomen usw.

Entstehung des Raum-Zeit Kontinuums

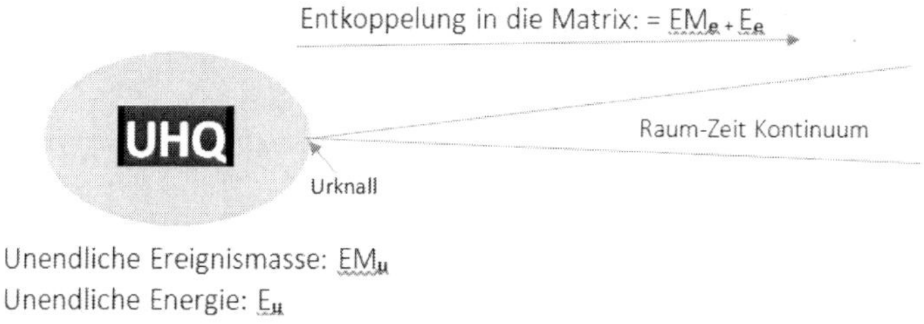

Innerhalb dieser Raumzeit-Dimension gelten zwar die Gesetze der Relativitätstheorie. Es kommt aber zu dimensionalen Überlappungen und zur Durchdringung mittels oben beschriebener Individuierung. Unsere Welt, die Natur, wir Menschen und alle Objekte sind multidimensionale Entitäten. Wir existieren parallel in der Raumzeit und in der UHQ. Das bildet das Wesen der Quanten ab, wir sind gleichzeitig Materie der Raumzeit und Welle der UHQ. Während auf zellulärer und molekularer Ebene noch die Gesetze der Raumzeit herrschen, gelten auf subatomarem Niveau die Gesetze der UHQ. Die Grenzen der Dimensionen laufen scheinbar durch unseren Körper sowie unsere Welt mitten hindurch. Dies erklärt, warum Beobachtungen und Messungen in der UHQ, obwohl einem anderen Multiversum entsprungen, sich in der Raumzeit wissenschaftlich und technologisch anwenden lassen.

Entstehung von Multiversen

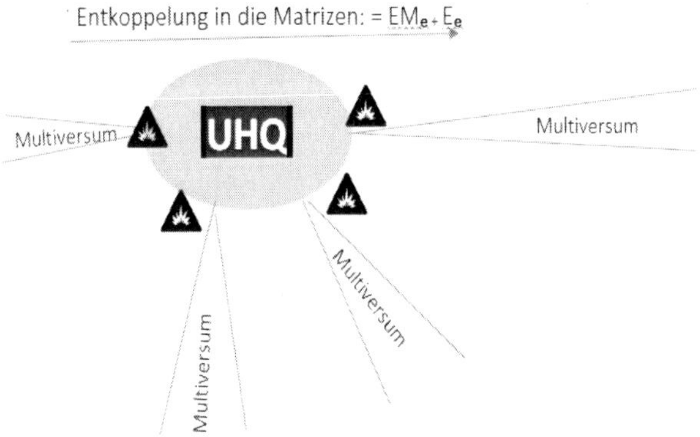

Um diese Multidimensionalität in einfacheren Worten zu beschreiben, bediene ich mich Kants Terminologie, die zwischen „Ding an sich“ und „Erscheinung der Dinge“ unterscheidet. Das Metauniversum UHQ ist das „Ding an sich“ und die Raumzeit eine Erscheinung der *unendlich-holistischen Quantenmatrix*. Vordergründig leben wir in einer Welt, die den Naturgesetzen der Raumzeit unterliegt. Unsere Alltagserfahrungen sind davon geprägt. Aber die Raumzeit ist nur eine von unendlich vielen Erscheinungen der UHQ, deren unendliche Ereignisdichte und Quantenfluktuation zur Entstehung unendlicher Multiversen führt, in denen alle möglichen Naturgesetze herrschen können. In diesen Multiversen wirkt die UHQ durch die Individuierung quasi als Hintergrundstrahlung weiter.

Die UHQ ist die Welt hinter der Welt! Gott sei Dank, wir liege doch nicht festgeschnallt auf einer Laborpritsche, in dem unser (scheinbares) Leben vom Drogencocktail eines irren Wissenschaftlers abhängt. Wir sind nicht das Resultat eines träumenden Gottes

– nein: Wir sind Projektion einer holistischen Quantenmatrix. Denken wir an ein Theaterstück. Die Bühne ist der Mittelpunkt. Unser Alltag findet dort statt. Wir gehen vollkommen in dem Stück auf, es bestimmt unser Leben. Wir haben aber vergessen, dass hinter dem Stück Regisseure, Stückschreiber und Bühnentechniker stehen, die diese „Bühnenrealität“ erschaffen haben. Obwohl wir in der Aufführung gefangen sind, ist dies nur eine Scheinwelt. Das wahre Leben findet außerhalb des Stückes statt. Wir sind die Schauspieler, die zwei verschiedenen Realitäten angehören: Der Bühnenrealität und dem wahren Leben.

DAS MORALISCHE PRINZIP DER GLEICHWERTIGKEIT ALS NATURGESETZ

Da die UHQ die wahre Realität, das Ding an sich ist und unsere Welt nur eine Erscheinung davon, liegt es nahe, gewisse universelle Prinzipien von dort auf unsere Welt zu übertragen. In der UHQ existieren keine getrennten Entitäten. Alles ist eins, es gibt keine verschiedenen Subjekte geschweige denn Objekte. Wir können von exakt **einem Subjekt** sprechen. Da wir also keine verschiedenen Entitäten oder Substanzen haben, folgt daraus, dass es keine Hierarchie gibt. Wenn nur eine einzige Entität im Metakosmos existiert, ist niemand vorhanden, der über oder unter ihr stehen könnte. In der UHQ herrscht demnach absolute Gleichheit. Dies folgt logisch aus der Beschaffenheit der Realität der UHQ. Mit anderen Worten: **Gleichheit ist im Quantenuniversum ein Naturgesetz.**

Wenn die Beschaffenheit unseres Metauniversums auf dem Grundprinzip der Gleichheit basiert, leite ich daraus ab, dass dieses Prinzip auch in der Raumzeit Geltung hat. Daraus folgt logisch, dass es keine normativen Unterschiede zwischen Entitäten geben kann. Denn das Einheits- und Gleichheitsprinzip aus der UHQ liegt durch Entkoppelung und Entladung auch der Raum-Zeit als Realitätskonzept zugrunde. **Deshalb ist die Gleichwertigkeit allen Seins nicht nur ein moralisches Gebot, sondern ein physikalisches Naturgesetz**. Es herrscht das absolute Prinzip von Einheit und Würde. Die Einheit hat sich in der Raumzeit derart manifestiert, dass sie Objekte geschaffen hat, in die sie sich individuiert (Principium individuationis). Wenn die Welt aber ein Ausdruck der Einheit des Metauniversums ist, warum sehen wir sie normalerweise nur als Vielheit? Alles, was wir wahrnehmen, erscheint uns in Zeit und Raum. Hierdurch wird Vielheit erst möglich. Schopenhauer nennt es das principium individuationis. Dieses Prinzip ist – wie er es mit Bezug auf die indischen Religionen ausdrückte – der

Schleier der Maja, denn es verhüllt, was letztlich hinter all der uns erscheinenden Vielheit steht: die Einheit.

Die Individuation der Einheit in der Raumzeit hat zwei Konsequenzen:

1. Die unendlich vielen und unterschiedlichen Erscheinungen der Raumzeit sind deshalb alle in ihrer Essenz sowie ihrem Wesen nach eins. Daraus folgt ihre absolute Gleichwertigkeit, ihre Würde. Deshalb steht kein Lebewesen über einem anderen: Ein Weißer zählt nicht mehr als ein Schwarzer, ein Mensch zählt nicht mehr als ein Tier, ein Baum oder ein Stein. Alle Entitäten bilden in ihrer Essenz eine Einheit. Keiner hat das Recht einen anderen rücksichtslos zu behandeln, zu verletzen oder zu töten. Deshalb hat Alles-was-ist eine Würde, die es zu respektieren gilt.
2. Die Einheit muss in der Vielheit, in jeder einzelnen Individuation, gewürdigt werden. Die Einheit in der Vielheit und Verschiedenheit heißt, die Eigenheiten der Fauna, Flora, Völker, Nationen und Kulturen zu pflegen und zu bewahren. Ehre die Verschiedenheit, dann ehrst Du die Einheit. Es geht nicht darum, alle gleich zu machen. Menschen und Tiere sind nicht gleich, alle Versuche etwas anders zu beweisen, ist Unsinn. Menschen und Tiere sind gleichwertig, obwohl und weil sie anders sind.

Die Kraft dieser Würde sorgt dafür, dass alle Teile des Daseins sich vereinen, dass sie die Fähigkeit erhalten, in Interaktion zu treten. Sie vermittelt und verbindet individuelle Entitäten in allen Dimensionen. Sie vereint uns.[74] Würde gab es vor Raum und Zeit. Sie existierte vor dem Urknall und dehnte sich mit dem Urknall in die Raum-Zeit hinein. Da Würde die Voraussetzung unserer raumzeitlichen Existenz selbst ist, sind Diskussionen darüber, ob etwas eine Würde hat oder nicht, völlig sinnlos. Deshalb steht der Mensch nicht über der Natur. Darum hat er nicht das Recht, sie zu zerstören. Die angewendete Gewalt verstößt gegen das Naturgesetz der Würde. Wer es nicht beachtet, wird untergehen. Es wäre wie der Versuch auf der Erde erfolgreich zu überleben, und dabei die Gesetze der Gravitation zu ignorieren. Beides ist zum Scheitern verurteilt.

---

74 Diese Einheit kosmischen Seins in der Raum-Zeit lässt sich auch stofflich erklären. Die Materie, die beim Urknall entstand, ist der Baustoff für sämtliche Planeten, Sterne und Galaxien. Diese wiederum brachten Lebewesen wie uns Menschen, Tiere und Pflanzen hervor. Deshalb sind wir alle eins, entstanden aus dem Urstaub des Universums. Es gab zwar unendlich viele Transformationen und Entwicklungen seit dem Urknall. Aber dies sind Ableitungen vom Selben. Denn nach dem Energieerhaltungssatz wird Energie in seiner Bilanz nie mehr oder weniger. Wir entstammen derselben Energiesumme des Kosmos wie alle anderen Teile in ihm auch.

„Je würdiger ein Volk ist, um so edler verhält es sich gegen Schwächere, ritterlicher gegen Frauen, barmherziger gegen Tiere.“
William Hickling Prescott (1796 - 1859), Historiker

KAPITEL 5 RECHTLICHE GLEICHSTELLUNG

Ich habe in den vorangegangenen Kapiteln gezeigt, dass Tiere sich in ihrem Wert von Menschen nicht unterscheiden. Deshalb muss man bei Tierquälerei und der Tötung der Tiere die gleichen Wertmaßstäbe anlegen wie bei Folter und Ermordung von Menschen. Und weil dem so ist, ist die weltweite Tötung von jährlich 74 Milliarden Landtieren und ca. 35 Milliarden Meerestieren der größte Massenmord aller Zeiten. Die Opfer sind fühlende und denkende Lebewesen. Sie empfinden Schmerz, Angst und Trauer wie Menschen.

Wie können Menschen so grausam sein? Immer wenn wir denken: Ein schlimmeres Unrecht können die Menschen nicht begehen, belehren sie uns eines Besseren. Fühlende, intelligente Wesen wie leblose Industriegüter zu behandeln, ist ein Verbrechen. Das Verhalten der menschlichen Spezies ist falsch, es ist unethisch und grausam. Tiere teilen sich den Planeten mit uns. Sie sind nicht unser Eigentum, sondern gleichwertige Partner.

Wie schafft man es nun, dass Menschen ihre Einstellung zu den Tieren ändern? Die Voraussetzung, dass Menschen Tiere als gleichwertige Lebewesen betrachten, ist das Anerkennen, dass Tiere eine Würde besitzen. Der Mensch muss dies endlich anerkennen. Solange dies nicht geschieht, wird der Mensch weiterhin Tiere für seine Zwecke missbrauchen.

DAS DEUTSCHE GRUNDGESETZ

Im deutschen Grundgesetz werden Natur und Tiere geschützt: „Der Staat schützt (...) die natürlichen Lebensgrundlagen und die Tiere im Rahmen der verfassungsmäßigen Ordnung durch die Gesetzgebung und nach Maßgabe von Gesetz und Recht durch die vollziehende Gewalt und die Rechtsprechung.“ (Grundgesetz für die Bundesrepublik Deutschland, Art 20a). Aber in Artikel 1 steht: Die Würde des Menschen ist unantastbar. Von der Würde des Tieres wird hier nichts geschrieben. Die Tiere sollen also geschützt werden, aber man spricht ihnen keine eigene Würde zu. Dies ist von immenser Bedeutung für die praktische Umsetzung des Tierschutzes und des Tierwohls.

Der Staat schützt das Tier vor der Tötung – aber nur, wenn es sich nicht um ein Tier handelt, welches zur Schlachtung oder zum Abschuss vorgesehen ist. Denn das deutsche Tierschutz-Gesetz regelt in seiner Nutztierhaltungsverordnung absurderweise gleichzeitig die Tötung bzw. Schlachtung von 750 Millionen Tieren pro Jahr. Hier von Tierschutz zu sprechen, er-scheint absurd. Bei der Auslegung wird zwischen Haustier und Nutztier unterschieden, Haustiere werden am Leben gelassen, Nutztiere werden umgebracht. Tier ist nicht gleich Tier. Das bedeutet: Ein Tier muss bestimmte Voraussetzungen erfüllen, damit es für den Staat angebracht erscheint, das Leben des Tieres zu schützen. Es handelt sich deshalb nicht um ein Grundrecht a priori.

Hätte man in Artikel 1 des Grundgesetzes davon gesprochen, dass die Würde des Tieres unantastbar ist, müsste man ausnahmslos allen Tieren das Recht auf Unversehrtheit zugestehen. Ansonsten wäre es ein Verfassungsbruch, auch nur ein Tier zu schlachten, zu quälen oder als Labortier einzusetzen. Dann wäre es verfassungswidrig, Tiere genetisch zu designen, sie ihr Leben lang einzusperren, Ihnen Schmerz und Leid der Massentierhaltung anzutun. Dass die Würde der Tiere nicht geschützt wird, hat weitreichende Folgen für den Umgang mit ihnen. Es zeigt sich, dass der Mensch festlegt, welches Tier ein Recht hat und welches nicht. Nicht alle Tiere haben also ein Grundrecht auf Unversehrtheit, sondern nur bestimmte. Es scheint verfassungswidrig (dies sollte von Juristen geprüft werden), dass man auf der einen Seite den Tierschutz als Staatsziel ausgibt und zur selben Zeit erlaubt, jährlich fast 1 Milliarde Tiere (unter größtem Leiden) zu töten. Das Tierschutzgesetz regelt immerhin, wie Tiere möglichst „human“ sterben und dass nur gewisse Personen dazu berechtigt sind. Nirgendwo aber steht, warum man Tiere überhaupt tötet oder wer uns das Recht dazu gibt. Dass man sie tötet, scheint selbstverständlich zu sein. Warum das so ist, erklärt das Gesetz nicht. Dass man Tiere schlachten darf, wird vorausgesetzt. Diese Selbstverständlichkeit zu töten erklärt auch, warum man in Deutschland den Tieren keine Würde zugesteht. Die Menschen kommen erst gar nicht darauf, weil es unsinnig erscheint, jemandem eine unantastbare Würde zuzugestehen, wenn der Staat ihn ohne strafrechtliche Konsequenz jederzeit umbringen kann.

Die oben beschriebene Praxis, Tiere selbstverständlich töten zu können, zeigt, dass wir keinen Respekt vor der Würde des Tieres haben. Hätten wir Respekt, würden wir sie nicht für unsere Zwecke umbringen. Ich gehe noch weiter und sage: Wir gestehen den Tieren überhaupt keine Würde zu! Da wir diese den Tieren nicht zugestehen, gibt es nichts, was wir anzuerkennen hätten. Warum soll man etwas respektieren, was nicht existiert?

Die Frage, ob der Mensch Tieren eine Würde zugestehen soll, ist falsch gestellt. Aber sie entlarvt den Menschen und zeigt seine Haltung. Er scheint davon auszugehen, dass es Entitäten gibt, die Würde haben, und solche, die keine haben.

Ich treffe diese Unterscheidung nicht. Diese Annahme ist falsch. Alle Entitäten, alles was ist, hat eine Würde. Die Frage muss nicht heißen, ob wir den Tieren eine Würde zugestehen. Sie muss lauten, warum wir den Tieren ihre Würde **nicht** zugestehen.

Für mich bedeutet Würde, dass jedes Lebewesen unveräußerliche Grundrechte besitzt – a priori! Es muss keine Leistung dafür erbringen, dass es diese Grundrechte erhält. Diese Grundrechte sind unveräußerlich, sie gelten immer und sind nicht von Voraussetzungen oder definierten Lebensumständen abhängig. Ein Lebewesen hat eine Würde, weil es existiert. Alle Tiere haben deshalb unveräußerliche Grundrechte.

Es ist aus meiner ethischen Sicht nicht möglich, einige Tiere zu schützen und andere nicht, je nachdem, wie es dem Menschen gerade passt oder ihm nützlich ist. Ethik ist universell, unabhängig von Zeit und Ort.

GLEICHSTELLUNG DER NATUR UND DER TIERE

Wie zuvor ausführlich herausgearbeitet, haben die belebte und die unbelebte Natur den gleichen Wert wie der Mensch. Aber welche Konsequenzen hat das jetzt für das Zusammenleben? Die logische Konsequenz lautet: Die Natur und die Tiere müssen dem Menschen rechtlich gleichgestellt werden.

In Ruhe lassen ist zu wenig

Viele Tieraktivisten fordern als Folge der Gleichheit, alle Tiere freizulassen und sie ab dann in Ruhe zu lassen. Der Mensch hört auf, sie systematisch zu jagen, zu töten und ihren Lebensraum zu zerstören. Er lässt die Tiere einfach in Ruhe, jeder geht friedlich seines Wegs. Leider ist dies ein Illusion, die nicht funktionieren wird. Der Mensch ist in fast alle Lebensräume der Tiere vorgedrungen. Bis auf Tiefsee, Antarktis und die noch letzten unerforschte Teile der Regenwälder hat sich die menschliche Spezies in alle Refugien der Tierwelt ausgebreitet. Deshalb würde es ununterbrochen zu Interessenskonflikten kommen, die der Mensch stets zu seinen Gunsten entscheiden würde. Raubtiere wie Kojoten, Tiger oder Wölfe dringen heute schon zur Beutejagd in Vororte ein. Sie töten Haustiere und Menschen. Da ihr Lebensraum immer enger wird, weichen sie als letzte Möglichkeit in die von Menschen bewohnten Siedlungen aus. Die Konsequenz ist, dass Menschen die Raubtiere jagen und töten, um die Städte zu schützen. Weitere Beispiele sind Elefanten. Sie werden von afrikanischen Bauern erschossen, weil ihre Herde das Getreide zertrampelt. Oder Menschen möchten bspw. eine neue Siedlung bauen. Sie haben nicht das Ziel, Tiere oder Pflanzen zu zerstören. Aber ohne es zu beabsichtigen, tun sie es doch. Tiere verlieren ihren gewohnten Lebensraum, sie müssen fliehen, weil Bagger und Planierraupen nun Erde, Busch und Bäume vernichten. Viele sterben direkt durch die Maschinen, viele fliehen und kommen dabei ums Leben, weil sie vielleicht über eine Autobahn müssen. Ein weiteres Beispiel ist der geplante Tiefseebergbau. Dies gefährdet Fauna und Flora. Bis heute unentdeckte Arten könnten aussterben.

Weitere Beispiele sind Delphine, Wale und alle Meeresbewohner, die sich mit Sonar orientieren. Sie werden massiv vom Schiffssonar auf den Weltmeeren gestört. Die Folge sind Nervosität, Desorientierung und möglicherweise Gesundheitsschäden der Tiere. Britische Wissenschaftler "entdeckten bei der Autopsie angeschwemmter Wale Gasbläschen in Blutgefäßen und Organen. Noch ist unklar, ob die Bläschen entstehen, wenn die Wale aufgeschreckt zu schnell aus der Tiefe auftauchen, oder ob es sich um einen direkten physikalischen Effekt des Sonars handelt."[75]

Menschlicher Massentourismus gefährdet die Umwelt massiv. Unberührte Strände zum Beispiel auf der Insel Kop Anghan verkommen zu Partymeilen, Korallenriffe werden zertrampelt und mit Plastik zugemüllt. Das nächste Problem ist, dass Strukturen, Prozesse und Entscheidungen der menschlichen Gesellschaften sich massiv auf die Natur auswirken. Das Wohl und Wehe der Umwelt hängt von menschlichen Entscheidungen ab. Das Schicksal von Mutter Erde ist eng verwoben mit dem der Menschen. Denken Sie nur an den Klimawandel. Die Vorliebe des Homo Sapiens sapiens für fossile Energie hat massive Auswirkungen auf die komplette Natur. Die Lebensräume der Tiere verändern sich mit rasender Geschwindigkeit. Das Eis der Arktis und Antarktis schmilzt. Eisbären haben Schwierigkeiten, Beute zu machen, da ehemals durchgehende Eisflächen zu einzelnen Schollen geworden sind, zwischen denen Meerwasser ist. Da der Eisbär nur ein mittelguter Schwimmer ist, entkommen ihm Seehunde und Robben mit Leichtigkeit. Er kann jetzt nur auf einer Eisscholle warten, bis seine Beute nahe genug vorbeischwimmt, und dann zuschlagen. Das funktioniert sogar, ist aber bei Weitem nicht so effektiv, so dass

75 Siehe Greenpeace, www.greenpeace.de/themen/meere/sonar-toetet-wale, Abruf am 27.11.2020

Eisbären tagelang nichts zu essen haben. Die Pinguine in der Antarktis leiden ebenfalls unter den zerschnittenen Eisdecken. Wenn die jungen Pinguine erstmals ins Wasser gehen, liefen sie früher bis zum Rand der Scholle und sprangen von dort in die offene See. Dort lauerten zwar oft hungrige Haie, Wale oder Roben, aber durch ihre Flinkheit überlebten die meisten Pinguine. Jetzt müssen die jungen Pinguine durch enge Wasserkanäle von Scholle zu Scholle schwimmen, um an die Meeresküste zu gelangen. Da Jäger wie Robben die veränderte Situation erkennen, warten sie in den Wasserkanälen auf die unerfahrenen Pinguine. Aufgrund der räumlichen Enge können die Pinguine ihre Wendigkeit kaum ausspielen und fallen in Scharen den Raubtieren zum Opfer, bevor die ersten ihrer Kolonie das offene Wasser erreichen.

Eine neutrale Haltung, dass man Fauna und Flora einfach in Ruhe lässt, ist zu wenig. Es bedarf der liebevollen und verantwortungsvollen Führung durch den Menschen und eine rechtliche Gleichstellung der Natur. Dies hat bis jetzt überhaupt nicht funktioniert. Wie könnte es zukünftig besser gemacht werden?

PRAXIS DER GLEICHSTELLUNG

Zuerst einmal definiere ich die gegenseitige Beziehung des Menschen zu den Tieren bzw. zur Natur. **Menschen und Tiere bzw. Natur stehen wie Eltern zu ihren Kindern** (im Alter 3 bis 6 Jahren). Menschen müssen die Natur wie ihre Kinder behandeln, mit allen Rechten und Pflichten, die sich daraus für die Menschen als Eltern ergeben. Dies beschreibt einerseits die Führungsrolle des Menschen gegenüber der Natur, andererseits verpflichtet es die Menschheit, der Natur gegenüber mit Fürsorge, Liebe und Verantwortung zu handeln. Sie ist verpflichtet, die Natur zu schützen und zu erhalten.

Wenn also die Natur und alle Tiere unsere Kinder sind, müssen wir ihnen auch dieselben Rechte wie Kindern einräumen. Das bedeutet:

1. **Tiere und Natur erhalten Menschenrechte[76] und Menschenwürde,**
2. **Tiere und Natur erhalten Bürgerrechte,**
3. **Tiere und Natur erhalten Personenstatus.**

Die Vergabe obiger Rechte würde die Natur bzw. die Tiere den Menschenkindern rechtlich gleichstellen. All dies hätte positive Folgen: Die Natur dürfte weder zerstört werden, noch dürften Tiere getötet und gegessen werden. Wer dies tut, wird rechtlich ver-

76 Die Charta der Vereinten Nationen müsste dazu textlich angepasst werden.

folgt, und zwar mit der vollen Härte des Gesetzes. Die Tötung eines Tieres wird strafrechtlich genauso verfolgt wie die Tötung eines Kindes. Die Rodung eines Waldes, das Vergiften von Flüssen und Meeren, die Zerstörung von Auen und Wiesen wird bestraft, als hätte man dies seinem Kind angetan.

Warum gibt man Tieren nicht die Rechte von Erwachsenen? Tiere ähneln Kinder mehr als Erwachsenen. Kinder sind Personen, die den gleichen Wert wie Erwachsene haben, aber nicht mit den gleichen Rechten ausgestattet sind. So dürfen Kinder nicht wählen, sich selbst vor Gericht vertreten (Das tun die Eltern an ihrer statt) oder rechtswirksame Verträge abschließen. Warum dürfen sie das nicht? Sie verstehen in diesem Alter nicht genug von abstrakten Begriffen wie Eigentumsrecht, Rechtsprechung, Politik oder Demokratie. Darüber hinaus können Sie den realen Wert von Gegenständen nicht einschätzen. Kinder würden nicht verantwortungsvoll handeln. Sie wissen nicht, was sie tun. Sie sind nicht ausreichend in der Lage sinnvoll bzw. zweckmäßig für sich selbst oder andere zu entscheiden. Mit anderen Worten: Drei- bis Sechsjährige sind unmündig. Ein Beispiel: Blinde haben alle Rechte von Erwachsenen. Trotzdem erlaubt man ihnen nicht, Busse zu fahren oder Passagierflugzeuge zu fliegen. Stellen Sie sich vor, der Busfahrer kann nicht sehen. Er würde andauernd Unfälle bauen, er würde sich und andere Menschen verletzen. Er würde kreuz und quer durch die Gegend kutschieren. Niemand würde sein Fahrziel erreichen. Der Zweck des Busses, Leute von A nach B zu fahren, würde ad absurdum geführt.

All dies lässt sich hervorragend auf Tiere anwenden. Obwohl Tiere gleichwertig sind wie Menschen, werden ihnen die Rechte vorenthalten, die sie nicht verstehen und / oder deren Ausübung für sie und andere keinen Sinn machen. Tiere benötigen kein Wahlrecht, keine Pressefreiheit, keine Geschäftsfähigkeit. Da sie diese Prinzipien nicht einmal ansatzweise begreifen, wollen sie diese Rechte auch nicht haben. Man kann nicht A wollen, wenn man nichts von A's Existenz weiß.

Mitte des 18. Jahrhundert träumten die Erfinder und Forscher nicht vom Internet. Dieser Wunsch kam ihnen nicht in den Sinn, da sie nicht mit den begrifflichen Ideen der Informatik vertraut waren. Es ist Tieren völlig gleichgültig, ob sie das Wahlrecht nun erhalten oder ob man es ihnen verwehrt. Die Bedürfnisse von Kleinkindern und Tieren sind ähnlich. Sie benötigen den Schutz und die Fürsorge der Eltern. Sie brauchen ausgewogene Nahrung, medizinische Versorgung und Anleitung von Vater und Mutter.

Es gibt unendlich viele Tierarten, Pflanzenarten, Öko- und Natursysteme. Alle leben in völlig verschiedenen Umständen. Es gibt Haustiere, Nutztiere und Wildtiere. Es gibt Zierpflanzen, Nutzpflanzen und Wildpflanzen. Es existieren pflanzliche Ökosysteme, Ökosysteme der Luft, Meere etc. Wie will man das alles unter einen Hut bringen? Ich habe mir eine möglichst pragmatische, einfache Unterteilung ausgedacht.

Haustiere

Haustiere sollen die Menschen-, Bürger- und Personenrechte eines Kleinkindes erhalten. Im Gegensatz zu menschlichen Personen erhalten sie die Bezeichnung "tierische Personen". Da sie mit Menschen zusammenleben, präzisiere ich den Begriff zu ***menschengebundene tierische Personen.***

Die Bedürfnisse menschengebundener tierischer Personen müssen rechtlich bindend sein. Zu diesen Rechten gehören:

- Artgerechtes Leben,
- Nahrung,
- Schutz,
- Gesundheit,
- Fürsorge,
- Revier,
- Fortpflanzung,
- Bewegung,
- Sonne,
- Frischluft.

Menschen sind die rechtliche Vertretung und Vormund ihrer tierischen Personen. Menschen, die Haustiere halten, haben deshalb die Pflicht, diese Gesetzte einzuhalten, die zum großen Teil im Tierschutzgesetz stehen, aber leider zu lax überprüft werden. Bei Missachtung muss das Strafmaß dem der Verletzung der Fürsorgepflichten gegenüber Kleinkindern entsprechen.

Nutztiere

Nutztiere fallen ebenfalls unter menschengebundene tierische Personen. Landwirte sind für das Wohlergehen im oberen gesetzlichen Sinne verantwortlich. Die Tiere haben Personenstatus von Kleinkindern und dürfen deshalb natürlich weder getötet noch gequält werden. Ihre Menschenrechte dürfen nicht verletzt werden. Sie dürfen nicht genetisch designt oder durch künstliche Besamung trächtig werden. Als Beitrag zum Gesellschaftswohl dürfen menschengebundene Nutztiere zu Arbeiten unter Anleitung von Menschen herangezogen werden. Milch darf vom Menschen verwendet werden, aber nur unter Einhaltung der menschlichen Würde. So darf die Kuh nicht umgehend von ihrem Kälbchen getrennt werden. Es ist in der Milchwirtschaft gang und gebe, dass man der Mutterkuh die Kinder umgehend nach der Geburt wegnimmt. Das ist unmenschlich. Die Kälber schreien nach ihrer Mutter, und die Kuh leidet verzweifelt.

Folgende Bedingungen liegen der Heranziehung der Tiere zur Arbeit zugrunde:

- Einhaltung der Grund-, Bürger und Personenrechte,
- Artgerechte Haltung,
- Die tierische Person muss ihr artspezifisches Erwachsenalter erreicht haben,
- Es gilt das menschliche Arbeitsrecht,
- Dazu gehören arteigene geregelte Arbeits-, Ruhe-, Pausen- und Urlaubszeiten,
- Als Arbeitsentgelt ist der Landwirt verpflichtet, dem Tier Logie, ausreichend artgeeigneter Kost und medizinische Versorgung zu stellen.

Wildtiere und Natur

Zu den Wildtieren gehören alle nicht domestizierten Lebewesen der drei Domänen: Eukaryoten, Archaeen und Bakterien. Dazu gehören Insekten, nicht domestizierte Vögel, nicht domestizierte Meeresbewohner, nicht domestizierte Landbewohner, die Gesamtheit der biotischen Natur (Pflanzen, Pilze, Prokaryoten, Protisten, Ökosysteme) und die Gesamtheit der abiotischen Natur (Klima, Wetter, Atmosphäre, Meer, Eis, Gletscher, Schnee, Wasser, Temperatur, Licht, Strömung, Bodenbeschaffenheit, Feuchtigkeit, Nährsalzkonzentration, Berge, Steine, Mineralien, Planeten, Asteroiden). Alle genannten erhalten Personenstatus. Sie werden als „Tier-Personen“ (animal person) und im anderen Fall als „Natur-Personen“ (nature person) bezeichnet. Es gibt laut dem Bundesamt für Natur ungefähr 5513 Arten von Säugetieren (Mammalia), 10.425 Vogelarten (Aves), 10.038 Kriechtierarten (Reptilien), über 7302 Lurcharten (Amphibia) und über 32.900 Fisch- und Neunaugenarten (Pisces / Cyclostomata). All diese Arten gelten als Wirbeltiere. Hinzu kommen über 1 Million Insektenarten, 47.000 Krebstierarten, 102.248 Spinnenarten, 85.000 Weichtierarten, 71.002 andere Wirbellose und über 8118 Arten von Einzeller. Insgesamt gibt es also über 1,38 Millionen Tierarten, die ich zu den „tierischen Personen” zähle.

Hinzu kommen über 330.000 Pflanzenarten und circa 140.000 Pilze. Beide gehören zu den „Naturpersonen".

Artengruppe		Artenzahl in Deutschland	Artenzahl weltweit
Wirbeltiere			
Säugetiere	Mammalia	104	≈ 5.513
Vögel	Aves	328 1)	≈ 10.425
Kriechtiere	Reptilia	13	≈ 10.038
Lurche	Amphibia	22	> 7.302
Fische und Neunaugen	Pisces / Cyclostomata	197	> 32.900
Wirbellose			
Insekten	Hexapoda	> 33.305 1)	> 1.000.000
Krebstiere	Crustacea	> 1.067 1)	> 47.000
Spinnentiere	Chelicerata	> 3.783 1)	> 102.248
Weichtiere	Mollusca	635	> 85.000
Andere Wirbellose		> 5.328 1)	> 71.002
Einzeller	Protozoa	≈ 3.200 1)	> 8.118 2)
Tiere | Gesamt		**> 48.000**	**> 1.380.000**

Quelle: Bundesamt für Naturschutz, www.bfn.de/infothek/daten-fakten/zustand-der-natur/tiere-pflanzen-und-pilze/ii-11-1-artenzahlen-pflanzen-pilze-und-tiere.html ; Abruf Oktober 2021

Artengruppe		Artenzahl in Deutschland	Artenzahl weltweit
Samenpflanzen	Spermatophyta	2.988 3)	≈ 270.000 4)
Farnpflanzen	Pteridophyta	74 3)	≈ 12.000 4)
Moose	Bryophyta	1.053 5)	≈ 16.000 4)
Armleuchteralgen	Charophyceae	40	≈ 300
Grünalgen	Chlorophyceae (im weiteren Sinne)	?	≈ 6.000 6)
Jochalgen (inklusive Zieralgen)	Conjugatophyceae	≈ 1.500	≈ 5.000
Braunalgen	Phaeophyceae (=Fucophyceae)	> 205	> 1.500
Gelbgrünalgen	Tribophyceae	> 50	≈ 600
Kieselalgen	Bacillariophyceae	≈ 3.000	> 9.000 6)
Goldalgen	Chrysophyceae	?	≈ 1.000
Kalkalgen	Prymnesiophyceae	?	> 500
Rotalgen	Rhodophyceae	> 533	> 6.500 6)
div. Phytoflagellaten	Chloromonadophyceae und andere	?	> 3.000
Pflanzen Gesamt		**> 9.500**	**> 330.000**

Artengruppe		Artenzahl in Deutschland	Artenzahl weltweit
Ständerpilze	Basidiomycota (Fungi)	≈ 5.700	≈ 30.000
Schlauchpilze	Ascomycota (Fungi)	≈ 7.000	≈ 100.000
Jochpilze	Zygomycota (Fungi)	≈ 200	≈ 1.000
Arbuskuläre Mykorrhizapilze	Glomeromycota (Fungi)	< 50	≈ 500
Urpilze	Chytridiomycetes und andere (Fungi)	≈ 100	> 1.000
Scheinpilze	Oomycota (Straminipila)	≈ 500	≈ 2.000
Netzschleim- und Scheintröpfchenpilze	Labyrinthulomycota und Hyphochytriomycota (Straminipila)	≈ 50	≈ 50
Schleimpilze	Myxomycetes (Amoebozoa)	373 7)	> 1.500
Pilzähnliche Organismen	Plasmodiophoromycota (Rhizaria) und Acrasiomycota (Excavata)	< 20	< 100
Pilze Gesamt		**≈ 14.000**	**≈ 140.000**

Artengruppe	Artenzahl in Deutschland	Artenzahl weltweit
Total	**> 71.500**	**> 1.800.000**

Der Vormund, also die Elternrolle, wird von demjenigen Staat übernommen, in dem die Tier- und Naturpersonen leben. Ich schlage vor, dass ein Großteil der Natur wie natürliche Gewässer, Wat, Wälder, Marschen, Mangroven, Auen, Berge, Sümpfe, Heide, Moore, die Vegetationszonen der arktischen Tundra und Eiswüsten, Borealen Nadelwälder, winterkalten Steppen und Wüsten, sommergrünen Laub- und Mischwälder, immergrünen Hartlaubgewächse, subtropischen Feucht- und Lorbeerwälder, Wüsten und Halbwüsten, Savannen und Trockenwälder, Tropischen Regenwälder, usw. von menschlicher Hand unberührt bleiben sollten (keine Industrialisierung, kein Bergbau, keine Ölbohrungen, kein Straßenbau, keine Abholzung, keine Forstwirtschaft, keine Jagd, Spaziergänger, Wanderer, Touristen oder Sportler), da dies die Heimat von Fauna und Flora ist. Diese Regionen gehören den Wildtieren, Fischen, den Bäumen, Pflanzen, Pilzen, Bächen und natürlichen Kreisläufen. Der Staat hat dafür Sorge zu tragen, dass die Unversehrtheit dieser Territorien erhalten bleiben. Menschen dürfen diese Naturhabitate nicht betreten. So kann sich die Natur ungestört erholen und entfalten. Ein kleinerer Teil soll auch weiterhin den Menschen zur Verfügung stehen, um sich dort zu erholen. Je mehr sich die Natur in den Habitaten regeneriert, desto mehr Bereiche können von Menschen vorsichtig wieder betreten werden. Dies gilt für Erholungssuchende und Wanderer. Eingriffe durch den Menschen sind verboten. Förster, Holzfäller und Jäger haben keinen Zugang.

Tierpersonen und Naturpersonen in internationalen Gewässern oder internationalen Territorien sollten unter die Kontrolle der UNO gestellt werden; sie fungiert als Vormund und Vertreter der Meere. Es werden große Zonen und Korridore geschaffen, in denen Menschen nicht hineindürfen. Sämtliche Fahrzeuge aller Arten wie Schiffe, Frachter, U-Boote oder unbemannte Tauchdrohnen und Roboter dürfen die maritimen Habitate nicht befahren oder durchtauchen.

Momentan sind die Besitzrechte, wem vom Meer was gehört, im Seerechtsübereinkommen (UNCLOS 1982) geregelt, die als Verfassung der Meere gilt. „Demnach darf ein Staat ein Gebiet von zwölf Seemeilen vor seiner Küste als eigenes Küstenmeer beanspruchen. Zudem kann er 200 Seemeilen der Wassersäule des Meeres vor seiner Küste als „ausschließliche Wirtschaftszone" nutzen. Gleiches gilt für die ersten 200 Seemeilen des Meeresbodens, den sogenannten Festlandsockel. Die dort liegenden Ressourcen kann dieser Staat allein ausbeuten. Kann der Staat wissenschaftlich belegen, dass sein Kontinentalschelf noch sehr viel weiter ins Meer hinausreicht, also mit dem Überwasserland durchgehend geologisch verbunden ist, darf er auch die dort liegenden Ressourcen [bis maximal 350 Seemeilen] allein ausbeuten."[77]

› denken Juristen – maritime Zonen im internationalen Seerecht

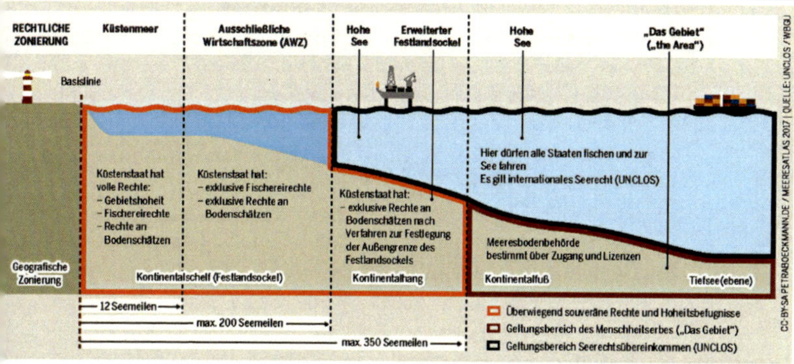

‹s Menschheitserbe beschränkt sich heute lediglich auf die ›neralischen Ressourcen des Meeresbodens seewärts nationaler ›heitsbefugnisse („das Gebiet"), die von der Meeresbodenbehör- verwaltet werden. Das UN-Seerechtsübereinkommen (UN- OS) mitsamt seiner bestehenden Durchführungsübereinkommen definiert den Rahmen der Meeres-Governance. Die Regional Fisheries Management Organisations (RFMO) organisieren die Bewirtschaftung der Fischbestände auf der Hohen See sowie der gebietsübergreifenden und weit wandernden Fischbestände in den Ausschließlichen Wirtschaftszonen (AWZ).

77 Siehe Ocean Governance auf www.boell.de; Abruf am 27.11.2020

Jedes Land besitzt einen 200 bis maximal 350 Seemeilen ins Meer reichenden Korridor, und jede Insel kann einen Radius mit bis zu 350 Seemeilen sein Eigen nennen.[78]

Die Länder haben das alleinige Recht, die Meere mit ihren Bodenschätzen auszubeuten, und genießen das exklusive Fischereirecht. Was übrigbleibt, nämlich der gänzlich außerhalb staatlicher Souveränität und staatlicher Nutzungsrechte liegende Meeresboden, soll Erbe der ganzen Menschheit sein. Es wird dafür gesorgt, dass die Umwelt geschützt wird und auch Entwicklungsländer am Reichtum der Meere partizipieren.[79]

Zu Beginn lag diese Fläche bei 70 %. Da aber immer mehr Staaten durch wissenschaftliche Anträge belegen konnten, dass ihr Kontinentalschelf weiter hinausreicht, sind jetzt nur noch 42 % der „Area" (so nennt die UNO das staatsfreie Gebiet) übrig.

Ich spreche mich für folgende Lösung aus:

1. Fischerei und Ausbeutung der Meere (Bergbau, Ölbohrungen, Fracking etc.) werden generell verboten.
2. Zehn Jahre lang reduziert man die Küstenhoheit der Länder auf eine 12-Meilen Zone.
3. In diesem Zeitraum dürfen sich Menschen außerhalb dieser Zone nur in vorgegebenen Korridoren bewegen.
4. Für Transatlantikfahrten mit Gütern wird zehn Jahre lang ein globaler Transferkorridor von 10km Breite angelegt. Alle Transportfahrzeuge müssen sich innerhalb dieses Korridors bewegen, um von Hafen zu Hafen zu fahren.
5. Durchgesetzt wird das ganze durch UNO-Soldaten. Verstöße werden nach Menschenrecht geahndet. Das Betreten der Meere außerhalb des Korridors wird mit Hausfriedensbruch bzw. Nötigung eines Kindes bestraft. Töten „Schwarzfischer" (in Anlehnung an „Schwarzfahrer") Tiere, werden sie des Mordes angeklagt. Gleiches gilt für die Zerstörung von Pflanzen oder Korallen. Mitnahme von Fauna und Flora wird mit der Strafeinheit des Kidnapping geahndet.
6. In den 12-Meilen Zonen ist der betreffende Staat Vormund. Er hat dafür zu sorgen, dass das Meer sauber bleibt und Meeresbewohner geschützt werden.

Durch die rechtliche Gleichstellung der Natur, ist der Mensch verpflichtet, die Natur genauso zu behandeln wie sich selbst. Durch diesen juristischen Akt würde es mit einem Schlag gelingen, die komplette Natur mit allen Lebewesen zu schützen. Heutzutage gibt

78 Durch den Besitz sehr vieler überseeischer Insel-Dependancen vergrößerte zum Beispiel Frankreich sein Gebiet zu einem der größten Flächen weltweit.

79 a.a.O.

es sehr viele komplizierte Schutzabkommen für Meere, Ökosysteme, Wälder, Tierarten und Regionen, doch mit dieser Lösung müssten nicht mehr für jeden einzelnen Bereich der Natur Verordnungen und Schutzregeln aufgestellt werden wie heute üblich.

Globale Internationale Abkommen und Programme[80] [81]

1. *Übereinkommen über die biologische Vielfalt (CBD)*: Erhaltung der biologischen Vielfalt, Nachhaltigkeit der Nutzung, gerechte Aufteilung der Gewinne aus der Nutzung genetischer Ressourcen,
2. *Intergovernmental Platform on Biodiversity and Ecosystem Services (IPBES)* Übereinkommen über den internationalen Handel mit gefährdeten Arten frei lebender Tiere und Pflanzen (Washingtoner Artenschutzübereinkommen, CITES) (1973): Schutz bestimmter Arten frei lebender Tiere und Pflanzen vor übermäßiger Ausbeutung durch den internationalen Handel,
3. *Übereinkommen zur Erhaltung der wandernden wildlebenden Tierarten (Bonner Konvention, CMS) (1979):* Schutz für wandernde Tierarten in den Ländern ihres Verbreitungsgebietes,
    a. *Abkommen zum Schutz der Fledermäuse*
    Schutz von Fledermäusen und deren Lebensstätten,
    b. *Abkommen über den Schutz der afrikanischen – eurasischen Wasservögel*
    c. Bewahrung und Wiederherstellung einer günstigen Erhaltungssituation und der Lebensräume afrikanisch- eurasischen Wasservogelarten,
4. *Internationales Übereinkommen zur Regelung des Walfangs,*
5. *Übereinkommen über Feuchtgebiete, insbesondere als Lebensraum für Wat- und Wasservögel, von internationaler Bedeutung (Ramsar-Konvention) (1971):* Schutz, Entwicklung und Nachhaltigkeit der Nutzung von Feuchtgebieten,
6. *Übereinkommen zum Schutz des Natur- und Kulturerbes der Welt (Welterbekonvention der UNESCO, 1972):* Schutz des Naturerbes (einmalige Naturlandschaften) von Kulturlandschaften und Kulturgütern von weltweiter Bedeutung,
7. *UNESCO-Programm „Der Mensch und die Biosphäre“* (MAB, 1971): Einrichtung eines weltweiten Netzes von Biosphärenreservaten
8. *Übereinkommen über die Erhaltung der europäischen*

80 Bundesamt für Naturschutz www.bfn.de; Abruf Oktober 2021
81 Amt der Salzburger Landesregierung: *Internationaler Naturschutz,* 2001

wildlebenden Pflanzen und Tiere und ihrer natürlichen Lebensräume (Berner Konvention) (1979): Schutz europäischer wildlebender Pflanzen- und Tierarten und ihrer natürlichen Lebensräume, Schutz für bestimmte besonders bedrohte Tier- und Pflanzenarten, vor allem der ziehenden Tierarten,
9. *Übereinkommen zum Schutz der Alpen (Alpenkonvention) (1991):* Schutz und Erhaltung der Alpen als Grundlage einer nachhaltigen Entwicklung,
10. *Übereinkommen zum Schutz der Meeresumwelt des Ostseegebietes (Helsinki-Konvention) (1992):* Erhaltung, Pflege und Entwicklung der natürlichen Lebensräume, Naturprozesse und der biologischen Vielfalt des Ökosystems Ostsee einschließlich der Küstenzonen,
11. *Übereinkommen zum Schutz der Meeresumwelt des Nordostatlantiks (OSPAR-Übereinkommen) (1992):* Erhaltung der Meeresökosysteme und, soweit durchführbar, Wiederherstellung beeinträchtigter Meereszonen,
12. *Antarktis-Vertragssystem (AVS) (1959), Umweltschutzprotokoll des Antarktisvertrages (PEPAT) (1991*): Erhaltung der biologischen Vielfalt und der ökologischen Prozesse der Antarktis,
13. *Trilaterale Wattenmeer-Zusammenarbeit (1982):* Schutz und Erhaltung des Wattenmeeres aufgrund seiner ökologisch herausragenden globalen Bedeutung.

Es gibt noch viel mehr dieser Abkommen auf der Welt. All diese Regelungen werden durch die Verleihung des Personen-Status an Tiere und Natur obsolet, da der Schutz und die Erhaltung aller Tier- und Pflanzenarten zwingend aus ihrem Status und ihren Menschen- und Bürgerrechten erfolgt.

KAPITEL 6 ANTWORTEN AUF AKTUELLE FRAGEN

Mir ist bewusst, dass die rechtliche Umsetzung meiner Vorschläge noch sehr, sehr lange dauern kann. Möglicherweise kommt es niemals dazu. Deshalb möchte ich mich im **Rahmen der jetzigen Möglichkeiten** zu einigen aktuellen Themen äußern, um schon heute etwas Gutes für die Natur zu tun.

TIEREXPERIMENTE

Es gibt sehr viele Bereiche, in denen der Fortschritt vollständig auf Kosten der Natur geht: Als Beispiel gelten Tierexperimente.

Es werden überwiegend Versuche an Mäusen und Ratten durchgeführt. Über 115 Millionen Versuchstiere sterben jährlich bei wissenschaftlichen Experimenten.[82]

Die Dunkelziffer könnte um ein Mehrfaches darüber liegen, da viele von der Tierversuchsstatistik nicht erfasst werden. Diese Experimente verursachen bei den Tieren unermessliches physisches und psychisches Leid. Dies ist aus ethischer Sicht offensichtlich verwerflich. Oft wird jedoch argumentiert, dass durch Experimente im Bereich der Medizin neue Therapien oder Medikamente entstehen. Diese könnten dann Millionen Menschen und auch Tieren helfen.

Diese Argumentation ist auf den ersten Blicken verlockend: Einige wenige Tiere müssen leiden, so dass sehr vielen Lebewesen zukünftig geholfen werden kann oder deren Leid endet. Aber überlegen Sie: Wäre man für ein Heilmittel gegen Krebs bereit, an Menschen gegen ihren Willen Experimente durchzuführen? Natürlich nicht, denn das würde gegen die menschliche Würde verstoßen. Es wäre ein Verbrechen, auch nur einen einzigen Menschen zu opfern. Da Tiere jedoch nicht über die gleichen Grundrechte wie Menschen verfügen, werden Labortiere ohne zu zögern herangezogen. Hätten Tiere jedoch Menschenrechte, würde daraus logisch folgen, dass wissenschaftliche Experimente mit Tierversuchen unethisch sind, weil sie die Würde der Tiere verletzen.

Es müssen deshalb Alternativen gefunden werden, wie Wissenschaft ohne Tierexperimente möglich ist. Viele Forscher sagen, dass medizinische Forschung nicht ohne Versuche an Lebewesen möglich sei. Da kann ich nur sagen: Dann ist das eben so. Experimente an Tieren sind nicht diskutabel, diese stellen ein Verbrechen gegen die Schöpfung dar. Gleichgültig wie hoch der Gewinn auch sei, Tierexperimente müssen mit sofortiger Wirkung beendet werden. Tierversuche sind genauso schändlich wie die wissenschaftlichen Versuche an Juden in Auschwitz. Viele deutsche Wissenschaftler benutzten jene Menschen als ihre Laborratten. Der bekannteste dieser „Forscher“ war der Kriegsverbrecher Dr. Mengele. Das pikante an der Sache ist, dass ungehemmten Experimente an Menschen nach dem Krieg tatsächlich zu großen Fortschritten in der Medizin führten. Trotzdem kommt heute niemand auf die Idee zu behaupten, dies aufgrund des großen Nutzen für den medizinischen Fortschritt zu wiederholen.

Wie könnte zukünftige Forschung ohne Tierversuche aussehen? In Deutschland ersetzen zum Beispiel in manchen Medizinbereichen Computersimulationen, dreidimensional wachsenden Zellkulturen und bildgebende Verfahren (wie z. B. Kernspintomografie

---

82 Ethik.Guide: Tierversuche – Zahlen, Daten, Fakten; https://ethikguide.org/infothek/tierversuche-zahlen-daten-fakten, Abruf Oktober 2021

oder Ultraschall) viele Tierversuche. Tierexperimente in der Medizin werfen außerdem immer die Frage auf, ob die Erkenntnisse, die am Tier gewonnen werden, auf den Menschen übertragbar sind. Die genannten alternativen Verfahren sind in diesem Punkt aber sogar effektiver:

„Die Modelle schließen Fehleinschätzungen infolge von Unterschieden zwischen Menschen und der Tierart aus, die für den Versuch eingesetzt wird."[83]

IST ES ETHISCH VERTRETBAR, FLEISCH ZU ESSEN?

Kein Tier sollte mehr zum Verzehr getötet werden. Aber das ist Stand heute eine Utopie. Den Fleischkonsum überall dort zu *verringern*, wo es möglich ist, halte ich aber bereits heute für möglich und auch für machbar. Ein generelleres *globales* Fleischverbot halte ich aber realistischerweise heutzutage für nicht durchführbar. Dafür gibt es verschiedenen Gründe.

Topografie

Zum einen gibt es geografische Regionen auf der Erde, in denen kein Ackerbau möglich ist. Dem Volk der Eskimo ist es nicht möglich, ohne die Jagd zu überleben. Ein Ackerbau oder eine Form pflanzlicher Aufzucht ist aufgrund gefrorener Böden, Eis und niedriger Außentemperaturen nicht vorstellbar. Die einzige Aussicht für Eskimos, ihre Kinder und Familien zu ernähren, besteht darin, Tiere zu töten und dessen Fleisch zu essen. Eine andere Möglichkeit gibt es für sie nicht. Das Volk der Eskimos wäre schon lange ausgestorben, wären sie Vegetarier gewesen. Ähnliches gilt für viele Wüstenstaaten wie Bahrein, Kuweit, Brunei, Qatar, VAE und Oman: Jedem Einwohner stehen hier nur 0,001 bis 0,013ha Ackerfläche zur Verfügung.[84] Aber auch Staaten wie Dschibuti, Hongkong, Singapur, Andorra, Palästina, Jordanien, Libanon, Malaysia, Kolumbien, Ägypten und sogar hochentwickelte Länder wie Japan, Israel oder Südkorea besitzen sehr geringe Pro-Kopf Ackeranbauflächen von unter 0,035 Hektar (0,35m$^{2)}$. Viele Inselstaaten wie die Nördlichen Mariannen-Inseln, Samoa, Neu Kaledonien, Franz. Polynesien, Palau, die Salomo-

83 Monika Schäfer-Korting, *Interview mit dem Bundesministerium für Bildung und Forschung* 2016. Erschienen auf der Homepage www.bmbf.de

84 Wikipedia Suchbegriff: Liste der Länder nach Ackerland pro Kopf, Abruf 2021

nen, Bermudas können nur auf weniger als 1 % Kulturfläche[85] zurückgreifen, um ihre Bevölkerung zu ernähren. Vanuatu, Cook Islands, Kiribati, Wallis and Futuna Islands, Guam, die Färöer-Inseln, Mikronesien, die Bermudas, Tadschikistan und Irland besitzen zwar teilweise deutlich mehr als 1 % Anbaufläche in ihren Ländern, aber wenn man dies auf ihre Bevölkerungsgröße umrechnet, schneiden auch diese Staaten schlecht ab, wenn es darum geht, ihre Bevölkerung durch Landanbau zu versorgen.[86]

Da die Erträge in allen genannten Staaten nicht hoch genug sind, würde eine vegetarische oder rein vegane Kost bei diesen Völkern zu Unterernährung führen. Um autark zu bleiben und nicht abhängig von Nahrungsmitteimporten zu werden, müssen diese Länder das Fleisch von Tieren und Fischen essen.

Armut

Der Veganismus ist eine aktuelle Forderung aus der westlichen Welt. Wir leben in einer Überflussgesellschaft und haben die Wahl, wie wir uns ernähren. Aber sehr viele Menschen können sich nicht aussuchen, was sie essen, sie haben nicht die Auswahl wie Europäer und Nordamerikaner. In der Regel essen sie das, was da ist. Es ist der Luxus des Westens, ihre Ernährungsform wählen zu können, während viele Menschen hungern:

1) 3,27 Milliarden Menschen können sich nicht gesund ernähren.[87]
2) Davon hungern 689 Million regelmäßig.
3) 800 Millionen Menschen weltweit sind unterernährt.
4) Über 3,27 Milliarden Menschen leben von weniger als 5,50$ pro Tag.
5) 689 Millionen Menschen leben in extremer Armut von weniger 1,90$ pro Tag. 50 % sind Kinder. Über 267 Millionen leben in anfälligen Volkswirtschaften, die von Konflikten und Gewalt betroffen sind. 132 Millionen leben in Überschwemmungsgebieten.

Arme können sich (wenn überhaupt) nur die billigsten Lebensmittel leisten. Hier die Maxime aufzustellen, dass diese Menschen nur vegetarisch leben sollen, ist nicht ethisch. Sie können nicht wählen, Arme Menschen essen, was vorhanden ist. Der Zufall der

85 FAO 2019

86 Ebd.

87 World Bank. 2020. Poverty and Shared Prosperity 2020 | FAO, IFAD, UNICEF, WFP and WHO. 2020. The State of Food Security and Nutrition in the World 2020 | United Nations, Ziele für nachhaltige Entwicklung (SDG Bericht 2020)

Lebensumstände entscheidet, ob sie sich von Fleisch und Fisch ernähren oder nicht. Die Frage, überhaupt kein Fleisch zu essen oder sich nur noch pflanzlich zu ernähren, stellt sich den meisten Menschen also gar nicht. Wie kann man heutzutage von Menschen in Armut verlangen, vegan zu verhungern, wenn sie durch den Verzehr von verfügbarem Tierfleisch überleben könnten? Eine solche Forderung wäre absurd, sie verletzt ihre Würde, und niemand würde das ernsthaft fordern.

Selbstaufgabe oder Töten

Wenn Menschen nur überleben können, wenn sie Tiere töten und essen, können sie zwei Dinge tun: Entweder sie sterben, oder sie essen Fleisch. Ich könnte sagen, dass ich kein anderes Lebewesen töten möchte und meinen Tod dafür in Kauf nehme. Ich könnte den starken biologischen Drang zu essen zur Seite schieben. Ich opfere mein Leben, um keine unmoralische Tat zu vollziehen, ein anderes Geschöpf mit Gewalt aus dem Leben zu reißen. Dies wäre theoretisch möglich. Es mag wenige erleuchtete Buddhisten oder Heilige geben, die das können. Es existieren im sogenannten nördlichen Buddhismus Schriften, in denen berichtet wird, wie Bodhisattva (Buddha) seinen Körper einer hungrigen Tigerin zum Verzehr anbietet, damit sie essen konnte.[88]

Die Geschichte der Menschheit zeigt jedoch, dass fast alle Menschen dazu nicht in der Lage sind. Wenn wir drohen zu verhungern, meldet sich vehement der Selbsterhaltungstrieb. Diese Kraft ist derart mächtig, dass hungrige Menschen mit allen Mitteln versuchen werden, an Nahrung zu gelangen. Koste es, was es wolle. Menschen würden eher zu Kannibalen, als dass sie sich selbst opfern. Denn wie schon Brecht erkannte: „Erst kommt das Fressen, dann kommt die Moral“.

In Stalingrad gab es während der deutschen Belagerung im Winter 1942/43 eine unglaubliche Hungersnot: „Hunger und Delirium beseitigten bei Vielen alle Hemmungen. Um Lebensmittel wurde jetzt gekämpft, Halbverhungerte stahlen den Sterbenden die Brotmarken, für das Überleben wurde auf offener Straße gemordet… Über 2000 Fälle von Menschenfleischverzehr wurden behördenkundig, rund 500 der der Menschenfresserei Beschuldigten exekutiert.“[89] Während der späten Fünfzigerjahre des letzten Jahrhunderts

88 Lambert Schmithausen: Fleischverzehr im Buddhismus – Ein Überblick, 2008; Aus der Zeitschrift: Tibet und Buddhismus 1/08

89 Spiegel Geschichte: www.spiegel.de/einestages/zweiter-weltkrieg-a-948137.html Abruf: 2021

herrschte in China eine riesige Hungersnot. Dieser Katastrophe fielen 30-50 Millionen Menschen zum Opfer. Der Hunger war derart unerträglich, dass es zwischen 1958-62 zu Kannibalismus und Massenmord kam. „Der Hunger gegen Ende war entsetzlicher als der Tod selbst“ und „Mäuse und Ratten, Baumwolle, alles hat man sich in den Bauch gestopft. Wo man Guanyin-Erde, eine Art fetten Lehms, ausgegraben hat, hat man sie sich schon beim Graben in dicken Klumpen in den Mund geschoben. Die Leichen der Toten, Verhungernde von außerhalb, selbst eigene Verwandte hat man zu Lebensmitteln gemacht.“[90] In **Fällen der Not** ist es meines Erachtens sehr wohl gerechtfertigt, Fleisch zu essen.

Zeitgenössische vegane bzw. vegetarische Ethik ist keine *globale* Philosophie, sondern eine modern geprägte Ernährungsphilosophie des Westens. In der westlichen Welt macht diese Forderung aber absolut Sinn, und ich unterstütze das vollkommen. Da ich aber den Versuch unternehme, eine universelle Ethik für *alle Menschen* (und nicht nur für Westler) zu schaffen, ist eine vollkommen fleisch- und fischfreie Kost ohne Wenn und Aber aus obigen Gründen keine Lösung. Die Antwort auf die Frage, ob man Fleisch essen soll oder nicht, versuche ich aber allgemeingültig, unabhängig von Raum und Zeit, zu geben.

Die Menge macht das Gift

Von Befürwortern des Fleischverzehrs wird immer argumentiert, dass ja auch in der Natur ein Tier das andere tötet. Das ist richtig. Aber trotzdem ist es auf den zweiten Blick nicht so einfach möglich, dies auf das Essverhalten von Menschen zu übertragen.

Der Löwe tötet ein Zebra aus folgenden (uns bekannten) Gründen: Er hat Hunger und er hat keine Alternativen zur Verfügung, um zu überleben (es ist müßig zu spekulieren, ob er vegetarisch leben könnte). Der Mensch in westlichen Kulturen tötet in letzter Konsequenz auch aus Hunger. Aber aufgrund der sozial-ökonomischen Situation hungert im Westen de-facto niemand unfreiwillig, da das Nahrungsangebot mehr als reichhaltig ist. Es stellt sich nicht mehr die Frage, *ob* wir etwas zu essen bekommen, über diesen Punkt sind wir längst hinaus, sondern es stellt sich die Frage, was wir essen *möchten*. Wir können es uns aussuchen und wählen dann meistens das, was uns gut schmeckt. Unsere Motivation zu

90 Yang Jisheng, „Grabstein – Mùbei. *Die große chinesische Hungerkatastrophe 1958–1962, 2002*; Zitiert aus dem online TAZ Archiv: *Als China kannibalistisch war*, 2012; https://taz.de/!578091/ Abruf: 2021

essen ist der Genuss. Wir verzehren Fleisch, weil wir es wollen, und nicht, weil wir müssen. Menschen könnten auch mit vegetarischen Lebensmitteln ihren Hunger und Appetit stillen. Der Löwe tötet einzig und allein aus Hunger. Wenn der Löwe das nicht tun würde, würde er sterben, denn er hat nichts anderes. Wenn wir Westler kein Fleisch verzehren, sterben wir nicht, wir essen einfach etwas anderes. Neben der reinen Nahrungsaufnahme gibt es aber in der menschlichen Welt **finanzielle** Motivationen. Fleisch ist eine Handelsware. Durch die Herstellung und den Vertrieb von Fleisch verdienen Menschen ihren Lebensunterhalt. Es werden also Tiere getötet, damit Kasse gemacht wird. Dies kommt in der Tierwelt nicht vor. Tiere verdienen kein Geld, wenn sie andere töten. Ich habe noch von keinem Löwen gehört, der einem Artgenossen ein Zebra verkaufte.

Geschöpfe mit Würde und Gefühlen

Der industrielle Handel mit Tieren, Fleisch und Fisch führt zur Tötung von weltweit jährlich über 100 Milliarden Lebewesen. Der Löwe hingegen isst höchstens ein Zebra die Woche. Er tötet viel, viel weniger als die Menschen. Die Frage nach dem größten und gefährlichsten Raubtier der Welt, sollte damit geklärt sein: Es ist der Mensch. So viele Tiere wie er hat noch keine einzige Spezies auf dem Planeten vernichtet, getötet und gegessen. Raubtiere essen nur das, was sie zum Überleben brauchen, während Menschen sich maßlos alles nehmen, was sie wollen.

Darüber hinaus sorgen Fleischfresser für ein lebenswichtiges Gleichgewicht in der Natur. Gäbe es nur Pflanzenfresser auf der Welt, würden diese sich ungebremst vermehren. Dies würde binnen kürzester Zeit dazu führen, dass sämtliche pflanzliche Nahrung (Blätter, Wurzeln, Rinde von Bäumen, Büschen und Sträuchern, Knollen, Gras, Klee, Pilze, Erde, Kräuter, Algen, Farne, Heu, Seetang, Äste, Früchte, Gemüse usw.) vom Planeten verschwindet. Dies hat zwei katastrophale Folgen: Ein Großteil der Tiere stirbt, und es kommt zu einem globalen Massenaussterben durch Ersticken, denn die Pflanzen können fast keine Photosynthese mehr durchführen, wodurch sich der Sauerstoffgehalt in der Atmosphäre auf einen Bruchteil reduziert. Alle aeroben Lebewesen inklusive Menschen sterben in der Folge aus.

Zusammenfassend sei also gesagt, dass Menschen in westlichen Kulturen Tiere massenhaft, ohne Not und aus finanzieller Motivation heraus töten, während der Löwe aus Notwendigkeit heraus einige, wenige Tiere zum Überleben tötet. Fleischfressern kommt außerdem eine existentielle Funktion in der Natur zu. Durch das *maßvolle Töten von Pflanzenfressern sichern sie das Überleben der ganzen Welt, während der Mensch durch seine maßlose Fleischindustrie und Geldmacherei die Welt zerstört.* Die Begründung, dass es ethisch gerechtfertigt ist, Fleisch zu essen, weil es Raubtiere tun, ist, wie wir gesehen haben, eine sehr oberflächliche und ungenaue Analogie. Wenn der Mensch sich doch nur *wirklich* so wie die Löwen verhalten würde, sie sich zum Vorbild nehmen würde, wäre die Welt ein besserer Ort. Raubtiere retten die Welt, wohingegen der Mensch sie zerstört.

5-REGEL-ETHIK

Die Antwort auf die Frage, ob es ethisch vertretbar ist, Fleisch zu essen, lässt sich in meinen Augen nicht mit einem eindeutigem „Ja" oder „Nein" beantworten. Ich beantworte die Frage folgendermaßen: „Nein, aber unter gewissen Umständen ja". Ich habe versucht, universelle ethische Leitlinien aufzustellen, ob und unter welchen Bedingungen, Fleisch verzehrt werden sollte oder nicht. Ich leite meine „Fleischformel" aus den obigen Diskussionen ab. Ich möchte dies die 5-Regel-Ethik nennen.

1. Regel: Schutz des Lebens

Fleisch von Tieren darf grundsätzlich nicht verzehrt werden. *Es gibt aber Ausnahmesituationen, in denen Tiere gegessen werden dürfen.*

Ausnahmesituationen: Fleisch, darf nur dann gegessen werden, wenn die folgenden Bedingungen alle (also nicht nur einige) erfüllt sind:

2. Regel: Hunger

Ein Tier darf nur dann gegessen werden, wenn Hunger bzw. die Ernährung das einzige Motiv ist und kein anderes Nahrungsmittel zur Verfügung steht, welches die Ernährung sicherstellt (das ‚und' ist einschließend: beides muss zutreffen.)

3. Regel: Maßvolles Töten

Die Menge der getöteten Tiere muss maßvoll sein. Es sollten nur so viele Tiere getötet werden, wie man braucht, um über einen begrenzten Zeitraum die Nahrung sicherzustellen.

4. Regel: Im Einklang mit der Natur

Das Töten der Tiere muss sich im Einklang mit der Natur befinden.

Wenn jemand aus Hunger ein Tier tötet, weil er nichts anderes zu essen hat (Erfüllung der Regeln 1 und 2), er aber das Tier vorher quält oder leiden lässt, ist er nicht im Einklang mit der Natur. Das heißt, dass er kein Recht hat, das Tier zu töten.

5. Regel: Dankbarkeit

Das Tier hat für uns das absolute Opfer gebracht: Es hat sein Leben gegeben, damit wir leben können. Dafür gebührt dem getöteten Tier unser tiefster Dank. Zum Ausgleich dafür, dass der Mensch etwas von der Natur nimmt, sollte er ihr etwas zurückgeben. Für jedes getötete Tier muss der Mensch oder Staat eine Geldeinheit seiner Primär-Landeswährung an Projekte spenden, die den Umwelt- und Tierschutz fördern oder unterstützen.

ANWENDUNG DER 5-REGEL ETHIK AUF DIE MASSENTIERHALTUNG

Versuchen wir nun, die heutige Massentierhaltung (Haltung und Schlachtung) mit diesen Postulaten zu verbinden. Überprüfen wir, ob die Massentierhaltung den Anforderungen standhält.

Regel 1: Schutz des Lebens

Die moderne Massentierhaltung verstößt gegen Regel 1, das Leben grundsätzlich zu schützen. Das sieht man daran, dass die Fleischindustrie kein Interesse hat, unnötige Tötungen zu vermeiden. Tiere, die nicht mehr rentabel sind, werden nicht in Freiheit entlassen. Kranke und verletzte Tiere könnten aussortiert oder in die Obhut von Tierfreunden gegeben werden, dies wäre ohne weiteres möglich. Aber auch diese Tiere werden getötet. Die Tötungsmaschinerie ist gründlich und gnadenlos. Das widerspricht dem Tierschutzgesetz, welches das Tier schützen soll. Dies steht dem ersten Gesetz, das sich dem Schutz und der Erhaltung des Lebens verpflichtet, diametral entgegen. Die Würde des Tiers wird nicht geachtet, sein Dasein scheint nicht zu zählen. Es wird, ohne zu zögern, getötet. Die Tiere werden wie Rohstoffe behandelt, die verarbeitet werden. Dies bedeutet, dass das Essen von ermordeten Tieren als selbstverständlich betrachtet und der Tod eines Lebewesens billigend in Kauf genommen wird. Das Töten und der Umgang mit den Leichnamen sind klinisch. Es gibt keinerlei Pietät, die beim Tod von Menschen gezeigt wird. Dies ist ein erneuter Verstoß gegen die Würde der Tiere.

Der Umgang mit Tieren zu Lebzeiten ist auch nicht besser. Sie werden gezüchtet und künstlich gezeugt. Sie werden verstümmelt, und sogar die geforderten minimalen Grundfreiheiten der Tiere nach „genügend Bewegungsfreiheit …, um sich ohne Probleme umzudrehen, zu pflegen, aufzustehen, hinzulegen und alle Gliedmaße zu strecken…" aus dem Brambell Report[91] werden nicht respektiert.

Regel 2: Motiv Hunger

Die Beweggründe der Fleischindustrie aller hochentwickelten Staaten sind profitgelenkt. Ihr Motiv ist nicht, den tatsächlichen Nahrungsbedarf sicherzustellen. Das war die Triebfeder vor 100 Jahren. Heute spielt das Ernähren der Bevölkerung eine eher untergeordnete Rolle. Jetzt erfüllt die Fleischindustrie kulinarische Bedürfnisse des Westens. Die Industrie tötet Tiere, um den Genuss der Menschen mit einer großen Auswahl und Vielfalt von Fleisch zu bedienen. Das Fleisch wird in rauen Mengen produziert, weil es so billiger in der Herstellung ist und weil es sich dann besser verkaufen lässt. Der Preis ist derart niedrig, dass alle Bürger (auch die unteren Schichten) der Industrienationen sich viel Fleisch kaufen können. Die Fleisch- und Fischindustrie ermordet weltweit über 110 Milliarden Tiere, die fast ausschließlich zum Erhalt einer kulinarischen Vielfalt umgebracht werden. Die Menschheit schlachtet nicht so viel wie nötig, um Menschen zu ernähren, sondern so viel wie möglich, um den menschlichen Genuss zu erhöhen. Dies ist unethisch und verstößt eindeutig gegen die 5-Regel Ethik.

Regel 3: Maßvolles Töten

Die Fleisch- und Fischindustrie tötet jährlich 100 Milliarden Tiere. Diese Zahl ist nicht maßvoll, um für die Ernährung zu sorgen. Die absurden Zahlen belegen, dass Tiere in Massen getötet werden. Die Industrie verstößt nicht nur gegen Regel 3, sondern sie pervertiert sie in ihr Gegenteil.

---

91 Der Brambell-Report von 1965 (benannt nach dem gleichnamige Herausgeber) entstammt dem *Report oft the Technical Comittee to Enquire into the Welfare of Animals kept under Intensiev Livestock Husbandry System*, des britischen Landwirtschaftsministerium. Im Brambell-Report wurden erstmals Regeln unter tierethischen Aspekten zum Tierschutz innerhalb einer Massentierhaltung festgelegt.

Regel 4 und 5: Im Einklang mit der Natur sowie Dankbarkeit
Aus dem zuvor Gesagten zu den Regeln 1 bis 3, geht hervor, dass die Massentierhaltung sich weder im Einklang mit der Natur befindet, noch dem Tier dankbar ist.

VOLKSBEGEHREN „ZURÜCK ZUM SONNTAGSBRATEN“

Das Motto „Zurück zum Sonntagsbraten“ drückt für mich aus, was die meisten Menschen in Deutschland denken:

1. Es wird deutlich zu viel Fleisch gegessen.
2. Die Qualität des Fleisches ist schlecht.
3. Es werden zu viele Tiere geschlachtet.
4. Tiere sollen nicht gequält werden.

Die meisten Deutschen wären bereit, mehr für Fleisch zu bezahlen, wenn sie wüssten, bessere Qualität zu erhalten. Außerdem möchte kein Deutscher, dass Tiere gequält werden. Früher wurde Fleisch nur am Sonntag gegessen, weil es teuer und etwas Besonderes war. Heute isst jeder Deutscher im Schnitt 87 kg Fleisch pro Jahr.[92] Die Deutsche Gesellschaft für Ernährung empfiehlt 300 g bis 600g Fleisch pro Woche, was umgerechnet zwischen 21 kg bis 29 kg jährlich entsprechen. Das bedeutet, dass jeder Deutsche dreimal so viel Fleisch isst, wie für ihn gesund wäre. Für die Erhaltung der Volksgesundheit wäre es völlig unproblematisch, wenn sich die Fleischproduktion um mehr als ein Drittel reduziert. Wenn wir wie früher dazu zurückkehren würden, nur am Sonntag Fleisch zu essen, wäre dies ausgewogen und vernünftig. Dazu brauchen wir keine Massentierhaltung.

Mir ist aber bewusst, dass es ein jahrzehntelanger Prozess ist, bis der Mensch sein Verhalten zum Tier und zum Fleischgenuss ändert. Bis dahin werden viele Milliarden Tiere leiden und getötet werden. Ich habe lange darüber nachgedacht, wie man dies am besten verhindern kann (zumindest in Deutschland).

VOLKSBEGEHREN ZUM VERBOT DER MASSENTIERHALTUNG

Der erste Schritt besteht darin, die Massentierhaltung zu beenden. Dazu bedarf es gezielter politischer Aktionen. In Deutschland gibt

92 Thünen Institut, *Steckbriefe zur Tierhaltung in Deutschland: Ein Überblick*, 2018

es die Instrumente des Volksbegehrens und des Volksentscheids. Diese sollten zur Änderung der politischen Situation so schnell wie möglich eingesetzt werden.

Ich bin sicher, dass die meisten Bundesbürger nicht vollständig auf Fleisch verzichten wollen. Fleisch bedeutet für sie ein Stück Genuss und Lebensqualität. Fleisch ist Teil der europäischen Esskultur, und das seit Jahrtausenden. Deshalb wird ein Aufruf zum vollständigen Verbot von Tierschlachtungen nicht zum Erfolg führen. Wie Sie wissen, bin ich gegen jegliche Tierschlachtungen. Doch es macht keinen Sinn, das zu fordern, weil die Menschen noch nicht so weit sind. Bewusstseinsveränderungen gehen Schritt für Schritt. Und die erste Maßnahme ist das Verbot der industriellen Massentierhaltung. Dieses Gesetz würde jährlich Hunderten Millionen Tieren in Deutschland das Leben retten und ihnen ein artgerechtes Dasein ermöglichen. Durch den Verzicht auf das industrielle Halten würde die Anzahl der getöteten Tiere dramatisch sinken. Gleichzeitig würde der auf reine Effizienz ausgerichtete Umgang mit den Tieren deutlich besser werden. Dramatische Züchtungen, die das schnelle Wachstum fördern und bei den Tieren Gelenkschmerzen und Herzprobleme hervorrufen, würden der Vergangenheit angehören. Die Tiere könnten an die frische Luft und wieder natürlich und froh leben. Anstelle der Massentierhaltung könnten die Tiere nach den Prinzipien des ökologischen Landbaus gehalten werden.

Ich fordere, dass die Menschen zeitgleich in allen Ländern des Bundes in einer konzertierten Aktion Volksbegehren mit der Forderung starten, die Massentierhaltung abzuschaffen und sie durch die Biohaltung zu ersetzen. Der Gesetzesentwurf sollte auf einer überarbeiteten und deutlich verbesserten Version der EU BIO Verordnung basieren.

Wortlaut des Volksbegehrens:

Tiere sind fühlende, soziale und schmerzempfindende Lebewesen. Deshalb fordern wir das sofortige Verbot von Massentierhaltung und jeglicher Form von Tierhaltung, in der Tiere als seelenlose industrielle Güter behandelt werden. Die Tiere sollen nach den artgerechten Prinzipien des ökologischen Landbaus gehalten werden.

Sind Sie für ein sofortiges Verbot der Massentierhaltung und dass diese umgehend durch die artgerechte Tierhaltung nach den Prinzipien des Ökolandbaus ersetzt wird?

Das Volksbegehren ist zurzeit die einzig realistische Chance. Die konservativen und rechten Parteien CDU/CSU, SPD, FDP, AfD[93] und die Agrar- und Bauernverbände werden noch für viele Jahre oder Jahrzehnte dafür sorgen, dass fühlende, soziale und schmerzempfindende Lebewesen getötet und gequält werden. Es ist nicht zu erwarten, dass sich da etwas Entscheidendes im Sinne der Tiere ändern wird.

Deshalb ist es strategisch besser, die Änderung von „unten“ mit dem Instrument des Volksbegehrens durchzuführen, das auf Länderebene möglich ist. Das geht viel schneller und verspricht Erfolg.

Um die Nachhaltigkeit und Wirkung des Volksbegehrens zu verbessern, sollten diese **zeitgleich** in allen Bundesländern starten, weil die Menschen sich dann in ganz Deutschland damit auseinandersetzen müssen. Dies erzeugt starke Synergien. Außerdem wird die Pressewirksamkeit deutlich höher sein, so dass eine häufige Berichterstattung in allen Medien (TV, Zeitung, Soziale Medien) zu erwarten ist, was den Druck auf die Bundesregierung enorm steigern wird, das Wohl der Tiere wirklich zu verbessern.

Erfolgschancen

Ich sehe sehr gute Chancen, dass die Bürgerinnen und Bürger Volksbegehren mehrheitlich befürworten. Viele Umfrage- bzw. Forschungsergebnisse sprechen dafür:

- BUND Umfrage 2017 / FORSA Institut: Von 1002 befragten Personen sagten 77 Prozent, dass es strengere gesetzliche Vorschriften dazu geben sollte, wie Nutztiere artgerecht gehalten werden müssen.
- „Akzeptanz der Tierhaltung-Ergebnisse der quantitativen und qualitativen Studien“, Hartmann 2019: Die wahrgenommene Form der Nutztierhaltung wird von 63 % bis 80 % als erheblich verbesserungswürdig eingestuft. Nur 8 % bis 19 % halten die jetzigen Bedingungen für gut.
- „Massentierhaltung: Was denkt die Bevölkerung? Ergebnisse einer Studie“, Kayser, Spiller 2011: Von 276 der Befragten sind knapp 60 % bereit für das Wohl der Tiere weniger Fleisch zu essen, nur 14,3 % lehnten dies ab; 26,8 % waren unentschlossen; 88,4 % der Befragten fanden, dass Tiere zu wenig Platz in der Massentierhaltung haben, nur 1,1 % sahen das anders.

93 Seit Ende 2021 wird unser Land von einer Koalition aus SPD, BÜNDNIS 90/ DIE GRÜNEN und FDP regiert. Ich hoffe, dass die Grünen Gesetze zur Beendigung der Massentierhaltung auf den Weg bringen, so dass das Volksbegehren nicht mehr nötig ist.

- „Wie wichtig ist Verbrauchern das Thema Tierschutz?“, Anke Zühlsdorf, Achim Spiller, Sarah Gauly, Sarah Kühl 2016: Von 1024 Befragten stimmten 89 % der Aussage zu: „Wenn Tiere für unser Essen sterben müssen, sollen sie vorher gut gelebt haben“ und 65 % sind bereit, mehr Geld für Fleisch zu bezahlen, wenn sie sicher sein könnten, dass die Haltungsbedingungen für Tiere wirklich besser sind. 60 % der Befragten sind bereit für gutes Fleisch mehr zu bezahlen.
- Volksinitiative 2019 in der Schweiz zum Verbot der Massentierhaltung: Am 17. September 2019 wurde die Initiative „Keine Massentierhaltung in der Schweiz“ mit über 100.000 beglaubigten Unterschriften in Bern eingereicht.

Positive Auswirkung von Biohaltung

- Die Menge der getöteten Tiere um hunderte Millionen in Deutschland reduziert,
- Die Tiere führen ein artgerechtes Leben in Würde,
- Reduzierung von CO2,
- Verringerung von Antibiotika Resistenzen,
- Größere Gewinnspannen für Landwirte.

Wenn andere Länder sehen, dass Deutschland mit Umstellung auf Bio Haltung vorangeht, dann werden sie folgen oder zumindest darüber nachdenken. Die bundesweiten Volksbegehren würden auf jeden Fall weltweite Beachtung finden.

IV. FRIEDLICHE UND GERECHTE GESELLSCHAFTEN

„Die alten Dakota-Indianer waren weise. Sie wussten, dass das Herz eines Menschen, der sich der Natur entfremdet, hart wird. Sie wussten, dass mangelnde Ehrfurcht vor allem Lebendigen und allem, was in der Natur wächst, bald auch die Ehrfurcht vor dem Menschen absterben lässt."
Luther Standing Bear

Bereits vor dem Ausbruch des Corona-Virus hat sich unsere Welt in einer globalen Krise befunden. Trotz großer Bemühungen gelingt es nicht, den Klimawandel aufzuhalten. Ein immenses Artensterben hat begonnen, und der Mensch vernichtet systematisch weltweit den natürlichen Lebensraum. Kriege, Gewalt, Krankheit und Armut sind für über die Hälfte aller Menschen bitterer Alltag. Vier Milliarden Menschen müssen in unzureichenden sanitären und hygienischen Verhältnissen leben. Sie haben geringen oder keinen Zugang zu medizinischer Grundversorgung, Wasser oder regelmäßigen Mahlzeiten. Täglicher Überlebenskampf um Grundnahrungsmittel zeichnet ihr Dasein.

Im Westen hingegen herrschen Überfluss und Dekadenz. Wir leben in Sicherheit vor Krieg und Armut, können jederzeit so viel wir wollen von allem essen. Es ist ein wahrgewordenes Schlaraffenland. Wir haben die besten Ärzte, die saubersten Häuser, können weltweit Urlaub an den schönsten Stränden machen. Doch anstatt den Armen von unserem Wohlstand abzugeben, sind wir nicht *wirklich* bereit zu helfen. Wenn Europäer, Nordamerikaner und alle wohlhabenden Staaten bereit wären, monatlich zehn Prozent von ihrem Reichtum an Arme in der Dritten Welt zu spenden, wäre der Hunger weltweit besiegt. Doch nichts dergleichen geschieht. Der westliche Lebensstil, alles zu wollen, alles zu bekommen und nichts zu teilen, während viele Milliarden Menschen leiden, ist ein ungerechter Irrweg. Trotzdem oder gerade deshalb sind die Westler oft unzufrieden und unglücklich. Unser Wohlstand ist für uns selbstverständlich und bedeutet uns nichts. Statt dankbar, demütig und großzügig zu sein, will jeder immer mehr. Die Menschen sind nie zufrieden. Das Streben nach immer mehr Geld, Wohlstand, sozialem Aufstieg und besseren Liebesbeziehungen ist in den westlichen Gesellschaften zum Credo geworden. Börsianer, Banker,

Industriekapitäne und Manager verhindern durch ihren gelebten Manchester-Kapitalismus, durch das Scheffeln von immer mehr Geld und die Anhäufung von Vermögen eine faire globale Verteilung der Mittel. Es geht immer um Geld und dessen Vermehrung. Stringente Wirtschaftsstrategien wie der moderne Wirtschaftsliberalismus sorgen dafür, dass Reiche immer reicher und Arme immer ärmer werden. Überall auf der Welt herrschen Lug und Trug. Nichts ist wie es scheint. Jeder ist sich selbst der nächste. Sogar die Kirche als letzte Bastion für Menschlichkeit und Gerechtigkeit ist gefallen. Der Sexmissbrauch-Skandal hat das letzte Vertrauen der Menschen in Kirche und christliche Werte hinweggespült.

Die Welt von heute ist gescheitert. Die Strukturen sind derart verkrustet und verkeilt, dass keiner weiß, wie man unseren Planeten noch retten kann. Dazu bedarf es eines Neuanfangs. Deshalb habe ich über Veränderungen nachgedacht, wie wir die Erde wieder in einen blühenden Garten verwandeln können. Ich möchte eine Welt ohne Massenelend und unsagbarem Leid. Ich möchte mit meinen Gedanken weltweit die Ungleichheit auf ein natürliches und vernünftiges Maß reduzieren. Die Ungleichheit soll im Alltag der Menschen nicht mehr spürbar sein. Eine **völlige** Abschaffung ist jedoch weder sinnvoll noch möglich. Das liegt schlicht und ergreifend daran, dass Menschen unterschiedliche Charaktere, Temperamente, Sozialisationen und Vorlieben besitzen. Aus diesem Grund wählen Menschen freiwillig verschiedene Bildungswege und Berufe. Da Anstellungen und Karrieren unterschiedlich bezahlt werden und Berufswege verschiedene Chancen zu Generierung von Vermögen bieten, ist das Resultat eine natürliche soziale Chancenungleichheit. Aber auch hierzu habe ich mir Gedanken gemacht. Ich schlage für wohlhabende Länder eine Obergrenze beim Grundgehalt von 10.000€ vor, um die natürliche Ungleichheit zu begrenzen. Und auch für das Problem der gerechten Bezahlung habe ich mir ein (hoffentlich) innovatives Konzept einfallen lassen, welches bei Praxistauglichkeit, die soziale Gleichheit und den gesellschaftlichen Frieden fördern wird.

Ich bin ein Freund unserer jetzigen freiheitlich demokratischen Grundordnung und des Rechtsstaats. Er muss jedoch grundlegend reformiert werden. Es müssen verbesserte und neue Strukturen bereitgestellt werden, in denen Menschen sich als Teil der Natur und Gesellschaft wahrnehmen – einer Gesellschaft, die nicht auf Misstrauen basiert und gerechter ist. Gerechter für Deutschland und als Vorlage für mehr Gerechtigkeit auf der ganzen Welt. **Die Welt, die ich mir vorstelle, soll jedem ein gutes, einfaches und gerechtes Leben in Freiheit ermöglichen.** Luxus, Dekadenz, unendlicher Reichtum und Statussymbole sind nicht mehr Teil dieser Welt. Die

Natur ist ein gleichberechtigter Partner des Menschen. Bei jeder Entscheidung müssen die Interessen der Natur genauso gewichtet werden, wie die Interessen des Menschen. Dies ist die Konsequenz der rechtlichen Gleichstellung. Unserer Städte müssen begrünt sein: Das führt zu besserer, kühlerer Luft und mehr Ästhetik. Unsere Wirtschaft basiert auf sozialer Gerechtigkeit, Digitalisierung und Vertrauen. Diese Werte sollen Leistung, Kontrolle und Druck ersetzen.

Meine Philosophie basiert darauf, das westliche Denken zu ändern. **Wenn wir alle lernen, dankbar für das zu sein, was wir haben, wenn wir schätzen, was uns gegeben wird, anstatt immer mehr haben zu wollen, werden wir bereit sein, auch anderen zu geben.** Die kapitalistische Einstellung, immer mehr zu wollen, ist die Triebfeder für Gier, Unterdrückung, Rücksichtlosigkeit und Unzufriedenheit. Diese Triebfeder ist die Ursache für die Zerstörung der Natur, die Klimakatastrophe und die weltweite Armut.

Keine Angst. Ich will weder den gescheiterten Sozialismus wieder einführen, noch den Kapitalismus völlig abschaffen. Ich möchte ihn aber in vernünftigem Maße regulieren. Was bedeutet in vernünftigem Maße? Jeder soll und darf weiterhin nach seinem persönlichen Glück und Gewissen nach Wohlstand streben. Um aber Maßlosigkeit zu verhindern, bin ich für einen Spitzensteuersatz von 70 bis 80 % bei den Einkommen der Großkonzerne und die Einführung einer weltweiten Vermögensteuer für sie. Als wichtigste Regulierungsmaßnahme soll jeder Konzern von einer Ethikkommission kontrolliert werden. All diese Regulierungen verhindern, dass das vorhandene Kapital durch einige wenige Superreiche gebunden wird, denn *das* blockiert heute eine gerechte Umverteilung der Güter und ist *eine* Ursache der weltweiten Armut und Ungerechtigkeit.

KAPITEL 7 DIE VERMINDERUNG DER SOZIALEN UNGLEICHHEIT

HOHER SPITZENSTEUERSATZ BEI EINKOMMEN UND VERMÖGEN

Einen der Hauptgründe für den Irrweg der heutigen Welt sehe ich darin, dass die Menschen immer mehr wollen, anstatt dankbar für das zu sein, was sie haben. Diese Tendenz ist maßlos. Insbesondere Menschen mit großer Macht in Konzernen, Banken, Industrie und Chemie nutzen ihr immenses Kapital, um es zu vermehren, und zwar ohne jegliche Rücksichtnahme auf die Natur und andere Menschen.

Matthias Schmelzer und Alexis Passadakis schreiben 2011 in ihrem Buch *Postwachstum*: „Folglich ist es das Ziel unserer Wachstumskritik, einen Beitrag dazu zu leisten, soziale Rechte, die ein gutes Leben für alle weltweit ermöglichen, durchzusetzen: in Nord und Süd, heute und in Zukunft. Dies [...] gelingt nur, wenn die Volkswirtschaften im Norden tatsächlich schrumpfen, um dann unter neuen Rahmenbedingungen in einen dynamisch-stabilen Zustand überzugehen.“ (S.11) Die Organisation Attac ist der Meinung, dass der Neoliberalismus sein Versprechen nicht eingelöst hat, allen Menschen durch globalisierte und freie Märkte erhöhten Wohlstand zu bringen. Das Gegenteil sei der Fall, da die Schere zwischen Arm und Reich immer größer werde.[94] „Der Glaube, der Markt könne es besser und solle dem Staat möglichst viel aus den Händen nehmen, ist mittlerweile tief in den Köpfen verankert. [...] Die Politik treibt die Liberalisierung der Märkte im Interesse der großen Konzerne voran – eine Globalisierung von Menschenrechten und von sozialen, ökologischen oder demokratischen Standards steht dagegen nicht auf der Agenda.“[95] Der bekannte französische Ökonom Thomas Piketty ist ebenfalls ein Gegner des modernen Neoliberalismus. Er sieht aktuell „einen außer Rand und Band geratenen Kapitalismus“, der große Ungleichheiten erzeugt hat.[96] In einem Interview in der Fernsehsendung „Sternstunden der Philosophie“ im schweizerischen Fernsehen Anfang 2020, spricht er über sein Buch *Das Kapital im 21. Jahrhundert*. Darin beschreibt er die historischen und ökonomischen Entwicklungen der letzten drei Jahrhunderte in 20 Ländern. Er berichtet, dass das Wirtschaftswachstum der USA pro Kopf zwischen 1870 und 1980 zwischen 1,9 % und 2,2 % lag. Der Spitzensteuersatz lag dabei nach dem 2. Weltkrieg bei 81 %. Die Vereinigten Staaten erlebten zwischen 1945-80 ihr größtes Wirtschaftswachstum in der Geschichte. U.S. Präsident Ronald Regan änderte die Marktpolitik hin zum Neoliberalismus. Er senkte die Spitzensteuersätze für Unternehmen deutlich und öffnete die globalen Märkte, was zum heutigen Globalismus und zur Freihandelspolitik geführt hat. In der Zeit von 1990 bis 2020 sank aber das Pro-Kopf Wirtschaftswachstum um 50 % auf 1,1 %. Das zeige, dass das Konzept des globalen Neoliberalismus das Wachstum senke und nicht erhöhe. Ich persönlich glaube, dass das Wachstum sehr wohl gestiegen ist, es sich aber auf immer weniger Personen konzentrierte. Piketty schreibt dazu in der Einleitung seines Buchs: „Wenn die Kapitalrendite dauerhaft höher ist als die Wachstumsrate

94 Siehe www.attac.de/was-ist-attac Abruf: 21. April 2020
95 ebd.
96 Thomas Piketty, *Das Kapital im 21. Jahrhundert,* 2015, C.H, Beck Verlag

von Produktion und Einkommen, was bis zum 19. Jahrhundert der Fall war und im 21. Jahrhundert wieder zur Regel zu werden droht, erzeugt der Kapitalismus automatisch inakzeptable und willkürliche Ungleichheiten, die das Leistungsprinzip, auf dem unsere demokratischen Gesellschaften basieren, radikal in Frage stellen.“[97] In den USA ist seit Ende der Siebzigerjahre das Einkommen des oberen Dezils von 35 % wieder auf 45 bis 50 % der Gesamteinkommen gestiegen, Tendenz weiter ansteigend.

Die Ungleichheit der Einkommen in den USA, 1910–2010

Grafik I.1.: Der Anteil des obersten Dezils am amerikanischen Nationaleinkommen ist von 45–50 % in den Jahren 1910 –1920 auf weniger als 35 % in den 1950er Jahren gesunken (es handelt sich um den von Kuznets gemessenen Rückgang); dann ist er von weniger als 35 % in den 1970er Jahren auf 45–50 % in den Jahren 2000–2010 gestiegen. Quellen und Reihen: siehe piketty.pse.ens.fr/capital21c.

Welche Kräfte macht er dafür verantwortlich? Zum ersten die generelle massive Zunahme der Spitzengehälter und zweitens deren Abkopplung in Großunternehmen von den normalen Einkommen. Pikettys Daten weisen darauf hin, dass die Top Manager in den Vereinigten Staaten sich die Höhe ihres Gehalts selbst bestimmen können und davon immer hemmungsloser Gebrauch machen. Auf diese beiden Punkte komme ich später noch zurück. In Japan, Deutschland, Frankreich, Großbritannien und wahrscheinlich auch im restlichen Europa ist ein anderer Wirkmechanismus zu beobachten: Die Akkumulation und Konzentration von Vermögen zwischen 2000 bis 2010 (das heißt ein zunehmender Anteil hoher Einzel-Vermögen an den gesamten Vermögen eines Landes) in Zeiten von hoher Kapitalrendite und niedrigem Wachstum (das heißt ein schnelleres Wachstum der Vermögen als der Einkommen des gesamten Landes). Dies führt laut Piketty zu sehr hoher Ungleichheit in diesen Ländern. Inzwischen beginnen beide Kräfte der Ungleichheit *gleichzeitig* in Europa, Japan und den USA zu wirken. Falls sich

97 Ebd.

dieser Effekt auf die gesamte Welt ausbreitet, befürchtet Piketty, dass es „zu einer in der Vergangenheit nicht gekannten Ungleichheit und […] zu einer völlig neuen Struktur der Ungleichheit kommt."[98] Als Lösungen schlägt er eine globale progressive Kapitalsteuer (also Vermögenssteuer) und eine höhere progressive Einkommensbesteuerung mit wesentlich hochgesetzten Spitzensteuersätzen vor. Dazu erwartet er von der Politik Maßnahmen zur Eindämmung von Steueroasen.

Tim Wu von der New Yorker Columbia University schreibt zur momentanen Problematik der Kapitalkonzentration „Wir erlauben leichtsinnig globale Monopole und Oligopole in der Finanz- und Medienbranche, im Luftverkehr und der Telekommunikation, ganz zu schweigen von der wachsenden Größe digitaler Plattformen."[99] Besonders in den USA wachse die Macht der Wirtschaftsgiganten. Wu ist der Meinung, dass die Monopolisierung in drei Viertel aller Branchen zunehme. Die Platzhirsche verändern offenbar die Wirtschaftsstruktur: Sie schrecken Existenzgründer ab. Der Anteil der Firmen, die jünger als ein Jahr sind, hat sich halbiert. Er befürchtet, und da gebe ich ihm Recht, dass Großkonzerne und Kartelle ihre Macht dazu missbrauchen, um die Politik in ihrem Sinne zu lenken.

„Die neuen Giganten sind gut für ihre Manager und Großaktionäre, aber schlecht für fast alle anderen"[100], bilanziert der Kolumnist Dave Leonhardt in der New York Times. So stellte das Open Markets Institute fest, dass „die vier größten Handelskonzerne in den vergangenen Jahrzehnten ihren Marktanteil verdoppeln konnten. Bei so unterschiedlichen Produkten wie Zigaretten, Baumaterial, Medikamenten oder Lastwagen kontrollieren die zwei größten Anbieter inzwischen 60 bis 80 Prozent des Geschäfts. Waren früher kleine Betriebe die größten Arbeitgeber im Land, sind es heute Firmen mit mehr als zehntausend Stellen."[101]

„Marktmacht treibt für Kunden meist die Preise hoch. Sie kann Innovationen und Investitionen und damit die gesamte Volkswirtschaft bremsen. Und sie kann durch Riesengewinne die Ungleichheit verstärken und politischen Einfluss gewähren, der zu Lasten der Allgemeinheit geht."[102] Der IWF ist der Ansicht, dass die Menschen die Sorge haben, dass die Macht der Konzerne die Ursache für geschwächtes Wirtschaftswachstum und vermehrte Ungleichheit sei. Der IWF betont, „dass diese Marktmacht den Anteil der

98 Ebd. S.24
99 Süddeutsche.de, *Gefährliche Konzentration der Macht*, 2019
100 Ebd.
101 Ebd.
102 Ebd.

Löhne am volkswirtschaftlichen Kuchen drückt - zugunsten der Gewinne [der Großkonzerne].“[103]

Die o.g. Akteure nehmen dabei keine Rücksicht auf ethische Leitlinien. Ihre Gier ist derart groß, dass sie sogar die Klimakatastrophe in Kauf nehmen, um weiter Profite zu machen. Schmelzer und Passadakis schreiben: „In diesem Kontext eines ungebremsten umweltzerstörenden Wirtschaftswachstums auf Basis fossiler Energien und eines dramatisch instabilen finanzmarktkapitalistischen Wachstumsmodells haben die Auseinandersetzungen um eine Ökonomie jenseits des Wachstums eine neue Dynamik gewonnen.“[104]

DIE KLIMALÜGE

Ich beschreibe Ihnen nun das wohl weltweit größte Jahrhundert-Verbrechen, welches Industrie und Großkonzerne je begangen haben: Öl- und Energiekonzerne kennen die verheerenden Auswirkungen der Verbrennung von Öl, Gas und Kohle auf das weltweite Klima bereits seit den Fünfzigerjahren des 20. Jahrhunderts. Sie halten dieses Wissen unter Verschluss und begannen, als es sich nicht mehr unter den Teppich kehren ließ, systematisch den menschengemachten Klimawandel zu leugnen. Seit den 90ern bauen Exxon, Shell, BP und Chevron mittels konservativem Wirtschaftslobbyismus, Umwelt-Tarnorganisationen, Thinktanks, gekauften Experten, Lügen, Bestechung und Verleumdung ein erfolgreiches Netzwerk von Klimaleugnern auf, welche die anthropogene Erderwärmung bis heute in Frage stellen und bestreiten.[105] Was nach einem James-Bond Film klingt, ist historische Realität. Es ist genauso passiert. Das Aufdecken dieser Verschwörung brachte den Autoren Neela Banderjee, John H. Cushman, David Hasemyer und Lisa Song 2016 den Pulitzer-Preis ein. Der Großteil meiner Infos bezieht sich auf diese Quelle.

Shell lässt Ende der 1980er betriebsintern von seinen Wissenschaftlern prüfen, ob und welche Folgen das Verbrennen von fossilen Brennstoffen für das Weltklima hat.[106] In einem vertraulichen Bericht klären die Forscher Shell darüber auf, dass das Resultat zu einem Treibhauseffekt führe – mit einer damit einhergehenden Klimaerwärmung und deren Folgen: Ansteigen des Meeresspie-

103 Ebd.

104 Schmelzer und Passadakis 2011, S. 10

105 Die ausführliche Chronologie entnehmen Sie dem 2016 mit dem Pulitzer-Preis ausgezeichneten Buch von Inside Climate News mit dem Titel Exxon – The road not taken, 2015

106 Climate Investigation Center Shell knew https://climateinvestigations.org/shell-oil-climate-documents; Abruf: Dezember 2019

gels, Schwund der Korallenriffe, Abnahme der polaren Eismassen, wachsende Instabilität von Ökosystemen, häufigere Extremwetterereignisse sowie existenzielle Bedrohung durch Hochwasser für Länder wie die Seychellen, Bangladesch, Niue und Solomonen. Die Versorgung mit Trinkwasser und Nahrungsmitteln werde wohl schwieriger, der Wohlstand sei in Teilen der Welt bedroht, mancherorts seien massive Umsiedlungen unvermeidbar. „Solch relativ schnelle und dramatische Veränderungen würden bedeutende soziale, wirtschaftliche und politische Konsequenzen" nach sich ziehen.[107] Die Wissenschaftler rechneten ihren Arbeitgebern vor, dass Shell Mitschuld habe, da der Konzern 1984 mit 4 % am weltweiten CO_2-Ausstoß beteiligt sei.[108] Der Rat ihrer Wissenschaftler, sich der Lage zu stellen, um gemeinsam mit Regierungen und Organisationen nach Lösungen zu suchen, wurde von den Managern in den Wind geschlagen. Trotz des Wissens um die katastrophalen ökosozialen Auswirkungen für die nächsten Generationen und des unermesslichen Leids war Shell nicht bereit, auf seine Gewinne zu verzichten. Sie warnten die Welt nicht und schwiegen. Shell nahm den Tod von Millionen Menschen billigend in Kauf.

Humble Oil, der Vorgänger von Exxon (dem heutigen Exxon Mobile), wusste noch viel früher als Shell, nämlich seit den Fünfzigerjahren über den Treibhauseffekt und deren klimatischen Folgen Bescheid. Ein von Wissenschaftlern der Humble Oil Production Research Division veröffentlichter Artikel in der Fachzeitschrift *American Geophysical Union*[109] von 1957 ist aus mehreren Gründen von Bedeutung. Er belegt schlüssig, dass Humble Oil sich spätestens seit den Fünfzigerjahren der Klimarisiken bewusst war und sich aktiv mit Klimawissenschaften befasste. Humble Oil wusste um den Zusammenhang zwischen der Verbrennung fossiler Brennstoffe und steigendem CO2. Der Fachartikel (Original im Anhang E) erkennt **ausdrücklich** die Arbeit von Guy Callendar, Hans Suess und anderen Pionieren der modernen Klimaforschung an. Und er greift Roger Revelles wegweisendes Papier über das Gleichgewicht zwischen Ozean und Atmosphäre auf, widerspricht ihm jedoch in einem wesentlichen Punkt. Der unter der Federführung H.R. Brannons entstandene Artikel legt deutlich längere Transitzeiten für ozeanischen Kohlenstoff fest als die von Revelle verwendeten.

107 Zitiert aus Spiegel online 2018: *Wie ein Ölkonzern sein Wissen über den Klimawandel geheim hielt,* www.spiegel.de/spiegel/wie-shell-sein-wissen-ueber-den-klimawandel-geheim-hielt-a-1202889.html

108 Climate Files, https://embed.documentcloud.org/documents/4411090-Document3; Abruf Dezember 2019

109 H. R. Brannon Jr. A. C. Daughtry D. Perry W. W. Whitaker, M. Williams 1957 Radiocarbon evidence on the dilution of atmospheric and oceanic carbon by carbon from fossil fuels.

Im ersten Abschnitt des CO2-Kreislaufs würde eine langsamere Aufnahmegeschwindigkeit von der Atmosphäre zum Ozean das atmosphärische CO2 tendenziell etwas erhöhen. Sobald das CO2 in den Ozean gelangt ist, würde Brannons längere Transitzeit es jedoch viel länger im Ozean halten, bevor es in die Atmosphäre zurückgeführt werde**, was die Erwärmung durch CO2-Emissionen um Jahrzehnte oder Jahrhunderte verzögere**.[110] Dieser Aufsatz löste Kritik an Revelle aus, es kostet Jahre, neue Daten zu evaluieren. Brannon könnte man als Pionier der Leugnungsstrategien von Exxon bezeichnen: Wissenschaftliche Fakten aufnehmen, analysieren und die „wissenschaftlichen" Schlussfolgerungen zu den eigenen Gunsten drehen.

Obwohl Humble Oil die Tatsachen bekannt sind, ignoriert man sie und expandiert weiter. Weltweit werden neue Öl- und Gasquellen erschlossen. Der Jahresgewinn von Exxon betrug 1968 ungefähr 1,2 Milliarden Dollar. Aus dieser Zeit stammt ein weiteres historisch bedeutsames Dokument (siehe das Orginal in Anhang E). 1968 legen die Wissenschaftler des Stanford Reseach Institute (SRI), Elmer Robinson und R.C. Robbins, dem American Petroleum Institute (API) einen Abschlussbericht über ihre Forschung zu Quellen, Häufigkeit und Strömungen gasförmiger Schadstoffe in der Atmosphäre vor.[111] Robinson fasst darin die Ergebnisse des Wissenschaftsbeirats des amerikanischen Präsidenten zusammen. Die Forscher haben ihre Warnungen insbesondere den Branchenführern von Kohlendioxidemissionen mitgeteilt. Robinson stellt in dem Bericht fest, dass Kohlendioxid unter den untersuchten Schadstoffen „der einzige Luftschadstoff ist, von dem aufgrund einer langen Zeit wissenschaftlicher Untersuchungen nachgewiesen wurde, dass er für die Umwelt des Menschen von globaler Bedeutung ist."[112] Er stellt fest, dass die CO2-Emissionen aus fossilen Brennstoffen die natürlichen CO2-Reduktionsprozesse übersteigen, die die Atmosphäre im Gleichgewicht halten. Robinson weist darauf hin, dass die Geschwindigkeit der CO2-Erhöhung in der Atmosphäre vom Verbrauch fossiler Brennstoffe abhängen würde, und prognostiziert, dass das atmosphärische CO2 nach den gegenwärtigen Trends bis zum Jahre 2000 auf über 400 ppm ansteigen könnte.[113] und dass die Nutzung aller noch rückgewinnbaren fossilen Brennstoffe zu Konzentrationen von 830 ppm führen würden. Der Bericht warnt davor, dass steigendes CO2 zu Temperaturerhöhungen

110 Übersetzt ins Deutsche aus Center for International Environmental Law, www.smokeandfumes.org /documents/7 Abruf: 25. April 2020

111 Übersetzt aus dem Englischen und bearbeitet, www.smokeandfumes.org/documents/16

112 Ebd.

113 Zum Zeitpunkt der Veröffentlichung 1968 lag der Wert bei 325 ppm.

an der Erdoberfläche führen würde und dass ein signifikanter Temperaturanstieg weltweit zu schmelzenden Eiskappen, steigenden Meeresspiegeln und potenziell schwerwiegenden Umweltschäden führen könnte. Selbst wenn das Schmelzen der antarktischen Eiskappen 1000 Jahre dauern würde, würde dies einen Anstieg des Meeresspiegels um vier Fuß pro zehn Jahre bedeuten, was „100-mal höher als die [*momentanen*] beobachteten Veränderungen"[114] sei. Von entscheidender Bedeutung war die Erkenntnis der SRI, dass von den verschiedenen Quellen, die bis jetzt im Verdacht standen, für den Anstieg des atmosphärischen CO2 verantwortlich zu sein, „keine [*außer CO2*] in die derzeit beobachtete Situation sowie in die Theorie der Emanation fossiler Brennstoffe passt." Darüber hinaus stellte das SRI Unsicherheiten darüber fest, ob Partikelverschmutzung durch Industrieemissionen tatsächlich einen Teil dieser Erwärmung ausgleichen würde[115], und warnte: „[…] es besteht kein Zweifel daran, dass die potenzielle Schädigung unserer Umwelt [*trotzdem*] schwerwiegend sein könnte [...]."[116] Die beratenden Wissenschaftler der Energie- und Ölbranche bestätigten daraufhin, dass äußerst dringender Forschungsbedarf bestehe, Technologien zu entwickeln, die die CO2-Emissionen unter Kontrolle bringen könnten. Aber auch deren eindringliche Vorhersage konnte die Haltung der Industrie nicht ändern, und der Bericht verschwand in den Tresoren von Exxon und Co.

1978 schreibt James Black, der in der Produktforschungsabteilung von Exxon arbeitet, ein internes Informationspapier mit dem Titel „The Greenhouse Effect"[117] (Der Treibhaus Effekt). Das Paper ist eine schriftliche Aufbereitung einer Präsentation, die er 1977 vor dem Exxon-Verwaltungsausschuss vorgetragen hat.

---

114 Robinson, E., & Robbins, R.C. (1968). Sources, abundance, and fate of gaseous atmospheric pollutants. Final report and supplement. United States: Stanford Research Institute,Menlo Park, CA

115 Tatsächlich fand zwischen 1945 und 1978 keine Erderwärmung statt. Erst danach, als man begann, Filter und Katalysatoren zu benutzen, um den Ausstoß von Feinstaubpartikeln zu verhindern, stieg die durchschnittliche Erdoberflächentemperatur.

116 Ebd.

117 Quelle: Inside Climate News https://insideclimatenews.org/documents/james-black-1977-presentation

EXXON RESEARCH AND ENGINEERING COMPANY

P.O. BOX 51, LINDEN, N.J. 07036

PRODUCTS RESEARCH DIVISION
J.F. BLACK
Scientific Advisor

June 6, 1978

The Greenhouse Effect

Ref. No: 78PR 461

Mr. F. G. Turpin, Vice President
Exxon Research and Engineering Co.
Petroleum Staff
P. O. Box 101
Florham Park, NJ 07932

Dear Frank:

The review of the Greenhouse Effect which I presented to the Exxon Corporation Management Committee last July used only vu-graphs, without a prepared text. Last month, I had the opportunity to present an updated version of this talk to PERCC. The attached text was dictated shortly afterward to satisfy requests for a written version of the talk from people who had not heard the presentation last July. Also attached is a summary.

Sincerely,

J. F. BLACK

JFB/mbh
Attachments: Summary
Text
Vugraphs

CC: Messrs. N. Alpert
W. M. Cooper, Jr.
E. E. David
E. J. Gornowski
R. L. Hirsch
F. A. L. Holloway
P. J. Lucchesi

Darin warnt er davor, dass die anwachsende CO2 Menge in der Atmosphäre die globalen Temperaturen um 2 bis 3 Grad erhöhen und schwerwiegende Folgen haben könnten wie z.B. Ernteausfälle, Abtauen der Permafrostböden oder das Schmelzen des Packeises: „Nach heutiger Auffassung hat der Mensch ein Zeitfenster von fünf bis zehn Jahren, bevor einschneidende Maßnahmen zur Änderung der Energiestrategie getroffen werden müssen“, schreibt Black in seiner Zusammenfassung der Präsentation.[118] Seine Bosse wollen wissen, ob das Verbrennen von Gas und Öl die Ursache für die Erhöhung des CO2 in der Atmosphäre darstellt, um darauf strategisch reagieren zu können. Black beantwortet die Frage folgendermaßen: Das Verbrennen fossiler Brennstoffe ist aller Voraussicht für den Anstieg des CO2-Gehalts verantwortlich, denn es „kann berechnet werden, dass der CO2-Gehalt der Atmosphäre bereits um etwa 10 bis 15 % angewachsen ist und dass etwas mehr als die Hälfte des bei der Verbrennung fossiler Brennstoffe freigesetzten CO2 in der Atmosphäre verbleibt."[119] Black beruft sich dabei auf eine (nicht namentlich genannte) Studie, laut derer sich, bei einem geschätzten weltweiten Anstieg fossiler Brennstoffe um jährlich 2 % zwischen 1978 und 2075, der CO2-Gehalt in der Atmosphäre bis 2075 verdoppeln würde. Zu diesem Ergebnis sei auch Exxons eigene Forschungsabteilung gekommen.

VUGRAPH 15

WORKING GROUP REPORTS - IIASA WORKSHOP

I. THE CARBON CYCLE

A. CONFIDENCE IN MODELS CONSIDERABLY LESS THAN 10 YEARS AGO

B. BIOSPHERE FLUX MUST BE ESTABLISHED

II. WHAT WILL BE CLIMATE IMPACT OF 2 X CO_2

A. 2-3°C INCREASE DEPENDING ON HOW CLOUDS ACT

III. CO_2 QUESTION VS. ENERGY STRATEGIES

A. MAN CAN AFFORD 5-10 YR. TIME WINDOW TO ESTABLISH WHAT MUST BE DONE.

B. IT IS PREMATURE TO LIMIT USE OF FOSSIL FUELS BUT THEY SHOULD NOT BE ENCOURAGED.

Trotz dieser beängstigenden Forschungsresultate rät Black dem Vorstand weiterhin, Öl zu produzieren – mit dem Hinweis auf die Unsicherheit verfügbarer Vorhersagemodelle und da man ja noch 5 bis 10 Jahre Zeit habe. Immerhin mahnt Black seine Bosse, die Öl- und Gasproduktion, wenn auch nicht zu stoppen, nicht wei-

118 Ebd. Ausschnitte des 34-seitigen Originals im Anhang E. Das vollständige Dokument liegt mir ungekürzt vor. https://insideclimatenews.org/news/16092015/exxons-own-research-confirmed-fossil-fuels-role-in-global-warming/

119 Ebd.

ter auszudehnen. Zu diesem Zeitpunkt hat sich der Gewinn von Exxon innerhalb von zehn Jahren von 1,2 auf 2,5 Milliarden Dollar verdoppelt. Exxon denkt nicht daran, sein Milliardengeschäft einzudämmen, und expandiert weiter in Öl und Gas, anstatt sich um Alternativen zu kümmern. In den Archiven von Inside Climate News und der Plattform ClimateFiles.com[120] befinden sich viele weitere historische Dokumente, die belegen, dass Exxon über die Ursachen und Folgen des menschengemachten Klimawandels Bescheid wusste.

Weitere Dokumente belegen, dass Exxon selbst zu forschen begann: „In den 1970er und 1980er Jahren beschäftigte Exxon dazu eine Reihe hochkarätiger Forscher und brachte zudem ein ehrgeiziges Untersuchungsprogramm auf den Weg, bei dem CO2-Proben genommen und aussagekräftige Klimamodelle entwickelt wurden. Exxon gab sogar [*allein*] über eine Million US-Dollar für ein Projekt aus, bei dem Wissenschaftler an Bord eines Tankers die Kohlendioxidaufnahme im Ozean erforschten. Damit arbeitete das Unternehmen an den beherrschenden wissenschaftlichen Fragen der damaligen Zeit und betrat in vielen Dingen sogar wissenschaftliches Neuland.“[121]

---

120 www.climatefiles.com/exxon-knew

121 Spiegel online: *Wie Exxon den Klimawandel entdeckte - und leugnete,* 2015 www.spektrum.de/news/wie-exxon-den-klimawandel-entdeckte-und-leugnete/1374674

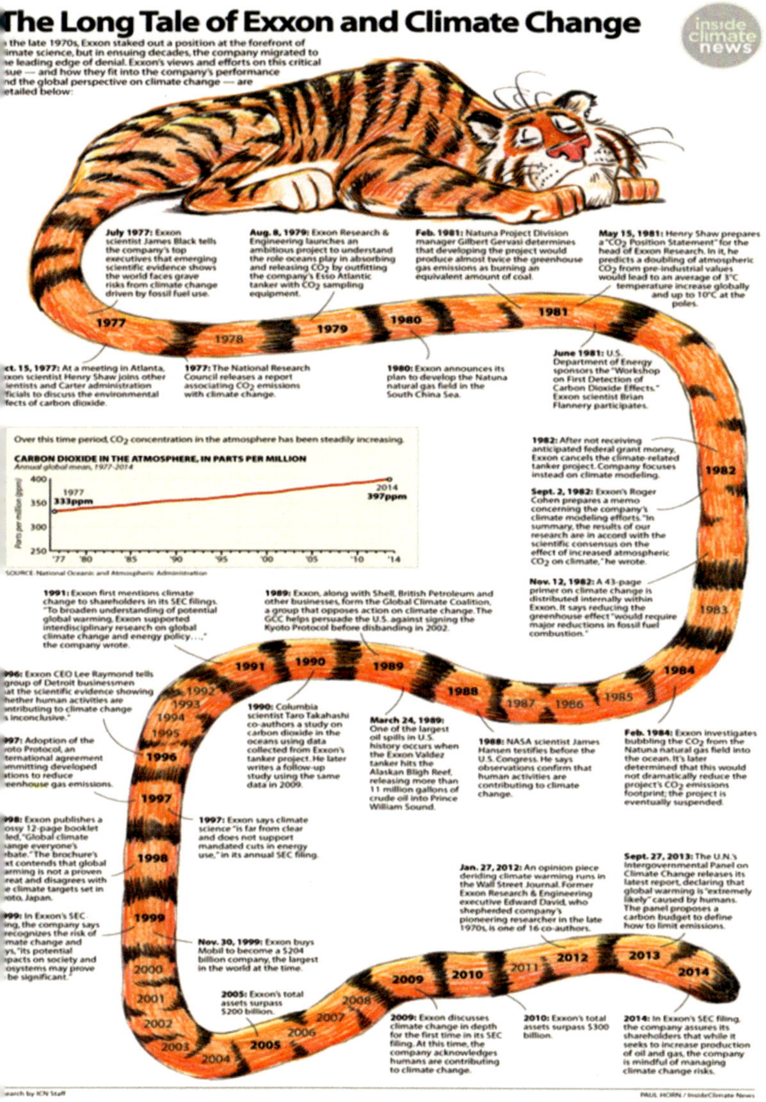

Exxon - Mobile - Die Geschichte von 60 Jahren Menschheitsbetrug Quelle: Inside Climate News

Wenn Exxon also damals nichts vom (menschengemachten) Klimawandel gewusst haben will, wie man bis es heute versichert, warum steckten sie dann bis 1983 über 600 Millionen Dollar in genau diese Forschung? Natürlich: Weil sie es wussten. Außerdem investieren Firmen wie Exxon nicht diese Beträge, wenn sie sich davon keinen Vorteil versprechen. 1983 reduzierte Exxon seinen jährlichen Etat für diese Forschungen von 900.000$ auf 150.000$.[122]

In den 80er Jahren wurde Umweltschutz ein wichtiges Thema in westlichen Gesellschaften. Während Mitte der Achtzigerjahre der Treibhauseffekt erforscht wird und man zu dem Schluss kommt, dass die Erde sich erwärmt und man als Ursache Treibhausgase im Verdacht hat, ist man sich in einem Punkt noch nicht ganz sicher: Ist dieser Prozess natürlich oder menschengemacht? Ab ungefähr 1989 ist die Wissenschaft sicher: Der Klimawandel ist menschengemacht. Das Verbrennen fossiler Brennstoffe durch den Menschen ist ursächlich dafür, dass der Treibhauseffekt die Temperaturen auf der Erde ansteigen lässt:

„Dies änderte sich dann Ende der 1980er Jahre. 1989 existierte in der Wissenschaft bereits ein grober Konsens über die menschengemachte Erderwärmung, dem nur wenige Forscher widersprachen."[123] Der von über 100 Regierungschefs gegründete Weltklimarat (IPPC) entsteht 1988. Hier werden die Forschungsergebnisse der renommiertesten Wissenschaftler der Welt zur Klimaforschung ausgewertet.

Ein Ereignis vom 23. Juni 1988 schreckt die Ölindustrie auf. Der US-amerikanische Klimaforscher James Hansen (von 1981 bis 2013 Direktor des Goddard Institute for Space Studies (GISS) der NASA und Professor für Erd- und Umweltwissenschaften an der Columbia University) spricht vor dem Energy and Natural Resources Committee des US-Senats. In seiner Präsentation bestätigt er vor laufenden Kameras, dass die Klimaerwärmung mit 99-prozentiger Sicherheit nicht natürlichen Ursprung sei, sondern durch von Menschen freigesetzte Treibhausgase entstehe. Darauf muss die Ölindustrie reagieren. Es ist nicht mehr damit getan, die Fakten unter den Tisch zu kehren. Wenn sie nichts tut, wird sie sich mit milliardenschweren Investitionen, Innovationen und Umstrukturierungen konfrontiert sehen. Da man dazu nicht bereit ist, gründen Exxon, BP, Koch, Shell, Texaco (alles Mitglieder des American Petroleum Institute) und weitere Unternehmen 1989 die Global Climate Coalition (GCC). Es schließen sich Autohersteller wie General Motors, Ford und Daimler Chrysler an. Nach der

122 www.greenpeace.org

123 Wikipedia Eintrag *Leugnung der menschengemachten globalen Erwärmung*, Abruf: 25.4.2020

Gründung kommen der privatrechtliche US-Handelsverband und 13 weitere Handelsorganisationen dazu. Das GCC wird von nun an versuchen, durch gezielte Täuschungen, Lügen, Halbwahrheiten, geschürte Verunsicherung und Verunglimpfungen die Welt davon zu überzeugen, dass es keinen Klimawandel gibt und wenn überhaupt, dieser natürlich und nicht menschengemacht sei. Die „Aufgabe [*des GCC*] war es, Belege für die menschengemachte globale Erwärmung zu bekämpfen und Klimaschutzmaßnahmen zu verhindern, ohne dass direkte Rückschlüsse auf die sie finanzierenden Unternehmen, vorrangig aus der Energie- und Autobranche, gezogen werden konnten. Für ihre Aktivitäten bediente sie sich des Greenscammings, einer PR-Technik, bei der sich Gruppierungen als Umweltschutzorganisationen ausgeben, in Wahrheit aber gegen Umweltschutzinteressen kämpfen."[124] Es werden Fachleute und Wissenschaftler angeworben, die, gegen Bezahlung passende „wissenschaftliche Beweise" gegen die globale Erwärmung liefern.

Abbildung 1 Die Verschwörung der Klimaleugner

Zu den bekanntesten gehören der Atmosphärenphysiker Fred Singer, der Agrarklimatologe Patrick J. Michaels (die beide bereits das Ozonloch leugneten) und Richard Lintzen. Diese Forscher erstellen nun Meinungs-Artikel, die an die Presse weitergeleitet werden. Die ersten dieser Artikel erscheinen im Oktober 1989. In diesen werden unumstrittene Tatsachen zum Klimawandel erneut in Frage gestellt und bezweifelt. Singer behauptet zum Beispiel, es herrsche in der Forschergemeinschaft keine Einigkeit über den Treibhauseffekt. Eine Lüge, denn nur noch eine Handvoll Forscher zweifelt daran. Das ist für Außenstehende jedoch nicht so einfach

124 Wikipedia Eintrag Global Climate Coalition, Abruf: 26.4.2020

erkennbar. Die sensationsfreudigen Medien nehmen diese neue Sicht dankbar auf. Ist der Klimawandel nur „heiße Luft“? War doch alles nur „Erderwärmungs-Panik“? Die Headlines schlagen hohe Wellen, und tatsächlich – der Tenor der US-Medien kippt. Der menschengemachte Treibhauseffekt steht wieder in Zweifel. Parallel dazu versuchen konservative Think Tanks, die von der Wirtschaft gesponsert werden (wie z.B. das George C. Marshall Institute), die Regierung George W. Bush zu beeinflussen. Forscher des George C. Marshall Institutes halten im Weißen Haus einen Vortrag. In dem behaupteten sie, die Sonne sei für die Klimaerwärmung verantwortlich. Dabei beziehen sich die Referenten Robert Jastrow, William Nierenberg und Frederick Seitz auf eine Studie, die sie verkürzt wiedergeben. In dieser Studie wird die Erwärmung bis 1940 durch erhöhte Sonnenaktivität zu Beginn des 20. Jahrhunderts erklärt. Spätestens seit 1975 sei aber nur der Kohlendioxidausstoß dafür verantwortlich. Die Resultate werden in 6 Folien veranschaulicht. Seitz zeigt von den sechs Grafiken der Originalstudie jedoch nur die obere Hälfte der ersten, wodurch sie suggerieren, dass nur die Sonnenaktivität für den Klimawandel verantwortlich sei. Dieser Vortrag gilt als maßgeblich dafür, dass die Bush Regierung sehr zögerlich und zurückhaltend beim Umwelt- und Klimaschutz handelt.

Frederick Seitz und Fred Singer sind keine Unbekannten. Sie und viele weitere Forscher sind seit vielen Jahren Wissenschaftssöldner der Industrie. Dabei arbeiten sie eng mit weiteren konservativen Think Tanks und Umwelttarnorganisationen wie dem Heartland Institute, der Heritage Foundation oder dem Competitive Enterprise zusammen. Ob Schädlichkeit von Tabakkonsum, Passivrauchen, DDT, Asbest, sauerer Regen oder Ozonloch – sie sollen es wissenschaftlich in Frage stellen und den Schaden leugnen. Bei diesen unterschiedlichen Themen treten teils die gleichen Organisationen und Wissenschaftler auf.[125] Durch verschiedene Taktiken und Strategien soll den Menschen beispielsweise glaubhaft gemacht werden, dass Tabak weder ungesund sei, noch Krebs erzeuge. Oder dass Asbest und DDT unbedenkliche Stoffe wären, die keine negativen gesundheitlichen Folgen hätten. Die Zeit schreibt 2012: „Damit sind Singer und Seitz Teil eines von der Industrie finanzierten Komplexes von Verbänden und Instituten, der rund um Washington gewachsen ist. Eine Art Potemkin‘sches Dorf der Wissenschaft, bevölkert von bezahlten Experten, die den Interessen ihrer Auftraggeber dienen [...]. Innerhalb weniger Jahre publizieren diese

125 Naomi Oreskes, *Merchants of Doubt- How a Handful of Scientists Obscured the Truth on Issues from Tobacco Smoke to Global Warming;* Bloomsbury Verlag 2010

Organisationen weit über hundert Bücher zum Klimawandel. Ihre Autoren sind zu Gast in großen Fernsehshows, sie halten Vorträge auf eigens ins Leben gerufenen internationalen Klimakonferenzen. Eine gut geölte, sich selbst befeuernde Maschine des Leugnens.“[126]

Abbildung von Skeptical Science

In den 1990er Jahren verhindert der Einfluss der Global Climate Coalition und weiterer getarnter „Umweltorganisationen“ der amerikanischen Industrie wie das Citizens for the Environment, das Information Council on the Environment, die Advancement of Sound Science Coalition, die Cooler Heads Coalition oder das Global Climate Information Project, dass die USA das Kyoto Protokoll ratifizieren. Zwar unterschreibt Bill Clinton das Protokoll in Japan, doch der Kongress ratifiziert es nicht – bis zum heutigen

126 Zeit online, Die Klimakrieger, 2012 https://www.zeit.de/2012/48/Klimawandel-Marc-Morano-Lobby-Klimaskeptiker?utm_referrer=https%3A%2F%2Fwww.google.com%2F Abruf: 10.11.2020

Tag.[127] Es werden der Weltklimarat und führende Klimaforscher persönlich verunglimpft. 1996 erscheint der 2. Sachstandsbericht des Weltklimarats mit dem Titel *Climate Change 1995*. In diesem werden die Aussagen des 1. Sachstandsbericht von 1990 bestätigt, dass der Einfluss des Menschen bereits erkennbar ist. Nach der Publikation geht die fossile Energiewirtschaft zusammen mit rechten Frontorganisationen zum Angriff über. Dem Weltklimarat und besonders Ben Santer, dem Leitautor des Berichts, wird vorgeworfen, die Daten gefälscht und manipuliert zu haben. Sie werfen Santer Korruption und Lügen vor. Man unterstellt ihm, Politiker und Öffentlichkeit zu täuschen.

Am Fall des berühmten Klimaforscher Michael Mann möchte ich Ihnen zeigen, wie weit diese Lobby geht und dabei ein Leben fast zerstören kann.[128] Mann macht 1998 eine wichtige klimahistorische Entdeckung: Vom Jahre 1000 n.Chr. bis zum Jahre 1850 läuft die globale Temperatur in einem waagerechten Liniendiagramm mit leicht sinkender Tendenz einer Kaltphase. Aber ab 1850 steigt der Temperaturbalken fast senkrecht an. Ein derart schlagartiger Temperaturanstieg wurde in der Menschheitsgeschichte noch nie gemessen. Was ist geschehen? Es ist das Jahr, in dem der Mensch beginnt, in großem Maßstab fossile Brennstoffe zu verfeuern. Ein weiterer schlüssiger Beweis dafür, dass der Mensch und nur der Mensch für den Klimawandel verantwortlich sein kann. Das Diagramm ähnelt einem Eishockeyschläger und das ganze geht als Hockeyschläger-Theorie in die Geschichte ein. Die National Academy of Sciences, die ranghöchste amerikanische Wissenschaftsvereinigung, bestätigt Manns Forschung. Manns Beweis ist gefährlich für die Industrie. Der Klimawandel ist plötzlich nicht mehr eine abstrakte Theorie, die nur Fachleute begreifen; er ist sichtbar geworden in einem Alltagsgegenstand der Amerikaner: Einem Hockeyschläger. Mann wird mit einem Schlag weltberühmt, als seine Kurve 2001 im 3. Sachstandsbericht des Weltklimarats erscheint. Seine Forschungen erscheinen im Time-Magazine. Mann ist begehrter Gast in Nachrichtensendungen und Talkshows.

127 Wikipedia Eintrag Global Climate Coalition, Abruf März 2020
128 Before the flood 2015

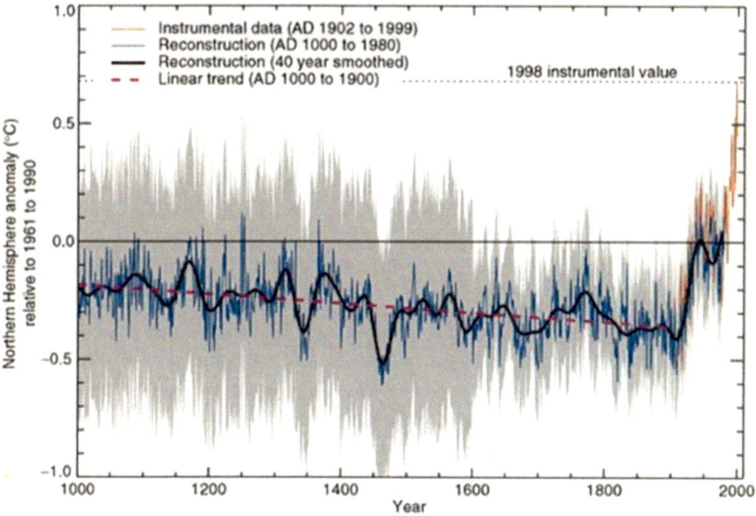

Der Hockeyschläger

Dieser Mann ist eine Gefahr für die Interessen der Energiewirtschaft. Das wird er recht bald zu spüren bekommen. Im Jahr 2015 erzählt Mann in einem Interview mit Leonardo di Caprio in der National Geographic Doku *Before the flood*, wie er von angesehenen Fachzeitschriften wie dem *Wall Street Journal* in einem Leitartikel als Lügner und Verschwörer dargestellt wurde. Fox News verhöhnt ihn als Trottel und Scharlatan. Mann berichtet, wie er von Mitgliedern des Kongresses attackiert und eingeschüchtert wird. Er und seine Familie erhalten 2009 per E-Mail viele Morddrohungen. Darin heißt es „You are going to hang soon", „You ought to be shot", oder „You ought be quarterd and fed to the pigs with your whole damn family". 2010 schicken Unbekannte einen Briefumschlag mit weißem Pulver an Manns Büro. Es könnte Anthrax sein, ein tödliches Milzbrandbakterium. Das FBI muss sein Büro untersuchen und das komplette Gebäude evakuieren. Das Pulver stellte sich als harmloses Mehl heraus.

Zeit online schreibt 2012, dass Teilnehmer in seinen Vorträgen Galgenschlingen hochhalten, um ihn einzuschüchtern. Die Commonwealth Foundation, eine Stiftung aus Philadelphia, die sich für „den freien Markt" einsetzt, organisiert auf dem Campus Demos gegen Mann. Sie fordern die Pennsylvania State University auf, ihn zu feuern. Von der Kohleindustrie finanzierte Gruppierungen rufen via Facebook zum Boykott seine Vorlesungen auf.

Warum setzt man ihm persönlich derart zu? Der Hockeyschläger bringt für die Energiekonzerne eine zweite Bedrohung: Viele auch konservative Politiker werden durch Manns Forschungen jetzt wieder vom anthropogenen Klimawandel überzeugt. Der einflussreiche konservative Senator der Republikaner John McCain plant mit dem Demokraten Joseph Lieberman ein Gesetz, das den Ausstoß von Kohlendioxid reduzieren soll: Der Climate Stewardship Act. Um diesen Beschluss mit allen Mitteln zu verhindern, möchte die Industrie Mann persönlich diskreditieren, um seine Arbeit als unglaubwürdig darzustellen. Um den weiteren Vorgang besser zu verstehen, drehen wir das Rad etwas zurück.

Die Industrielobby ist seit 2000 gern gesehener Gast im Weißen Haus der Bush-Regierung.

Ein PR-Berater der Bushs empfiehlt in einem Bericht, die Klimawissenschaftler „frontal zu attackieren", um bei den Wählern Zweifel an deren Glaubwürdigkeit zu säen. Die Debatte sei zwar fast abgeschlossen – „gegen uns", heißt es in dem Bericht. Aber es sei immer noch Zeit, um Experten zu finden, die „mit unserer Haltung sympathisieren".[129] Bush macht ernst. Er beruft die mächtigsten Vertreter der Öl- und Energieindustrie in seinen Beraterstab. Die Strategie der Umwelttarnorganisationen und Think Tanks wird aggressiver. Hat man in den Achtziger- und Neunzigerjahren den Klimawandel noch als grundsätzliches Phänomen anerkannt, wird jetzt der Klimawandel an sich geleugnet. Die Strategie kommt einem Propagandakrieg gleich: Angesehene Klimaforscher werden diskreditiert, Forschungsresultate zum menschengemachten Klimawandel als falsch oder gefälscht dargestellt. Eine Armee von Wissenschaftssöldnern wiederholt gebetsmühlenartig auf allen Kanälen, dass der Klimawandel ausgemachter Unsinn sei. Die Ergebnisse und Daten der Klimatologen seien unzureichend oder manipuliert.

---

129 Zeit online, *Die Klimakrieger - Wie von der Industrie bezahlte PR-Manager der Welt seit Jahren einreden, die Erderwärmung finde nicht statt. Chronologie einer organisierten Lüge*, S.2; Ausgabe 48, 2012

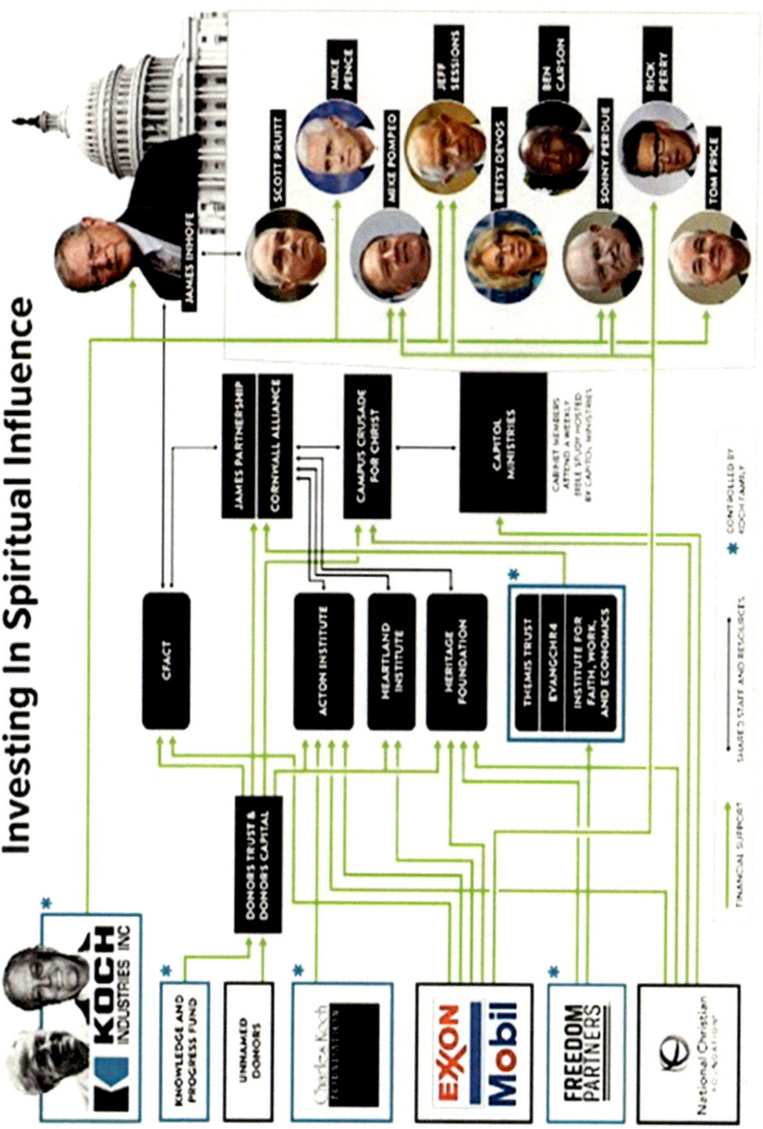

Abbildung Das Netzwerk der Klimaleugner

Die republikanische Partei beruft Senator James Inhofe zum Leiter des Umweltausschusses. Sie kennen ihn: Das ist der ältere Herr, der Jahre später (2015) im Senat einen Schneeball ins Plenum wirft. Mit ihm macht man im Umweltausschuss den Bock zum Gärtner. Inhofe finanziert seinen Wahlkampf ausschließlich aus Mitteln der Energiekonzerne, er verhöhnt die Umweltbehörde EPA als „Gestapo Bürokratie". 2006 nennt er Menschen, die an den Klimawandel glauben, Nazis.[130]

Inhofe denkt sich etwas Besonderes aus: Scientific Integrity Hearings, Anhörungen zur Integrität der Wissenschaft im Senat. Dazu lädt er Wissenschaftler vor, deren Arbeiten bereits hundertfach anerkannt sind, und stellt sie vor eine Art „Wissenschaftsgericht".[131] Kurz vor Verabschiedung des Climate Stewardship-Act im Jahre 2003 wird Michael Mann vorgeladen. Er wird von den Forschern David Legates und Willie Soon in die Mangel genommen. Beide gehören zu den Wissenschaftslegionären im Dienst der Industrie und haben schon Millionen daran verdient. Außerdem hat Soon in einer vom American Petroleum Institute mitfinanzierten Studie behauptet, Manns Daten stimmten nicht. Mann ist an diesem Tag fachlich nicht beizukommen. Aber das erkennen die Zuschauer an den TV-Geräten nicht eindeutig: Zwei Forscher sagen so, einer so. Wem glaubt man nun? Soon und Legates haben ihr Ziel erreicht: Sie haben Zweifel gesät. So kommt es, wie es kommen muss: Der Climate Stewardship Act, das Gesetz zur Klimaverantwortung, wird am 30. Oktober 2003 mit 55 zu 43 Stimmen vom U.S.-Senat abgelehnt. Die Industrielobby hat es in den USA tatsächlich geschafft, den Klimawandel zu leugnen und staatliche Maßnahmen zu verhindern. Die Abweisung des Gesetzentwurfs ist keine Überraschung. In der Doku „Before the flood" von 2014 berichtet National Geography, dass 131 Kongressabgeordnete und 38 Senatoren im Senat Klimaleugner seien und regelmäßig auf dem Gehaltszettel der Energieindustrie stünden.

In untenstehender Liste stehen Namen und die Höhe der Zuwendungen, welche sie von der Energielobby erhalten haben:

130 Ebd.
131 Ebd.

Senator James Inhofe (Republikaner)	$ 1.837.427
Ex-Senatorin Mary Landieu (Demokraten)	$ 1.764.867
Abgeordneter Paul Ryan (Republikaner)	$ 1.077.334
Senator John Cornyn (Republikaner)	$ 2.979.856
Senator Ted Cruz (Republikaner)	$ 2.286.673
Senator Mitch McConnel (Republikaner)	$ 1.914.220

Der Rest der Geschichte ist kurz erzählt. Die Macht der Klimaleugner-Lobby bestimmt in den USA bis heute die Energiepolitik. Nur während der Administration Obama wird wirklich versucht, etwas gegen den Klimawandel zu tun. Der Höhepunkt seiner sehr erfolgreichen Umweltpolitik ist im Jahr 2015 die Initiierung des Pariser Klimaabkommens. Donald Trump hat nach seiner Wahl 2016 Obamas Umweltpolitik rückgängig gemacht. Die Industrie sitzt wieder fest im Sattel und das Pariser Abkommen wurde aufgekündigt. Alles wie gehabt.

Die Klimaleugner, die ich lieber als Klimaverschwörer bezeichne, versuchen seit zehn Jahren vergebens, ihr Gift und ihre Dollars nach Europa zu tragen. Bis jetzt scheinen sie nur mäßigen Erfolg zu haben. Aber wer kann das schon sagen, da Verschwörer gern im Dunkeln bleiben.

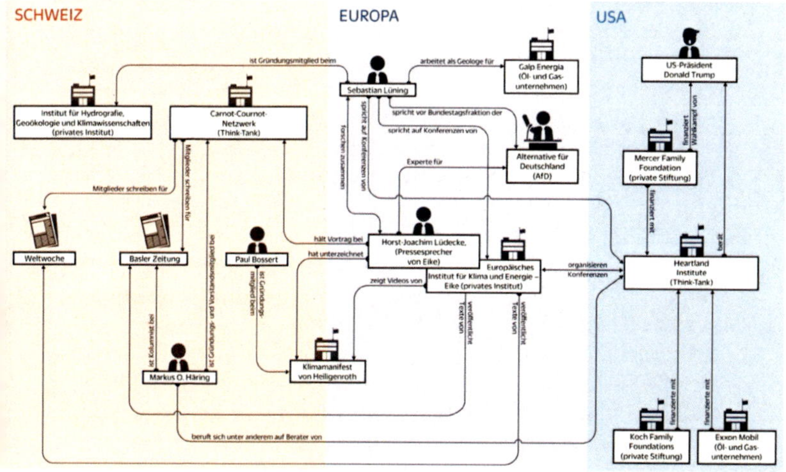

Quelle: Neue Züricher Zeitung vom 10.3.2019

Warum haben Exxon, Koch und das Konglomerat der Energieunternehmen das alles entgegen jedem gesunden Menschenverstand getan? Die Antwort: Die Gier nach immer mehr Geld, Reichtum, Luxus und persönlicher Macht. Sogar die Zerstörung der Natur und der Menschheit war ihnen das wert. Dies ließ sie ohne Zögern und Bedenken über zukünftige und gegenwärtige Leichen gehen. Obige Geschichte sollte dem letzten klar machen, dass man der Industrie nicht vertrauen kann. Es gibt eine Unzahl vieler weitere Skandale, die uns die Rücksichtslosigkeit großer Firmen aus verschiedenen Branchen wie der Pharma-, Agrar-, Ernährungs-, Automobil- (denken Sie an den VW-Abgasskandal) und Chemieindustrie gegenüber Menschen und Natur vor Augen führen. Sobald Unternehmen sehr, sehr viel Geld winkt, zählt nur noch der Profit. Wenn die Industrie nicht einmal vor dem ultimativen Verbrechen, dem Untergang der Menschheit zurückschreckt, um mehr Geld zu machen, kann getrost davon ausgegangen werden, dass man auch keine Hemmungen hat, Mensch, Tier und Natur in kleinerer Größenordnung zu vergiften bzw. umzubringen. Wenn sie nicht einmal der Weltuntergang abgehalten hat, werden sie wegen solcher „Lappalien“ nicht zweimal nachdenken. Die Industrie konzentriert Geld und Macht. Ohne Kontrolle wird sie diese Ressourcen massiv nutzen, um die Politik zu ihren Gunsten zu beeinflussen, um dann noch mächtiger zu werden und um noch mehr Geld zu verdienen. Machtkonzentration führt ohne Kontrollmechanismus zu Machtmissbrauch. Das ist in der Wirtschaft nicht anders als in der Politik. Habgier kann, wie wir gesehen haben, einen ganzen Planeten vernichten. Warum aber unterstützte die amerikanische Regierung diesen Betrug? Die Vereinigten Staaten legen doch sonst als älteste Demokratie der Welt so großen Wert auf Freiheit und Gleichheit aller Bürger. Das mächtige Schwert der Sammelklage gibt einfachen Bürgern zum Beispiel die Möglichkeit, ihr Recht gegen mächtige Großkonzerne durchzusetzen. Warum schlug sich aber die Bush-Administration auf die Seite der betrügenden Großindustrie? Die Antwort ist simpel: **Je mehr die Industrie verdient, desto mehr Geld verdient auch der Staat, weil er über die Einkommenssteuer am Gewinn partizipiert**. Da der Spitzensteuersatz in Industrienationen zwischen 30 % und 50 % liegt (in den USA lag der Satz bis in die 70er bei 81 %), könnte man den Staat sehr wohl als Teilhaber der Großkonzerne bezeichnen.

Wo Spitzenverdiener die höchsten Abgaben zahlen

Spitzeneinkommensteuersätze weltweit 2021 (in % des Bruttoeinkommens)

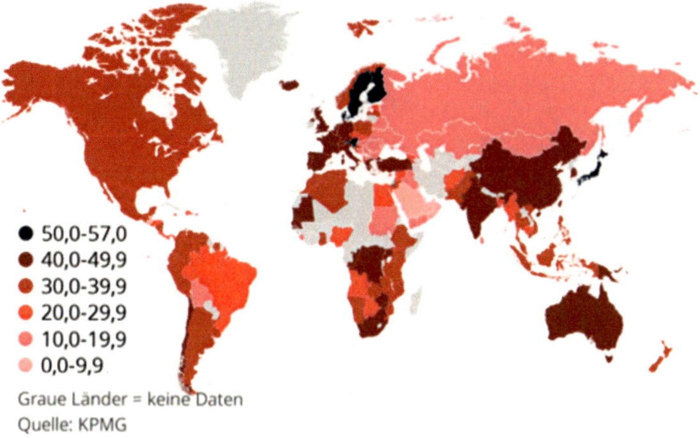

statista

Daraus folgt, dass Großunternehmen und Staaten gemeinsame Interessen verfolgen. Das wiederum bedeutet, **dass der Staat bei seiner Kontrollfunktion der Großunternehmen in einem Interessenskonflikt** steht. Haben Sie sich nicht auch schon gefragt, warum unsere letzte Regierung trotz offensichtlicher Probleme oft nur zögerlich reagierte und halbgare Gesetze erließ? Denken Sie daran, wie lange es gedauert, bis Deutschland endlich auf die CO2-Krise reagiert hat – und das auch nur durch den Druck von „Friday for Future"… Das Gesetz, das dann kam, hält noch nicht einmal dem Pariser Abkommen stand. Es verändert Zeiträume und Fristen immer weiter nach hinten. Erst durch ein wegweisendes Urteil des Bundesverfassungsgerichts wurde das Gesetz nachgebessert. Oder denken Sie an die grauenhafte Massentierhaltung. So gut wie nichts hat sich in der Praxis geändert. Das Tierwohl-Label ist völlig nutzlos: Die meisten Fleischprodukte, die das Label tragen, haben nur die Stufen 1 oder 2 für geringes Tierwohl. Es wurde in den Supermärkten fast kein Fleisch mit den Label 3 und 4 angeboten, die für ein gehobenes Tierwohl stehen. Darüber hinaus basiert die Nutzung auf Freiwilligkeit. Das Prinzip der Freiwilligkeit und das Prinzip der Kontrolle sind unvereinbar. Also bringt das Label nichts. Bei Lebensmitteln gibt es keine Lebensmittelampel, die dem Verbraucher mit einem Blick mitteilen würde, ob und wie gesund ein Produkt ist. Doch genau das wäre eine einfache, kostengünstige und effektive Maßnahme. Warum setzt die Regierung das nicht um? Weil die Lebensmittelindustrie nicht will. Warum beugt sich der Staat dieser Forderung? Die Industrie würde weniger Gewinne machen und der Staat verliert Einnahmen in Milliardenhöhe. Da Lebensmittelkonzerne mit möglichst billigen Rohstoffen arbeiten, aber beste Qualität vorgaukeln dürfen, machen sie riesige Gewinne. Die Lebensmittelampel würde die meisten Produkte mit „rot" oder bestenfalls „orange" anzeigen. Die meisten Bürger würden diese Lebensmittel nicht mehr kaufen. Als Folge müssten die Hersteller hochwertige Inhaltsstoffe einsetzen, um gesündere Produkte herzustellen, was die Produktion teurer machen würde, was wiederum den Gewinn schmälert und somit die Staatseinnahmen senkt. Auch an diesem Beispiel erkennt man, dass die Gesundheit der Bürger weniger zählt als Geld und dass staatliche Kontrolle aufgrund des finanziellen Interessenskonflikts ihre Aufgaben nicht ausreichend ausübt.

Auf internationaler Ebene führt die mangelnde Kontrolle der Konzerne zur Zerstörung der Natur und zu unendlichem Leid der Armen und sozial Schwachen.

Den Preis für unseren Wohlstand zahlen in der Regel andere:

1. Die Ausbeutung und Zerstörung der Natur ermöglicht den Industrien weltweit Billionen Gewinne, von denen die Staatskassen der reichen Länder wie z.B. Deutschland, USA, Frankreich, Japan und China profitieren.
2. Menschen, die dem Profitvorhaben entgegenstehen, werden mittels Lügen, Täuschung, Zwangsenteignung, Bestechung, Diebstahl, Einschüchterung oder Mord gefügig gemacht und unterdrückt. Diese Macht ermöglicht den Industrien weltweit jedes Jahr Billionen Gewinne.
3. Politischer Druck durch die Geldmacht der Unternehmen auf politische Entscheidungsträger führt dazu, dass Regierungen den Wünschen der Unternehmen entsprechende Genehmigungen, Verordnungen und Gesetze erlassen. In ärmeren Ländern geschieht die Umsetzung oft durch Gewalt und Mord. Durch diesen Einfluss verdienen Industrien weltweit Billionen.

Deshalb bedarf es Gesetze, die der konzentrierten Geldmachtmacht und Geldgier der Konzerne einen Riegel vorschie-

ben und die Kontrollmechanismen aller Großunternehmen außerhalb staatlicher Einflussnahme legen.

Ich hatte mir erst überlegt, absolute Obergrenzen zu setzen, also dass Großunternehmen z.B. eine Million Gewinn haben dürfen und alles, was darüber hinaus geht, dem Staat abgeben. Das klang für mich gerecht und sinnvoll. Aber ich hatte eine Folge von Obergrenzen nicht bedacht. Die Wirtschaftskraft würde sich **radikal** reduzieren, weil der Gewinn der Unternehmen geringer ausfällt. Geschäftlichen Expansionen würden deutlich reduziert, weil ihr persönliche Einnahmen von vornherein begrenzt sind. Diese Tatsachen finde ich nicht schlimm. Aber da der Staat über Steuern am Gewinn partizipiert, würden sich auch die Einnahmen des Staats deutlich verkleinern. Es geht hierbei um Milliarden von Steuereinnahmen, die dem Staat entgehen. Wenn der Staat weniger Geld hat, kann dieser wieder weniger Leistungen für die Bürger erbringen und müsste zum Beispiel Sozialleistungen kürzen. Der Wohlstand reduziert sich. Die blühende Wirtschaft würde vor unseren Augen welken. Was also tun? Es scheint sich um ein unlösbares Dilemma zu handeln: Lässt man den Großunternehmen freie Hand, blüht in der westlichen Welt meistens Wohlstand auf (wobei auch im Westen die Reichen immer mehr und die sozial Schwachen immer weniger am Wohlstand partizipieren).[132] Die Schattenseite, den Firmen relativ freie Hand zu geben, ist die weltweite Ausbeutung der Natur und der Menschen.

Können wir nicht das eine ohne das andere haben? Wohlstand ohne Ausbeutung? Ich denke, das ist möglich. Dadurch, dass die Macht der Konzerne durch Gewinnobergrenzen nicht sinnvoll beschränkt wird, weil der Wohlstand zugrunde ginge, habe ich mich für hohe Steuern als Machtregulator entschieden. Deshalb halte ich es für wichtig, den Spitzensteuersatz für Einkommen auf 70 % bis 80 % zu erhöhen und die von Piketty vorgeschlagene progressive Vermögenssteuer einzuführen[133]. Warum ein erhöhter Spitzensteuersatz auf Einkommen und eine hohe Vermögenssteuer? Wenn die Inhaber von Großunternehmen nicht unendlich viel verdienen können, da sie viel abgeben, beschneidet man ihre immense Macht. Hätten Exxon Mobile, Texaco, Koch, BP und Shell den Großteil ihres Einkommens und Vermögen abgeben müssen, hätten sie weniger Kapital gehabt, die Welt mit einer milliardenschweren Propagandakampagne zu täuschen und zu belügen. Das schränkt im ersten Schritt die enorme Kapitalmacht und Kapitalbindung der Konzerne ein. Piketty sieht in der Spitzenbesteuerung der Konzer-

132 Piketty, 2014
133 Ebd.

ne *den* Weg, die soziale Ungleichheit weltweit zu verkleinern. Die Bindung von Kapital in den Händen weniger wird deutlich reduziert, und das Kapital kann der internationalen Allgemeinheit zu Gute kommen. International? Ja, das ist möglich. In meiner vorgeschlagenen Gesellschaftsordnung zahlt jeder wohlhabende Staat eine 2 bis 11-prozentige Armensteuer an arme Länder, so dass eine globale Verteilung des Kapitals stattfindet. Das Kapital bleibt nicht auf wenige Staaten konzentriert.

Das allein genügt aber immer noch nicht, um die Macht der Konzerne nachhaltig zu regulieren. Denn Firmen können weiterhin maßlos Geld machen. Es ändert ihr strategisches Vorgehen nicht. Die Gier nach Macht und Geld wird die Industrie weiter antreiben, sie wird nicht davon absehen, weiterhin Natur und Menschen auszubeuten. Ich halte es sogar für wahrscheinlich, dass die Manager als Folge der Steuererhöhungen in den Vorständen entscheiden, noch mehr Gewinne zu machen und noch rücksichtsloser vorzugehen, um die Steuerabgaben zu kompensieren. Der Industrie mangelt es an einem *verinnerlichten* ethisch-ökologischen Kompass, der nicht nur aus Imagegründen auf irgendeinem Werbeflyer steht. Dieser Kompass muss von der Gesellschaft vorgegeben werden. Er muss für Großunternehmen rechtlich bindend sein. Eine Selbstkontrolle der Industrie lehne ich aus obigen Gründen als absurd ab.

Verstehen Sie mich nicht falsch. Wir brauchen die Großkonzerne für den Erhalt der Wirtschaft. Deutschland, Europa und die USA sind riesige Industriestandorte. Es ist nicht meine Absicht Industrie abzuschaffen. Deshalb lehne ich Zwangsverstaatlichung als Mittel zur Regulierung der Macht ab. Ich möchte keine radikale Deindustrialisierung. Die Konzerne sollen ethisch gelenkt auf Kurs gehen.

Das Ziel lautet: Wohlstand nicht auf Kosten anderer.

Für die Lösung dieses Problems möchte ich meine Idee der unabhängigen Ethikkommission vorstellen.

Ethikkommissionen zur Begrenzung der Macht der Großkonzerne

Als Kontrollinstanz soll in jedem Großunternehmen eine **unabhängige** Ethikkommission die Entscheidungen der Konzerne überwachen. Viele Firmen beauftragen oder beschäftigen zwar bereits heute freiwillig solche Kommissionen, aber diese sind nur in beratender Funktion tätig und verfügen über keinerlei Machtbefugnis. Die Mitglieder der Kommission sind darüber hinaus nicht unabhängig, da sie entweder vom Unternehmen engagierte Dienstleister oder Konzernangestellte sind.

Die Mitglieder dieser Ethikkommission kontrollieren, ob Firmenentscheidungen ökologisch nachhaltig und sozial verträglich sind. Die Konzerne werden dazu verpflichtet, der Kommission dauerhaft Büro- und Tagungsräume in ihrem Hauptfirmensitz kostenlos zur Verfügung zu stellen.

Wie soll das mit der Ethikkommission konkret ablaufen? Fangen wir erst einmal an zu analysieren, welche Voraussetzung ein Ethikbeirat erfüllen muss, um wirkungsvoll zu arbeiten:

1. Unabhängigkeit

Die Auswahl der Ethikkommission muss durch eine unabhängige Expertengruppe erfolgen. Diese Gruppe darf zur Vermeidung von Interessenkonflikten nicht von der Regierung eingesetzt werden. Bei Parlamentsausschüssen könnten die Mitglieder ausschließlich oder zumindest zu 2/3 aus Oppositionsparteien stammen. Aber auch diese Politiker sind nicht ideal, weil Regierungsmehrheiten wechseln. Parteien, die heute in der Opposition sind, können morgen die Regierung bilden. Das könnte dazu führen, dass auch Parteien der Opposition dem Lobbyismus der Wirtschaft zum Opfer fallen. Eine bessere Möglichkeit ist das **Bundesverfassungsgericht in Karlsruhe.** Da das Grundgesetz einen ethischen Kanon unserer Normen und Werte abbildet, ist es ideal, über ethische Fragen zu entscheiden. Karlsruhe ist als Teil der Judikative relativ immun gegen politische und wirtschaftliche Beeinflussung. In anderen Ländern sollten es auch die höchsten Gerichte übernehmen, sofern sie nicht unter dem Einfluss der Wirtschaft stehen.

Um eine Bestechung der Kommissionsmitglieder zu verhindern, schlage ich folgende Maßnahmen vor:

- Jedes Ratsmitglied wird nach zwei Jahren ausgetauscht.
- Die Namen der Mitglieder dürfen dem Konzern nicht bekannt sein.
- Die Mitglieder dürfen ihr privates Smartphone nicht mitbringen. Sie benutzen für ihre Arbeit Smartphones, die ihnen vom Verfassungsgericht für ihre Aufgabe ausgehändigt wurden. Nach Verlassen der Ethikkommission geben die Mitglieder das Smartphone an das Verfassungsgericht zurück. Das Gericht liest das Smartphone aus und prüft, ob ein Verdacht zur Korruption vorliegt.
- Die Räumlichkeiten des Ethikbeirats dürfen von Angestellten, Inhabern, Teilhabern oder sonstwie dem Konzern nahestehenden Personen nicht unaufgefordert betreten werden. Mögliche Dokumentenübergaben müssen fernmündlich vom Unternehmen vorher angekündigt werden.

- Wenn Mitglieder des Ethikrats sich in der Firma bewegen, müssen sie immer mindestens zu zweit sein.

Büro und die Tagungsräume werden regelmäßig auf Wanzen und Minikameras untersucht. IT-Spezialisten der Ethikkommission bringen eigene Computer mit, die sie zu einem Intranet verbinden. Auf diesen Rechnern arbeiten und kommunizieren die Mitglieder der Kommission. Die Unternehmen haben keinen Zugriff auf das Intranet außer auf eine eigens eingerichtete E-Mail-Adresse zur Übersendung von Dokumenten. Die Firmenbewertung erfolgt ebenfalls ausschließlich über diese Computer. IT-Sicherheitsexperten prüfen regelmäßig, ob Viren, Trojaner, Spyware oder andere Malware die Computer beeinträchtigen.

2. Kontrollfunktion

Der Ethikbeirat hat Büros und Tagungsräume in den Großkonzernen. Er hat jederzeit Zugang zu allen Abteilungen und internen Dokumenten des Konzerns. Die Ethikkommission hat gegenüber Dritten Stillschweigen über Geschäftsgeheimnisse zu wahren. Jedes Mitglied unterschreibt vor Arbeitsbeginn deshalb eine Geheimhaltungserklärung. Jede Entscheidung des Vorstands muss dem Beirat vorgelegt werden. Er prüft, ob es ethische Bedenken gibt. Wenn ja, ist er befugt, die Entscheidungen bindend abzulehnen. Er macht Verbesserungsvorschläge, die der Vorstand einbinden sollte, und der Vorschlag muss neu vorgelegt werden.

3. Sanktionsfähigkeit

Handelt das Unternehmen trotz Veto der Ethikkommission oder übergeht es sie ganz, wird dies als Wirtschaftsverbrechen behandelt. Die Kommission ist verpflichtet, eine Missachtung durch das Unternehmen umgehend der zuständigen Staatsanwaltschaft mitzuteilen. Das Strafmaß muss zur Abschreckung der Unternehmen sehr hart ausfallen, denn nur wenn das Strafmaß den Konzernen weh tut, sinkt die Wiederholungsgefahr. Ich schlage folgende Sanktionen vor: Das Doppelte des durch das (nicht-genehmigte) Vorgehen erzielten Firmengewinns und das Doppelte sämtlich verursachter Schäden an der Gesellschaft, an den betroffenen Personen und der Natur. Die Kosten für die Natur bzw. Gesellschaft zahlt das Unternehmen an die zuständigen Ministerien.

4. Zusammensetzung

Der Beirat besteht aus mindestens 27 Mitgliedern und muss je nach Größe des Unternehmens aufgestockt werden auf 54, 81 oder 108 Mitglieder.

a. **Naturschutz:** Vier Spezialisten aus den Bereichen Biologie, Meeresbiologie, Klimaforschung, Ökologie und Umweltschutz,
b. **Gesellschaft:** Vier Spezialisten aus den Bereichen Soziologie, Sozialethik, Sozialpsychologie und Ethnologie,
c. **Ethik:** Vier Spezialisten aus den Bereichen Philosophie und Religion,
d. **Medizin:** Drei Spezialisten aus dem Bereich Arbeitsmedizin und Medizinische Klimatologie,
e. **Recht:** Vier Spezialisten aus dem Bereich Wirtschaftsrecht, Arbeitsrecht und Internationales Recht,
f. **Wirtschaft:** Vier Spezialisten aus den Bereichen der Mikro- und Makroökonomie sowie der Wirtschaftskriminalität,
g. **Computer:** Vier IT-Spezialisten aus den Bereichen der Wirtschafts- und Öko-EDV, Sicherheit.

Bevor ich die Arbeit des Ethikrats näher erläutere, möchte ich definieren, wer für mich zu den weltweiten Großunternehmen und Großkonzernen zählt. Dazu gehören zuerst einmal die 100 größten Börsenunternehmen der Welt[134] nach Marktkapitalisierung und die 100 größten Firmen der Welt nach Umsatz[135], wobei es Firmen gibt, die in beiden Listen verzeichnet sind.

Die Top 100 größten börsennotierten Unternehmen der Welt (Nach Marktkapitalisierung):

134 Quelle: Finanzen 100.de www.finanzen100.de/top100/die-grossten-borsen-notierten-unternehmen-der-welt/

135 Wikipedia: Liste der größten Unternehmen der Welt

Platz	Name	Branche	Umsatz €	Gewinn €	Markt Kap
1	Apple	Unterhaltungselektronik	227,1 Mrd.	47,6 Mrd.	2,6 Bio.
2	Microsoft	Standardsoftware	118,1 Mrd.	36,6 Mrd.	2,3 Bio.
3	Alphabet Inc. (A) (ehemals Google)	Internetservice	155,0 Mrd.	34,2 Mrd.	1,6 Bio.
4	Amazon	Versandhandel	319,8 Mrd.	17,7 Mrd.	1,5 Bio.
5	Tesla	Automobilproduktion	26,7 Mrd.	585,1 Mio.	903,0 Mrd.
6	Facebook	Internetservice	72,6 Mrd.	24,6 Mrd.	689,8 Mrd.
7	Nvidia	Halbleiterindustrie	9,0 Mrd.	2,3 Mrd.	667,5 Mrd.
8	Tencent	Standardsoftware	60,2 Mrd.	20,0 Mrd.	498,3 Mrd.
9	JPMorgan Chase & Co.	Banken	109,9 Mrd.	25,3 Mrd.	417,6 Mrd.
10	UnitedHealth Group	Gesundheitsdienstleistungen	227,5 Mrd.	13,6 Mrd.	398,2 Mrd.
11	Johnson & Johnson	Pharma	73,2 Mrd.	13,1 Mrd.	385,2 Mrd.
12	Home Depot	Einzelhandel	92,4 Mrd.	9,4 Mrd.	383,5 Mrd.
13	Samsung Electronics Co. (OTC)	Unterhaltungselektronik	178,1 Mrd.	19,6 Mrd.	367,7 Mrd.
14	LVMH	Bekleidungsartikel	44,7 Mrd.	4,7 Mrd.	357,7 Mrd.
15	Wal-Mart Stores	Kaufhäuser	434,1 Mrd.	12,3 Mrd.	345,9 Mrd.
16	Procter & Gamble	Drogerie und Kosmetikgüter	59,1 Mrd.	10,8 Mrd.	332,6 Mrd.
17	Nestlé	Nahrungsmittel	76,9 Mrd.	11,2 Mrd.	330,1 Mrd.
18	Bank of America	Banken	82,9 Mrd.	15,6 Mrd.	322,1 Mrd.
19	Visa	Softwareservice / -dienstleistung	19,1 Mrd.	9,2 Mrd.	314,6 Mrd.
20	Roche Holding AG Inhaber-Genussscheine	Pharma	52,6 Mrd.	12,9 Mrd.	313,4 Mrd.
21	MasterCard	Softwareservice / -dienstleistung	12,7 Mrd.	5,3 Mrd.	301,5 Mrd.
22	Alibaba Group Holding	Versandhandel	63,6 Mrd.	18,6 Mrd.	294,9 Mrd.
23	ASML Holding	Elektrotechnologie	14,0 Mrd.	3,6 Mrd.	281,1 Mrd.
24	Adobe	Standardsoftware	10,8 Mrd.	4,4 Mrd.	275,3 Mrd.
25	Pfizer	Pharma	36,6 Mrd.	6,1 Mrd.	261,9 Mrd.
26	Oracle	Spezialsoftware	32,4 Mrd.	8,4 Mrd.	248,0 Mrd.
27	Walt Disney	Broadcasting (TV und Radio)	54,0 Mrd.	-2,3 Mrd.	245,4 Mrd.
28	Netflix	Entertainment / Dienstleistungen	20,7 Mrd.	2,3 Mrd.	239,5 Mrd.
29	Berkshire Hathaway B	Mischkonzerne	217,1 Mrd.	37,6 Mrd.	238,4 Mrd.
30	ExxonMobil	Öl und Gas	155,6 Mrd.	-19,6 Mrd.	235,8 Mrd.
31	L'Oréal	Drogerie und Kosmetikgüter	28,0 Mrd.	3,6 Mrd.	233,5 Mrd.
32	salesforce.com	Sonstige Branchen	14,2 Mrd.	104,4 Mio.	231,7 Mrd.
33	Broadcom	Sonstige Branchen	20,1 Mrd.	2,5 Mrd.	229,9 Mrd.
34	Thermo Fisher Scientific	Medical Equipment	28,1 Mrd.	5,6 Mrd.	223,8 Mrd.
35	Toyota	Automobilproduktion	231,9 Mrd.	16,1 Mrd.	221,7 Mrd.
36	Cisco	Netzwerktechnik und -systeme	40,8 Mrd.	9,3 Mrd.	220,9 Mrd.
37	Costco Wholesale	Kaufhäuser	138,7 Mrd.	3,3 Mrd.	218,3 Mrd.
38	Coca-Cola	Getränke / Tabak	29,4 Mrd.	6,9 Mrd.	214,9 Mrd.
39	Accenture	IT-Dienstleistungen	36,7 Mrd.	4,2 Mrd.	211,9 Mrd.
40	Abbott Laboratories	Medical Equipment	28,7 Mrd.	3,7 Mrd.	210,1 Mrd.
41	PepsiCo	Getränke / Tabak	61,5 Mrd.	6,2 Mrd.	206,5 Mrd.
42	Eli Lilly & Co.	Pharma	20,3 Mrd.	5,1 Mrd.	206,5 Mrd.
43	Chevron	Öl und Gas	82,5 Mrd.	-4,8 Mrd.	201,7 Mrd.
44	Danaher	Medical Equipment	19,5 Mrd.	3,2 Mrd.	200,6 Mrd.
45	AbbVie	Pharma	37,7 Mrd.	3,8 Mrd.	196,1 Mrd.
46	PayPal Holdings	Softwareservice / -dienstleistung	17,6 Mrd.	3,5 Mrd.	195,8 Mrd.
47	Comcast	Telekommunikationsausrüster	86,2 Mrd.	8,8 Mrd.	195,3 Mrd.

48	Nike	Sportartikel	31,3 Mrd.	2,1 Mrd.	191,0 Mrd.
49	Verizon Communications	Telekomdienstleister	107,7 Mrd.	14,9 Mrd.	183,7 Mrd.
50	Qualcomm	IT-Dienstleistungen	19,5 Mrd.	4,3 Mrd.	182,1 Mrd.
51	Intel	Halbleiterindustrie	68,0 Mrd.	18,3 Mrd.	181,9 Mrd.
52	Wells Fargo & Co	Banken	69,1 Mrd.	2,8 Mrd.	177,0 Mrd.
53	Novo Nordisk B	Pharmahandel	17,1 Mrd.	5,7 Mrd.	176,2 Mrd.
54	McDonald's	Restaurants und Foodvertrieb	16,8 Mrd.	4,1 Mrd.	175,0 Mrd.
55	Intuit	Standardsoftware	6,4 Mrd.	1,5 Mrd.	169,7 Mrd.
56	Hermes International S.C.A.	Sonstige Handel	6,4 Mrd.	1,4 Mrd.	166,6 Mrd.
57	Merck & Co.	Pharma	42,7 Mrd.	6,3 Mrd.	162,2 Mrd.
58	Texas Instruments	Halbleiterindustrie	12,6 Mrd.	4,9 Mrd.	160,0 Mrd.
59	Novartis	Pharma	43,3 Mrd.	7,2 Mrd.	159,5 Mrd.
60	BP	Öl und Gas	163,2 Mrd.	-18,4 Mrd.	157,5 Mrd.
61	Nextera Energy	Sonstige Branchen	14,1 Mrd.	2,4 Mrd.	156,6 Mrd.
62	Morgan Stanley	Banken	43,8 Mrd.	9,3 Mrd.	156,2 Mrd.
63	Lowe's Companies	Einzelhandel	59,8 Mrd.	3,5 Mrd.	155,7 Mrd.
64	Linde	Chemie	22,9 Mrd.	2,1 Mrd.	151,4 Mrd.
65	Meituan Registered Shs	Internetkommerz	14,3 Mrd.	588,0 Mio.	150,2 Mrd.
66	Royal Dutch Shell A	Öl und Gas	154,4 Mrd.	-19,7 Mrd.	149,3 Mrd.
67	Prosus N.V. MiniS 19.12.25 EO/MN 27	Versandhandel	3,0 Mrd.	3,4 Mrd.	148,8 Mrd.
68	AstraZeneca	Pharma	25,1 Mrd.	2,9 Mrd.	148,5 Mrd.
69	AMD	Halbleiterindustrie	8,1 Mrd.	2,1 Mrd.	147,9 Mrd.
70	Shopify Inc. Reg. Shares A (Sub Voti	Sonstige Branchen	2,5 Mrd.	276,4 Mio.	146,8 Mrd.
71	China Construction Bank	Sonstige Branchen	148,1 Mrd.	33,8 Mrd.	144,4 Mrd.
72	AT&T	Telekommunikationsausrüster	144,3 Mrd.	-4,3 Mrd.	144,2 Mrd.
73	Union Pacific Corp.	Eisenbahn und Straße	16,2 Mrd.	4,4 Mrd.	141,2 Mrd.
74	SAP	Softwareservice / -dienstleistung	27,3 Mrd.	5,1 Mrd.	140,8 Mrd.
75	Keyence	Elektrotechnologie	-	-	137,3 Mrd.
76	United Parcel Service (Class B)	Gütertransport	73,8 Mrd.	1,2 Mrd.	134,8 Mrd.
77	Sony	Unterhaltungselektronik	64,0 Mrd.	4,5 Mrd.	134,2 Mrd.
78	Medtronic	Medical Equipment	24,0 Mrd.	4,0 Mrd.	133,6 Mrd.
79	Schwab Corp., Charles	Banken	10,5 Mrd.	2,9 Mrd.	129,2 Mrd.
80	Royal Bank of Canada	Sonstige Branchen	41,5 Mrd.	7,9 Mrd.	128,9 Mrd.
81	Honeywell International	Eisen / Stahlindustrie	28,5 Mrd.	4,2 Mrd.	127,7 Mrd.
82	T-Mobile US	Telekomdienstleister	56,7 Mrd.	2,3 Mrd.	126,7 Mrd.
83	Blackrock Inc. Reg. Shares Class A	Finanzdienstleistungen	14,4 Mrd.	4,2 Mrd.	124,3 Mrd.
84	Philip Morris International	Getränke / Tabak	23,9 Mrd.	6,7 Mrd.	123,9 Mrd.
85	Christian Dior	Bekleidungsartikel	44,7 Mrd.	1,9 Mrd.	123,8 Mrd.
86	Applied Materials	Halbleiterindustrie	14,2 Mrd.	3,0 Mrd.	121,9 Mrd.
87	Siemens	Eisen / Stahlindustrie	57,1 Mrd.	4,1 Mrd.	121,2 Mrd.
88	Starbucks	Restaurants und Foodvertrieb	19,5 Mrd.	769,0 Mio.	121,1 Mrd.
89	Toronto-Dominion Bank, The	Sonstige Branchen	37,0 Mrd.	8,2 Mrd.	120,5 Mrd.
90	Unilever plc	Drogerie und Kosmetikgüter	51,9 Mrd.	5,7 Mrd.	120,2 Mrd.
91	Volkswagen Vz.	Automobilproduktion	222,9 Mrd.	8,3 Mrd.	117,8 Mrd.
92	TOTAL	Öl und Gas	105,0 Mrd.	-6,4 Mrd.	116,4 Mrd.
93	Goldman Sachs	Banken	46,7 Mrd.	8,4 Mrd.	115,8 Mrd.
94	CVS Health Corp	Sonstige Konsumgüter	221,2 Mrd.	5,9 Mrd.	115,4 Mrd.
95	American Express	Banken	32,4 Mrd.	2,6 Mrd.	114,4 Mrd.
96	Raytheon Technologies	Luft- und Raumfahrtindustrie	46,7 Mrd.	-2,6 Mrd.	114,0 Mrd.
97	ServiceNow Inc. Registered Shares [	Softwareservice / -dienstleistung	3,7 Mrd.	98,2 Mio.	113,8 Mrd.
98	AIA Group	Versicherungen	36,7 Mrd.	5,0 Mrd.	111,8 M

Zusätzlich zu den Big Playern zähle ich auch einen Großteil der börsennotierten Firmen der zehn Länder mit dem höchsten BIPs zu Großunternehmen:

- Deutschland: Alle Unternehmen des DAX,
- USA: Alle Unternehmen des S&P 500, Dow Jones Industrial Average und Nasdaq 100,
- China: Top 100 des Composite Index,
- Japan: Top 30 des Nikkei 225 Index,
- Großbritannien: Top 10 des FTSE 100,
- Frankreich: Top 10 des S&P/TSX 60,
- Indien: Top 10 des MSCI India,
- Italien: Top 10 des FTSE MIB (Financial Times Stock Exchange und Milano Italia Borsa),
- Brasilien: Top 10 des Bovespa Index,
- Kanada: Top 10 des S&P/TSX 60.

Alle oben aufgeführten Firmen sollten ethisch reguliert werden. Dabei handelt es sich um ca. 1000 Firmen. Am Beginn der Arbeit wird ein standardisierter Leitlinien- und Regelkatalog erstellt, der angibt, welche ethischen Werte erfüllt werden müssen. Dieser soll länder- und branchenspezifisch angepasst sein. Der Ethikcodex sollte von der UNO erarbeitet werden und bei Bedarf den besonderen Bedingungen der Staaten angepasst werden. Dieser Ethikcodex wird den betroffenen Firmen überreicht, damit Unternehmen ihre Unternehmenspolitik danach ausrichten können.

Im laufenden Jahr müssen der Ethikkommission unaufgefordert sämtliche Beschlüsse des Vorstands inklusive der dazugehörigen Maßnahmen vorgelegt werden. Die Kommission prüft zeitnah, ob der Beschluss den weiter oben beschriebenen ethischen Leitlinien entspricht. Wenn ja, wird der Vorstandsbeschluss genehmigt, und wenn nicht, wird der Beschluss zur Überarbeitung an den Vorstand zurückgegeben. Die Beschlüsse der Ethikkommission sollen gründlich sein, aber in einem Zeitrahmen erfolgen, der die Effektivität der Unternehmensstruktur möglichst wenig gefährdet. Die Firmen sollen nicht an der Langsamkeit bürokratischer Vorgänge ersticken. Es ist wie gesagt nicht mein Ziel, Großkonzerne abzuschaffen. **Sie sollen ihr kapitalistisches Unternehmertum frei ausleben – innerhalb eines engmaschigen ethisch-ökologischen Korsetts.**

Neben den täglichen laufenden Kontrollen der Vorstandsentscheidungen werden die Unternehmen einmal pro Jahr zertifiziert. Nur wer die Leitlinien zu mindestens 50 % erfüllt, darf gewerblich tätig bleiben. Die Kommission wertet am Jahresende aus, welchen Koeffizienten von 0 bis 1 die Firma erhält. Je höher der Koeffizient, desto besser haben sich die Konzerne an die Vorgaben gehalten.

Die Minimalanforderung beträgt 0,5. Wenn die Auswertung der Untersuchung eines Konzerns am Jahresende bei > 0,8 liegt, erhalten die Firmen 10 % und bei >0,9 sogar 20 % Steuernachlass. Ab dem Koeffizienten 0,9 dürfen die Konzerne das internationale Siegel „Ethical Ecological Enterprise“ (EEE) tragen.

Um Unternehmen international vergleichen zu können, sollte das Format standardisiert sein.

Wie sollen diese Jahresinspektionen in der Praxis ablaufen? Jedes Unternehmen wird von der Ethikkommission in folgenden Bereichen einmal pro Jahr im In- und Ausland untersucht:

- Produktion,
- Lieferanten,
- Mitarbeiter,
- Management,
- Steuer und Buchhaltung.

Warum habe ich so ausführlich über die Macht der Konzerne und deren Regulierung geschrieben? Weil diese zu einem massiven Anteil (ich schätze mindestens 50 %) zur Ungerechtigkeit auf der Welt beitragen. Naturzerstörung, Armut und Unterdrückung gehen auf die Macht der Konzerne zurück. Die anderen Ursachen sind Kriege, Krankheiten, Naturkatastrophen, Kriminalität, ethnische Konflikte und gewaltsame politische Unterdrückung. Es ist deshalb von größter Bedeutung, die Großunternehmen **umgehend** zu bändigen. Wir erleben heute eine historische Zäsur, ausgelöst vom Klimawandel und der Coronavirus-Epidemie. Wenn die Industrie nicht endlich gezwungen wird, klima- und naturfreundlich zu agieren, ist es bald zu spät.

Diese Bestimmungen der hohen Besteuerung von Einkommen und Vermögen und der Kontrolle von Konzernen durch Ethikkommissionen ist deshalb ganz entscheidend für den Fortbestand der Menschen. Mit diesen einfachen Handgriffen beenden wir einen Teufelskreis aus Habgier, Egoismus und Gewalt auf dem ganzen Planeten, der die Welt seit 5000 Jahren von einem Unglück ins andere hat stürzen lassen.

Gehaltsobergrenzen

Top Manager, Mitglieder von Aufsichtsräten, Aufsichtsratsvorsitzende, Vorstände und generell Spitzenverdiener wie Bundesliga-Profis verdienen unverhältnismäßig viel im Vergleich zum Durchschnittsverdienst. Die Deutsche Bank bezahlte im Geschäftsjahr 2017 jährlich Grundgehälter an den Vorstandsvorsitzenden in Höhe 3.4 Mio. € und an die ordentlichen Mitglieder des Vorstands jeweils 2.4 Mio. € bzw. 3 Mio. €. Dem Vorstandsmitglied Stuart Lewis wurde 2017 eine Funktionszulage in Höhe von 300.000 € gewährt. Garth Ritchie erhielt eine Funktionszulage in Höhe von 250.000 €.[136] Im Durchschnitt verdiente 2018 jedes Vorstandsmitglied in einem Dax-Unternehmen jährlich 3,5 Millionen Euro. Das durchschnittliche Jahresgehalt der Finanzvorsitzenden liegt bei knapp 3 Millionen.[137] Die Vorstandsvorsitzenden verdienen noch mehr. Die Spitzenverdiener erhalten in Deutschland 4,8 bis 10,8 Millionen (siehe Tabelle). Erinnern Sie sich noch? Der Ökonom Piketty sieht in den exorbitanten Einkommen der Top Manager den Hauptgrund dafür, dass zehn Prozent in den USA bereits so viel verdienen wie 45 % bis 50 % der gesamten Bevölkerung. In den fünfziger Jahren lag der Wert noch bei 35 %. Diese Tendenzen, dass immer weniger immer mehr haben, lässt sich jetzt vermehrt auch in Europa und Japan beobachten.

136 Deutsche Bank Vergütungsbericht 2018

137 Prof. Dr. Gunter Friedl: *DSW-Vorstandsvergütungsstudie 2020*, Pressekonferenz 14.7.2020

Diese Vorstandsvorsitzenden verdienen am meisten

in Dax-Unternehmen im Jahr 2018

		Gesamtvergütung in Millionen Euro
Bill McDermott	**SAP**	**10,8**
Dr. Herbert Diess	Volkswagen	7,9
Dr. Bernd Scheifele	Heidelberg Cement	7,3
Joe Kaeser	Siemens	7,0
Dr. Stefan Oschmann	Merck	6,6
Dr. Dieter Zetsche	Daimler	6,6
Rice Powell	Fresenius Medical Care	6,2
Oliver Bäte	Allianz	6,2
Christian Sewing	Deutsche Bank	6,2
Dr. Theodor Weimer	Deutsche Börse	6,0
Kasper Rorsted	Adidas	6,0
Stephan Sturm	Fresenius	5,6
Dr. Johannes Teyssen	E.ON	5,5
Stefan Heidenreich	Beiersdorf	5,5
Hans van Bylen	Henkel	5,4
Harald Krüger	BMW	5,4
Werner Baumann	Bayer	5,3
Timotheus Höttges	Deutsche Telekom	5,1
Dr. Martin Brudermüller	BASF	5,1
Dr. Elmar Degenhart	Continental	4,8

info.BILD.de | Quelle: Deutsche Schutzvereinigung für Wertpapierbesitz e.V. / TU München | Stand: Juni 2019

Das Durchschnittsgehalt liegt in Deutschland bei monatlich 3.994€, was einem Jahresgehalt von 48.000€ entspricht. Der Wert ist aber durch die extreme Höhe der Spitzenverdiener nach oben geschönt. Einen exakteren Wert bildet der Median Wert ab. Der Median kann ganz einfach berechnet werden, indem man sich vorstellt, dass man die Menschen in Deutschland nach ihrer Verdiensthöhe in eine Reihe aufstellt. Wir beginnen mit der Person, die den höchsten Verdienst hat, und dann geht es Schritt für Schritt weiter bis zu der Person, die den niedrigsten Verdienst hat. Wenn wir jetzt genau die Person, die in der Mitte steht, befragen, wieviel sie verdient, dann antwortet sie uns mit dem Median. Dieser liegt zurzeit bei 3000€, was einem Jahresgehalt von 36.000€ entspricht. Der Median der Gehälter der Vorstandsvorsitzenden aller DAX-Konzerne beläuft sich 2017 auf über 7,72 Millionen.[138] Diese unglaublichen Gehaltsunterschiede zu den Top-Verdienern sind absurd. Jeder Vorstandsvorsitzende verdient das 214-fache eines Durchschnittsverdieners. Seine Arbeit ist *scheinbar* hunderteinundfünfzig Mal mehr wert als die Arbeit einer Krankenschwester, einer Kassenfrau, eines Elektrikers oder eines LKW-Fahrers. Das ist eine Verzerrung der Wirklichkeit. Keine Arbeit ist 214 Mal mehr wert als die irgendeines anderen. Diese wahnsinnige Diskrepanz ist soziale Ungleichheit par excellence. Die meisten Menschen verrichten ihre Arbeit mit all ihrer Energie und vollem Einsatz. Sie geben alles, um die gestellten Anforderungen ihres Berufs zu erfüllen. Sie geben ihr Bestes. Das Resultat ihrer Anstrengungen soll dann um 1/214 weniger wert sein als das eines anderen Angestellten. Beide Menschen haben ihr Bestes gegeben, aber das monetäre Resultat ihrer Arbeitskraft könnte ungleicher nicht sein.

Es ist kein Wunder, dass sich auch bei uns viele Menschen zu Recht benachteiligt und als Verlierer fühlen. Die Schere in den Gehaltsstrukturen erzeugt soziale Verwerfungen, die sich in vermehrten Konflikten, Spannungen und Polarisierung entlädt. Die Zunahme an linker und rechter Gewalt nimmt zu. Insgesamt herrscht in Deutschland eine aggressive Streitkultur, welche ein harmonisches Miteinander erschwert. Es scheint Mode zu sein, immer eine gegensätzliche Meinung zu pflegen. Anstatt zu versuchen seine Ansicht in Einklang mit anderen zu bringen, besteht jeder darauf, dass nur er im Recht sei. Oder haben Sie jemals erlebt, dass bei Lanz ein Talkgast zugibt, sich geirrt zu haben oder zugibt, dass sein Gegenüber Recht hat?

Aber zurück zum Gehalt. Eine gewisse Differenzierung im Gehaltsverbund finde ich gerecht, da manche Aufgaben, wie zum

138 Wirtschaftswoche online: Vorstandsgehälter: *Die Vorstandsgehälter der Dax-30-Chefs,*

Beispiel die eines Neurochirurgen, eine mindestens zehnjährige anspruchsvolle Ausbildung erfordern und sein Berufsalltag ihn täglich vor komplexe, hochverantwortungsvolle Aufgaben stellt. Eine Bürofachangestellte, die an ihrem Platz das Beste gibt, hatte eine deutlich kürzere Ausbildung, und die an sie herangetragenen beruflichen Aufgaben entscheiden nicht über Leben und Tod. Der gesunde Menschenverstand sagt einem, dass der Chirurg mehr Geld verdienen sollte als eine Büroangestellte. Das ist in meinen Augen fair und gerecht. Wenn wir beiden das gleiche Gehalt zahlen würden, wäre dies auch eine Form von Ungerechtigkeit. Der Unterschied im Gehalt von beiden ist sinnvoll und vertretbar, da er sich im Rahmen hält. Und genau um diesen Rahmen geht es mir. Gehaltsunterschiede sind berechtigt, dürfen aber nicht wie oben beschrieben irreale Dimensionen annehmen. Deshalb bin ich für eine **Gehaltsobergrenze** von 10.000€ Brutto-Grundgehalt (Mit Zuschlägen und Boni darf die Obergrenze bis auf 15.000€ erhöht werden). Warum lege ich die Zahl beim Gehalt ausgerechnet auf 10.000€? Weil sich in diesem Spektrum die meisten Gehälter und Löhne bewegen. Für den Großteil der arbeitenden Bevölkerung ändert sich nichts. Meine Obergrenze der Gehälter zielt auf die Spitzenverdiener insbesondere in Großunternehmen ab. Aber auch Profi-Sportler wie Bundesliga-Fußballer, Bundesliga-Handballer, Formel-1-Piloten, NBA-Basketballer, NHL-Eishockeyspieler, MLB-Baseball-Spieler und NFL-Footballer wären davon betroffen. In allen anderen Sportarten verdienen Profis weniger als 10.000€. Die Mehrheit der Athleten hätten demnach keine Gehaltseinbußen. Größen im Showbiz wie Hollywoodstars, Regisseure, Musiker und Popsänger müssten sich mit maximal 10.000€ begnügen. Diese Personengruppe können weiterhin unbegrenzt Einkommen durch Sponsoren- und Werbeverträge erzielen, da sie das nicht als Angestellte, sondern als selbstständige Gewerbetreibende tun.

GERECHTE BEZAHLUNG

Obergrenzen für Gehälter führen zu mehr sozialer Gleichheit. Aber diese Maßnahme trägt nur dann Früchte, wenn die Menschen gerechte Löhne und Gehälter erhalten. Es wäre möglich, dass Sie mich zurecht bei einem auf den ersten Blick berechtigten Widerspruch ertappen. Wieso trete ich für Gleichheit aller Geschöpfe ein, bin dann aber immer noch für unterschiedliche Verdienste? Der Wert jeder Arbeit müsste nach meiner Philosophie doch gleich sein und entsprechend gleich entlohnt werden.

Ich gebe zu, dass ich mir lange Zeit über diesen Widerspruch den Kopf zerbrochen habe. Was ist eine gerechte Bezahlung? Wie können Löhne fair verteilt werden? Ich steckte erst einmal in einem Dilemma: Wenn ich Unterschiede in der Bezahlung befürworte, dann ist es ungerecht für denjenigen, der weniger verdient. Vertrete ich aber den Ansatz, dass alle Berufe gleich bezahlt werden, ist es für denjenigen ungerecht, der mehr Zeit, Energie und Geld in seine Ausbildung gesteckt hat und dann trotzdem dasselbe Gehalt bekommt wie eine ungelernte Kraft. Es gäbe auch ein weiteres Problem bei dieser Gleichheit: Wenn ein Gehirnchirurg dasselbe Gehalt bekäme wie ein Taxifahrer, warum sollte ein junger Mensch sich für den beschwerlichen Berufsweg des Arztes entscheiden, wenn er als Taxifahrer ohne langjährige Ausbildung das gleiche Gehalt bekommt? Wir hätten nach kurzer Zeit einen Fachkräftemangel in allen Bereichen. Gleiche Bezahlung für alle ist keine Lösung.

Ich habe mir also überlegt: Was ist für Arbeitnehmer das optimale Gehalt? Was ist gerecht für ihn? Meine Antwort fällt simpel aus: **Das gerechteste Gehalt ist das Gehalt, das er haben möchte, sein Wunschgehalt.** Wenn jeder das bekommt, was er haben will, sind alle zufrieden. Die Arbeitnehmer und Arbeitnehmerrinnen wollen gerecht entlohnt werden. Gerecht bedeutet in diesem Falle, dass sie angemessen bezahlt werden. Das Gehalt muss in einem fairen Verhältnis zu Aufwand und Kosten der Ausbildung, Umfang und Schwierigkeitsgrad der Tätigkeit, Grad der erforderten Spezialisierung, Grad der Verantwortung und dem gesellschaftlichen Nutzen der Tätigkeit, usw. stehen. Arbeitnehmer fordern keine Millionärsgehälter. In dem Moment, in dem der Schreinergeselle von seinem Meister das Gehalt bezahlt bekommt, das er für seine Tätigkeit als angemessen betrachtet, empfindet er es nicht mehr als Ungleichbehandlung, wenn der Chefarzt der Uniklinik mehr verdient.

Also habe ich darüber nachgedacht, wie man ein praktikables System entwirft, jedem im Rahmen der beschriebenen 10.000€-Obergrenze das Gehalt zu zahlen, das er haben möchte. Ein paar kleine Firmen haben diesen Ansatz mit Erfolg ausprobiert. Die Firma Einhorn hat einen Gehaltsrat, in dem alle Gehälter, auch die der beiden Gründer, offengelegt und offen verhandelt werden. Der Tagesspiegel schreibt 2018 in seinem Bericht über Einhorn, dass das „höchste Gehalt – bei Einhorn sind das 4860 Euro netto – nur dreimal so hoch sein [darf] wie das niedrigste Gehalt. Verdient also der Bestverdiener mehr, bekommt automatisch auch derjenige, der in der Firma am schlechtesten verdient, eine Gehaltserhöhung, wobei das Grundgehalt bei 2500 Euro brutto liege. Wer ein Kind bekommt, erhält 400 Euro obendrauf."[139] Mitarbeiter können be-

139 Tagesspiegel online: Bei uns entscheidet jeder selbst, wie viel er verdient, 5. Abschnitt; Mai2018 www.tagesspiegel.de/wirtschaft/unternehmer-und-karl-marx-bei-uns-entscheidet-jeder-selbst-wie-viel-er-verdient/21248244.html

stimmen, wie viele Urlaubstage sie nehmen, und festlegen, wann und wie viel sie arbeiten. Die Gefahr vor überzogenen Forderungen bestehe laut Einhorn nicht, da sonst die Firma pleiteginge und der Arbeitsplatz weg wäre. Alles läuft hier im Vertrauen auf die kollektive Verantwortung.

Etwas weniger idealistisch verfährt die Unternehmensberatung Vollmer & Scheffczyk. Auch hier wählt jeder Mitarbeiter sein Gehalt, und jeder weiß, was der andere verdient. Bevor man bei einer Neueinstellung sein Wunschgehalt angibt, müssen die neuen Mitarbeiter die Gehälter der Kollegen kennen. Im zweiten Schritt besprechen sie ihr Wunschgehalt mit einigen Kollegen und hören sich deren Meinung an. Dieses System schützt die Firma über den Mechanismus des sozialen Drucks vor überzogenen Forderungen. Jeder neue Mitarbeiter weiß: Sprengt er mit seinen Forderungen den Rahmen, macht er sich umgehend sehr unbeliebt bei den Kollegen.

Fabian Schünke, Senior Consultant von Vollmer & Scheffczyk, beschreibt in einem Blogbeitrag den exakten Ablauf der Gehaltsfindung:

1. *Man erhält die Gehaltsliste aller Kollegen inklusive einiger Eckdaten, um die Erfahrung und den Beitrag für das Unternehmen besser einschätzen zu können,*
2. *Die Kollegen werden gebeten sich zu zwei Fragen Gedanken zu machen:*
   a) Was sollte der neue Kollege mindestens bei uns verdienen, was ist mindestens angemessen für seine Ausbildung, Erfahrung und seinen Beitrag für das Unternehmen?
   b) ab welchem Gehalt sollte er unser Unternehmen besser verlassen? Ab wann würde ich mich ungerecht behandelt fühlen? Die dadurch entstehende Punktewolke bekommt man im Anschluss ausgehändigt.
3. *Die Übung II führt man für sich selbst durch:*
   a) was will ich mindestens und darunter mache ich den Job nicht?
   b) bei welcher Angebotssumme von extern würde ich das Unternehmen wieder verlassen?
4. *Konsultation mit mindestens zwei Kollegen. Es werden die Gedanken, Bedenken, Überlegungen, aber auch Gefühle geteilt.*
5. *E-Mail mit Entgeldsumme verfassen und absenden.*

Auch in allen anderen Bereichen werden Entscheidungen ohne Hierarchie und Macht gefällt. Kuschelkurs und Gänseblümchen? Fehlanzeige! In der Sache deutlich härter als ich es kenne, aber über den Menschen und die Person dahinter lässt niemand etwas kommen. [140]

Dies sind erste gute Ansätze. Aber es ist fraglich, ob diese Art für alle Unternehmen machbar ist. Obige Modelle haben folgende Schwächen:

1. Sie sind in großem Maße von subjektiven Charakteren bestimmt, und es ist nicht möglich dies bundes-, europa- oder weltweit in benötigte standardisierte Form zu bringen.
2. Sie sind anfällig für Querulanten und Störenfriede. Es gibt Menschen, denen kollektive Verantwortung und sozialer Druck egal sind. Ein einziger Mitarbeiter könnte durch einen stark überhöhten Gehaltswunsch die Existenz der Firma gefährden.
3. In Krisenzeiten: Diese offenen, nicht-hierarchischen Systeme sind nicht so stabil, um Krisenzeiten sicher zu überstehen. Angst, Streitigkeiten und Gehaltskürzungen könnten die benötigte soziale Harmonie gefährden. Wenn niemand oder nur wenige zu Gehaltskürzungen bereit sind und keiner ein Machtwort sprechen kann, hat dies zur Folge, dass die Existenz der Firma auf dem Spiel steht.

Ich möchte Ihnen nun meinen digitalisierten Ansatz vorstellen. Jeder Angestellte erhält eine App, auf der er sein Wunschgehalt bis zur Obergrenze von zehntausend Euro an eine Bundesbehörde schickt. Dort wird ein Medianwert aller gesendeten Gehaltswünsche ermittelt. Der errechnete Wert, ergibt dann das Gehalt. Dies führt man einmal pro Monat über ein Jahr lang durch und errechnet dann den Durchschnittswert aus den zwölf Medianen. Dieser Wert wird dann als Endbetrag den Arbeitnehmern dauerhaft ausbezahlt. Die Neuermittlung per App-Umfrage sollte alle fünf Jahre durchgeführt werden, um Anpassungen an veränderte soziale und wirtschaftliche Umstände zu ermöglichen. Um Berufsgruppen fair vergleichen zu können, sollten innerhalb jeder Branche und jedem Berufsfeld Differenzierungen wie Berufserfahrung, Qualifikation, Firmengröße, Zusatzqualifikationen und die Dauer der Firmenangehörigkeit herangezogen werden. Jeder Angestellte gibt in der App seine Berufsbezeichnung, die Jahre seiner Berufs- und Betriebszugehörigkeit und mögliche Zusatzqualifikationen an. Die App zeigt dabei immer vorgegebene anklickbare Optionen an (geschlossene Fragen).

Die Frage, die sich dem Leser sicherlich als erstes unwillkürlich

140 *Selbst gewähltes Gehalt - Oh wie romantisch!* www.coplusx.de/selbst-gewaehltes-gehalt! Oktober 2017

aufdrängt, lautet: Wird denn nicht jeder die Gelegenheit ausnutzen, um sich zehntausend Euro zu wünschen?

Natürlich wird es Arbeitnehmer geben, die das System ausnutzen. Aber die meisten Menschen werden zum großen Teil ehrlich antworten. Folgende Gründe sprechen dafür.

Menschen sind in der Regel ehrlich und fair,

1. wenn sie ohne Angst und Druck handeln,
2. wenn sie sich respektiert fühlen,
3. wenn man ihnen etwas gibt.

Diese Voraussetzungen sehe ich als erfüllt an. In einer Gesellschaft mit einem hohen Grad an Gleichheit, in der Gehaltsobergrenzen festgelegt sind, die maßlose Geldgier der Industrie gezügelt wird, die Natur gleichstellt ist und Menschen ein bedingungsloses Grundeinkommen erhalten (siehe nächstes Kapitel), entsteht ein Klima des Vertrauens, des Verständnis und der Hoffnung. In einer solchen, im Vergleich zu heute, liebevolleren Gesellschaft, glaube ich nicht, dass der Großteil der Bevölkerung bewusst lügen würde, um sich finanziell auf Kosten seines Arbeitgebers zu bereichern. Außerdem könnte man im Vorfeld einen oder mehrere Testläufe mit repräsentativen Testgruppen durchführen. Dann vergleicht man das Resultat mit den Reallöhnen, setzt sie in Beziehung zu den gewerkschaftlichen Forderungen (viele Reallöhne bilden eine Unterbezahlung ab) und kann erkennen, ob die Wunschgehälter im vernünftigen Rahmen bleiben.

Ein weiteres Instrument für gerechte Ergebnisse ist die statistische Analyse. Es wäre problemlos möglich, „Ausreißer" nach oben oder unten herauszufiltern, um einen repräsentativen Mittelwert pro Einkommensgruppe mit geringer Standardabweichung zu errechnen. Die Methoden der empirischen Sozialforschung bieten da ein breites Spektrum an guten Analysewerkzeugen.

Die beschriebene Form der Gehaltsfindung ist wahrlich demokratisch. Nicht mehr der wankelmütige Markt entscheidet über Löhne, sondern die Menschen selbst! Das errechnete Gehalt sorgt dafür, dass alle das gleiche Gehalt in ihrer Berufsgruppe erhalten. Frauen werden endlich genauso bezahlt wie Männer, das Gehalt im Osten Deutschlands ist so hoch wie im Westen. Es wird Zeit, dass Menschen endlich gerecht bezahlt werden. Unterbezahlung soll der Vergangenheit angehören. Mit der vorgeschlagenen Methode wäre dies ganz einfach zu erreichen. Falls abrupt gesprungene Löhne und Gehälter manche Betriebe in die Insolvenz treiben, kann der Betrieb bei Nachweis der Not staatliche Subventionen erhalten. Oder es wird eine Übergangsfrist von 12 Monaten gegeben; bis die erhöhten Löhne greifen. Detailfragen der Umsetzung kann ich hier nicht in die Tiefe diskutieren. Das würde den Rahmen dieses Buches sprengen. Hier möchte ich Ideen vorschlagen, die anschließend von der Gesellschaft mit Leben gefüllt werden.

Wichtig für das Funktionieren der App ist die absolute Sicherheit. Um Missbrauch zu vermeiden, muss jeder Nutzer bei der ersten Anmeldung seine Sozialversicherungsnummer, Krankenkassen-Versicherungsnummer und den Arbeitgeber (Name des Betriebs, Adresse und Kontaktdaten) angeben. Um zu vermeiden, dass die Server, auf denen die gesendeten Daten liegen, gehackt oder zerstört werden, müssen höchste Sicherheitsprotokolle installiert und eingehalten werden.

DAS ENDE DER WELTWEITEN ARMUT: GLOBALE ARMENSTEUER

Unsere Welt ist für über drei Milliarden Menschen ein Ort, an dem sie täglich um ihr Überleben kämpfen müssen, während Nordamerika, Europa, Australien, Neuseeland und Teile Asiens zum größten Teil im Schlaraffenland leben – dies widerspricht dem kosmologischen Grundprinzip der Gleichwertigkeit und Einheit.

Ohne Korrektur dieses Ungleichgewichts ist Frieden nicht möglich. Denn die Reichen wollen reich bleiben. Dieses Ziel erreichen sie, indem sie Gewalt einsetzen. Die Armen leiden unter der Ungleichheit und sind bereit, alles zu tun, um diesen Zustand zu ändern. Sie schrecken vor Gewalt nicht zurück. Dies ist verständlich, lässt aber Frieden nicht zu. Im ersten Teil stelle ich die katastrophalen Folgen der Armut dar und vergleiche die Lebensverhältnisse mit westlichen Gesellschaften. Im zweiten Teil stelle ich eine Lösung zur Überwindung der extremen Ungleichheit vor.

Ich habe in den Datenbanken der UNO, WHO und der Weltbank geforscht, um den Status quo der Armen zu ermitteln. Ich beziehe mich dabei überwiegend auf folgende Datenquellen:

- World Bank. 2020. Poverty and Shared Prosperity 2020: *Reversals of Fortune*. Washington, DC: World Bank. doi: 10.1596/978-1-4648-1602-4. License: Creative Commons Attribution CC BY 3.0 IGO
- FAO, IFAD, UNICEF, WFP and WHO. 2020. *The State of Food Security and Nutrition in the World 2020.* Transforming food systems for affordable healthy diets. Rome, FAO. https://doi.org/10.4060/ca9692en

- United Nations, *Ziele für nachhaltige Entwicklung (SDG Bericht 2020)*; Übersetzung: Deutscher Übersetzungsdienst der Vereinten Nationen, New York

Die wichtigsten Fakten der Ungleichheit zwischen arm und reich:

1. 3,27 Milliarden Menschen können sich nicht gesund ernähren,
2. Davon hungern 690 Million regelmäßig[141],
3. 800 Millionen Menschen weltweit sind unterernährt[142],
4. Über 3,27 Milliarden Menschen leben von weniger als 5,50 $ pro Tag,
5. 690 Millionen Menschen leben in extremer Armut von weniger 1,90 $ pro Tag; 50 % davon sind Kinder. Über 267 Millionen leben in anfälligen Volkswirtschaften, die von Konflikten und Gewalt betroffen sind. 132 Millionen der Ärmsten leben in Überschwemmungsgebieten.
6. Die Lebenserwartung von Afrikanern (1 Milliarde Menschen) lag 2016 bei 61 Jahren und war damit 16 Jahre geringer als in Europa oder Amerika (77 Jahre). 1,3 Milliarden Menschen in Südostasien und den östlichen Mittelmeerländern haben eine Lebenserwartung von 69 und bleiben damit 8 Jahre hinter Amerika und Europa zurück.[143] In der Subsahara beträgt die Lebenserwartung nur 54 Jahre[144].
7. Die Müttersterblichkeitsrate liegt in den Subsahara-Staaten bei 525 pro 100.000 Lebendgeburten. Dies ist fast 50 mal so hoch wie in Europa und Nordamerika.
8. In den afrikanischen Staaten kommt ein Arzt auf 3.324 Einwohner, in Südostasien auf 1.239. In Amerika liegt die Ärztedichte bei 1 zu 417 und in Europa bei 1 zu 293.
9. 2,2 Milliarden Menschen haben kein sauberes Trinkwasser, da es mit Fäkalien verunreinigt ist. 785 Millionen haben überhaupt keinen regelmäßigen Zugang zu Wasser.
10. 4,2 Milliarden Menschen verfügen über keine hygienischen und sicheren Toiletten, 2,2 Milliarden davon können ihre Notdurft aufgrund der katastrophalen hygienischen Verhältnisse nicht ohne gesundheitliche Risiken verrichten.
11. Mehr als die Hälfte der Menschheit (4 bis 5 Milliarden) verfügt über keine medizinische Grundversorgung.

---

141 FAO et al. 2020

142 FAO et al. 2020

143 WHO, World Health Statistics 2020

144 IFAIR, Die Region Subsahara Afrika, Katharina Lange https://ifair.eu/de/2019/06/22/die-region-subsahara-afrika/

12. Über 750 Millionen Erwachsene sind Analphabeten[145] und können weder lesen noch schreiben. Drei Viertel davon leben in Subsahara-Staaten und Südasien.
13. Knapp 25 % der weltweiten Stadtbevölkerung lebt in Slums.[146]
14. 2019 verfügten 789 Millionen Menschen über keinen Strom.
15. Vier Milliarden Menschen verfügten 2016 über keinerlei Sozialschutz wie Krankenversicherung, Arbeitslosengeld, Unfallschutz, Kündigungsschutz, Tariflohn, Renten, Mutterschutz, Sozialhilfe, etc.
16. Achtzig Millionen Menschen wurden 2019 durch Kriege, Konflikt und Verfolgung vertrieben.

Definition regionaler Gruppierungen[147]

Um den weiteren Verlauf dieses Kapitels besser zu verstehen, ist es notwendig, bestimmte Strukturen und Begriffe sowie deren Bedeutung zu kennen. Weltbank, Vereinte Nationen und WHO strukturieren die Welt nämlich unterschiedlich nach geographischen, medizinischen und wirtschaftlichen Kategorien.

WHO-Regionen: Die WHO-Mitgliedstaaten sind in 6 WHO-Regionen unterteilt. Dazu zählen die Afrikanische Region, Region Amerika, Südostasien, Europäische Region, Östliche Mittelmeerregion und Westpazifik.

Weltbank-Einkommensgruppen: Alle WHO-Mitgliedstaaten werden von der Weltbank in vier Einkommensgruppen eingeteilt (Niedrige Einkommen, Untere mittlere Einkommen, Obere mittlere Einkommen und Hohe Einkommen) basierend auf der Liste der analytischen Einkommensklassifikation der Volkswirtschaften der Weltbank für das Haushaltsjahr, die auf den Atlas-Schätzungen des Bruttonationaleinkommens pro Kopf basieren[148] (veröffentlicht jährlich im Juli).

---

145 Deutsche UNESCO-Kommisson, Pressemitteilung vom 6.9.2018: Noch immer mindestens 750 Millionen Analphabeten weltweit

146 a.a.O

147 Übersetzung von der Website der World Health Organization (WHO) www.who.int/healthinfo/ global_burden_disease/definition_regions/en/

148 Das Bruttonationaleinkommen (BNE) wird in US$ ausgedrückt. Dazu muss die Landeswährung in Dollar umgerechnet werden. Zur Umrechnung werden nicht die aktuellen Devisenkurse herangezogen, sondern geschätzte Kaufkraftkurse. Dies wird als Atlas Methode bezeichnet (siehe u.a. Gabler Wirtschaftslexikon)

PRO-KOPF-EINKOMMEN				
2014	**Bevölkerung** in Mio.	**Bevölkerungs-dichte** Personen pro km²	**Bruttonational-einkommen (BNE)** in Mrd. US-$	**BNE pro Kopf** in US-$
Niedriges Einkommen	622,0	47	391,0	629
Mittleres Einkommen	5239,9	86	24 450,9	4666
Mittleres Einkommen, untere Kategorie	2879,1	142	5792,6	2012
Mittleres Einkommen, obere Kategorie	2360,8	58	18 653,7	7901
Niedriges und mittleres Einkommen	5861,9	79	24 844,8	4238
Afrika südlich der Sahara	973,4	41	1594,6	1638
Europa und Zentralasien	264,4	42	1821,9	6892
Lateinamerika und Karibik	525,2	34	4721,1	8990
Naher Osten und Nordafrika	357,3	41	1655,9	4722
Ostasien und Pazifik	2020,7	127	12 439,2	6156
Südasien	1721,0	361	2575,3	1496
Hohes Einkommen	1398,8	25	53 537,8	38 274
Welt gesamt	7260,7	56	78 323,8	10 787

Quelle: Weltbank.

Weltbank-Regionen: Neben der Gliederung nach Einkommen unterteilt die Weltbank die Mitgliedsstaaten in sechs Regionen, wobei Länder mit hohem Einkommen als siebte Region dazugezählt werden. Die Zugehörigkeit der einzelnen Staaten zu den jeweiligen Regionen entnehmen Sie bitte dem Anhang dieses Buchs.

Die Regionen sind:

1. Hohes Einkommen
2. Ostasien und Pazifik
3. Europa und Zentralasien
4. Lateinamerika und Karibik
5. Naher Osten und Nordafrika
6. Süd Asien
7. Subsahara-Afrika.

Die Vereinten Nationen ihrerseits ordnen die Länder in fünf Regionen, 17 Subregionen und acht Zwischenregionen. Die Zugehörigkeit der Staaten zu den jeweiligen Regionen finden Sie im Anhang dieses Buchs.

Global	Region	Code	Subregion	Code	Zwischenregion	Code
Welt	**Afrika**	2	*Nordafrika*	15		
			Subsahara	202	Middle Afrika	14
					Ostafrika	17
					Südafrika	18
					Westafrika	11
Welt	**Amerika**	19	*Lateinamerika und die Karibik*	419		
					Karibik	29
					Südamerika	5
					Zentralamerika	13
			Nordamerika	21		
Welt	**Asien**	142	*Ostasien*	30		
			Südasien	34		
			Südostasien	35		
			West-Asien	145		
			Zentralasien	143		
Welt	**Europa**	150	*Nordeuropa*	154	Kanalinseln	830
			Osteeuropa	151		
			Südeuropa	39		
			Westeuropa	155		
Welt	**Ozeanien**	9	*Australien und Neuseeland*	53		
			Melanesien	54		
			Mikronesien	57		
			Polynesien	61		

Quelle: Online-Version der Veröffentlichung der Vereinten Nationen "Standard Country or Area Codes for Statistical Use"

Armut

Die Weltbank misst Armutsgrenzen danach, wie viele US $ eine Person pro Tag zur Verfügung stehen. In Ländern mit geringen Einkommen gilt 1,90 $ als Armutsgrenze, in Ländern mit niedrigen mittleren Einkommen berechnet die Weltbank seit 2018 die Armutsgrenze mit 3,20 $ und in Ländern mit höheren mittleren Einkommen mit 5,50 $. Das bedeutet: Wer weniger als diese Beträge zur Verfügung hat, gilt in seinem Land als arm.

Im Jahr 2017 lebten 689 Millionen Menschen (9,2 % der Weltbevölkerung) unter der 1,90 $-Grenze. Die Weltbank schätzt, dass durch COVID-19 weitere 88 bis 118 Millionen in die extreme Armut absinken und weitere 68 bis 132 Millionen bis 2030 durch die Folgen des Klimawandels hinzukommen.

FIGURE 0.1 Global Poverty Rate and Number of Poor at the US$1.90-a-Day Poverty Line, 1990–2017

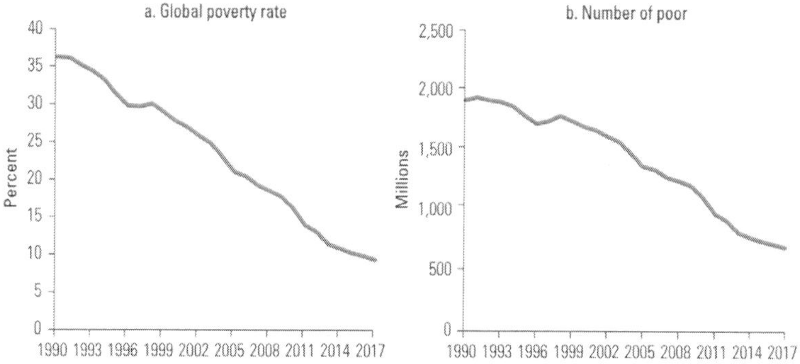

Source: PovcalNet (online analysis tool), World Bank, Washington, DC, http://iresearch.worldbank.org/PovcalNet/.
Note: The global coverage rule is applied (see annex 1A in chapter 1 in this report).

b. Poverty rates (%) at the US$1.90-a-day poverty line, by region, 1990–2018

	1990	1993	1996	1999	2002	2005	2008	2011	2014	2015	2016	2017	2018
East Asia and Pacific	60.9	53.2	40.4	37.9	29.1	18.3	14.8	8.1	2.6	2.1	1.7	1.4	1.2
Europe and Central Asia	3.1	5.2	7.0	7.7	5.7	4.7	2.7	2.0	1.8	1.5	1.3	1.3	1.1
Latin America and the Caribbean	15.2	14.2	13.9	13.7	12.1	10.0	7.0	5.7	4.1	3.8	3.9	3.9	3.8
Middle East and North Africa	6.6	7.1	6.3	4.0	3.4	3.2	2.8	2.3	2.7	3.8	5.1	6.3	7.2
South Asia	48.7	46.2	41.6	—	39.8	34.9	30.6	20.9	15.2	—	—	—[a]	—
Sub-Saharan Africa	55.7	60.6	59.8	59.4	56.4	52.0	49.0	45.3	42.1	41.8	41.7	41.0	40.2
Rest of the world	0.4	0.5	0.6	0.5	0.5	0.5	0.5	0.6	0.6	0.7	0.6	0.6	0.6

c. Number of poor (millions) at the US$1.90-a-day poverty line, by region, 1990–2018

	1990	1993	1996	1999	2002	2005	2008	2011	2014	2015	2016	2017	2018
East Asia and Pacific	976.9	891.5	702.1	681.8	538.4	346.2	285.9	159.7	53.3	42.2	35.3	29.3	24.5
Europe and Central Asia	14.4	24.5	33.0	36.2	26.7	22.1	12.9	9.7	8.7	7.3	6.2	6.5	5.6
Latin America and the Caribbean	66.3	65.6	67.6	69.8	64.4	55.3	39.9	33.7	25.2	23.6	24.5	24.4	24.2
Middle East and North Africa	15.0	17.4	16.6	10.9	10.0	9.7	9.0	8.0	9.8	13.8	19.1	24.0	28.0
South Asia	551.9	559.3	536.0	—	574.0	529.8	486.6	347.9	262.4	—	—	—[a]	—
Sub-Saharan Africa	283.8	335.0	358.4	384.8	395.1	394.4	403.4	404.2	407.9	416.4	426.8	430.8	433.4
Rest of the world	4.1	4.6	5.2	4.9	5.1	5.5	5.5	6.0	6.5	7.1	6.9	6.5	6.5

Source: PovcalNet (online analysis tool), World Bank, Washington, DC, http://iresearch.worldbank.org/PovcalNet/.

Die meisten Armen lebten 2018 in Staaten der Subsahara-Zone. Nach Schätzungen der Weltbank (Tabelle b und c auf der nächsten Seite) leben in diesen Ländern über 40 % unterhalb der Armutsgrenze. Insgesamt 431 Millionen Menschen sind davon betroffen, gefolgt von der Region Südasien mit 263 Millionen (15,2 %),[149] dem Mittlere Osten und Nordafrika mit 28 Millionen (7,2 %) und dem lateinamerikanisch-karibischen Raum mit 24,2 Millionen (3,8 %).

149 Stand: 2014

Armutsgrenzen in Ländern mit mittleren Einkommen

Als die Armutsgrenze von 1,90 $ für Staaten mit niedrigen Einkommen vor einigen Jahrzenten auf Basis der Armutsgrenzen der ärmsten Länder festgelegt wurde, lebten 60 % der Weltbevölkerung noch in jenen einkommensschwachen Staaten. Heutzutage ist das Bild stark verändert. Durch die Weiterentwicklung der Länder hin zu verbesserter Infrastruktur und durch den unermüdlichen Einsatz von UN-Organisationen wie der WHO oder UNESCO leben nur noch 9 % der Weltbevölkerung in Staaten mit niedrigen Einkommen. Der größte Teil der Menschheit lebte 2017 in Staaten mit niedrigen mittleren Einkommen (41 %) und in Staaten mit gehobenen mittleren Einkommen (39 %). Deshalb sah sich die Weltbank 2018 veranlasst, neben der 1,90 $-Armutsgrenze für einkommensschwache Länder Armutsgrenzen auch für Nationen mit mittleren Einkommen festzulegen. Diese wurden für die Länder mit niedrigen mittleren Einkommen auf 3,20 $ pro Tag bzw. auf 5,50 $ für Länder mit gehobenen mittleren Einkommen festgesetzt.

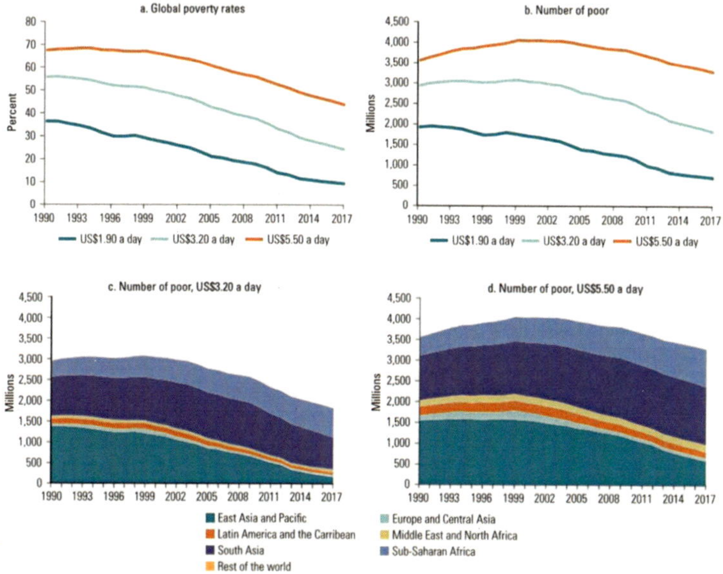

Source: PovcalNet (online analysis tool), World Bank, Washington, DC, http://iresearch.worldbank.org/PovcalNet/.
Note: Panel c shows the geographic distribution of the number of poor at the US$3.20 line and panel d shows the geographic distribution of the number of poor at the US$5.50 line. The figures reported for South Asia use the India estimate included in the global headcount (see box 1.2). The global number for 2017 uses the global coverage rule.

In obigen Grafiken sieht man, das weltweit 1,8 Milliarden Menschen weniger als 3,20 $ pro Tag zum Leben haben. Das sind auf die Weltbevölkerung von 2017[150] gerechnet über ein Viertel der gesamten Menschheit. Wenn wir die Armutsgrenze von 5,50 $ pro Tag als Messlatte anlegen, lebt fast die Hälfte der Weltbevölkerung, ungefähr 3,27 Milliarden Menschen, unterhalb dieser Linie. Diese Menschen haben nicht genug Geld, um sich regelmäßig gesunde Nahrungsmittel wie Obst, Gemüse und proteinhaltige Produkte zu kaufen.

Multidimensionale Armut

Eine andere Methode, Armut zu messen, ist es, die *Soziale Armut* (societal poverty) bzw. die *Multidimensionale Armut* (Multidimensional poverty measure) zu untersuchen. Mit letzterer befassen wir uns jetzt.

Wenn arme Menschen gefragt werden, durch welche Entbehrungen sie sich arm fühlen, nennen sie folgende Punkte:

- Mangel an Nahrungsmittel,
- Unsichere Behausungen aufgrund ungeeigneter Baumaterialien: Wellblechhütten, Lehmhütten, Holzhütten,
- Krankheit,
- Arbeitslosigkeit,
- Geringe oder keine formelle Bildung,
- Gefährliches Umfeld.

Diese Aspekte zeigen, dass Armut sich nicht allein durch Geldmangel äußert, obwohl dieser häufig die Ursache ist. Die multidimensionale Armut (MPM) deckt deutlicher auf, was sich hinter der formalen Tatsache verbirgt, sehr wenig Geld zu besitzen. Es klingt weniger dramatisch, wenn man sagt, jemand habe wenig Geld, als wenn man sagt, er hungere, müsse vergiftetes Wasser trinken, könne weder rechnen noch lesen und schreiben. Umgekehrt kann es aber auch bedeuten, dass einer Person genügend Geldmittel zur Verfügung stehen, so dass sie nicht unter Geldarmut leidet, aber aufgrund schwacher Infrastruktur trotzdem großen Mangel an sauberem Trinkwasser, ärztlicher Versorgung und sicheren Toiletten erfährt. Hinter Armut verbirgt sich ein Bündel komprimierter Benachteiligungen. Die Kombination aus Hunger, Unterernährung, schlechten hygienischen Verhältnissen, Wassermangel, Krankheiten, Gewalt, Krieg und Naturkatastrophen machen die Existenz der Betroffenen zu einem täglichen Überlebenskampf.

Multidimensionale Armutsstudie

Wir wollen uns nun mit einer Studie der World Bank, *Global Monitoring Database*, vom März 2021 über multidimensionale Armut

150 Diese lag bei 7.547.858.900 (United Nations Population Division, New York, World Population Prospects: *The 2019 Revision*, last accessed June 2019.

beschäftigen. Dieser Abschnitt richtet sich eher an Fachleute und empirische Sozialforscher. Menschen, die sich nicht täglich mit Zahlen und Statistik befassen, können getrost auf Seite 14 weiterblättern. Die Daten für diese Untersuchung basieren auf einer harmonisierten, zusammenfassenden Studie von Haushaltsumfragen aus den Jahren 2014 bis 2018, die in diesem Zeitraum in 124 Volkswirtschaften durchgeführt wurden. Der große Teil stammt hauptsächlich aus Haushaltsumfragen der Weltbank[151], die ungefähr bis zum Jahre 2017 durchgeführt worden waren. Nur die Daten aus Australien, Kanada, Deutschland, Israel, Südkorea und den Vereinigten Staaten entstammen der Luxembourg Income Study (LIS). Die Harmonisierung der Daten war schwierig, da Fragestellungen und vorgegebene Antwortmöglichkeiten je nach Umfrage bzw. Land differierten. Außerdem wurden in manchen Weltregionen nur in relativ wenigen Ländern Haushaltsumfragen durchgeführt (Abdeckung). So lag die Abdeckung in Südasien nur bei zweiundzwanzig Prozent, was hauptsächlich darauf zurückzuführen ist, dass Daten aus Indien nicht mit einflossen, weil zwischen 2014 und 2018 keine Umfragen durchgeführt wurden. In der Region Ostasien/Pazifik lag die Abdeckung bei dreißig Prozent. Die Abdeckung in den anderen Regionen lag bei achtundfünfzig bis neunundachtzig Prozent (siehe Tab. 1.1). Als zusätzliche Problematik kommen die unterschiedlichen Zeitpunkte der Umfragen hinzu. Das sind Gründe, weshalb die Resultate von anderen Untersuchungen abweichen.

Bei der Berechnung des absoluten Anteils der Bevölkerung, der 2017 multidimensional arm war bzw. unter der 1,90 $ Armutsgrenze lag, bin ich folgendermaßen vorgegangen: Ich wende das relative, prozentuale Ergebnis der Studie auf die gesamte Population der jeweiligen Weltregion an. Da ich die Datenlage als sehr signifikant betrachte und die Resultate aufgrund der hohen Anzahl der Erhebungen für repräsentativ halte (selbst in Südasien wurden trotz 20-prozentiger Abdeckungen 300 bis 400 Millionen Personen erfasst), bin ich der Ansicht, dass me-in Vorgehen relevante Ergebnisse liefert.

Datenerhebung und Methodik

Es wurden „sechs Indikatoren (Konsum oder Einkommen, Bildungsstand, Einschulung, Trinkwasser, Sanitärversorgung und Strom) ausgewählt und drei Dimensionen des Wohlbefindens (finanzieller Lebensstandard, Bildung, grundlegende Infrastruk-

151 *Global Monitoring Database, Data for Goals, Poverty and Equity Global Practice,* World Bank, Washington, DC

turleistungen) zugeordnet, um das MPM zu erstellen."[152] Die Entscheidung, ob Länder bzw. Regionen unter einem dimensionalen Mangel (*Deprivation*) leiden, wurde in jedem der 114 Volkswirtschaften auf Haushaltsebene berechnet.

Fällt der untersuchte Haushalt in eine oder mehrere der dimensionalen Mangelkategorien, fallen alle im Haushalt lebenden Einzelpersonen darunter. Die summierte Anzahl jener Einzelpersonen bildet dann den Anteil an der Bevölkerung auf nationaler Ebene ab. Im nächsten Schritt wurden die Resultate der Länder aus gleichen Subregionen zusammengefasst.

Einkommensparameter wurden wie folgt gemessen:

Einkommen (Money): Die im Haushalt lebenden Personen leiden unter Geldmangel, wenn die Ausgaben oder das Einkommen aller Person im Schnitt unterhalb von 1,90 $ pro Tag liegen.

Bildungsparameter wurden wie folgt gemessen:

Bildungsniveau (Educational attainment): Die im Haushalt lebenden Personen leiden unter Bildungsmangel, wenn kein Erwachsener ab einem Alter, welches der 9. Schulklasse entspricht, die Grundschule abgeschlossen hat.

Schulbesuch (Educational enrollment): Die im Haushalt lebenden Personen haben keinen Zugang zu Schulen, wenn mindestens ein schulpflichtiges Kind bis zur 8. Klasse nicht eingeschult worden ist.

Zugang zur Infrastruktur:

Strom (Electricity): Der Haushalt hat keinen Strom. Die im Haushalt lebenden Personen müssen ohne Elektrizität auskommen.

Sanitärversorgung und Toiletten (Sanitation): Der Haushalt hat keinen Zugang zu Toiletten. Die Mitglieder des Haushalts verrichten ihre Notdurft in Grubenlatrinen ohne Platte oder Plattform, Hängelatrinen, Eimerlatrinen oder im Freien.153

Trinkwasser (Drinking water): Der Haushalt hat keinen Zugang zu sauberem Trinkwasser. Die Mitglieder müssen ihr Trinkwasser aus einem ungeschützten Brunnen, einer ungeschützten Quelle oder aus oberirdischen Gewässern wie z.B. Flüssen, Seen oder Kanälen beziehen.[154]

152 Weltbank 2020

153 Siehe dazu: *Hygiene Leiter der WHO/UNICEF Joint Monitoring Programme for Water Supply, Sanitation and Hygiene (JMP)*

154 Ebd.

Tabelle 1.1 Indikatoren für dimensionalen Mangel

Dimension	Indikator
Geld	Der tägliche Verbrauch oder das Einkommen beträgt weniger als 1,90 $ pro Person.
Bildung	a) Mindestens ein schulpflichtiges Kind bis zur 8. Klasse ist nicht eingeschult.
	b) Kein Erwachsener im Haushalt, der im Alter von 9. Klässlern oder älter ist, hat die Grundschule abgeschlossen.
Zugang zur Infrastruktur	a) Der Haushalt hat keinen Zugang zu Trinkwasser mit begrenztem Standard (*Limited Standard*).
	b) Der Haushalt hat keinen Zugang zu sanitären Einrichtungen mit begrenztem Standard (*Limited Standard*).
	c) Der Haushalt hat keinen Zugang zu Strom.

Quelle: Weltbank 2020

Wir sehen uns zuerst die Verteilung in den einzelnen Kategorien bzw. Dimensionen der Subsahara und Südasien an, da diese zwei Regionen zu den ärmsten weltweit zählen. Da ich die Ungleichheiten zwischen reich und arm verdeutlichen möchte, vergleiche ich sie mit den Werten der Region Europa und Zentralasien und dem Rest der Welt.

Der **Geldmangel**, also die Anzahl der Menschen, die weniger als 1,90 $ pro Tag zur Verfügung haben, liegt in der Subsahara (SH) über 128 mal höher als in Europa und Zentralasien und fast 50 mal höher als im Rest der Welt. In Südasien leben 27 mal mehr Menschen unter der 1,90 $-Grenze als in Europa und Zentralasien und 10 mal so viele wie im Rest der Welt.

Der **Mangel an Bildung** ist in der der Subsahara ähnlich ausgeprägt wie beim Geld und betrifft 32,3 % der Bevölkerung: Dieser Wert liegt über 40 mal höher als in Europa und Zentralasien. Zwar ist die Ungleichheit an Bildung im Vergleich zur Geldarmut nur ein Drittel so groß, was aber hauptsächlich daran liegt, dass sich die Prozentzahl in Europa und Zentralasien im Vergleich zum Geldmangel dort mehr als verdoppelt hat, und nicht deshalb, dass sich das Bildungsniveau in der Subsahara gehoben hat. Auch im Vergleich zum Rest der Welt liegt der Faktor bei 40. In Südasien leben 27 mal mehr Menschen unter der 1,90 $-Grenze als in Europa und Zentralasien und 10 mal so viele wie im Rest der Welt. In Südasien ist das Bildungsniveau ähnlich schlecht wie in der Subsahara (31,4 %). Deshalb gelten obere Werte auch für Südasien.

Der Anteil der fehlenden **Einschulung** liegt in der Subsahara über 7-8 mal höher als in Europa und Zentralasien und 195 mal höher als im Rest der Welt. In Südasien liegt der Wert 2,5 mal höher als in Europa und Zentralasien und 64mal höher als im Rest der Welt.

Der Anteil der Menschen ohne **Stromversorgung** liegt in der Subsahara fast 29 mal höher als in Europa und Zentralasien und 462 mal höher als im Rest der Welt. In Südasien liegt der Wert 2,5 mal höher als in Europa und Zentralasien und 152 mal höher als im Rest der Welt.

Der Anteil der Menschen ohne **Toiletten** liegt in der Subsahara fast 7 mal höher als in Europa und Zentralasien und 300 mal höher als im Rest der Welt. In Südasien liegt der Wert über 4 mal höher als in Europa und Zentralasien und 186 mal höher als im Rest der Welt.

Der Anteil der Menschen ohne **sauberes Trinkwasser** liegt in der Subsahara fast 9 mal höher als in Europa und Zentralasien und 146 mal höher als im Rest der Welt. In Südasien liegt der Wert 1,7 mal höher als in Europa und Zentralasien und 29 mal höher als im Rest der Welt.

Anteile der Bevölkerung mit Deprivation

			Mangelbereich (Depri		
Region	**Jahr**	**Bevölkerung**	**Bildungsniveau**	**Schulbesuch**	**Strom**
Subsahara	2017	1.011.429.100	326.691.599	197.228.675	467.280.244
Südasien	2017	1.873.241.100	588.197.705	119.887.430	284.732.647
Europa/Zentralasien	2017	816.282.200	6.530.258	21.223.337	13.060.515
Welt	2017	7.547.858.900	1.162.370.271	445.323.675	883.099.491

Um zu entscheiden, ab welchem Grad von Mangel in den **Haushalten auch eine multidimensionale Armut** vorliegt, teilte man jeder dimensionalen Ausprägung einen Wert zu. Für jeden Mangel, unter welchem der Haushalt leidet, erhält er den Wert 1/3, 1/6 oder 1/9. Zum Schluss werden die Zahlen addiert.

Dimension	Parameter	Gewichtung
Geld	Der tägliche Verbrauch oder das Einkommen beträgt weniger als 1,90 $ pro Person.	1/3
Bildung	Mindestens ein schulpflichtiges Kind bis zur 8. Klasse ist nicht eingeschult.	1/6
	Kein Erwachsener im Haushalt (Schulalter 9. Klasse oder höher) hat die Grundschule abgeschlossen.	1/6
Zugang zur Infrastruktur	Der Haushalt hat keinen Zugang zu Trinkwasser mit begrenztem Standard (*Limited Standard*)	1/9
	Der Haushalt hat keinen Zugang zu sanitären Einrichtungen mit begrenztem Standard (*Limited Standard*).	1/9

Tabelle 1.3 Berechnung der multidimensionalen Armut in Haushalten

Wenn die Addition ≥ 1/3 ergibt, leidet der Haushalt an multidimensionaler Armut. Aus diesen Vorgaben folgt logisch:

- Haushalte, deren Kombinationen von Benachteiligungen und Mangel über Wert 1/3 hinausgehen, sind von multidimensionaler Armut betroffen (siehe Tabelle 1.4).
- Haushalte, welche unter der 1,90 $ Gelgrenze liegen, sind automatisch von multidimensionaler Armut betroffen.[155]
- Haushalte, welche in der Dimensionen *Bildung* oder *Infrastruktur* Benachteiligung bei allen zugeordneten Parametern erfahren, sind von multidimensionaler Armut betroffen.

Finanzen	Bildung		Infrastruktur				
Geld 1/3	Bildungsniveau 1/6	Schulbesuch 1/6	Strom 1/9	Toiletten 1/9	Trinkwasser 1/9	**Ergebnis ≥ 1/3**	**Multidimensionale Armut**
x						1/3	✓
x	x					1/2	✓
x	x	x				2/3	✓
x	x	x	x			7/9	✓
x	x	x	x	x		8/9	✓
x	x	x	x	x	x	1	✓
	x	x				1/3	✓
			x	x	x	1/3	✓
	x			x	x	7/18	✓
	x		x	x		7/18	✓
	x		x		x	7/18	✓
		x	x	x		7/18	✓
		x	x		x	7/18	✓
		x		x	x	7/18	✓

Tabelle 1.4 Berechnung Multidimensionale Armut von Haushalten

155 Studien zeigen, dass Geldarmut hochgradig mit multidimensionaler Armut korreliert (Weltbank, 2020)

Hochskaliert auf nationale und regionale Ebene ergibt sich folgendes Resultat:

TABLE 1.1 **Monetary and Multidimensional Poverty Headcount, by Region and the World, circa 2017**

Region	Monetary poverty, headcount ratio (%)	Multidimensional poverty, headcount ratio (%)	Number of economies	Population coverage (%)[a]
East Asia and Pacific	4.1	6.2	9	30
Europe and Central Asia	0.3	1.6	25	89
Latin America and the Caribbean	3.4	6.8	16	89
Middle East and North Africa	4.2	6.8	6	58
South Asia	8.1	15.0	5	22
Sub-Saharan Africa	38.5	53.8	31	74
Rest of the world	0.8	1.4	22	69
All regions	**9.1**	**14.0**	**114**	**50**[b]

Source: Global Monitoring Database

Wer unter der Armutsgrenze von 1,90 $ lebt, gilt seitens der Weltbank automatisch auch in multidimensionaler Hinsicht als arm. Wie wir jedoch sehen, ist der Anteil an multidimensionaler Armut höher als die rein monetär bedingte. Denn während in der **Subsahara** laut der Studie 38,5 % in der Armutsstatistik auftauchen, wenn ausschließlich sehr niedrige Einkommen als Faktor genommen werden, erhöht sich der Wert auf 53,8 %, wenn stattdessen hoher Bildungs- und infrastrukturelle Mangel mit in die Rechnung einfließt. **Das bedeutet, dass 15,3 % der Bevölkerung oberhalb der Armutsgrenze von 1,90 $ leben und trotzdem arm sind.** In der Darstellung in den vorigen Abschnitten, die andere Daten verwendet, lag der Anteil der einkommensarmen Bevölkerung bei 430 Millionen (ein geschätzter Anteil von über 40 %), bezieht man multidimensionale Armut ein, erhöht sich die Zahl der tatsächlich Armen auf 544 Millionen. In anderen Worten: 114 Millionen Menschen in der Subsahara sind arm, obwohl sie oberhalb der 1,90 $ Armutsgrenze leben.

Während in **Südasien** laut der Studie 8,1 %[156] in der Armutsstatistik auftauchen, weil ausschließlich sehr niedrige Einkommen als Faktor genommen werden, verdoppelt sich der Wert fast auf 15 %, wenn stattdessen hohe Bildungs- und infrastrukturelle Mängel mit in die Rechnung einfließen. Das bedeutet, dass knapp 7 % der Bevölkerung oberhalb der Armutsgrenze von 1,90 $ leben und trotzdem arm sind. Wenn wir dies auf die Bevölkerung hochrechnen, lag der Anteil der einkommensarmen Bevölkerung bei knapp 152 Millionen, bezieht man multidimensionale Armut ein, erhöht sich die Zahl der tatsächlich Armen auf 281 Millionen. In anderen

156 Bitte denken Sie daran, dass Indien nicht in Studie einbezogen wurde. Es ist der mit Abstand bevölkerungsreichste Staat der Region Südasien. Ich berechne die indische Bevölkerung deshalb mit (United Nations Population Division, New York, *World Population Prospects: The 2019 Revision, last accessed June 2019.)*

Worten: ca. 130 Millionen Menschen in Südasien sind arm, obwohl sie oberhalb der Geldarmutsgrenze von 1,90 $ leben.

Während **weltweit** laut Studie 9,1 % in der Armutsstatistik auftauchen, weil ausschließlich sehr niedrige Einkommen als Faktor herangezogen werden, erhöht sich der Wert auf 14 %, wenn stattdessen hohe Bildungs- und infrastrukturelle Mängel mit in die Rechnung einfließen. Das bedeutet, dass knapp 5 % der Erdbevölkerung, die oberhalb der Armutsgrenze von 1,90 $ leben, trotzdem arm sind. Wenn wir dies auf die Bevölkerung 2017 hochrechnen, lag der Anteil der einkommensarmen Bevölkerung bei knapp 687 Millionen; bezieht man multidimensionale Armut mit ein, erhöht sich die Zahl der tatsächlich Armen auf knapp 1,1 Milliarden. In anderen Worten: ca. 400 Millionen Menschen sind weltweit arm, obwohl sie oberhalb der 1,90 $-Armutsgrenze leben.

Hunger und Ernährung

Die betroffenen Menschen hungern, sind unterernährt und zählen zur Gruppe von Menschen, die in *extremer* Armut leben.

Unterernährung bedeutet, dass eine Person über einen Zeitraum von einem Jahr nicht in der Lage ist, genügend Nahrung zu sich zu nehmen, um den täglichen Mindestbedarf an Nahrungsenergie zu decken. Die FAO definiert **Hunger** als Synonym für **chronische Unterernährung.**[157]

Ihre Nahrungsmittel gehen oftmals aus; schlimmstenfalls haben diese Menschen an manchen Tagen oder tagelang nichts zu essen (Uno 2020). Die UNO spricht hier von *Schwerer Ernährungsunsicherheit.* Darunter litten 2019 weltweit 689 Millionen Personen. Das waren laut FAO 8,9 % der damaligen Weltbevölkerung. Der größte Hunger herrscht, wie leider nicht anders zu erwarten, in der Subsahara. Mehr als jeder fünfte ist dort unternährt, das entspricht 235 Millionen Menschen.

157 FAO, www.fao.org, Abruf Juni 2021

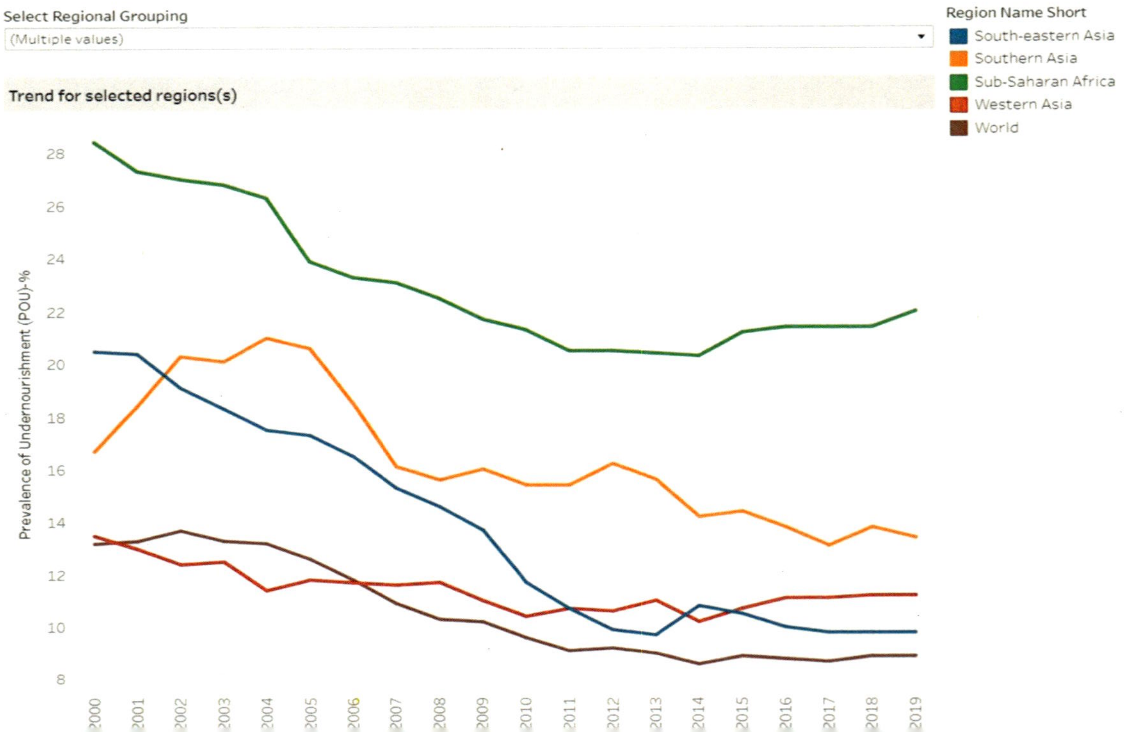
Select Regional Grouping
(Multiple values)
Trend for selected regions(s)
Region Name Short
South-eastern Asia
Southern Asia
Sub-Saharan Africa
Western Asia
World
Prevalence of Undernourishment (POU)-%
28
26
24
22
20
18
16
14
12
10
8
2000
2001
2002
2003
2004
2005
2006
2007
2008
2009
2010
2011
2012
2013
2014
2015
2016
2017
2018
2019

Diese Ernährungsverhältnisse führen weltweit bei 144 Millionen Kindern unter 5 Jahren zu Wachstumshemmungen. Zusätzlich leiden 47 Millionen in dieser Altersgruppe bereits an Auszehrung oder an akuter Mangelernährung aufgrund begrenzter Nährstoffaufnahme sowie Infektionen. Die meisten leben in der Subsahara. Laut dem FAO Bericht „The State of Food Security and Nutrition in the World 2020" liegen die Kosten für eine gesunde Ernährung weit über der internationalen Armutsgrenze von 1,90 US-Dollar pro Tag. Selbst der Preis für die billigsten gesunden Nahrungsmittel sind fünfmal höher als eine rein stärkebasierte Ernährung. Nährstoffreiche Milchprodukte, Obst, Gemüse und proteinreiche Nahrungsmittel (pflanzliche und tierische) gehören weltweit zu den teuersten Lebensmittelgruppen.[158] Dies bedeutet, dass Menschen 9,50 $ pro Tag zur Verfügung haben müssten, um sich einen Monat gesund zu ernähren. 2017 lebten laut Weltbank 43,6 % unter der Armutsgrenze von 5,50 $.[159] In absoluten Zahlen ausgedrückt besaßen 2017 somit mindestens 3,21 Mrd.[160] Menschen weniger als 5,50 $ pro Tag. Aus diesen Zahlen können wir schlussfolgern, dass mindestens 3,21 Mrd. sich nicht gesund ernähren können. Zu diesem Ergebnis gelangt in seinen Kernaussagen auch der Bericht „The State of Food Security and Nutrition in the World 2020". Hierin kommt man bei einer konservativen Schätzung auf über drei Milliarden Menschen weltweit, die sich keine gesunde Ernährung leisten konnten. Das führt weltweit zu Fehlernährungen in all ihren Formen.

Gesundheit und Medizinische Versorgung

Die WHO teilt die Welt in sechs Regionen ein, die vom *Standard Country oder Area Codes for Statistical Use* der UNO abweicht (Beispielsweise werden Afghanistan, Irak, Jemen und Marokko der Region „Östliches Mittelmeer" zugeordnet). In jeder dieser Regionen unterhält die WHO ein Regionalbüro.

1. **Afrika (AFRO) mit dem WHO Regional Büro in Brazzaville**
   Bevölkerung 2016: 1 Milliarde 19 Tausend[161]
   Länder:47

158 FAO: The State of Food Security and Nutrition in the World 2020"

159 Website der Weltbank, www.worldbank.org/en/topic/poverty/overview; Abruf 8.2.21

160 Die Weltbevölkerung lag 2017 laut Statista.de 2020 bei 7,55 Mrd. Menschen.

161 GHO Datenbank, Tabelle auf https://apps.who.int/gho/data/view.main-afro.POP2020?lang=en

Algerien, Angola, Benin, Botswana, Burkina Faso, Burundi, Kamerun, Kap Verde, Zentralafrikanische Republik, Tschad, Komoren, Kongo, Elfenbeinküste, Demokratische Republik Kongo, Äquatorialguinea, Eritrea, Eswatini, Äthiopien, Gabun, Gambia, Ghana, Guinea, Guinea-Bissau, Kenia, Lesotho, Liberia, Madagaskar, Malawi, Mali, Mauretanien, Mauritius, Mosambik, Namibia, Niger, Nigeria, Ruanda, Sao Tome und Principe, Senegal, Seychellen, Sierra Leone, Südafrika , Südsudan, Togo, Uganda, Vereinigte Republik Tansania, Sambia, Simbabwe.
World Health Organization - Regional Office for Africa, Cité du Djoué, P.O.Box 06, Brazzaville, Republic of Congo, Email: afrgocom@who.int

2. **Amerika (PAHO) mit dem WHO Regional Büro in Washington**
Bevölkerung 2016: 992 Millionen 156 Tausend[162]
Länder: 35
Antigua und Barbuda, Argentinien, Bahamas, Barbados, Belize, Bolivien, Brasilien, Kanada, Chile, Kolumbien, Costa Rica, Kuba, Dominica, Dominikanische Republik, Ecuador, El Salvador, Grenada, Guatemala, Guyana, Haiti, Honduras, Jamaika, Mexiko , Nicaragua, Panama, Paraguay, Peru, St. Kitts und Nevis, St. Lucia, St. Vincent und die Grenadinen, Suriname, Trinidad und Tobago, USA, Uruguay, Venezuela.
Pan American Health Organization, 525 23rd Street NW, Washington, DC 20037, USA, Tel.: +1 (202) 974-3000

3. **Östlicher Mittelmeerraum (EMRO) mit dem WHO Regional Büro in Kairo**
Bevölkerung 2016: 664 Millionen 336 Tausend[163]
Länder: 21
Afghanistan, Bahrain, Dschibuti, Ägypten, Iran (Islamische Republik), Irak, Jordanien, Kuwait, Libanon, libysch-arabisch Jamahiriya, Marokko, Oman, Pakistan, Katar, Palästina, Saudi-Arabien, Somalia, Sudan, Arabische Republik Syrien, Tunesien, Vereinigter Araber Emirate, Jemen.
World Health Organization, Regional Office for the Eastern Mediterranean, Monazamet El Seha El Alamia Str, Extension of Abdel Razak El Sanhouri Street, P.O. Box 7608, Nasr City, Cairo 11371, Egypt, Telephone: (+20) 2 22765000

162 Ebd.
163 Ebd.

4. **Europa (EURO) mit dem WHO Regional Büro in Kopenhagen**
   Bevölkerung 2016: 916 Millionen 315 Tausend[164]
   Länder: 53
   Albanien, Andorra, Armenien, Aserbaidschan, Weißrussland, Belgien, Bosnien und Herzegowina, Bulgarien, Kroatien, Zypern, Tschechische Republik, Dänemark, Estland, Finnland, Frankreich, Georgien, Deutschland, Griechenland, Ungarn, Island, Irland, Israel, Italien, Kasachstan, Kirgisistan, Lettland , Litauen, Luxemburg, Malta, Monaco, Montenegro, Niederlande, Nordmazedonien, Norwegen, Polen, Portugal, Österreich, Republik Moldau, Rumänien, Russische Föderation, San Marino, Serbien, Slowakei, Slowenien, Spanien, Schweden, Schweiz, Tadschikistan, Türkei, Turkmenistan, Ukraine, Vereinigtes Königreich Großbritannien und Nordirland, Usbekistan.
   WHO Regional Office for Europe, UN City, Marmorvej 51, DK-2100 Copenhagen Ø Denmark

5. **Südost-Asien mit dem WHO Regional Büro in New Dehli**
   Bevölkerung 2016: 1 Milliarde 947 Millionen 632 Tausend[165]
   Länder: 53
   Bangladesch, Bhutan, Nord Korea, Indien, Indonesien, Malediven, Myanmar, Nepal, Sri Lanka, Thailand, Timor-Leste
   World Health House, Indraprastha Estate, Mahatma Gandhi Marg, New Delhi 110 002, India

6. **Westliche Pazifik Region mit dem WHO Regional Büro in Manila**
   Bevölkerung 2016: 1 Milliarde 889 Millionen 901 Tausend[166]
   Länder: 53
   Amerikanisch-Samoa Australien, Brunei Daressalam, China, Cook Islands, Fiji, Japan, Kambodscha, Kiribati, Laos, Macao, Malaysia, Marshall Inseln, Mikronesien, Mongolei, Nauru, Neukaledonien, Neuseeland, Niue, Nördliche Mariannen Graben, Palau, Papua Neu Guinea, Philippinen, Singapur, Südkorea, Samoa, Solomon Inseln, Tokelau, Tonga, Tuvalu, Vanuatu, Vietnam.

2017 verfügten 3,9 bis 4,9 Mrd. Menschen über keine medizinische Grundversorgung.[167] Die *WHO definiert Medizinische Grundversorgung* **folgendermaßen:**

164 Ebd.
165 Ebd.
166 Ebd.
167 Die Weltbevölkerung betrug 7,54 Milliarden im Jahre 2017

Alle Menschen haben am Ort und zum Zeitpunkt ihres Bedarfs Zugang zu den für sie notwendigen Gesundheitsdiensten, ohne dass ihnen finanzielle Härten entstehen. Sie umfasst die gesamte gesundheitliche Grundversorgung, von der Gesundheitsförderung über Prävention und Behandlung bis zu Rehabilitation und Palliativversorgung. (UNO 2020)

Der überwiegende Teil lebt in Ländern mit niedrigem oder mittlerem Einkommen. Insgesamt liegt die Lebenserwartung in diesen Regionen deutlich unter derjenigen, die in wohlhabenden Staaten leben. Folgende Daten über den weltweiten Gesundheitszustand stammen vom Global Health Observatory (GHO), dem Datenportal der WHO (www.who.int/data/gho). Die kompletten Daten entnehmen sie bitte dem Anhang D. Aus sprachlichen Gründen kürze ich den Namen der WHO Regionen ab. Wenn ich im weiteren Verlauf von Afrika oder von Afrikanern, Europa oder Europäern usw. spreche, beziehe ich mich auf Mitglieder und im anderen Fall auf die Bevölkerung der WHO Regionen – denn WHO Regionen unterschieden sich von den Regionen der UN. Beispielsweise gehören die der UN-Region Afrika zugeordneten Länder Dschibuti, Ägypten, Libyen, Somalia, Sudan und Tunesien zur WHO Region *Östlicher Mittelmeerraum*.

Die Lebenserwartung von Afrikanern lag 2016 bei 61 Jahren und war damit 16 Jahre geringer als in Europa oder Amerika (77 Jahre). Die Lebensspanne von Afrikanern ist um über fünfundzwanzig Prozent kürzer als bei Menschen im Westen. 1,3 Milliarden Menschen in Südostasien und den östlichen Mittelmeerländern haben eine Lebenserwartung von 69 und bleiben damit 8 Jahre hinter Nordamerika und Europa zurück. Bemerkenswert ist die Tatsache, dass in allen Regionen, trotz unterschiedlicher Lebenserwartung, der Anteil an gesunden Lebensjahren ungefähr gleich ist. Er liegt zwischen 86,9 % und 89,6 % (Durchschnitt bei 87,8 %). Im Umkehrschluss lebt die gesamte menschliche Bevölkerung durchschnittlich 8 Jahre und 6 Monate ihres Lebens in Krankheit (12,2 %).

Die Müttersterblichkeitsrate lag 2017 in der Region Afrika bei 525 pro 100.000 Lebendgeburten. Die Sterblichkeitsrate ist über 40 Mal so hoch wie in Europa und circa 10 mal so hoch wie in Amerika. Die Sterblichkeitsrate der unter 5-Jährigen lag im selben Zeitraum (pro 100 000 Lebendgeburten) in Afrika mit 76 um das acht- bis neunfache über der Rate von Europa und um das sechs- bis siebenfache über der Quote Amerikas bzw. der Region West-Pazifik.

Sterblichkeitsrate von Kindern unter 5 Jahren – 2000 und 2015 (Todesfälle pro 1.000 Lebendgeburten)

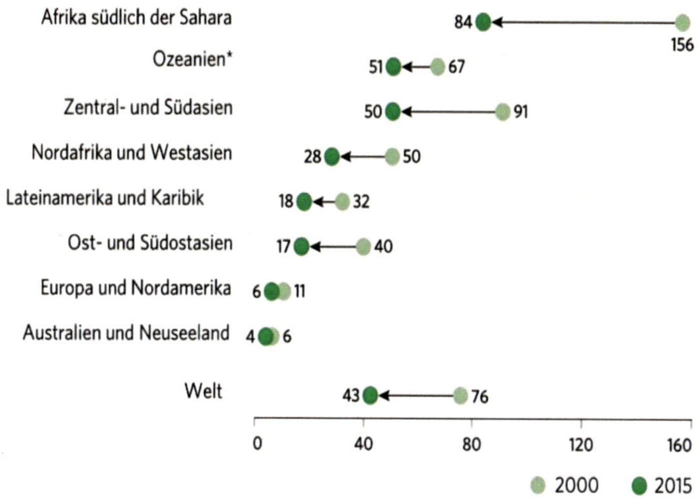

Die Neugeborenen Sterblichkeitsrate (pro 1000 Lebendgeburten) lag 2018 im östlichen Mittelmeerraum und Afrika mehr als fünfmal höher als in Europa und fast viermal höher als in Amerika. Es starben laut Unicef in der Subsahara 1 Million, in Zentral- und Südasien 942 Tausend Babys direkt oder kurz nach ihrer Geburt. In Europa liegt die Geburtensterblichkeit gerade einmal bei 21 Tausend und in Nordamerika sogar bei 15 Tausend. In absoluten Zahlen sterben in den ärmsten Ländern ungefähr 50 mal so viele Babys wie im Westen.[168] (siehe die folgende Tabelle).

168 Diese Zahlen stammen von der UNICEF, die die Regionen wiederum nach UN-Regionen einteilt. Ja, es ist verwirrend,

TABLE 4 **Levels and trends in the number of neonatal deaths by Sustainable Development Goal region, 1990–201**

Region	Number of neonatal deaths (thousands)							Decline (per cent)	Neonatal deaths as a share of under-five deaths (per cent)		
	1990	1995	2000	2005	2010	2015	2018	1990–2018	1990	2000	2018
Sub-Saharan Africa	985	1,050	1,085	1,069	1,052	1,029	1,016	-3	26	28	36
Northern Africa and Western Asia	284	246	215	193	181	168	157	45	42	47	53
Northern Africa	153	132	116	109	107	102	95	38	40	45	53
Western Asia	131	114	99	84	74	67	62	53	44	48	53
Central and Southern Asia	2,285	2,094	1,849	1,572	1,302	1,056	942	59	46	50	61
Central Asia	44	40	32	29	27	22	19	56	40	42	51
Southern Asia	2,241	2,054	1,817	1,543	1,274	1,034	922	59	46	50	62
Eastern and South-Eastern Asia	1,095	822	634	462	347	264	224	80	48	51	50
Eastern Asia	760	537	393	247	156	102	78	90	53	57	50
South-Eastern Asia	335	285	241	216	192	162	146	57	39	44	50
Latin America and the Caribbean	267	226	182	140	118	104	95	64	42	48	55
Oceania	7	7	7	8	7	7	7	8	39	42	48
Australia and New Zealand	1	1	1	1	1	1	1	35	49	55	62
Oceania (exc. Australia and New Zealand)	6	6	6	6	6	6	6	2	38	41	47
Europe and Northern America	98	75	60	53	46	41	36	63	51	54	54
Europe	74	54	41	33	28	24	21	71	51	53	54
Northern America	24	21	20	20	18	16	15	38	52	55	55
Landlocked developing countries	521	527	516	486	456	413	392	25	30	31	44
Least developed countries	1,113	1,095	1,061	993	920	852	821	26	31	32	41
Small island developing States	32	30	28	27	27	24	23	29	35	39	48
World	**5,022**	**4,521**	**4,032**	**3,496**	**3,053**	**2,669**	**2,476**	**51**	**40**	**41**	**47**

Note: All calculations are based on unrounded numbers.

Quelle: UN, UNICEF, WHO und Weltbank: *Levels and trends in child mortality*, Bericht 2019 von der UN Intergency Group for Child Mortality Estimation

Die Neuinfektionsrate mit dem HIV-Virus in der Region Afrika ist mit Abstand die größte weltweit. 2018 kamen auf 1000 Nichtinfizierte eine Person (Genau 1,07), die sich mit dem HIV-Virus infiziert hatte. Die zweithöchste Rate weltweit liegt bei 0,19 in Europa und 0,16 in Amerika. In Afrika steckten sich mehr als fünf- bis sechsmal so viele Menschen mit HIV an wie in Europa und sechs- bis siebenmal so viele wie in Amerika. Im Vergleich zu Regionen mit den niedrigsten Infektionsraten (Westlicher Pazifik und Östlicher Mittelmeerraum) ist die Rate in Afrika 15 bis 16 mal so hoch. 2020 infizierten sich in den UN-Regionen Ost- und Südafrika und West- und Zentralafrika schätzungsweise insgesamt 870 Tausend Personen mit HIV – das macht über die Hälfte der weltweiten Neuinfektionen aus.[169] In diesen Gebieten leben insgesamt 25 Millionen Menschen, die HIV positiv sind. Das sind 67 % aller Infizierten weltweit.[170] Im Vergleich dazu: In ganz Westeuro-

169 AIDSinfo [online database]. Geneva: Joint United Nations Programme on HIV/AIDS (UNAIDS) (http://aidsinfo.unaids.org/, Abruf 20 April 2020)
170 Ebd.

pa, Mitteleuropa und Nordamerika leben lediglich 2,2 Millionen infizierte Personen.

Tuberkulose zählt weltweit zu den 10 häufigsten Todesursachen und ist besonders in Südostasien und Afrika anzutreffen. Die Tuberkulose Inzidenz auf 100.000 Einwohner lag 2018 in Afrika bei schätzungsweise 231 und somit achtmal höher als der Wert in Europa bzw. Amerika. 2019 stieg der Inzidenzwert auf 246. Somit erkrankten in der Region Afrika 2.246.000 Einwohner, von denen 546.000 starben. Das entspricht einer Letalitätsrate von 20 %. Über ein Drittel der Toten litt an HIV. In Amerika und Europa klagten jeweils 246.000 Bewohner über Tuberkulose, von denen 23.000 bzw. 26.000 Menschen starben, was einer Letalitätsrate um 10 % entspricht. Der Unterschied in der doppelt so hohen Letalitätsrate liegt darin begründet, dass in letzteren Regionen durchschnittlich 30 % mehr Patienten behandelt werden und die Anzahl der HIV-Infizierten in Afrika zehnmal so hoch ist.

Malaria ist die häufigste Infektionskrankheit der Welt.[171] Sie kommt überwiegend in tropischen Regionen der südlichen Halbkugel vor. Malaria wird durch den Stich der weiblichen Anopheles-Mücke übertragen, wodurch Parasiten der Gattung Plasmodium in die Blutbahn gelangen und die Erkrankung auslösen. In Europa und Nordamerika tritt Malaria nicht auf.

171 Wikipedia, Suchbegriff: Malaria; Abruf: August 2021

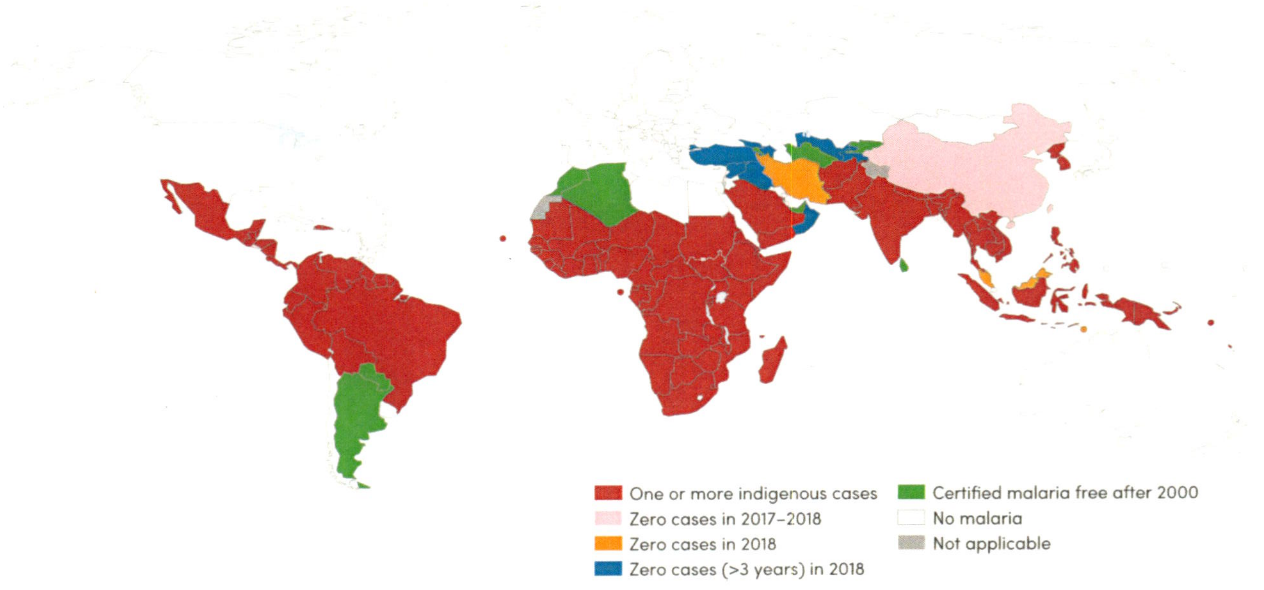

WHO: World Health Organization.

Die Zahl der weltweiten Malaria Fälle wurde 2018 auf 228 Millionen geschätzt, 213 Millionen davon traten in der Region Afrika auf.[172] Fast 85 % der Fälle konzentrieren sich auf Indien und 18 Länder der WHO Region Afrika, insbesondere auf Nigeria (25 %), den Kongo (12 %), Uganda (5 %), Elfenbeinküste (4 %), Mozambique (4 %) und Niger (4 %). Die Inzidenzrate auf 1000 Einwohner in den betroffenen Gebieten lag weltweit bei 57, in Afrika lag der Wert bei 229,3. Insgesamt fielen der Malaria ungefähr 406 Tausend Menschen zum Opfer, der Großteil der Toten (94 %) lebte in Afrika, die meisten davon in Nigeria (25 %). Die gefährdetste Altersgruppe sind Kinder unter 5 Jahren. 272 Tausend starben an Malaria, das sind 67 % aller Toten.[173]

2015 fielen der Hepatitis B und C weltweit 1.320.000 Menschen zum Opfer. Über die Hälfte (720.000) starb an Leberzirrhose und 470 Tausend an primärem Leberkrebs.[174] 328 Millionen leiden an chronischer Hepatitis. (Hepatitis B = 257 Millionen und Hepatitis C = 71 Millionen). Die meisten Hepatitis B Fälle gibt es in der West-Pazifik Region mit geschätzten 115 Millionen Betroffenen, gefolgt von Afrika mit schätzungsweise 60 Millionen. Beide haben einen Bevölkerungsanteil von über 6 %. Dieser Prozentsatz liegt viermal so hoch wie in Europa und neunmal so hoch wie in Amerika.

	Estimates of the prevalence of HBV infection (%)			Estimated number of persons living with HBV (millions)		
		Uncertainty interval (95%)			Uncertainty interval (95%)	
WHO region	Best	Lower	Higher	Best	Lower	Higher
African Region	6.1	4.6	8.5	60	45	84
Region of the Americas	0.7	0.4	1.6	7*	4	16
Eastern Mediterranean Region	3.3	2.6	4.3	21	17	28
European Region	1.6	1.2	2.6	15	11	23
South-East Asia Region	2.0	1.5	4.0	39	29	77
Western Pacific Region	6.2	5.1	7.6	115	93	140
Total	3.5	2.7	5.0	257	199	368

Source: WHO, work conducted by the London School of Hygiene & Tropical Medicine (LSHTM). See Annex 2.

Der Anteil von Kindern unter 5 Jahren mit Hepatitis B ist in Afrika mit schätzungsweise 2,34 % sehr hoch. Weltweit liegt der Schnitt hier bei 0,8 %. Afrikanische Kinder erkranken 33 mal häufiger an Hepatitis B als amerikanische und 9-mal häufiger als europäische.[175]

---

172 World malaria report 2019. Geneva: World Health Organization; 2019. Licence: CC BY-NC-SA 3.0 IGO.

173 Ebd.

174 Global Hepatitis Report 2017. Geneva: World Health Organization; 2017.
Licence: CC BY-NC-SA 3.0 IGO

175 GHO Datenbank

Das Leben in Afrika ist gefährlich. Das Risiko, an Tuberkulose, Hepatitis, Aids oder Malaria zu erkranken oder zu sterben, liegt um ein Vielfaches höher als in Europa oder Nordamerika. Über ein Drittel der Bevölkerung (ca. 297 Millionen[176]) leiden an einer dieser Krankheiten bzw. sind infiziert. Als ob das nicht reichen würde, sterben in Afrika weltweit mit Abstand am meisten Menschen an den Folgen von Luftverschmutzung, Hygienemangel (Sanitär, Wasser, allgemeine Lebensbedingungen), chemischen Giften und Verkehrsunfällen.

Zugang zu Bildung

Über 750 Millionen Erwachsene sind Analphabeten[177] und können weder lesen noch schreiben. Die Ursache liegt darin begründet, dass 19 % aller Kinder und Jugendlichen im Jahr 2000 und 17 % im Jahre 2018 weder Grund- noch Sekundarschule besuchten. In Zahlen ausgedrückt waren dies 258 Millionen (Dreiviertel davon leben in Staaten der Subsahara und Südasiens). Dadurch erlernten diese Menschen niemals lesen und schreiben.

In Ländern mit niedrigem Einkommen brechen 45 % aller Grundschüler vorzeitig ab. Die 20 % der Ärmsten in diesen Ländern mit niedrigen Einkommen haben eine Abbruchquote von 66 %. Der Zugang zu Bildung, insbesondere zu den Sekundarstufen, ist für Menschen mit niedrigem Einkommen schwer erreichbar. Während in die Grundschule noch 84 % der Kinder eingeschult werden, melden sich in die Sekundarstufe I (Lower Secundary) nur noch 63 % und in die Sekundarstufe II nur 39,5 % an. Weltweit besuchen knapp 35 % aller Kinder nicht die Sekundarstufe II (Upper Secundary), womit über 137 Millionen Kindern und Heranwachsenden der Zugang zu höherer Bildung, Berufsausbildung und zu Fachberufen verwehrt bleiben[178]

---

176 Die gesamte Anzahl der statistisch Erkrankten liegt bei ungefähr 300 Millionen 460 Tausend. Es müssen aber 2,9 Millionen HIV-Infizierte abgezogen werden, die sowohl HIV positiv sind als auch unter Tuberkulose oder Hepatitis B leiden.

177 Deutsche UNESCO-Kommission, Pressemitteilung vom 6.9.2018: *Noch immer mindestens 750 Millionen Analphabeten weltweit*

178 UNESCO Institute for Statistics (UIS), 2019, Berechnung auf den Indikatoren: Enrolment by level of education, Enrolment ratios by level of education, Out-of-school children, adolescents and youth (number)

	Primarstufe		Sekundarstufe I		Sekundarstufe II	
	Kinder, die keine Schule besuchen		Heranwachsende die keine Schule besuchen		Heranwachsende die keine Schule besuchen	
Region	Anzahl	%	Anzahl	%	Anzahl	%
Welt	58.361.720	7,32%	61.195.983	15,34%	137.484.939	34,28%
Subsahara Region	31.131.274	15,21%	28.536.291	41,72%	37.407.576	63,87%
Niedrige Einkommen	20.272.428	15,83%	18.596.136	43,97%	25.002.250	66,43%
Niedrige mittlere Einkommen	28.617.200	8,41%	31.424.593	18,20%	87.699.983	44,44%
Mittlere Einkommen	-	-	41.504.276	13,44%	109.384.274	34,71%
Hohe mittlere Einkommen	8.176.242	3,29%	10.079.684	7,41%	21.684.290	18,40%
Hohe Einkommen	1.295.773	1,60%	1.095.532	2,32%	3.098.114	6,44%

Darüber hinaus bekommen selbst Heranwachsende aus ärmeren Familien der Subsahara, die die Sekundarstufe abschließen, meistens keinen Zugang zum Arbeitsmarkt. Deshalb ist „in vielen Staaten [*der Subsahara*] die Großzahl junger Menschen weder in Ausbildung, noch in Beschäftigung, gleichzeitig fehlen gut ausgebildete Fachkräfte“.[179]

In Ländern mit hohen Einkommen besuchen nur 3,1 Millionen Schüler nicht die Sekundarstufe II. In der Subsahara liegt die Zahl mit 37,4 Millionen mehr als zwölfmal so hoch. In Ländern mit niedrigen Einkommen besuchen 25 Millionen nicht Sekundarstufe II – bis auf 21 Staaten, darunter Zimbabwe, Südafrika, Inseln wie die wohlhabenden Seychellen und Mauritius, gehören alle Subsahara-Staaten zu Ländern mit niedrigem Einkommen. Der Anteil der Heranwachsenden, welche diese Bildungsstufe nicht erreichen liegt über achtmal höher als in reichen Ländern.

Warum wird so ein großer Wert auf Bildung gelegt? Schulbesuch und vor allem Schulabschluss entscheiden in Regionen mit niedrigen und niedrigen mittleren Einkommen, ob unser Leben in Armut verläuft oder nicht. Nehmen wir die 750 Millionen Analphabeten. Es ist ihnen vorbestimmt, nur Hilfsarbeiterjobs mit Niedriglöhnen zu bekommen. Überlegen wir einmal, welche Tätigkeiten übrigbleiben, wenn man weder schreiben noch lesen kann. Es ist weder möglich, schriftliche Anweisungen zu verstehen und umzusetzen, noch Beschriftungen zu lesen. Es bleiben zumeist nur harte körperliche Arbeiten wie auf dem Feld, in Minen oder beim Bau. Frauen können auch als Dienstmädchen, Serviererinnen, Hilfsköchinnen und Reinigungskräfte in Hotels oder privat arbeiten. Ebenfalls können sie Näherin in Textilfabriken werden oder einfache Arbeiten im Krankenhaus verrichten. Männer in jenen Regionen lehnen obige sogenannte „Frauenarbeiten“ häufig ab. Sie bekommen oft Hilfsjobs als ungelernte Mechaniker (in Autowerkstätten, Fabriken), als Fahrer, Handwerker oder Hausmeister.

179 Haßler et al., *Die Berufsbildung in Subsahara-Afrika*; www.govet.international/de/117249.php

Alle genannten Tätigkeiten werden schlecht bezahlt. Jegliche Aufstiegschancen werden Analphabeten verweht bleiben, da sie die Minimalqualifikation, Lesen und Schreiben zu können, nicht mitbringen.[180] In der Realität haben Analphabeten keine feste Arbeit, sie sind de facto arbeitslos und halten sich mit wechselnden Gelegenheitsjobs über Wasser. Die Folgen schlechter Bezahlung sind ein fataler Teufelskreislauf. Analphabeten können sich nicht genug zu essen kaufen, wodurch sie auszehren. Dadurch können sie keine oder kaum schwere Arbeiten auf dem Feld oder dem Bau verrichten und finden noch seltener Arbeit. Mangelernährung macht sie anfälliger für Krankheiten, wofür sich Analphabeten keine Medikamente kaufen können. Sie fallen öfter Aids, Tuberkulose, Hepatitis oder Malaria zum Opfer. Frauen bringen als Folge von Auszehrung und Mangelernährung Babys mit geringem Geburtsgewicht auf die Welt. Das erhöht das Gesundheits- und Sterberisiko der Kinder nach der Geburt bis zu ihrem 5. Lebensjahr deutlich. Die Kinder leiden aufgrund des geringen Einkommens der Eltern auch unter Mangelernährung – ein Fünftel leidet daher weltweit an Wachstumsstörungen und Auszehrung. Um in der Familie das Geld für Essen, Medikamente und Haushalt aufzubessern, werden die Kinder früh arbeiten geschickt. Dadurch besuchen sie nicht oder nur kurz die Grundschule, bleiben meist Analphabeten, und der Kreislauf beginnt von vorne.

Um dieser Ausweglosigkeit zu entkommen, „wählen" einige Frauen den Weg als Prostituierte (oft für Sextouristen), um sich und ihrer Familie ein gehobeneres Einkommen zu sichern; oder sie versuchen, einen Westler zu heiraten, welcher sie und ihren Kindern Zugang zur EU oder Nordamerika verschafft. Das sind selten Liebesheiraten. Es ist mehr ein Zweckbündnis: Männer, die älter sind oder aufgrund von Behinderungen oder bestimmter anderer Eigenschaften im Westen keine Frau finden, erhalten Zärtlichkeit und Sex, die Frauen ein besseres und sicheres Leben. Umgekehrt gilt das auch für europäische Frauen (häufig in mittleren Jahren), die auf der Suche nach jungen, knackigen Schwarzen sind, die sie nicht selten auch heiraten.

Ein anderer Weg, dem Elend scheinbar zu entrinnen, ist die Kriminalität. Manche Männer versuchen als Kriminelle mit Diebstählen, Drogenschmuggel, Überfällen und Morden genug Geld zu verdienen. Heutzutage, in Zeiten von Emails, kostenloser internationalen Internet- und Videotelefonie, versuchen sich viele als Betrüger. Die Kinder von Kriminellen bleiben häufig in dem Milieu,

180 In Afrika ist es Tradition, Wissen mündlich und durch gutes Zuhören weiterzugeben. Deshalb öffnen sich ein paar Türen mehr für Analphabeten als im Westen.

weil die Verlockungen des schnellen Geldes sehr groß sind, und schlagen eine kriminelle Laufbahn ein.

Obige Lebenswege gelten für Analphabeten. Viele Menschen in Ländern mit geringem Einkommen und geringen mittleren Einkommen teilen dieses Schicksal. Sie ist eine Blaupause für den Weg von Analphabeten, trifft aber auch in leicht abgeschwächter Version auf Menschen zu, die zwar lesen und schreiben können, die Schule aber vor Abschluss der Sekundarstufe abgebrochen haben. In der Subsahara bekommen aber, wie bereits erwähnt, selbst Heranwachsende, die die Sekundarschule abschließen, aufgrund der Arbeitsmarktbedingungen selten einen Job. Da den Jugendlichen diese Tatsache bewusst ist, beginnen sie eine Ausbildung erst gar nicht.[181]

Nachbemerkung: Die Corona-Krise verschärft die Situation der Armen. Viele Nahrungsmittel, Medikamente und technische Hilfsmittel gelangen nicht mehr in diese Länder. Gelder fehlen und freiwillige Helfer müssen zurück in ihre Heimat. Lockdowns wie z.B. in den Großstädten Indiens wirkten sich verheerend auf die Masse der Hilfsarbeiter und Bettler aus.

Warum habe ich dieses aktuelle Thema in der Beschreibung der schlimmen Lebensverhältnisse nicht einfließen lassen? Es sollte nicht der Eindruck entstehen, dass Corona die Ursache für Armut ist. Massive weltweite Armut gab es schon lange vor Corona, und es wird sie, wenn nichts Entscheidendes getan wird, auch lange nach der Pandemie geben.

Beseitigung der globalen Armut

Die UNO und ihre Organisation leisten hervorragende Arbeit, um das Leid der Armen zu mildern. Ich bedanke mich von Herzen bei den Tausenden Helfern, die seit Jahrzehnten im selbstlosen humanitären Einsatz unterwegs sind, um den Ärmsten ein Leben in Würde zu erkämpfen. Meinen allergrößten Respekt! Relativ gesehen hat die UN großartiges vollbracht. Es ist besser geworden. Wirklich. Relativ. Eigentlich träfe „weniger katastrophal" den Sachverhalt besser, wenn wir das Leben im Westen als Vergleich heranziehen. Man hat der UNO einen rostigen, maroden Eimer mit Tausend Löchern überreicht. Mit der Zeit werden zwar immer mehr Lücken gestopft, aber bereits gestopfte Löcher brechen

181 Meine Darstellung ist eine vereinfachte, pauschalierte Darstellung. Viele Faktoren wie Alter, Geschlecht, Land, BIP, Arbeitsmarktsituation, Unterschied Stadt und Land etc., die ich nicht einbezogen habe, beeinflussen eine Biografie individuell. Meine Beschreibung versucht den Prozess auf den Punkt zu bringen.

wieder auf, neue kommen hinzu, werden wieder gestopft, und so weiter. Eine Sisyphos-Aufgabe, die nie aufhören wird – die Chance, eines Tages alle Löcher zu schließen, ist so gut wie Null. Die globalen Verhältnisse sind im Großen und Ganzen immer noch so wie seit der Kolonialisierung. Die Unterschiede von der Subsahara zum Westen sind gravierend. Es ist, als ob wir auf 2 Planeten lebten. Es ist für uns schon Normalität, dass fast die Hälfte aller Menschen arm sind, während der Rest im Luxus schwelgt. Diese Ordnung scheint in Stein gemeißelt, da alle Versuche, die extreme soziale Ungleichheit dauerhaft zu überwinden, bis heute scheiterten. Damit kann und will ich mich nicht abfinden, denn, wie Nelson Mandela sagte, „massive Armut und schamlose Ungleichheit sind eine derart schreckliche Geißel unserer Zeit – eine Zeit, in der die Welt atemberaubende Fortschritte in Wissenschaft, Technologie, Industrie und Vermögensaufbau vorweisen kann –, dass sie neben Sklaverei und Apartheid als soziales Übel gelten müssen. […] Wie die Sklaverei und die Apartheid ist auch die Armut nicht naturgegeben. Sie ist von Menschen gemacht, und sie kann durch das Handeln der Menschen überwunden und ausgerottet werden. Die Überwindung der Armut ist keine Geste der Nächstenliebe. Es ist ein Akt der Gerechtigkeit. Es ist der Schutz eines grundlegenden Menschenrechts, des Rechts auf Würde und ein menschenwürdiges Leben."[182]

182 Nelson Mandela, Rede auf dem Trafalger Square London am 3. Februar 2005; Aus: www.mandela.gov.za/mandela_speeches/2005/050203_poverty.htm

Ich habe nach einer Idee gesucht, die *wirklich* etwas ändert, eine Idee, welche die extreme Ungleichheit dauerhaft *aufhebt* oder zumindest nivelliert. Das ist mein Vorschlag:[183]

Um einen Teil von unserem Reichtum und Wohlstand an arme Länder und Regionen abzugeben, fordere ich, dass die 60 wohlhabendsten Nationen 2-10 % ihres Nationalen Nettoeinkommens (NNI) in monatlichen Tranchen an die dritte Welt abgeben. Ich nenne dies Armutsteuer.

Die Länder überweisen die Beträge monatlich an die UNO. Diese überweist die Beträge direkt auf Handykonten der betroffenen Menschen (Cash-Transfer). Nach meinen Berechnungen würden so **pro Monat über 495 Milliarden US-Dollar zur** Verfügung stehen. Verteilt man diesen Betrag auf die 3,27 Milliarden Menschen, die unter den Armutsgrenzen von $1,90, $3,20 und $5,50 leben erhielte jeder 150 US$ im Monat, was $5,00 pro Tag entspricht.

Methodik zur Berechnung der Armutsteuer: Die Daten entstammen der World Inequality Datenbank (WID). Zuerst einmal legte ich fest, welche Staaten zur Zahlung der Armutsteuer herangezogen werden. Dazu gehören alle Volkswirtschaften, die von der Weltbank zu Staaten mit hohen Einkommen zählen *und* deren Einwohnerzahl mindestens eine Million beträgt. Die Einschränkung, dass ein Land nicht zahlen muss, falls seine Bevölkerung unter einer Million liegt, entfällt bei den superreichen Kleinstaaten und Steuerparadiesen Cayman Islands, Liechtenstein, Luxemburg, Bermuda, Macao, Isle of Man und Monaco. Hinzu kommen China und Russland, die laut Weltbank nicht zu Staaten mit hohen Einkommen gehören, sondern zu Volkswirtschaften mit hohen mittleren Einkommen. Da sie aber (insbesondere China) zu den größten Volkswirtschaften der Welt gehören und weltpolitisch großen Einfluss haben, sind auch China und Russland in meinen Augen verpflichtet, sich an der Armutsteuer zu beteiligen. Als weiteres Land mit hohen mittleren Einkommen ist die Türkei in der Verpflichtung. Sie zählt aufgrund ihrer Wirtschaftskraft im europäisch-vorderasiatischen Raum zu den stärksten Volkswirtschaften dieser Region. Das NNI liegt mit 74 Milliarden auf einem hohen Niveau – auch nach europäischen Maßstäben. Die Werte für das NNI von Monaco und Liechtenstein konnte ich nicht ermitteln, deshalb habe ich deren BIP herangezogen. Diesen entnahm ich im Falle von

183 Inspiriert hat mich zum einen die Initiative des Philosophen Peter Singer The Life you can save, in der Leute bis zu 10% ihres Gehalts für wohltätige Zwecke spenden können. Zum zweiten der Vorschlag des UNDP den ärmsten 2,8 Milliarden Menschen während der Corona-Pandemie ein Grundeinkommen auszuzahlen (siehe Temporary Basich income Protecting Poor and Vulnerable People in Developing Countries, 2020)

Liechtenstein dem *Human Development Index Report 2020* und im Falle von Monaco der Homepage *ww.monacostatistics.mc.*

Die Höhe der Armutsteuer richtet sich nach der Höhe des pro Kopf Nationaleinkommen der Volkswirtschaften. Die superreichen Staaten der Erde entrichten 11 % (Cayman Islands bis Brunei Daressalam, siehe untenstehende Tabelle). Danach kommen die „normalen“ reichen Industrienationen aus Europa, Nordamerika und Südostasien. Ergänzt wird diese Kategorie durch die saudischen Ölstaaten. All diese Nationen (Norwegen bis Südkorea) entrichten 10 % ihres Nationaleinkommens an die Vereinten Nationen. Bei den nachfolgenden Volkswirtschaften richtet sich die Steuer am Verhältnis des Pro-Kopf Nationaleinkommen zum Median des Pro-Kopf Nationaleinkommen aller aufgeführten Volkswirtschaften und liegt zwischen 2,3 % und 4,4 %.[184] Dabei gilt: Je geringer das Nationaleinkommen, desto niedriger die Armutsteuer.

Das Netto-Nationaleinkommen (NNI) eines Landes berechne, ich aus deren durchschnittlichen Pro-Kopf-Jahreseinkommen und Einwohnerzahl. Um die jährliche Armutsteuer auszurechnen, multipliziere ich den Steuersatz des betreffenden Staats mit dessen NNI. Dies ergibt die Steuerlast eines Jahres. Um die Liquidität der zahlenden Staaten zu schonen, wird der Betrag in monatlichen Tranchen (Armutsteuer pro Monat) an die Vereinten Nationen überwiesen. Die monatlich kumulierte Armutsteuer pro Monat aller Länder beträgt US$ 494.256.831.322 (494,25 Milliarden), der jährlich kumulierte Steuerbetrag beträgt US$ 5.931.081.975.859 (5,93 Billionen). Von diesem Betrag fließen 31 Mrd. Dollar in Programme der Vereinte Nationen zum Aufbau der Infrastruktur in den armen Ländern.

Um auszurechnen, welcher Geldbetrag den Menschen pro Tag zusteht, dividiere ich die restliche Summe 5.900.081.975.859 (5,90 Billionen) durch die Anzahl der ungefähr 3,27 Mrd. Menschen, welche unter den drei Armutsgrenzen leben. Danach dividiere ich die Summe durch die Anzahl der Tage eines Jahrs (365).

Das Ergebnis ist ein großer Hoffnungsschimmer: **Jedem Armen stehen pro Tag 5,00 US$ zusätzlich zu seinen jetzigen Einkünften zur Verfügung.**

184 Die Cayman Islands wurden aufgrund der hohen Abweichung beim Jahreseinkommen zu allen anderen Staaten nicht in die Medianberechnung mit einbezogen,

Land	Ø Jahres-einkommen pro Kopf 2019	Ø Monatseinkommen por Kopf 2019	Bevölkerung	Nationales Nettoeinkommen pro Jahr 2019	Steuer %	Armutsteuer	Armutsteuer
						pro Jahr	pro Monat
Cayman Islands	$329.368	$27.447	64.948	$21.391.803.957	11	$2.353.098.435	$196.091.536
Liechtenstein*	$131.032	$10.919	38.600	$5.057.841.793	11	$556.362.597	$46.363.550
Qatar	$109.436	$9.120	2.832.067	$309.930.263.199	11	$34.092.328.952	$2.841.027.413
Luxembourg	$105.577	$8.798	615.729	$65.006.574.711	11	$7.150.723.218	$595.893.602
Bermuda	$97.085	$8.090	62.506	$6.068.401.586	11	$667.524.174	$55.627.015
Macao	$96.389	$8.032	640.445	$61.731.585.143	11	$6.790.474.366	$565.872.864
Isle of Man	$87.146	$7.262	84.584	$7.371.170.307	11	$810.828.734	$67.569.061
Singapore	$83.510	$6.959	5.745.616	$479.817.562.542	11	$52.779.931.880	$4.398.327.657
Kuwait	$80.775	$6.731	4.207.083	$339.825.345.522	11	$37.380.788.007	$3.115.065.667
Utd. Arab Emirates	$73.421	$6.118	9.770.529	$717.364.552.978	11	$78.910.100.828	$6.575.841.736
Brunei Darussalam	$72.553	$6.046	433.285	$31.435.931.887	11	$3.457.952.508	$288.162.709
Hong Kong	$61.495	$5.125	7.436.154	$457.289.375.490	10	$45.728.937.549	$3.810.744.796
Norway	$59.751	$4.979	5.378.857	$321.391.776.398	10	$32.139.177.640	$2.678.264.803
Switzerland	$57.376	$4.781	8.591.365	$492.937.131.572	10	$49.293.713.157	$4.107.809.430
USA	$55.577	$4.631	329.295.072	$18.301.166.357.530	10	$1.830.116.635.753	$152.509.719.646
Iceland	$52.960	$4.413	339.031	$17.955.031.143	10	$1.795.503.114	$149.625.260
Denmark	$51.931	$4.328	5.734.212	$297.784.359.978	10	$29.778.435.998	$2.481.536.333
Netherlands	$51.110	$4.259	17.033.128	$870.557.963.349	10	$87.055.796.335	$7.254.649.695
Saudi Arabia	$50.914	$4.243	34.268.528	$1.744.739.572.450	10	$174.473.957.245	$14.539.496.437
Sweden	$49.392	$4.116	9.749.995	$481.572.199.590	10	$48.157.219.959	$4.013.101.663
Austria	$47.837	$3.986	8.955.102	$428.384.927.811	10	$42.838.492.781	$3.569.874.398
Taiwan	$47.188	$3.932	23.725.088	$1.119.534.396.728	10	$111.953.439.673	$9.329.453.306
Germany	$46.301	$3.858	84.201.000	$3.898.559.792.895	10	$389.855.979.290	$32.487.998.274
Ireland	$44.293	$3.691	4.882.495	$216.261.268.456	10	$21.626.126.846	$1.802.177.237
Belgium	$43.953	$3.663	11.539.328	$507.186.628.475	10	$50.718.662.847	$4.226.555.237
Canada	$43.477	$3.623	37.349.980	$1.623.862.372.586	10	$162.386.237.259	$13.532.186.438
Bahrain	$42.796	$3.566	1.641.172	$70.236.073.016	10	$7.023.607.302	$585.300.608
Finland	$41.926	$3.494	5.542.632	$232.380.995.596	10	$23.238.099.560	$1.936.508.297
France	$41.359	$3.447	66.700.848	$2.758.694.332.919	10	$275.869.433.292	$22.989.119.441
Australia	$41.265	$3.439	25.073.828	$1.034.677.008.603	10	$103.467.700.860	$8.622.308.405
Israel	$37.841	$3.153	8.519.377	$322.384.280.424	10	$32.238.428.042	$2.686.535.670
United Kingdom	$37.729	$3.144	66.617.756	$2.513.392.084.253	10	$251.339.208.425	$20.944.934.035
New Zealand	$37.292	$3.108	4.783.063	$178.368.935.035	10	$17.836.893.504	$1.486.407.792
Spain	$36.107	$3.009	46.320.148	$1.672.477.239.006	10	$167.247.723.901	$13.937.310.325
Mauritius	$35.828	$2.986	1.269.668	$45.490.089.173	10	$4.549.008.917	$379.084.076
Cyprus	$35.774	$2.981	868.495	$31.069.420.712	10	$3.106.942.071	$258.911.839
Japan	$35.464	$2.955	125.653.120	$4.456.167.324.066	10	$445.616.732.407	$37.134.727.701
Italy	$34.756	$2.896	60.936.652	$2.117.920.455.889	10	$211.792.045.589	$17.649.337.132
Oman	$33.328	$2.777	4.974.986	$165.806.949.311	10	$16.580.694.931	$1.381.724.578
Korea	$33.187	$2.766	51.575.972	$1.711.639.022.869	10	$171.163.902.287	$14.263.658.524
Lithuania	$32.599	$2.717	2.759.627	$89.962.095.288	4,4	$3.960.946.452	$330.078.871
Slovenia	$32.514	$2.709	2.078.654	$67.584.358.610	4,39	$2.967.839.567	$247.319.964
Estonia	$31.523	$2.627	1.325.648	$41.788.745.379	4,26	$1.779.183.232	$148.265.269
Czech Republic	$31.135	$2.595	10.622.270	$330.719.217.213	4,21	$13.906.945.707	$1.158.912.142
Portugal	$29.713	$2.476	10.226.187	$303.853.828.657	4,01	$12.193.992.639	$1.016.166.053
Poland	$28.647	$2.387	37.887.768	$1.085.385.120.542	3,87	$41.995.130.821	$3.499.594.235
Trinidad & Tobago	$28.084	$2.340	1.394.973	$39.176.528.726	3,79	$1.485.991.535	$123.832.628
Slovakia	$27.718	$2.310	5.457.013	$151.257.242.406	3,74	$5.662.491.997	$471.874.333
Greece	$27.258	$2.272	10.692.608	$291.459.378.318	3,68	$10.730.072.482	$894.172.707
Malaysia	$27.137	$2.261	31.949.776	$867.036.972.716	3,67	$31.778.811.409	$2.648.234.284
Hungary	$26.422	$2.202	9.762.011	$257.932.135.788	3,57	$9.204.534.897	$767.044.575
Latvia	$24.856	$2.071	1.906.743	$47.393.231.205	3,36	$1.591.001.945	$132.583.495
Croatia	$24.588	$2.049	4.130.304	$101.557.076.607	3,32	$3.372.629.206	$281.052.434
Romania	$24.502	$2.042	19.364.556	$474.470.351.112	3,31	$15.701.489.297	$1.308.457.441
Puerto Rico	$24.400	$2.033	2.933.408	$71.575.155.200	3,57	$2.554.222.303	$212.851.859
Turkey	$23.752	$1.979	83.429.616	$1.981.644.583.994	3,21	$63.571.362.172	$5.297.613.514
Russian Federation	$23.304	$1.942	147.145.168	$3.429.131.383.449	3,15	$107.932.559.864	$8.994.379.989
Chile	$23.168	$1.931	18.952.038	$439.089.560.854	3,13	$13.739.804.028	$1.144.983.669
Uruguay	$21.456	$1.788	3.461.734	$74.274.931.818	2,9	$2.152.390.481	$179.365.873
China	$17.049	$1.421	1.400.938.752	$23.884.568.218.347	2,3	$549.978.703.896	$45.831.558.658
	$74.041	$6.170	2.889.909.648	$84.172.775.985.173	8,1	**$5.931.081.975.859**	**$494.256.831.322**
	Median	Median	Gesamt	Gesamt			

Positive Auswirkungen: Die Einkommen-Armut würde welt-weit beendet sein. 2017 lebten schätzungsweise 3,27 Milliarden Menschen unterhalb der drei Armutsgrenzen. Das waren 43 % der damaligen Weltbevölkerung von 7,54 Milliarden Menschen. Davon lebten schätzungsweise 690 Millionen unter der Armutsgrenze von $ 1,90, 1,1 Milliarden unter der Armutsgrenze von $ 3,20 und 1,47 Milliarden unter der Armutsgrenze von $ 5,50. Wenn jedem dieser Menschen täglich $ 5,00 mehr zum Leben zur Verfügung stehen, führt dies zu dramatischen Umwälzungen. Jeder Mensch, der bis jetzt 50 Cent oder mehr pro Tag zur Verfügung hatte, würde oberhalb der höchsten Armutsgrenze von $5,50 liegen. Alle Menschen unterhalb 50 Cent wären knapp unter der Armutsgrenze von $5,50, Das wären nur noch 2 % der Weltbevölkerung. Die Zahl der Betroffenen, die damit in Armut lebten, läge bei 165,36 Millionen weltweit. **Damit ist Geldarmut de facto nicht mehr existent.** Um die Landeswährungen nicht zu schwächen, empfehle ich die Auszahlung nicht in US$, sondern in der Währung der jeweiligen Volkswirtschaft.

INNERHALB ARMUTSGRENZEN 2017 →			ARMUTSTEUER	→ AUSSERHALB ARMUTGRENZEN →			ARMUTSGRENZE MIT 5$	
Einkommen	Armutsgrenze / Tag / $	Bevölkerung	**Tag / $**	Ab 0,50 $	Relativ	Bevölkerung	**Relativ**	**Absolut**
LIC	1,9	689.000.000	**5**		74%	509.860.000	26%	179.140.000
LMIC	3,2	1.110.000.000	**5**		100%	0	0%	0
HMIC	5,5	1.471.000.000	**5**		100%	0	0%	0
Global	Absolut	**3.270.000.000**		**Global**	97,20%	179.140.000	**2,19%**	**179.140.000**
	Relativ	**43%**						

Die Armen der Dritten Welt werden in die Lage versetzt, sich selbst ausreichend mit gesunden Nahrungsmitteln, Getränken und Medikamenten zu versorgen.[185] Die zusätzlichen 5,00 US$ ermöglichen einer ehemals vollkommen unterprivilegierten Bevölkerung, sich Zugang zu Bildung, Hygiene und guten Wohnverhältnissen zu verschaffen. Ihre soziale Mobilität wächst, so dass sie ihrem Elend entrinnen können. Sie haben jetzt die Mittel, um die oft weiten Wege in Afrika in Bussen zurücklegen zu können. Viele Kinder haben jetzt Geld, um sich ein Busticket zu leisten, mit

185 Die 74% errechnete ich so: 50 Cent sind 26% von 190 Cent. Die Zahl der Menschen unter der 1,90 US$ Armutsgrenze kennen wir mit 689 Millionen. Wir multiplizieren diese mit 26% und erhalten 179.140.000 Personen. Das bedeutet im Umkehrschluss, dass 74% von 689 Millionen Menschen, die bisher unter der 1,90 US$ Grenze, also 509 Millionen, unter keiner Armutsgrenze mehr leben.

dem sie zur Schule fahren. Die globale Armensteuer bedeutet das Ende des weltweiten Hungers und das Aus für die Gefangenschaft in Armut und Krankheit. Diese Maßnahme ist in der Lage, die Armut nachhaltig zu beenden, da sie an der Wurzel des Übels ansetzt.

Bisherige Entwicklungshilfe scheiterte in der Praxis oft an Korruption, autoritären Machtverhältnissen und mangelnder Infrastruktur. Die Hilfen kamen oft nie bei den Betroffenen an, da sie vorher im Sumpf der Korruption und der Autokraten versickerten. Durch den technischen Fortschritt ist es heute möglich, den Sumpf zu umgehen, indem man via App oder SMS jedem einzelnen die Hilfe direkt auf sein Handy schickt. Viele Arme besitzen kein Bankkonto, aber ein Handy, so dass die Verteilung der Gelder möglich wird. Die Empfänger gehen mit der empfangenen Nachricht zu Auszahlungsstellen. Das können Banken oder Auszahlungsbüros der App-Betreiber sein. Darüber hinaus könnte man mit der ersten Monatszahlung der Armensteuer sicherstellen, dass jeder Haushalt in der Dritten Welt ein Handy oder Smartphone erhält, um die Zahlungen empfangen zu können.

Die Kaufkraft in der Dritten Welt würde steigen, was die Wirtschaft dort ankurbeln würde. Die Infrastruktur könnte modernisiert werden, es wäre möglich das Straßennetz auszubauen, so dass schnellere Logistik von Gütern und Waren entstehen. Mit der Zeit ist es möglich, dass die Länder wirtschaftlich aufblühen. Das würde dazu führen, dass Kriege, Kriminalität, Gewalt und weltweiter Terrorismus deutlich zurückgehen. Davon würde wiederum der Westen profitieren.

Wissenschaftliche Belege zur Wirksamkeit von Cash-Transfers

Wird das so laufen, wie ich es vorhersage? Was sagt die Forschung? In einer Metastudie von Bastagli aus dem Jahr 2016[186], in der 165 Studien zu den Auswirkungen von Cash-Transfern in 30 Ländern in den Jahren 2000 bis 2015 analysiert werden, kamen Bastagli und ihr Team zu folgenden statistisch signifikanten Resultaten:

- Cash-Transfers reduzieren die Geldarmut,
- Cash-Transfers sorgen dafür, dass Kinder häufiger in der Schule anwesend sind. Zwar wurden ihre Noten nicht besser,

186 Bastagli, F., Hagen-Zanker, J., Harman, L., Barca, V., Sturge, G. and Schmidt, T. (2016) 'Cash transfers: what does the evidence say? A rigorous review of programme impact and the role of design and implementation features'. London: Overseas Development Institute (www.odi.org/projects/2797-social-protection-literature-review-poverty-impact).

aber ihre Punktzahlen bei Tests zur kognitiven Entwicklung stiegen,

- Cash-Transfers führen dazu, dass Menschen häufiger zum Arzt gehen und sich ausgewogener ernähren,
- Cash-Transfers sicherten Ersparnisse, führten dazu, dass Menschen mit Viehzucht begannen oder den bereits vorhandenen Bestand durch Kauf von Vieh vergrößerten.
- Cash-Transfers senkten für die Einwohner die Kosten des Ackerbaus u.a. durch vermehrte Nutzung von Dünger und Samen,
- Cash-Transfers senkten die Kinderarbeit und in einem anderen Fall senkten sie die Arbeitszeiten von Kindern, die bereits arbeiteten,
- Cash-Transfers stärkten das Selbstbewusstsein von Frauen und reduzierten Gewalt gegen Frauen.

Die Forscher fanden heraus, dass die positiven Auswirkungen in allen gemessenen Bereichen stärker ausfielen, je höher ein Geldbetrag war und je länger er ausbezahlt wurde. Die gemeinnützige Organisation GiveWell untersucht weltweit mit regelmäßigen wissenschaftlichen Studien die Auswirkung und Effizienz von Hilfsprojekten. Sie kommt zu dem Schluss, dass die von der Hilfsorganisation GiveDirectly[187] angewendete Methode des bedingungslosen Cash-Transfers die beste Erfolgsbilanz […] hat und von GiveWell als bevorzugte Methode verwendet wird.[188] Doocy et al. kamen 2017 zu folgendem Ergebnis: „Bedingungslose Geldtransfers […] können die Ernährungssicherheit der Haushalte in von Konflikten betroffenen Bevölkerungsgruppen verbessern und die Ernährungssicherheit in Haushalten in unsicheren und von Dürre betroffenen Bevölkerungsgruppen aufrechterhalten.“[189]

Langzeitwirkungen

Über die langfristigen Auswirkungen ist aus wissenschaftlicher Sicht noch sehr wenig bekannt. Als Denker und Philosoph bin ich

187 Siehe www.givedirectly.org/research-on-cash-transfers/

188 Siehe www.givewell.org/international/technical/programs/cash-transfers Abruf: 2019. Später wurde die Aussage gelöscht. Jetzt heißt es: „GiveDirectly ist eine unserer am besten bewerteten Wohltätigkeitsorganisationen und wir glauben, dass sie Spendern eine hervorragende Gelegenheit bietet, mit ihren Spenden viel Gutes zu bewirken.“ https://www.givewell.org/charities/give-directly#footnote1_ugbr69q

189 Doocy S, Tappis H. Cash-based approaches in humanitarian emergencies: a systematic review. Campbell Systematic Reviews 2017:17 DOI: 10.4073/csr.2017.17

aber von der absoluten Wirksamkeit überzeugt. Die durchgeführten Studien ließen einer sehr begrenzten Gruppe in eng begrenzten Regionen und über eine begrenzte Zeitspanne hinweg Cash-Transfers zukommen. Trotzdem waren synergetische Effekte beobachtbar. Wenn aber ein ganzes Land, ein ganzer Kontinent erwacht, dann werden wir einen nie dagewesenen Aufstieg und ein langersehntes Erwachen erleben. Afrika, Lateinamerika, Südasien und Südostasien werden zur Blüte erweckt. Ihr Alptraum endet heute – hier und jetzt.

Ich bitte Sie eindringlich, Herr António Guterres, legen Sie meinen Vorschlag der UN- Vollversammlung zur Prüfung vor. Fordern Sie die Delegierten auf, dieser weltverändernden Eingabe zuzustimmen. Was wäre das für ein Fortschritt an Menschlichkeit, Brüderlichkeit und Gleichheit der menschlichen Spezies. Lassen Sie uns gemeinsam die Chance ergreifen, erstmalig in der Menschheitsgeschichte die Armut abzuschaffen, den Hunger zu beenden, Krankheit zu mildern und das Elend zu beenden. Die Zustimmung zur globalen Armensteuer wäre wahrhafte Humanität.

WAHRHAFT HUMANE FLÜCHTLINGSPOLITIK – FRIEDEN IN AFRIKA UND EUROPA

Menschen in Not muss geholfen werden – ohne Wenn und Aber. Dies ist die oberste Prämisse. Diese oberste moralische Richtlinie wird von der EU nicht konsequent angewendet. Nach außen vertritt die EU die obere Position – aber aufgrund der zunehmenden sozialen Spannungen in Europa, welche in Zusammenhang mit der Flüchtlingsfrage stehen, wünscht sich die EU weniger Flüchtlinge. Da sie aber diesen Fakt nicht zugeben will oder kann, muss sie im Stillen und unerkannt dafür sorgen, dass weniger Flüchtlinge an Europas Grenzen kommen. Denn wenn Flüchtlinge bis zur EU-Grenze kommen, dann spielen sich häufig unschöne Szenen ab: Flüchtlinge ertrinken, werden verhaftet, Mütter weinen … Aggressive Grenzsoldaten und aufgebrachte, wütende Menschen prägen die Bilder.

Die EU scheint in der Zwickmühle: Nimmt sie keine illegalen Flüchtlinge auf, kommt es zu dramatischen Szenen an den Grenzen. Da müsste die EU ein hartes und unerbittliches Gesicht zeigen. Das möchte man nicht, weil man darum fürchtet, das Image des Friedensstifters in der Welt zu verlieren. Diese Einstellung verstehe ich. Die EU ist die einzige vermittelnde und friedliche Großmacht auf der Welt. Die USA waren unter Trump zu einer unberechenbaren, bröckelnden nationalistischen Macht geworden, und China verfolgt einen imperialistischen Weg, der es wieder zur Weltmacht machen soll, wie vor 300 Jahren. Die EU dagegen ist zu einem Garanten für Frieden und Sicherheit geworden. Wenn das Vertrauen der Länder in die EU schwindet, gefährdet das die globale Stabilität. Das darf aus EU-Sicht auf keinen Fall passieren. Deshalb versucht die EU mit allen Mitteln, einen destabilisierenden Imageschaden zu vermeiden.

Was wäre aus EU-Sicht eine Alternative? 2015 hat man alle Flüchtlinge hereingelassen. Diese Entscheidung hat nach anfänglicher Euphorie zu starken sozialen Spannungen geführt. Viele EU-Bürger und Länder möchten keine Menschen mit moslemisch geprägtem Hintergrund. Es kam zum europaweiten Aufbau (und zur Verstärkung bestehender) Netzwerke, deren Gesinnung von national populistisch bis rechtsradikal reicht. Nationalistische Parteien wie z.B. AfD in Deutschland, Front National in Frankreich und Partij voor de Vrijheid (PVV) in den Niederlanden verzeichnen großen Stimmenzuwachs. Diese Parteien stehen der EU ablehnend gegenüber. Regierungen aus Polen, Tschechien und Ungarn lehnen es offen ab, Flüchtlinge aufzunehmen.[190] Auch andere Länder wie Italien oder Österreich stehen weiterer Zuwanderung ablehnend gegenüber. Ein weiterer offener Zustrom wie vor fünf Jahren könnte die EU spalten oder zerbrechen lassen. Daraus schließt die EU: Alle illegalen Flüchtlinge einreisen zu lassen, um gewalttätige Situationen an den EU-Grenze zu vermeiden, ist kein Weg aus dem Dilemma.

Der Pakt mit Diktatoren und Kriegsverbrechern

Die EU hat eine Lösung für ihr Problem gefunden: Sie bezahlt afrikanische Subsahara-Staaten, um die Flüchtlinge bereits in Afrika aufzuhalten. Das ZDF schreibt: „Bei den Deals hat die EU klare Ziele: Entwicklungshilfe gegen Flüchtlingsstopp. Mehr als acht Milliarden Euro investiert die EU in den kommenden Jahren. Wer beim Kampf gegen Migration als Türsteher der EU agiert, bekommt Geld.“[191]

Bis zum Jahr 2020 sollten so 8 Milliarden an Finanzhilfen investiert werden. Der Spiegel berichtet im August 2017: Laut einem Dokument des Europäischen Auswärtigen Dienst (EAD), „wollen die Regierungen Berlin und Paris nicht nur bei Ausbildung und Infrastruktur der 5000-köpfigen „G5 Sahel Joint Force” helfen, sondern auch Waffen, Munition und militärische Fahrzeuge liefern.“

190 Tageschau.de Polen, Ungarn und Tschechien EuGH urteilt gegen drei EU-Staaten 2.4.2020 Abruf: Juli 2022

191 www.zdf.de/dokumentation/dokumentation-sonstige/tuersteher-europas-102.html

Offiziell ist der Grund, Mali, Niger, Tschad, Mauretanien und Burkina Faso dabei zu helfen, „ihre Sicherheit und ihre Stabilität zu verteidigen und sich gegen den Terror und die organisierte Kriminalität zu wehren", so Ursula von der Leyen. Der Spiegel dagegen ist überzeugt, das eigentliche Ziel der EU sei: „Migranten stoppen, noch bevor sie das Mittelmeer erreichen […] Seitdem [*Valetta Aktionsplan*] sind Milliarden nach Afrika geflossen, deklariert als Entwicklungshilfe, um Grenzen hochzuziehen, Beamte zu schulen und Flüchtlinge abzuwehren."[192]

Ebenfalls spricht der EAD Report davon, dass die G5 Einsatztruppe auch den Zweck haben soll, Menschenschleppern das Handwerk zu legen und Flüchtlinge in ihre Heimat zurückzuführen. Der Spiegel ist davon überzeugt, dass „die Migrations- und Flüchtlingskrise ein Hauptgrund für das deutsch-französische Engagement sein dürfte." Denn bis zu 90 % der Flüchtlinge, so schätzen Experten, die nach Libyen gelangen und dann ihr Glück im Mittelmeer versuchen, kämen über die nigrische Region Agadez. Laut dem Spiegelbericht versuche die EU deshalb auch „die Menschen schon in Afrika aufzuhalten. Die Hoffnung: Spricht sich herum, dass ein Durchkommen nach Europa unwahrscheinlich wird, würden sich auch weniger Migranten auf den Weg machen."[193] Wie wir später noch sehen werden, ist dies ein fataler Trugschluss und verkennt die psychologischen Realitäten der flüchtenden Menschen völlig. Mit anderen Worten: Die Abschreckung funktioniert nicht. Der Grünen Sicherheitsexperte Omid Nouripour findet deutlichere Worte: „Einheimische Truppen sollen die Drecksarbeit erledigen, die Menschen zur Rückkehr zu zwingen." Nouripour findet es „offenkundig, dass man der Migration mit Militarisierung begegnen will."[194]

Das System scheint zu funktionieren: Einerseits gehen die Flüchtlingszahlen zurück, andererseits muss man sich nicht mehr selbst die Hände an der EU-Grenze schmutzig machen. Problem gelöst. Der einzige Haken: Die „engagierten" Staaten wenden rigorose Gewalt an: Flüchtlinge werden gefoltert, kommen in Haft, werden verschleppt, erpresst oder umgebracht.[195] Außerdem kollidiert es mit den Freizügigkeitsbestimmungen der westafrikanischen Wirtschaftsgemeinschaft ECOWAS, wonach sich die Bürger der Mitgliedsstaaten innerhalb der Gemeinschaft frei bewegen können

---

192 Spiegel online: Wie die EU Migranten schon mitten in Afrika stoppen will, Juli 2017, Abruf :September 2021 www.spiegel.de/politik/frontex-sammelt-in-afrika-daten-von-migranten-a-2a5011f7-8d60-428c-8477-06176367ca9d

193 Spiegel 2017

194 Ebd.

195 ARTE Doku „Der Türsteher Europas", 2018; Youtube: https://youtu.be/p572laDDp08

Über den brutalen und rücksichtlosen Umgang mit den Migranten braucht man sich nicht zu wundern, wenn man sich die „illustre“ Auswahl der Partnerländer der EU betrachtet (Stand 2018): Eritrea, Sudan, Äthiopien, Libyen, Mali, Somalia, Tschad, Burkina Faso, Südsudan, Niger, Mauretanien und Nigeria.[196] Untere Tabelle zeigt die Position der Staaten in Indizes, die den Grad an Demokratie, Pressefreiheit und Friedfertigkeit der Länder messen. Im Demokratieindex sind 176 Länder gelistet, im Presseindex 180 und im Friedensindex 163.

196 Ebd.

HUMANITY INDEX	INDEX									
	DEMOKRATIE[1]						PRESSEFREIHEIT[2]		FRIEDEN[3]	
	FUNKTIONIEREND	DEFIZITÄR	HYBRID: REGIME & DEMOKRATIE	MODERATES REGIME	HARTES REGIME	RANG	KOEFFIZIENT	RANG	KOEFFIZIENT	RANG
	0,75 - 1	0,5 - 0,75	0,25 - 0,75	0,25 - 0,50	0 - 0,25	1 -176	0 -100	1 bis 180	1,0 - 5,0	1 - 163
Äthiopien			0,351			128	33,63	101	2,61	139
Burkina Faso		0,643				66	23,17	37	2,53	134
Eritrea					0,017	176	81,00	180	2,56	136
Libyen					0,095	163	55,73	165	3,17	156
Mali			0,448			111	33,50	99	2,81	148
Mauretanien				0,357		126	32,25	94	2,29	118
Niger	x	x	x	x	x	x	28,44	59	2,59	137
Nigeria			0,503			100	39,69	120	2,71	146
Somalia					0,082	165	55,47	161	3,21	158
Sudan					0,064	167	52,93	159	2,94	153
Südsudan					0,053	171	45,78	139	3,36	160
Tschad				0,211		150	40,20	123	2,49	132
DURCHSCHNITT	**0,254727273**					**138**	**43,48**	**120**	2,77	143

Quellen:.
1 Universität Würzburg: Demokratiematrix 2021; Version 4, https://www.demokratiematrix.de/downloads
2 Reporter ohne Grenzen: Rangliste der Pressefreiheit 2021, https://www.reporter-ohne-grenzen.de/rangliste/rangliste-2021
3 Institute for Economics & Peace. Global Peace Index 2021: Measuring Peace in a Complex World, Sydney, June 2021, http://visionofhumanity.org/reports
X - keine Werte vorliegend

Als Grundlage zur Messung des Grades von Demokratie benutze ich die *Demokratiematrix* der Universität Würzburg. „Das Ziel der Demokratiematrix […] im Forschungsbereich der Demokratiemessung ist es, die demokratische Qualität der politischen Systeme weltweit festzustellen, um sie miteinander vergleichen zu können. Denn die Qualitätsmessung erlaubt nicht nur die Erfassung von Demokratien, sondern auch von autokratischen Regimen, da die grundlegenden Kategorien des Konzepts der Demokratiematrix auch die Autokratien angemessen repräsentieren – notwendigerweise auf einem tieferen Qualitätsniveau. Deshalb kann die Demokratiematrix auch als Messanlage zur Regimemessung verstanden werden […].“[197] Der Messbereich liegt beim Demokratieindex (Demokratiematrix) zwischen 1 und 0. Je näher der Wert an 1 reicht, desto demokratischer ist der Staat – und umgekehrt, je näher sich der Wert 0 nähert, umso autoritärer ist das Land. Bei einem Wert von 0,75 bis 1 handelt es sich dabei um eine funktionierende Demokratie, bei 0,5 bis 0,75 um eine defizitäre Demokratie. Wenn ein Land einen Koeffizienten von 0,25 bis 0,50 aufweist, gilt es als moderates Regime und bei 0 bis 0,25 als hartes Regime. Zwischen Demokratien und Regimen gibt es Mischformen (Hybrid), die sowohl Merkmale demokratischer als auch autoritärer Herrschaftsformen enthalten, deshalb kann der Koeffizient hier zwischen 0,25 und 0,75 variieren.

Eritrea ist der undemokratischste Staat weltweit und belegt den 176. und letzten Platz. Fünf Partnerländer der EU (Eritrea, Südsudan, Sudan, Somalia, Libyen) gelten als harte Regime und gehören zu den 14 Staaten mit den weltweit schlechtesten Demokratiewerten. Neun der Länder sind nicht in den TOP 100 des Demokratieindex. Von allen 12 Staaten ist nur Burkina Faso ein (defizitärer) demokratischer Staat, alle anderen Staaten sind Regime oder weisen zumindest Aspekte autoritärer Staatsführung auf. Der durchschnittliche Koeffizient aller Staaten beträgt 0,256, das ist der Wert von Russland.

Der Pressefreiheit-Index von Reporter ohne Grenzen erscheint jährlich seit 2013. „Die jährliche Rangliste von Reporter ohne Grenzen bewertet die weltweite Lage der Presse- und Informationsfreiheit in 180 Ländern. Sie versucht den Grad der Freiheit wiederzugeben, die Journalisten, Blogger und Medien in den einzelnen Ländern erfahren. Außerdem bewertet sie die Bemühungen der jeweiligen Staaten, unabhängige Berichterstattung zu respektieren und die ungehinderte Arbeit von Medienschaffenden

197 Universität Würzburg: Demokratiematrix 2021; Abruf August 2021: **https://www.demokratiematrix.de/**

sicherzustellen."[198] Je höher die Punktzahl, desto niedriger die Pressefreiheit. Bei der Pressefreiheit der untersuchten Staaten sieht es, gemessen an obigen Resultaten des Demokratieindex, nicht so ganz so düster aus. Aber von einer Pressefreiheit im westlichen Verständnis sind diese Staaten meilenweit entfernt. Einzig Burkina Faso auf einem beachtlichen 37. Platz lässt sich an europäischen Maßstäben messen. Damit liegt das Land noch vor Italien, Tschechien und den USA. Ansonsten rangieren vier der EU-Grenzwächter (Eritrea, Libyen, Nigeria, Somalia) unter den 21 Ländern mit der weltweit geringsten Pressefreiheit und sieben rangieren unter den letzten 60 (Eritrea, Libyen, Nigeria, Somalia, Tschad, Südsudan, Nigeria). Eritrea belegt auch hier den letzten Platz. Der Durchschnittswert aller Länder ergibt einen Punktestand von 43,52. Das entspricht ungefähr der Punktzahl des Oman auf Platz 133.

Den Friedensindex entnehme ich dem *Global Peace Index Report 2021* des *Institute for Economics & Peace, einem Non-Profit Thinktank. Der Global Peace Index (GPI) ordnet „163 unabhängige Staaten und Territorien nach ihrem Grad der Friedlichkeit."*[199] Nach eigenen Angaben sei der GPI „das weltweit führende Maß für globale Friedlichkeit."[200] Er wird auf Basis von 23 Indikatoren gemessen. Aus Gründen des Platzes und der Lesbarkeit konnte ich 21 in der folgenden Grafik unterbekommen. Die zwei fehlenden Indikatoren im Bereich Sicherheit lauten „Zahl der Inhaftierten auf 100.000 Einwohner" und „Zahl der Polizisten und Sicherheitskräfte auf 100.000 Einwohner".

---

198 Reporter ohne Grenzen: *Rangliste der Pressefreiheit 2021 - Methodische Hinweise zur Erstellung;* Download vom August 2021 von https://www.reporter-ohne-grenzen.de/rangliste/rangliste-2021

199 Institute for Economics & Peace. Global Peace Index 2021: Measuring Peace in a Complex World, Sydney, June 2021

200 Ebd.

NATIONALE & INTERNATIONALE KONFLIKTE

- **Anzahl und Dauer nationaler Konflikte**
  Uppsala Conflict Data Program (UCDP) Battle-Related Deaths Dataset, Non-State Conflict Dataset and One-sided Violence Dataset; Institute for Economics & Peace (IEP)
- **Zahl der Toten durch von Außen beitriebene Konflikte**
  UCDP Georeferenced Event Dataset
- **Zahl der Toten durch innere Konflikte**
  UCDP Georeferenced Event Dataset
- **Anzahl, Dauer und Rolle bei äußeren Konflikten**
  UCDP Battle-Related Deaths Dataset; IEP
- **Intensität der inneren Konflikte**
  Qualitative assessment by EIU analysts
- **Beziehungen zu den Nachbarländern**
  Qualitative assessment by EIU analysts

SOZIALE SICHERHEIT & SCHUTZ

- **Level empfundener Kriminalität in der Gesellschaft**
  Gallup World Poll, IEP estimates
- **Anteil (%) von Flüchtlingen und Binnenvertriebenen an der Gesamtbevölkerung**
  Office of the High Commissioner for Refugees (UNHCR) Mid-Year Trends; Internal Displacement Monitoring Centre (IDMC)
- **Politische Instabilität**
  Qualitative assessment by EIU analysts
- **Wahrscheinlichkeit von Terroranschlägen**
  Gibney, Mark, Linda Cornett, Reed Wood, Peter Haschke, Daniel Arnon, and Attilio Pisanò. 2021. The Political Terror Scale 1976-2019. Date Retrieved, from the Political Terror Scale website: http://www.politicalterrorscale.org.
- **Einfluss des Terrorismus**
  IEP Global Terrorism Index (GTI)
- **Zahl der Morde auf 100.000 Einwohner**
  United Nations Office on Drugs and Crime (UNODC) Surveys on Crime Trends and the Operations of Criminal Justice Systems (CTS); EIU estimates
- **Level an Gewaltverbrechen**
  Qualitative assessment by EIU analysts
- **Wahrscheinlichkeit gewalttätiger Demonstrationen**
  Qualitative assessment by EIU analysts

MILITARISIERUNG

- **Anteil (%) der Militärausgaben am BIP**
  The Military Balance, IISS, EIU Estimates
- **Zahl Berufssoldaten auf 100.00 Einwoh**
  The Military Balance, IISS
- **Waffenimporte**
  Stockholm International Peace Research Institute (SIPRI) Arms Transfers Database
- **Waffenexporte**
  SIPRI Arms Transfers Database
- **Finanzielle Beteiligung an UN Friedensmissionen**
  United Nations Committee on Contributions; IEP
- **Bestände an nuklearen und schweren Waffen**
  The Military Balance, IISS; SIPRI; UN Register of Conventional Arms; IEP
- **Zugang zu kleinen und leichten Feuerwaffen**
  Qualitative assessment by EIU analysts

Die Koeffizienten Bandbreite des *Global Peace Index g*eht von 1 bis 5. Je näher der Wert an 1 reicht, desto friedlicher ist der Staat und umgekehrt, je näher sich der Wert der 5 nähert, desto gewalttätiger ist das Land. Vier Partnerländer der EU (Südsudan, Sudan, Libyen, Somalia) gehören zu den Top Ten der gewalttätigsten Nationen weltweit und landen auf den Plätzen 160, 158, 156 und 153. Elf der zwölf Staaten rangieren unter den einunddreißig brutalsten Ländern weltweit. Die beste Platzierung der Länder ist Platz 118 von Mauretanien. Der Durchschnittswert aller 12 Grenzwächter beträgt 2,77 was dem Friedenskoeffizienten des Libanons auf Platz 147 entspricht. **Damit gehören diese Subsahara-Staaten zu den 17 gefährlichsten, gewalttätigsten, kriegerischsten und kriminellsten Ländern der Welt.**

Darüber hinaus gehören fünf der untersuchten Staaten (Nigeria, Somalia, Mali, Burkina Faso, Libyen) zu den Top 16-Staaten, in denen die höchste Terrorgefahr durch Rebellen- und/oder Milizarmeen herrscht. Zehn Staaten gehören zu den 35 Nationen mit dem meisten Terrorismus[201] (Zu Eritrea und Mauretanien lagen dem Institute for Economics & Peace keine Daten vor).

Abschließend werfen wir einen Blick auf den Human Development Index (HDI) aus dem Jahr 2019. Der HDI „ist ein zusammenfassendes Maß für die durchschnittliche Leistung in Schlüsseldimensionen der menschlichen Entwicklung: ein langes und gesundes Leben, Wissen und einen angemessenen Lebensstandard."[202] Er wurde 1990 eingeführt, um den Wohlstand eines Landes nicht nur in wirtschaftlicher Hinsicht abzubilden, sondern auch anhand der Kreativität und Lebensqualität der Menschen.

HDI 2019	INDEX HUMAN DEVELOPMENT 2019						
	LEBENS-ERWARTUNG	SCHULPFLICHT	DURCHSCHNITT SCHULBESUCH	BIP PRO KOPF / US$	KOEFFIZIENT	RANG	LEVEL
	20 bis 85 Jahre	0 bis 18 Jahre	0 bis 15 Jahre	100 - 75.000	1,00 bis 0,00	1 bis 189	
Äthiopien	66,6	8,8	2,9	2207	0,485	**174**	Niedrig
Burkina Faso	61,6	9,3	1,6	2133	0,452	**183**	Niedrig
Eritrea	66,3	5	3,9	2793	0,459	**180**	Niedrig
Libyen	72,9	12,9	7,6	15688	0,724	**106**	Hoch
Mali	59,3	7,5	2,4	2269	0,434	**184**	Niedrig
Mauretanien	64,9	8,6	4,7	5135	0,546	**157**	Niedrig
Niger	62,4	6,5	2,1	1201	0,394	**189**	Niedrig
Nigeria	54,7	10	6,7	4910	0,539	**161**	Niedrig
Somalia	57,4	x	x	x	x	**x**	x
Sudan	65,3	7,9	3,8	3829	0,51	**171**	Niedrig
Südsudan	57,9	5,3	4,8	2003	0,433	**186**	Niedrig
Tschad	54,2	7,3	2,5	1555	0,398	**187**	Niedrig
DURCHSCHNITT	**62**	**8**	**4**	**3975**	**0,489**	**171**	**Niedrig**

Die Partnerländer der EU schneiden hier von allen Indizes am schlechtesten ab. Sechs der Staaten finden wir unter den zehn am schlecht platziertesten im Ranking (Niger, Tschad, Südsudan, Burkina Faso, Eritrea, Mali), der Niger bildet das Schlusslicht auf dem 189. und letzten Rang. Der Grad menschlicher Entwicklung ist bei 11 der 12 Staaten sehr niedrig, nur Libyen wird ein hoher Grad bescheinigt.

Da dies oben nur nackte Zahlen, Ränge und Platzierungen sind, bleibt der wahre Grad an Unmenschlichkeit im grauen Nebel der Theorie verborgen. Lüften wir nun den abstrakten Schleier und begegnen dem wahren Grauen der Wirklichkeit. Schauen wir uns konkret an, welche Verhältnisse in jenen Ländern herrschen. Ich entnehme die Informationen dem World Report 2021 von Human Right Watch:

---

201 Institute for Economics & Peace: *Global Terrorism Index 2019*

202 UNDP, Human Development Index (HDI); http://hdr.undp.org/en/content/human-development-index-hdi

Äthiopien

- ✓ „Die **Menschenrechtslandschaft** war geprägt von anhaltenden Menschenrechtsverletzungen durch staatliche Sicherheitskräfte, Angriffen auf Zivilisten durch bewaffnete Gruppen, tödlicher Gewalt entlang kommunaler und ethnischer Grenzen und einer politischen Krise."
- ✓ **„Die Ermordung des beliebten Oromo-Sängers Hachalu Hundessa** am 29. Juni löste Proteste aus, die zu groß angelegter Zerstörung von Eigentum führte und eine massive Reaktion der Sicherheitskräfte provozierte. Darüber hinaus gingen zivile Angreifer mit Gewalt gegen Minderheitengemeinschaften in Oromia vor. Die Angriffe verschärften die bestehenden **sozialen und politischen Spannungen**, die durch die Festnahme von Dutzenden Mitgliedern von Oppositionsparteien im Juli wegen ihrer angeblichen Verbindung mit der Gewalt noch verschärft wurden."
- ✓ „Hachalus Ermordung löste eine der tödlichsten Unruhen aus. **Über 170 Menschen wurden getötet**, einige von Sicherheitskräften, andere bei Angriffen durch zivile Angreifer, die auch Geschäfte und Häuser von ethnischen Amharas und anderen Minderheitengemeinschaften plünderten und niederbrannten, was […] zur Vertreibung von über 9.000 Menschen führte. In einigen Fällen griffen Sicherheitskräfte nicht rechtzeitig ein, um Leben und Eigentum zu schützen, oder beteiligten sich an den Plünderungen."
- ✓ „Am 30. Juni, nach der Ermordung von Hachalu, verhängten die Behörden eine landesweite dreiwöchige **Abschaltung des Internets."**
- ✓ „Im südlichen und westlichen Oromia führten staatliche Bekämpfungsmaßnahmen gegen bewaffnete Rebellengruppen zu schweren **Menschenrechtsverletzungen** und Übergriffen gegen lokale Gemeinschaften durch beide Seiten."
- ✓ „**Berichte über außergerichtliche Tötungen,** Massenverhaftungen und Inhaftierungen und Gewalt gegen ethnische Oromo Zivilisten, darunter Mediziner, die beschuldigt wurden, die bewaffneten Rebellengruppe der Oromo-Befreiungsarmee (OLA) zu unterstützen oder mit ihr zu sympathisieren, waren weit verbreitet."
- ✓ „Bewaffnete Gruppen, die in der Gegend operierten, griffen Beamte, Polizisten und Zivilisten an, es kam zu Morden und Plünderungen."
- ✓ „Die **Gewalt durch bewaffnete Gruppen** und **innerhalb den Ethien** der Gumuz, Agew, Amhara und anderen Gemeinden in der Metekel-Zone der Region Benishangul-Gumuz, ver-

schärfte sich im April, was zur **Flucht der Bewohner führte**. Dennoch begannen die Behörden in den Regionen Benishangul-Gumuz und Amhara im April, Tausende von Binnenvertriebenen nach Metekel zurückzubringen. Im August und September eskalierten die Angriffe bewaffneter Gruppen auf Sicherheitskräfte, Beamte und Anwohner, darunter ethnische Amharas, und führten zu **zahlreichen Toten**, Entführungen, Zerstörung von Eigentum und erneuter Vertreibung."

- ✓ „Nach den Gewalttaten Ende Juni nahmen die Behörden über 9.000 Menschen fest, darunter **Regierungskritiker und Journalisten.** In mehreren aufsehenerregenden Fällen legten die Behörden Berufung ein oder schienen Kautionsanordnungen zu ignorieren, verlangten mehr Zeit für die Ermittlungen oder verlegten Verdächtige zwischen Polizeibehörden, [...] ohne Angehörige oder Rechtsbeistände zu informieren."

Burkina Faso

- ✓ „Die Menschenrechts-, Sicherheits- und humanitäre Lage in Burkina Faso war angesichts der anhaltenden **Gewalt und Gräueltaten** durch bewaffnete islamistische Gruppen, staatliche Sicherheitskräfte und regierungsnahe Milizen, die an Operationen zur Terrorismusbekämpfung beteiligt waren, prekär."
- ✓ „Im Jahr 2020 sollen die Sicherheitskräfte von Burkinabé **Hunderte von Verdächtigen hingerichtet** haben, die zuletzt in ihrer Obhut gesehen worden waren, weil sie angeblich islamistische Gruppen unterstützt hatten. **Bewaffnete Islamisten**, die mit Al-Qaida und dem islamistischen Staat in der Großsahara verbündet sind, griffen Zivilisten an und exekutierten Personen, wobei über 160 Menschen ums Leben kamen. Allein im Jahr 2020 flohen durch bewaffnete Gruppenangriffe 450.000 Menschen aus ihrer Heimat, womit die Gesamtzahl der **Binnenvertriebenen** seit Beginn des Konflikts im Jahr 2016 auf **über eine Million** angestiegen ist."
- ✓ **„Islamistische bewaffnete Gruppen griffen Kirchen, Moscheen, Hilfskonvois und Schulen an.** Sie versuchten, ihre Angriffe zu rechtfertigen, indem sie die Opfer mit der Regierung oder deren verbündeten Milizen, dem Westen oder dem Christentum in Verbindung brachten. Ihre Angriffe, darunter mehrere Massaker, richteten sich hauptsächlich gegen Angehörige der ethnischen Gruppen der Mossi und Foulse."
- ✓ Bei einem Angriff am 24. Dezember 2019 in Arbinda wurden mindestens 35 Zivilisten getötet, hauptsächlich Frauen, die zuvor durch die Gewalt vertrieben wurden. Bei **Angriffen**

auf die Dörfer Rofénèga, Nagraogo und Silgadji zwischen dem 17. und 25. Januar kamen über **90 Zivilisten ums Leben.** Am 1. Februar wurden im Dorf Lamdamol mindestens 20 Zivilisten getötet, darunter eine Krankenschwester, und bei einem Angriff auf eine Kirche im Dorf Pansi am 16. Februar kamen über 20 Zivilisten, darunter der Pastor, ums Leben."

- ✓ „Zahlreiche Zivilisten, darunter auch Kinder, wurden im Januar durch **improvisierte Sprengsätze (IEDs) getötet**, die vermutlich von bewaffneten Islamisten auf Straßen angebracht worden waren. 14 Zivilisten, darunter mindestens zwei Kinder, starben, als ihr Bus in der Region Boucle du Mouhoun auf einen Sprengsatz traf. Ein weiterer Bus explodierte im August im Dorf Tangaye, wobei sechs Hirten, alle Kinder, getötet wurden."
- ✓ Burkinabés Sicherheitskräfte der Armee und der Gendarmerie haben bei Operationen zur Terrorismusbekämpfung in Burkina Faso und Mali bei **grenzüberschreitenden Operationen rechtswidrig Verdächtige hingerichtet**. Die meisten Opfer stammten aus der Volksgruppe der Peuhl und wurden von Sicherheitskräften auf Marktplätzen zusammengetrieben und aus Dörfern, Kneipen oder aus öffentlichen Verkehrsmitteln geholt.
- ✓ „Die sterblichen **Überreste von 180 Männern** wurden zwischen November 2019 und Juni 2020 in der Nähe der nördlichen Stadt Djibo gefunden. Die Leichen wurden in Gruppen von bis zu 20 Personen entlang von Hauptverkehrsstraßen, unter Brücken, auf Feldern und unbebauten Grundstücken gefunden. […] Viele wurden mit **verbundenen Augen** und mit gefesselten Händen gefunden".
- ✓ „Anfang März **exekutierten Sicherheitskräfte** im Dorf Cisse 23 Menschen. Am 9. April richteten Sicherheitskräfte 31 Häftlinge nur wenige Stunden nach ihrer unbewaffneten Festnahme während einer Anti-Terror-Operation in Djibo hin. Am 11. Mai wurden zwölf von Gendarmen festgenommene Männer in Tanwalbougou, Region Est, Stunden später tot in ihren Zellen aufgefunden. Zeugen sagten, die Männer seien erschossen worden."
- ✓ „Am 2. Mai drangen Angehörige der **Sicherheitskräfte in das Flüchtlingslager** Mentao ein, angeblich auf der Suche nach bewaffneten Islamisten, und **misshandelten über 30 malische Flüchtlinge."**
- ✓ „Am 21. Januar verabschiedete die Nationalversammlung ein Gesetz, das die staatliche **Unterstützung und Ausbildung von Selbstverteidigungsgruppen,** den sogenannten

Freiwilligen zur Verteidigung des Heimatlandes (VDH), institutionalisiert. Die gesetzlichen Bestimmungen zur Rechenschaftspflicht sind mehrdeutig. Einige Mitglieder der Koglweogo, einer [..] Antikriminalitätstruppe, sind seit Jahren in schwere Übergriffe verwickelt, darunter das **Massaker von Yirgou** 2019 an über 40 Männern."

- ✓ „Selbstverteidigungsgruppen waren in zahlreiche schwere Verbrechen verwickelt, darunter die **Ermordung von 19 Männern**, die im Februar in der Nähe des Dorfes Manja Hien aus einem Bus des öffentlichen Nahverkehrs geholt wurden."
- ✓ „Im Jahr 2020 verübten bewaffnete islamistische Gruppen über 45 Angriffe auf das Bildungswesen."

Eritrea

- ✓ **„Eritreas Regierung ist nach wie vor eine der repressivsten der Welt,** indem sie ihre Bevölkerung weit verbreiteter Zwangsarbeit und Wehrpflicht aussetzt, die Meinungs- und Glaubensfreiheit einschränkt und die unabhängige Kontrolle durch internationale Beobachter einschränkt."
- ✓ „Eritrea bleibt unter Präsident Isaias Afewerki eine **Ein-Mann-Diktatur ohne Legislative**, ohne unabhängige Organisationen der Zivilgesellschaft oder Medien und **ohne unabhängige Justiz.** Seit seiner Unabhängigkeit im Jahr 1993 wurden im Land nie Wahlen abgehalten, und die Regierung hat die **Verfassung** von 1997, die die Bürgerrechte garantiert und die Exekutivgewalt einschränkt, nie umgesetzt."
- ✓ **„Massenverhaftungen** und längere willkürliche Festnahmen und Inhaftierungen ohne Gerichtsverfahren oder Berufung sind nach wie vor üblich."
- ✓ „Viele Häftlinge, darunter **Regierungsbeamte und Journalisten**, die 2001 festgenommen wurden, nachdem sie Isaias' Führung in Frage gestellt hatten, werden seitdem ohne Kontakt zur Außenwelt festgehalten."
- ✓ „Gefangene **wissen oft nicht, warum sie inhaftiert sind**. Die Angehörigen werden selten über den Aufenthaltsort der Gefangenen informiert und erfahren ihr Schicksal manchmal erst, wenn sie deren Leiche zurückerhalten."
- ✓ „Es wurden weiterhin Eritreer, die meisten Männer und unverheiratete Frauen, auf unbestimmte Zeit gegen geringe Bezahlung und ohne Mitspracherecht, und ohne dass man ihre Arbeitgeber und Arbeitsstellen informierte, zum Militär- oder Zivildienst eingezogen. Wehrpflichtige werden oft unmenschlichen und erniedrigenden Strafen, einschließlich

Folter, ausgesetzt, ohne dass ein Anspruch auf Rechtsmittel besteht."

- ✓ „Für Sekundarschüler, einige unter 18 Jahren, beginnt die Wehrpflicht in Sawa. Studenten stehen unter militärischem Kommando, werden harten militärischen Strafen und Disziplinarmaßnahmen ausgesetzt, und Studentinnen haben von sexueller Belästigung und Ausbeutung berichtet."
- ✓ „Eritreer, die „nicht anerkannten" Glaubensrichtungen[203] angehören, sind inhaftiert worden und wurden oft **gezwungen, ihre Religion aufzugeben**, unter anderem durch Folter."
- ✓ „Einer Delegation der katholischen Kirche unter Führung des **Erzbischofs von Addis Abeba** wurde am Flughafen von Asmara die Einreise verweigert und sie wurde abgeschoben. Der 2007 von der Regierung abgesetzte und 2019 wegen „Ketzerei" aus der Kirche ausgeschlossene orthodoxe Patriarch blieb unter Hausarrest. Im November 2019 wurden Berichten zufolge **21 Muslime** in Mendafera und Adi Quala festgenommen, darunter ein lokaler Imam; der Verbleib vieler ist unbekannt."
- ✓ „Die anhaltende Menschenrechtskrise in Eritrea treibt Tausende von Eritreern weiterhin ins Exil, wobei viele Kinder und Jugendliche der Wehrpflicht entkommen. In den ersten drei Monaten des Jahres 2020 **flohen allein 9.436** Eritreer nach Äthiopien, ein Drittel davon Kinder."

Mali

- ✓ „Die Menschenrechtslage in Mali hat sich 2020 aufgrund der anhaltenden Übergriffe durch bewaffnete islamistische Gruppen, ethnische Milizen und staatliche Sicherheitskräfte verschlechtert. Eine politische Krise führte im August zum Sturz der Regierung durch einen Militärputsch."
- ✓ „Ethnische Selbstverteidigungsgruppen [*gegen die islamistischen Terroristen*], die gebildet wurden, um Dörfer vor Angriffen zu schützen, töteten Hunderte, was zu weit verbreiteter Vertreibung und Hunger führte."
- ✓ „Die malischen Sicherheitskräfte exekutierten kurzerhand zahlreiche Verdächtige wegen ihrer mutmaßlichen Unterstützung bewaffneter islamistischer Gruppen und wandten bei der Reaktion auf politische Proteste exzessive Gewalt an, wobei mindestens 14 Menschen ums Leben kamen."

---

203 In Eritrea sind nur vier Religionen zugelassen: Sunnitischer Islam, die eritreisch-orthodoxe Kirche, die römisch-katholische und die evangelische (lutherische) Kirche.

- ✓ „Die sich verschlechternde Sicherheitslage, Korruption in der Regierung und umstrittene Parlamentswahlen, die von Gewalt und Unregelmäßigkeiten überschattet wurden, provozierten massive Demonstrationen in der Hauptstadt Bamako und anderswo."
- ✓ „Im Jahr 2020 flohen mehr als 40.000 Zivilisten infolge der Gewalt aus ihrer Heimat."
- ✓ „Die Vereinten Nationen berichteten, dass mindestens 185 Kinder durch kommunale Gewalt, Kreuzfeuer oder improvisierte Sprengsätze (IEDs) getötet wurden."
- ✓ „Die Parlamentswahlen vom 29. März und 19. April waren von Gewalt und Unregelmäßigkeiten geprägt. Kontroverse Urteile des Verfassungsgerichts über 30 umstrittene Sitze verschafften der Regierungspartei eine parlamentarische Mehrheit und lösten im Juni und Juli massive Proteste aus."
- ✓ „Im Jahr 2020 wurden bei zahlreichen Vorfällen kommunaler Gewalt, hauptsächlich in der Region Mopti, mindestens 400 Dorfbewohner getötet. Die Gewalt eskalierte zwischen rivalisierenden ethnischen Selbstverteidigungsgruppen der Dogon, Peuhl oder Fulani, die manchmal von bewaffneten islamistischen Gruppen unterstützt wurden."
- ✓ „Bei Angriffen im März wurden Peuhl-Milizionäre in die Tötung von 48 Dogon-Zivilisten in mehreren Dörfern im Verwaltungsgebiet Bankass und mindestens 27 weiteren am 26. und 27. Mai in der Nähe des Dorfes Tillé verwickelt.
- ✓ „Dogon-Milizionäre waren in mehrere Angriffe verwickelt: im Januar auf das Dorf Siba, bei dem 14 Menschen getötet wurden; das Massaker am 14. März an 35 Peuhl-Dorfbewohnern im Dorf Ogossagou, dem Ort des Massakers von 2019 an 150 Zivilisten; die Tötung von mindestens 20 Peuhl am 22. März in der Gemeinde Baye und die Tötung von 18 am 5. Mai in der Nähe von Djenne."
- ✓ „Bewaffnete islamistische Gruppen, die mit Al-Qaida und dem Islamischen Staat verbündet waren, töteten in der Großsahara Dutzende von überwiegend Dogon-Zivilisten […] und mehrere Hundert Angehörige der Sicherheitskräfte der Regierung."
- ✓ „Bewaffnete islamistische Gruppen störten massiv die Parlamentswahlen, indem sie Wahllokale durchwühlten, Wähler einschüchterten und Soldaten angriffen, die Wahlmaterialien eskortierten. Sie töteten zahlreiche Zivilisten mit improvisierten Sprengkörpern auf Straßen, darunter neun Personen in einem öffentlichen Verkehrsmittel am 29. März in der Re-

gion Timbuktu und sieben Personen am 7. Juni in der Region Mopti."

- ✓ „Sie entführten auch zahlreiche Zivilisten, darunter Mitarbeiter von Hilfsorganisationen, lokale Regierungsbeamte und politische Führer, darunter den Präsidentschaftskandidaten der Opposition, Soumaïla Cissé."
- ✓ „Malische Sicherheitskräfte waren von Dezember 2019 bis August 2020 an über 250 rechtswidrigen Tötungen von Verdächtigen und Zivilisten beteiligt. Darüber hinaus ließen sie mehrere Personen gewaltsam verschwinden. Die meisten Tötungen ereigneten sich bei Anti-Terror-Operationen in den Regionen Mopti und Segou und zielten auf ethnische Peuhl ab."
- ✓ „Am 19. Dezember 2019 sollen malische Soldaten mindestens 26 Händler festgenommen und hingerichtet und anschließend ihre Leichen in einen Brunnen in Ndoukala in der Region Segou geworfen haben. Im Juni wurden Soldaten in die Tötung von 14 Menschen im Dorf Niangassadou und 29 Zivilisten in Binidama verwickelt. Im Februar sollen im Dorf Ouro-Diam 19 Menschen hingerichtet worden sein."
- ✓ „Zahlreiche Männer, denen terroristische Straftaten vorgeworfen wurden, wurden vom nationalen Geheimdienst in nicht genehmigten Hafteinrichtungen und ohne Einhaltung eines ordnungsgemäßen Verfahrens inhaftiert."
- ✓ „Die Justiz war nach wie vor von Vernachlässigung und Misswirtschaft geplagt, wobei viele Stellen im Norden und im Zentrum Malis aufgrund der Sicherheitslage aufgegeben wurden. Hunderte von Häftlingen wurden in verlängerter Haft gehalten und warteten auf Gerichtsverfahren."
- ✓ „Nach dem Putsch vom August suspendierten ECOWAS und die AU Mali aus ihren Entscheidungsgremien; die USA haben die Militärhilfe ausgesetzt; und die EU hat ihre militärischen und polizeilichen Ausbildungsprogramme ausgesetzt."
- ✓ „Im Juni äußerte sich der Hohe Vertreter der EU empört über die Tötung von mehr als 40 Zivilisten unter wahrscheinlicher Beteiligung der malischen Streitkräfte. Er forderte die Rechenschaftspflicht für die begangenen Verbrechen und betonte, dass das Engagement der EU von der Achtung der internationalen Menschenrechte und des humanitären Völkerrechts abhängig sei."

Somalia

- ✓ „Alle Konfliktparteien haben Verletzungen des humanitären Völkerrechts begangen, die teilweise Kriegsverbrechen gleichkamen. Die militante Gruppe Al-Shabab führte wahllose und gezielte Angriffe auf Zivilisten und zwangsrekrutierte Kinder durch. Bei Gewalt zwischen Clans und innerhalb der Sicherheitskräfte wurden Zivilisten getötet, verletzt und vertrieben, ebenso wie bei sporadischen Militäroperationen gegen Al-Shabab durch somalische Regierungstruppen, Truppen der Afrikanischen Union in Somalia (AMISOM) und andere ausländische Streitkräfte."

- ✓ „Die somalische Regierung übergab Al-Shabab-Fälle nicht vom Militär an zivile Gerichte. Behörden im ganzen Land führten Hinrichtungen durch, viele nach Militärgerichtsverfahren, die gegen internationale Standards für faire Verfahren verstoßen."
- ✓ „Die Hilfsmission der Vereinten Nationen in Somalia (UNSOM) verzeichnete bis Anfang August mindestens 596 zivile Opfer, darunter 296 Tote. Die Mehrheit war auf gezielte und wahllose Angriffe von Al-Shabab mit improvisierten Sprengkörpern (IEDs), Selbstmordattentate und Beschuss sowie gezielte Morde zurückzuführen."
- ✓ „Im ersten Quartal verzeichneten die Vereinten Nationen einen Anstieg der zivilen Opfer aufgrund von Clankonflikten, darunter auch Rachemorde. Im April wurden bei Zusammenstößen zwischen den Clans in Wanlaweyn Zivilisten getötet und Tausende vertrieben. Medienberichten zufolge wurde ein Mann verbrannt."
- ✓ „Am 28. Januar 2020 entkam Jubalands Sicherheitsminister Abdirashid Hassan Abdinur „Janan", der in schwere Verbrechen in der Region Gedo verwickelt war, der Haft in Mogadischu."
- ✓ „Im März kämpften Truppen, die Abdirashid Janan treu ergeben waren, mit Streitkräften der Bundesregierung in Gedo. Nach Angaben der Vereinten Nationen kamen bei den Zusammenstößen fünf Zivilisten ums Leben und 56.000 Menschen wurden vertrieben."
- ✓ „Am 27. Mai entführten fünf maskierte Bewaffnete, vier davon in Regierungsuniformen, im Dorf Gololey im Distrikt Balcad sieben Personen aus dem Gesundheitsbereich und einen Apotheker. Ihre Leichen wurden von Kugeln durchsiebt aufgefunden."
- ✓ „Die UNO dokumentierte über 100 Fälle konfliktbezogener sexueller Gewalt, meist gegen Mädchen. Das Expertengremium des UN-Sicherheitsrats für Somalia stellte fest, dass zwei Offiziere der somalischen Nationalarmee am 6. April bei der Einnahme der Stadt Janaale eine Frau und ein Mädchen vergewaltigten."

- ✓ „Alle somalischen Konfliktparteien haben schwere Verstöße gegen Kinder begangen, darunter Tötungen, Verstümmelungen, die Rekrutierung und den Einsatz von Kindersoldaten sowie Angriffe auf Schulen.
- ✓ „Al-Shabab setzte seine aggressive Rekrutierungskampagne für Kinder mit Vergeltungsmaßnahmen gegen Gemeinden fort, die sich weigerten, ihre Kinder auszuliefern. Nationale und regionale Streitkräfte rekrutierten und setzten Kinder ein, so die UN."
- ✓ „Bundes- und Regionalbehörden schikanierten, schüchterten und griffen Journalisten wiederholt an. Willkürliche Festnahmen und Inhaftierungen, manchmal gefolgt von strafrechtlicher Verfolgung wegen unbegründeter Anschuldigungen, waren die Regel."
- ✓ „Unwetter, Heuschreckenplage und Covid-19 verschärften die humanitäre Krise mit über 620.000 neuen Vertriebenen aufgrund von Überschwemmungen, die zu den 2,6 Millionen Binnenvertriebenen des Landes hinzukamen."
- ✓ „Die Vereinten Nationen und der Norwegische Flüchtlingsrat (NRC) berichteten, dass bis Ende November 1.092.000 Menschen vor allem aufgrund von Überschwemmungen und Konflikten vertrieben wurden. Die vertriebenen Gemeinschaften waren mit sexueller Gewalt, Zwangsräumungen, katastrophalen Lebensbedingungen […] konfrontiert."
- ✓ „Die Regierung von Somaliland[204] schränkte die Berichterstattung und die freie Meinungsäußerung von Journalisten und vermeintlichen Kritikern zu Themen, die als kontrovers oder zu kritisch gegenüber den Behörden gelten, stark ein."
- ✓ „Ende August genehmigte das Unterhaus von Somaliland das Gesetz über Vergewaltigung und Unzucht , das Kinder- und Zwangsheiraten zulässt , Hexerei und „falsche" Meldungen über Vergewaltigungen kriminalisiert und die Todesstrafe für gleichgeschlechtliche sexuelle Beziehungen vorsieht."

Sudan

- ✓ „Das erste Jahr des dreijährigen Übergangs zu einer demokratischen Herrschaft im Sudan nach dem dramatischen Sturz von Präsident Omar al-Bashir im Jahr 2019 war geprägt von einer schwächelnden Wirtschaft, politischen Spannun-

204 Somaliland ist ein sogenannter de-facto Staat mit eigener Regierung und Währung. Völkerrechtlich wird es aber Somalia zugerechnet, da kein Staat außer Taiwan ihn anerkennt.

gen und anhaltenden Protesten der Bevölkerung für Gerechtigkeit und Reformen."[205]

- ✓ „Die Behörden haben die Ergebnisse einer nationalen Untersuchung des gewaltsamen Vorgehens gegen Demonstranten in Khartum am 3. Juni 2019, bei dem mehr als 120 Menschen getötet wurden, nicht veröffentlicht."
- ✓ „Die Behörden hoben ein missbräuchliches Gesetz zur öffentlichen Ordnung auf, verboten die Genitalverstümmelung bei Frauen, schafften die Todesstrafe und Peitschenhiebe als Strafen für einvernehmliches gleichgeschlechtliches Verhalten ab."
- ✓ „Am 9. Juni gab der Ankläger des IStGH [*Internationaler Strafgerichtshof*] bekannt, dass sich der Anführer der Janjaweed-Milizen, Ali Mohamed Ali („Kosheib"), dem IStGH in der Zentralafrikanischen Republik ergeben hat und derzeit in Den Haag angeklagt wird."
- ✓ „In Khartum reagierte die Polizei am 30. Juni, dem einjährigen Jahrestag eines großen Protests nach al-Bashirs Sturz, mit Gewalt, tötete einen Demonstranten und verletzte mehrere."
- ✓ „In Nord-Darfur griffen bewaffnete Milizen am 13. Juli einen Sitzstreik in Fata Borno, einem Lager für Vertriebene in der Nähe von Kutum in Nord-Darfur, an und töteten mindestens neun Menschen."
- ✓ „Sicherheitsbeamte nahmen weiterhin willkürlich Zivilisten fest."
- ✓ „Am 29. Juni ordnete der ehemalige Militärgouverneur von West-Darfur die Inhaftierung von 72 Männern und Jungen für sechs Monate nach dem Notstandsgesetz an, das es den Behörden erlaubt, Menschen ohne richterliche Aufsicht festzunehmen."
- ✓ „Im September wurden elf Künstler wegen „öffentlicher Belästigung" und „Störung des öffentlichen Friedens" zu zwei Monaten Gefängnis verurteilt, unter anderem wegen prodemokratischer Gesänge, die sie auf der Polizeiwache riefen."
- ✓ „In Al Geneina, West-Darfur, kam es im Dezember 2019 zu Kämpfen zwischen arabischen und Masalit-Gemeinden. Bewaffnete Milizen, darunter Mitglieder der RSF[206], griffen ein Lager für Vertriebene an und töteten Dutzende Menschen, darunter Kinder. Sie vergewaltigte Frauen und Mädchen, zer-

---

205 Inzwischen gab es einen Militärputsch.

206 Die Rapid Support Forces (Schnelle Eingreiftruppe) sind eine paramilitärische Miliz, die unter direktem Befehl des gestürzten Präsidenten und verurteilten Kriegsverbrecher Umar-al Bashir standen.

störten Schulen und brannten Häuser nieder, was Zehntausende zur Flucht zwang."

- ✓ „Am 25. Juli griffen bewaffnete arabische Milizen die Stadt Misteri in West-Darfur an. Die Angreifer zielten laut Medien auf ethnische Masalit. Die UN sagte mindestens 60 bei dem Angriff getötet wurden."
- ✓ Im Ostsudan wurden bei gewaltsamen Zusammenstößen zwischen den ethnischen Gruppen der Beni Amer und der Nuba in Port Sudan mindestens 25 Menschen getötet. Auch bei gewaltsamen Zusammenstößen zwischen den Stammesgruppen Hadendawa und Beni Amer im August in der Stadt Kassala kamen zahlreiche Menschen ums Leben.

Südsudan

- ✓ „Die Regierung, die Sudanesische Volksbefreiungsbewegung/Armee in Opposition (SPLA/IO), die National Democratic Front und nicht-unterzeichnende Gruppen des Friedensabkommens von 2018 haben sich im Januar 2020 erneut zu einem Waffenstillstand verpflichtet. Dieser Waffenstillstand brach im April bei Kämpfen in Yei, Lobonok, Mundri, Maridi und anderen Teilen der Region Equatoria. Im Oktober wurden die Friedensgespräche wieder aufgenommen."
- ✓ „Alle bewaffneten Gruppen verübten Misshandlungen gegen Zivilisten, darunter rechtswidrige Tötungen, Entführungen und sexuelle Gewalt. Sowohl die Armee als auch die bewaffneten Gruppen SPLM/A-IO und die National Salvation Front (NAS) rekrutierten und setzten Kinder ein."
- ✓ „Mit wenigen Ausnahmen gelang es den Führern aller Konfliktparteien nicht, Missbrauch durch ihre Streitkräfte zu verhindern oder Täter zur Rechenschaft zu ziehen."
- ✓ „Kämpfe zwischen den Gemeinden, Viehdiebstähle und Racheangriffe zwischen bewaffneten Jugendgruppen in Central Equatoria, Jonglei, der Greater Pibor Administrative Area (GPAA), Lakes, Unity, Western Bahr el-Ghazal und Warrap forderten Hunderte von Toten und Verletzten. Bei den Kämpfen wurden Hunderttausende aus ihrer Heimat vertrieben."
- ✓ „Die Behörden nahmen Kritiker, darunter Mitglieder der Zivilgesellschaft und Journalisten, weiterhin willkürlich fest und hielten sie oft über längere Zeit ohne Anklage oder Gerichtsverfahren in Haft."
- ✓ „Streitkräfte töteten, folterten, entführten und missbrauchten Zivilisten. Im August griffen die Kämpfe mit ähnlichen

Übergriffen auf Lobonok, Mundri, Wonduruba und Teile von Ostäquatoria über."

- ✓ „Als Reaktion auf friedliche Proteste im Stadtteil Sherikat in Juba wegen Streits um Land töteten Sicherheitskräfte vier Zivilisten und eine weitere Person."
- ✓ „Nach einem Streit über eine Entwaffnungsoperation der Regierung im August wurden bei Zusammenstößen zwischen Soldaten und bewaffneten Zivilisten in der Stadt Tonj im Bundesstaat Warrap mindestens 127 Menschen getötet, darunter 82 Zivilisten."
- ✓ „Im Juni erklärten bewaffnete Jugendliche aus Jonglei eine Flugverbotszone über dem Verwaltungsgebiet Greater Pibor (GPAA) und drohten damit, ein Flugzeug der Vereinten Nationen im Südsudan (UNMISS) abzuschießen."
- ✓ „Im Juli wurden im Kreis Duk im Bundesstaat Jonglei zwei südsudanesische Helfer und vier Zivilisten von einer unbekannten bewaffneten Gruppe getötet. Im Jahr 2020 wurden mindestens 14 Mitarbeiter von Hilfsorganisationen getötet."
- ✓ „In Jonglei und GPAA haben sich Angriffe und Gegenangriffe zwischen den Gemeinden Lou Nuer, Gawaar Nuer, Dinka Bor und Murle seit Ende Februar intensiviert. Hunderte Menschen wurden getötet, verletzt und entführt, über 150.000 vertrieben."
- ✓ „Im Mai wurden bei einem Angriff bewaffneter Murle-Jugendgruppen auf die Dörfer Lou Nuer in Pieri im Bundesstaat Jonglei mindestens 287 Menschen getötet."
- ✓ „Im März kamen bei Kämpfen zwischen den Clans, die durch die Tötung zweier älterer Männer durch unbekannte bewaffnete Männer in den Bundesstaaten Lakes ausgelöst wurden, 41 Menschen ums Leben und mindestens 60 wurden verletzt."
- ✓ „Zwischen Juni und September gab die UNMISS[207] an, mindestens 21 Fälle von Vergewaltigung, Gruppenvergewaltigung, Zwangsheirat, erzwungener Nacktheit, sexueller Sklaverei und versuchter Vergewaltigung dokumentiert zu haben. Zu den Opfern gehörten Mädchen im Alter von 10 Jahren, drei schwangere oder stillende Frauen und ein Kind mit einer psychosozialen Behinderung."
- ✓ „Die dokumentierten Übergriffe erfolgten durch die Armee, gemeindenahe Milizen und bewaffnete Nichtregierungsgruppen."
- ✓ „Eine südsudanesische zivilgesellschaftliche Organisation

---

207 United Nations Mission in the Republic of South Sudan (UNMISS: United Nations Mission in South Sudan) ist laut Wikipedia ein Einsatz der Vereinten Nationen zur Friedenssicherung.

berichtete, dass seit der Verhängung der Covid-19-Beschränkungen im April mindestens 1.535 Mädchen in den Staaten West-, Ost- und Zentraläquatorials Kinderehen [...] oder Zwangsprostitution ausgesetzt waren."

- ✓ „Der Nationale Sicherheitsdienst des Südsudan nahm regierungskritische Journalisten und Aktivisten fest."
- ✓ „Der Südsudan bestraft „fleischliches Wissen gegen die Ordnung der Natur" mit bis zu 10 Jahren Gefängnis und einer Geldstrafe gemäß Abschnitt 248 des Strafgesetzbuchs von 2008."
- ✓ „Das UN-Expertengremium für Südsudan fand Beweise dafür, dass die Nachbarn des Südsudan gegen ein im Jahr 2018 gegen den Südsudan verhängtes UN-Waffenembargo verstoßen haben. Der Sudan lieferte zwischen März und Juni 2019 dreimal Waffen, und ugandische Truppen drangen in das Land ein, ohne die UN zu benachrichtigen."
- ✓ „Im Januar sanktionierte das US-Finanzministerium Vizepräsident Deng Gai wegen schwerer Menschenrechtsverletzungen, einschließlich seiner Rolle wegen verschwundener Personen, und berichtete von der Tötung des im Januar 2017 aus Kenia entführten Regierungskritikers Dong Samuel Luak und Aggrey Ezbon Idri."
- ✓ „Im Juli beklagten örtliche Vertretungen der EU, Frankreichs, Deutschlands, der Niederlande, Schwedens, Kanadas und des Vereinigten Königreichs das hohe Ausmaß an sexueller und geschlechtsspezifischer Gewalt gegen Kinder und Frauen im Südsudan und betonten, dass dieser anhaltende Missbrauch strafrechtlich nicht verfolgt werde."
- ✓ „Am 4. September kündigte UNMISS den Beginn eines Plans an, den Schutz ziviler Stätten, die mindestens 180.000 Vertriebene unter der Protektion der UN-Friedenstruppen beherbergen, in konventionelle Lager für Vertriebene umzuwandeln, in denen die Regierungspolizei anstelle der UN-Truppen die Sicherheit gewährleistet. Dies löste Angst vor Übergriffen durch Polizei und Regierungstruppen bei den Lagerbewohnern aus."

Obige Staaten, in denen Bürgerkrieg, Terrorismus, Massaker, sexuelle Gewalt, außergerichtliche Exekutionen, massive Menschenrechtsverletzungen und Vertreibungen an der Tagesordnung sind, erhalten von der EU finanzielle, logistische Unterstützung und Ausbildung, wenn jene im Gegenzug die Flüchtlinge aufhalten.

Wie wahrscheinlich ist es, dass Staaten, die regelmäßig (oft ethnisch motivierte) Greueltaten und Menschenrechtsverlet-

zungen an der eigenen Bevölkerung begehen, afrikanischen Migranten mit Würde und Rechtsstaatlichkeit begegnen?

Es ist davon auszugehen, dass, wie bereits zum Anfang des Kapitels erwähnt, Flüchtlinge misshandelt, beraubt, verschleppt, gefoltert und erschossen werden. Sie sind dem hilflos ausgeliefert. Da sie Ausländer sind, werden Flüchtlinge noch härter und gnadenloser behandelt als Einheimische.

In der Dokumentation „Der Türsteher Europas“ von 2018 berichtet ein Mann aus Eritrea von Schüssen der Grenzsoldaten auf Flüchtlinge. Die Überlebenden würden gefoltert und anschließend getötet. Eritreas Regierung entführe Migranten und erpresse deren Angehörige auf Lösegeld. Es wird Flüchtlingen sogar für 8000 $ pro Person angeboten, sie durchzuschleusen. Die Dokumentation berichtet, die libysche Küstenwache erhalte von der EU Geld dafür, Flüchtlingsboote im Mittelmeer zu stoppen und die Migranten nach Libyen zurückzubringen. Große Teile der Marine gehörten libyschen Warlords an, die die Kontrolle der libyschen Gewässer zu ihrem Geschäft machen. Sie seien von keiner Regierung legitimiert, werden von niemandem kontrolliert und sind niemandem unterstellt. Die Marine gehe äußerst brutal und gewaltsam gegen die Flüchtlinge vor. Mit Waffengewalt werden Flüchtlinge zurück nach Libyen verbracht, dem Auswärtigen Amt liegen zudem Hinweise auf eine Zusammenarbeit mit Schleppern vor. Es wurde Beschuss von Flüchtlingsbooten dokumentiert (UN Bericht). Schutzsuchende sollen durch die „Küstenwächter“ schwere Misshandlungen erfahren haben. Darüber hinaus werden Flüchtlinge mit Gewalt durch nichtstaatliche patrouillierende Truppen abgehalten, ihre Boote ins Mittelmeer zu lassen. Die Rettungsschiffe von NGO’s werden von der libyschen Marine mit Beschuss bedroht. Die libyschen Einheiten verstoßen gegen internationales Seerecht und verfolgen die Flüchtlingsboote bis in internationale Gewässer vor Libyen und Tunesien. Das Magazin Monitor vom 14.4.2016 zeigt in seinen Aufnahmen, wie das Rettungsschiff der Organisation Sea-Watch lebensgefährlich abgedrängt wird. Spanischen Aktivisten von Proactiva Open Arms erging es kürzlich noch schlimmer: Ihr Schiff wurde stundenlang von Libyern festgehalten, der Besatzung mit Beschuss gedroht, wenn sie sich nicht aus dem eigenmächtig erweiterten Rettungsgebiet fernhielte.

Oxfam interviewte 158 Flüchtlinge (127 Männer und 31 Frauen), denen die Flucht von Libyen nach Sizilien gelang. Sie berichteten von alltäglicher Folter, Vergewaltigung und Zwangsarbeit afrikanischer Geflüchteter in Libyen. Viele werden in unterirdischen Kerkern gefangen gehalten, um von ihren Familien Lösegeld zu erpressen. Nahezu alle befragten Frauen haben sexuelle Gewalt erlebt. 74 Prozent der Geflüchteten sagten aus, Folter und/oder Mord an Reisegefährten beobachtet zu haben; 84 Prozent berichteten, selbst Opfer unmenschlicher und entwürdigender Behandlung wie körperlicher Gewalt oder Folter geworden zu sein. 80 Prozent der Befragten gaben an, ihnen sei in Libyen regelmäßig Nahrung und Wasser verweigert worden.[208] Die28-jährige Esther aus Nigeria sagte: „Männer in Uniformen waren gewalttätig und mit Pistolen, Eisenstangen und Stöcken bewaffnet. Sie wollten Erpressungsgeld. Sie verprügelten jeden Teil meines Körpers und zwangen mich dazu, an sexueller Gewalt gegen die anderen Frauen mitzuwirken. Ich habe Narben an meinem Kopf und an meinem rechten Arm. Wegen der Schläge, unter denen ich litt, verlor ich mein ungeborenes Kind. Meine Schwester starb aufgrund der Misshandlungen. Ich verlor eine Menge Blut, ohne jegliche Hilfe bekommen zu haben." Lamine, ein 18-jähriger aus dem Senegal, erzählte: „Als ich gefangen wurde, schlugen sie mit einem Gewehr auf meinen Kopf. Ich fing an zu bluten und wurde bewusstlos. Als ich aufwachte, dachte ich, ich sei tot. Überall war Blut. Ich befand mich in einer Zelle mit anderen Menschen – und Leichen. Ich sah einen Soldaten, wie er einem anderen Mann die Nase brach und ihn so sehr verprügelte, dass er sein Augenlicht verlor. Sie brachen meinen Finger und verletzten mein Bein mit einem Messer. Ich verharrte dort für drei Wochen. Eines Tages, als niemand schaute, konnte ich durch das Fenster im Badezimmer fliehen." Peter, 18 Jahre aus Nigeria, berichtet: „Als wir in Sabah in Libyen angekommen waren, wurde ich ins sogenannte Ghetto gebracht – ein großes Haus ohne Fenster, in dem 300 Afrikaner festgehalten wurden. Es war schrecklich. Jeden Tag ist jemand gestorben. Es gab nicht genug Platz zum Schlafen, es gab kein Trinkwasser und das Essen war verdorben." Dr. Tankred Stöbe von „Ärzte ohne Grenzen", der einige Camps gesehen hat, sagt, dass fast alle Menschen dort medizinische Hilfe benötigen. Er erzählt: „Die kleinen Schlafräume sind verschmutzt, die Matratzen verfilzt, schon auf dem Flur mit Urinpfützen kommt mir ein ätzender Gestank entgegen. Der Boden des Waschraumes ist knöcheltief mit Kot und Urin bedeckt."[209] Die Sahara ist inzwischen „ein Friedhof unter freien Himmel."[210] Da die Grenzsoldaten in Niger an allen bekannten Schleuserrouten Kontrollpunkte einrichten und niemanden mehr durchlassen, der nach Europa will, weichen die Schlepper auf immer entlegenere und riskantere Rou-

208 Oxfam: *Horror in Libyen: Geflüchtete berichten von Folter, Vergewaltigung und Zwangsarbeit* https://www.oxfam.de/ueber-uns/aktuelles/2017-08-09-horror-libyen-gefluechtete-berichten-folter-vergewaltigung; Abruf 2020
209 *Der Türsteher Europas*, 2018
210 Ebd.

ten aus. Die Anzahl der Toten sei dadurch sprunghaft gestiegen, tausende Leichen liegen in den Fahrzeugen.

Das Scheitern der EU-Maßnahmen – Unfähigkeit oder Kalkül?

Der andere Grund, warum die EU ihre Grenzen immer weiter externalisiert, nach Außen schiebt, ist der Schutz des grenzfreien Schengen-Raums im Zentrum der EU. Bereits im Vorfeld des Schengen-Abkommens meldeten die Innenminister von Deutschland, Frankreich und der Benelux-Staaten große Sicherheitsbedenken bezüglich möglicher vermehrter Verbreitung von Kriminalität an, weil „jeder Kriminelle so ungehindert die Grenze passieren könne."[211] Bevor das eigentliche Schengener Abkommen unterzeichnet wurde, trat am 19. Juni 1990 das sogenannte Schengener Durchführungsübereinkommen in Kraft, in dem sogenannte „Ausgleichsmaßnahmen" zu den wegfallenden Grenzkontrollen festgelegt wurden. Dazu gehörten „zum einen Maßnahmen zur Sicherung der Schengen-Außengrenze, aber auch gemeinsame Einreisevorschriften für Drittstaatsangehörige sowie die Möglichkeit grenzüberschreitender Kriminalitätsbekämpfung."[212] In den ersten zehn Jahren des 21. Jahrhunderts gelangten immer mehr Flüchtlinge legal über Italien nach Frankreich. Dies stellte für den Schengenraum eine neue Gefahr der unkontrollierten Einwanderung dar. In der Folge entwickelte die EU die Idee der „konzentrischen Kreise". *Nach dieser Idee sind die Schengen-Staaten ein Kern mit hohem Grenzschutz. Um diesen Kern herum gruppieren sich, wie konzentrische Kreise, Nachbarstaaten und weiter entfernte Staaten, von denen jeder eine Puffer- und damit Schutzfunktion für den Kern ausübt."*[213] Auch begann die EU, Nicht-Mitgliedsstaaten dazu zu bewegen, ihre Außengrenzen nach EU-Richtlinien zu sichern. Dazu stellt man EU-Beitrittskandidaten Mittel zur Verfügung, die ihre Mitgliedschaft beschleunigten. Anderen Nachbarstaaten verspricht man, je nach Status, finanzielle, strukturelle, logistische und technologische Hilfe. Denn sie „sollen verhindern, dass weder Migranten noch Straftäter illegal über diese Drittstaaten in die EU einreisen."[214] Das so entstehende Grenznetzwerk zum Schutz des Schengenraums begann man 1991 im sogenannten Budapester Pro-

211 Bundeszentrale für politische Bildung, Mechthild Baumann: *Die Entwicklung des europäischen Grenzregimes, 2014; Lizenz CC BY-NC-ND 3.0 D.* www.bpb.de/gesellschaft/migration/kurzdossiers/179683/die-entwicklung-des-europaeischen-grenzregimes Abruf: September 2021

212 Baumann 2014

213 Ebd. europäische

214 Ebd.

zess auf Asien, 2005 mit dem Rabattprozess auf West- und Nordafrikastaaten und schließlich 2014 mit dem Khartum-Prozess auf Staaten rund um Kap-Horn auszudehnen (siehe Tabelle).

	Teilnehmer	**Ziele & Maßnahmen**
Budapester Prozess 1991	Bis heute 50 teilnehmende Staaten und 10 internationale Organisationen. Ein informelles Forum für einen zwischenstaatlichen Dialog im Bereich der Migration	Aufbau nachhaltiger Migrationssysteme den entsprechenden Staaten. Austausc über Themen: **Legale und illegale Migration, Asyl, Visa, Grenzschutz, Menschenhandel und Menschenschmuggel, Rückübernahme sowie Rückkehr.**
Rabatt-Prozess 2005	50 europäische Staaten, Länder aus Nord-, West- und Zentralafrika, EU, Westafrikanische Wirtschaftsgemeinschaft (ECOWAS). Initiiert International Centre for Migration Policy Development (ICMPD)	Der Rabat-Prozess ermöglicht die Umsetzung von konkreten Initiativen, di sich auf folgende drei Säulen stützen: **- Organisation der legalen Migration** **- Bekämpfung der illegalen Migratio** **- Stärkung der Synergien zwischen Migration und Entwicklung,** **- Internationaler Schutz.**
Khartum-Prozess 2014	Initiative der Europäischen und der Afrikanischen Union	Ziel ist ein dauerhafter, regionaler Dialo über Migration und Mobilität, mit dem c bisherige Zusammenarbeit ausgebaut u vertieft werden soll. Projekte finanziert selber keine, begleitet sie aber. **VALETTA AKTIONSPLAN** **- Bekämpfung der Ursachen irregulä Migration** **- Schutz und Asyl** **- legale Migration** **- Kampf gegen Menschenhandel un -schmuggel** **- Rückkehr und Reintegration** Finanzierung durch den European Union Emergency Trust Fund for Africa (EUTF). Monitoring der Projektumsetzung für die jeweiligen Regionen des Khartum- und Rabat-Prozess:

Quelle: Staatssekretariat für Migration (SEM) der Schweizerischen Eidgenossenschaft www.sem.admin.ch/sem/de/home/international-rueckkehr/kollab-multilateral/regio-migrationsdialoge/karthum-prozess.html Abruf: September 2021

Im Mai 2015 wurde von der Europäischen Kommission angesichts der ungebremsten Flüchtlingswelle die *Europäische Agenda für Migration* gegründet. Es wurde u.a. Folgendes in die Wege geleitet:

1. Erhöhung der Ressourcen für Frontex- und Europol- Operationen,
2. Erhöhung der Hilfe für Mitgliedsstaaten an den europäischen Außengrenzen,
3. Bereitstellung von Finanzmitteln für die regionalen Entwicklungs- und Schutzprogramme (RDPP) für Nordafrika und dem Horn von Afrika,

4. Verstärkung das Grenzmanagement in laufenden Missionen in Niger und Mali,
5. Aufbau eines multifunktionalen Zentrums im Niger mit Unterstützung von IOM und UNHCR.

Bereits im Dezember des gleichen Jahres verabschiedeten europäische und afrikanische Regierungschefs auf einem Gipfeltreffen in Malta den **Valletta-Aktionsplan** *im* Rahmen des Khartum-Prozesses, der sich auf die Bekämpfung von Menschenhandel und -schmuggel insbesondere am Kap Horn konzentriert. [215]

Bekämpfung der Ursachen für irreguläre Migration und Vertreibung

1. Mainstreaming von Migration in der Entwicklungszusammenarbeit,
2. Schaffung von Arbeitsplätzen und Ausbildungsförderung, Stärkung der Resilienz z.B. durch Sicherung von Ernährungssicherheit und Anpassung an den Klimawandel,
3. Förderung vom Transfer von Remittances und des Diasporaengagements,
4. Verhindern neuer Konflikte,
5. Unterstützen von Rechtsstaatlichkeit und guter Regierungsführung z.B. über polizeiliche und juristische Kooperationen, Unterstützung von privaten Investitionen in landwirtschaftliche Unternehmungen.

Verbesserung der Zusammenarbeit im Bereich der legalen Migration und Mobilität

1. Verdopplung der Zahl von Studien- und Forschungsstipendien,
2. Aufsetzen von Pilotprojekten zur verbesserten Anerkennung von Qualifikationen im Sinne von zirkulärer Migration,
3. Workshops zu Visafazilitäten,
4. Förderung von bilateralen Abkommen wie den Mobilitätspartnerschaften,
5. Ausweitung der Personenstandsregistrierungen und Ausweisdokumenten.

---

215 Die Zusammenarbeit der verschiedenen Kontinente, Länder und Organisation ist weit verzweigt und äußerst komplex. Es ist nicht leicht, die Übersicht zu behalten. Einen guten Überblick bietet das Dossier des Paritätischen Wohlfahrtsverband vom August 2017 *Migrations- und Entwicklungspolitik gegenüber Herkunfts-,Transit- und Aufnahmeländern von Mareike Grewe*

Schutz für Migranten und Asylbewerber

1. Weiterführen von Search- and Rescue -Anstrengungen im Mittelmeer,
2. Stärkung der Schutzkapazitäten von Aufnahmeländern, Erleichterung von Zugang zu Rechtsberatung,
3. Opferschutz: psychologische und die gesundheitliche Unterstützung,
4. Verbesserung von Asylprozessen in Herkunfts-, Transit- und Aufnahmestaaten,
5. Unterstützen von Resettlement,
6. Anstrengungen, Stärkung der Humanitären Hilfe.

Verhinderung und Bekämpfung der irregulären Migration, der Schleusung von Migranten und des Menschenhandels

1. Aufsetzen von nationalen und regionalen Gesetzgebungen gegen das Schleusen und den Handel von Menschen sowie Arbeitsausbeutung von Migranten,
2. Stärkung der Institutionen in Herkunfts- und Transitländer zum Kampf gegen Schleuser und Menschenhandel entlang der West-Sahel-Route z.B. durch Capacity Building oder das Bereitstellen von Equipment,
3. Einrichten von Polizeieinheiten,
4. Investition in Grenzmanagement Systeme,
5. Pilotprojekt eines „Joint Investigation Teams" in Niger,
6. Verbesserter Informationsaustausch und verbesserte Zusammenarbeit u.a. mit Frontex, Inter- und Europol,
7. Unterstützung von gestrandeten Migranten,
8. Aufklärung und Informationskampagnen unter der Bevölkerung.

Verbesserung der Zusammenarbeit bei der Rückführung und Rückübernahme

1. Kapazitätsaufbau in Herkunftsländern zur Identifizierung von „irregulären Migranten",
2. Aufsetzen von Projekten zur Reintegration von Rückkehrern,
3. Best-Practice.

Die Gelder wurden durch den European Union Emergency Trust Fund for Africa (EUTF) bereitgestellt mit einem Umfang von 2,5 Mrd. Euro. Die Finanzmittel sollten hauptsächlich „gezielt in Ländern eingesetzt werden, die entlang der Hauptmigrationsrouten nach Europa liegen.

Sahelregion/ Tschad-See: Burkina Faso, Kamerun, Tschad, Gambia, Mali, Mauretanien, Niger, Nigeria und Senegal

Horn von Afrika: Djibuti, Eritrea, Äthiopien, Kenia, Somalia, Südsudan Tansania, Uganda

Nord-Afrika: Marokko, Algerien, Tunesien, Libyen, Ägypten."[216]

Wie man bei Human Right Watch sieht, sind alle hehren humanen Ziele, verpackt in wohlklingende Worte, krachend gescheitert. Es ist doch seit Jahrzenten in der Entwicklungshilfe bekannt, dass ein Großteil der Gelder, die man instabilen Regimen und Diktatoren in Afrika gibt, durch Korruption, Vetternwirtschaft und Gewalt bei den Eliten landen, die Situation verbessert sich für fast niemanden. Fluchtursachen bleiben für Millionen bestehen. Darüberhinaus liefert man Waffen, Munition und Grenzschutztechnologie an ausgewiesene Schurkenstaaten. Im Anschluss *wundert* man sich, dass es Mord und Totschlag gibt.

Wobei... Die Frage, die mich beschäftigt ist, ob die EU *wirklich* so naiv und blauäugig sein kann, altbekannte politisch-soziologische Muster nicht vorherzusehen? Handelte die EU einfach grob fahrlässig? Waren die Politiker zu dumm? Mit anderen Worten: Waren die Verschlechterungen der Flüchtlingssituation ein nicht vorhergesehener Effekt der Entwicklungshilfe für Sahelstaaten? Oder kannte man die Folgen und war bereit, die Konsequenzen in Kauf zu nehmen, ja sie sogar zur Abschreckung zu begrüßen.

Überlegen wir kurz zusammen: Die EU ist die wohlhabendste Region weltweit. Sie gibt jährlich hunderte Millionen an Entwicklungshilfen, verhandelt, berät und unterstützt seit Jahrzehnten afrikanische Staaten. Die EU beteiligt sich an humanitären Einsätzen der vielen UN-Organisationen. Seit Jahrzehnten arbeiten erfahrene Afrika-Experten für die EU im Bereich der Sicherheit. Sie schätzen die Lage vor Ort ein und bewerten diese. Sie kennen die Wirtschafts- und Sicherheitslage in der Sahelzone und sind mit der afrikanischen Mentalität vertraut. Solchen Fachgremien liegt eine Vielzahl an Daten vor, wesentlich mehr als mir. Wenn ich bereits mit meinem geringen Umfang an Informationen jene grauenhaften Konsequenzen ableiten kann, dann konnten dies die EU-Gremien mit Sicherheit auch. Die EU muss gewusst haben, dass ihre Maßnahmen nicht den afrikanischen Völkern helfen, sondern nur den Mächtigen des Schwarzen

216 Paritätischer Wohlfahrtsverband 2017

Kontinents. Mit anderen Worten: Die EU war sich der tödlichen Folgen für Flüchtlinge bewusst und handelte demnach mit Vorsatz.

Tötung mit Vorsatz gilt innerhalb der europäischen Wertegemeinschaft als Mord. Deshalb ist es auch erlaubt zu sagen: **Die EU misshandelt und ermordet Flüchtlinge in Afrika.**

Die EU hat infolgedessen ihr Ziel erreicht. Die Flüchtlinge kommen nicht mehr. Das liegt aber nicht daran, dass man die Fluchtursachen in den Heimatländern ausgemerzt hätte und es den Menschen so gut ginge, dass sie ihre Heimatländer nicht verlassen wollten. Im Gegenteil: Damit der Geldregen der EU weiter auf die Eliten herabregnet, werden sie mit gnadenloser Gewalt dafür sorgen, dass kein Bürger das Land verlässt und kein Migrant ihren Staat durchquert. Genau auf dieses Kalkül hat die EU gesetzt. Die humanitären Verbesserungen waren demnach nur ein Vorwand. Es war wahrscheinlich nie geplant gewesen, die Fluchtursachen zu beheben. Es war der EU bekannt, das dies in der gebotenen Kürze der Zeit nicht funktionieren würde. Aber man kannte die Gier afrikanischer Regime und wie man sie füttert. Man wusste, dass Finanzmittel, die man den afrikanischen Ländern offiziell zum Aufbau ihrer Infrastruktur spendet, zwangsläufig auf den Konten der Mächtigen landen. Die EU kannte deren Geldgier und sah richtig voraus, dass die Aussicht auf noch mehr Geld diese Staaten zur Kooperation bereit machte.

Die EU schuf eine perfekte Win-Win-Situation für sich. Offiziell konnte die EU nicht sagen, dass sie afrikanische Staaten dafür bezahlt, ihr die Flüchtlinge vom Hals zu schaffen, da dies sich nicht mit den Menschenrechten und den eigenen ethischen Leitlinien vereinbaren lässt. Also verpackt und versteckt man das Ziel hinter humanitärer Philanthropie. Wenn die Finanzhilfen für ein Land dort ankämen, wo sie hinsollten, so dass Sicherheit, Stabilität, Wirtschaftsaufschwung und Bildungsfortschritte eintreten, hätte man Wort gehalten. Würden Flüchtlinge geschützt und nach den Menschenrechtskonventionen behandelt – umso besser. Hauptsache, das Land hält Flüchtlinge auf. Falls sich aber, wie weiter oben beschrieben, die Eliten das Geld in die eigenen Taschen stecken, ist dies natürlich die Schuld des afrikanischen Staats – wie konnte er nur! Doch insgeheim, auch wenn das nur die zweitbeste Variante darstellt, hat man sein Ziel erreicht: Die Flüchtlinge werden aufgehalten, die Schengener Grenze erfolgreich externalisiert. Nur das zählt. Die gespielte Entrüstung der EU wirkt authentisch, da es mit ihren ethischen Leitmotiven korreliert. Eine hervorragend gesponnene Polit-Intrige.

Warum fliehen die Menschen aus Subsahara-Afrika? Sie leben in Regionen, die durch Krankheit, Armut, Kriege, Terror, Naturkatastrophen, hohe Kriminalität und massive Menschenrechtverletzungen weltweit am stärksten betroffen sind. Sie leben vor sich hin, erdulden einen Schicksalsschlag nach dem anderen. Sie sind willkürlich den Launen des Schicksals ausgesetzt, Sicherheit bedeutet einen Luxus, den sie nicht kennen: Machthungrige Diktatoren, brutale Terroristen, ethnische Säuberungen, Naturkatastrophen und Seuchen lassen sie ein menschenunwürdiges, hoffnungsloses Dasein führen, eingebettet in den Kalamitätensturm Afrikas. Diese Menschen stehen unter einem unvorstellbaren Leidensdruck, es ist die Hölle auf Erden, der sie in ihrem Land oder sonst wo in Afrika nicht entfliehen können. Jene Menschen würden alles dafür tun, um diesen Ort für einen guten Platz zu verlassen. Ihr verheißenes Land lautet Europa, dem Land, das Nahrung, Freiheit, Sicherheit und Gesundheit im Überfluss garantiert. Es würde Rettung aus höchster Not bedeuten – für sie und ihre Familie. Sie wollen einfach weg, weit weg von all dem Elend, einer glücklichen Zukunft entgegen. Scheuen sie nicht Menschenhändler, Erniedrigungen und Tod? Nein, wieso denn: Innerlich, vom Schicksal gedemütigt, sind sie meistens doch längst tot. Was haben diese Unglücklichen also zu verlieren? Nichts. Sie haben nichts zu verlieren.

Was passiert also, wenn man Menschen, die am Abgrund stehen, lebensgefährliche Hindernissee in den Weg stellt, die Rassismus, Mord und Totschlag bereithalten? Wird es diese Menschen, die das, womit man ihnen droht, regelmäßig in ihrer Heimat erleiden, davon abhalten, ihren Todesmarsch Richtung EU zu beginnen? Die Antwort lautet: Nein, natürlich nicht. Migranten weichen auf immer entlegenere und gefährlichere Routen aus, die mehr Flüchtlingen das Leben kosten. Das Resultat der EU-Maßnahmen sind noch höhere Todeszahlen und noch mehr unermessliches Leid unter den Flüchtlingen. Die EU wendet rigorose Gewalt an gegen die, die sich bereits am Boden winden. **Die EU handelt als Auftraggeber, also hat sie das Leid und die getöteten Menschen auf dem Gewissen.**

Diese Strategie ist inhuman und verlogen. Die EU veranstaltet einen Spießrutenlauf durch Afrika, und wer überlebt, gewinnt einen Asylantrag. Entschuldigen Sie bitte den Zynismus, aber mich macht derartiges Unrecht betroffen. Die EU hat einen dunklen Irrweg eingeschlagen. Es ist der falsche Weg, weil er tödliche Gewalt anwendet und den Flüchtlingen den letzten Funken ihrer Menschenwürde nimmt. Europäische Werte werden ad absurdum geführt, Völkerrecht und Humanität mit Füßen getreten. Wie tief ist die EU gesunken! Dies beschämt mich und erfüllt mich mit Traurigkeit. **Die EU hat ihre eigenen Werte verraten, um ihre existentiellen Interessen zu schützen.** Wie häufig wirft die EU anderen Staaten wie Russland, Iran, Türkei China oder Saudi-Arabien vor, das Völkerrecht und die Menschenwürde nicht zu achten. Die Begründung jener Staaten ist doch auch immer die, ihre Interessen zu schützen. Wir sind keinen Deut besser. Im Gegenteil: Wir sind schlimmer aufgrund unserer infamen Heuchelei. Die EU sieht sich durch Flüchtlingswellen in ihrer Existenz bedroht und glaubt deshalb, Menschenrechte über Bord werfen zu können, bei denen, die nicht in der Lage sind, sich zu wehren.

Ich verstehe das *Dilemma* der EU, nicht aber dessen *Lösung*. Ich habe eine Lösung, welche Afrikanern eine faire Chance bietet, gleichzeitig aber die EU vor einer Überflutung schützt. Mein Weg gibt den Flüchtlingen ihre Würde zurück, berücksichtig aber auch Menschen in Europa, die sich durch die vermehrte Einwanderung in ihrem eigenen Heimatland nicht mehr wohlfühlen.

Praxis einer ganzheitlichen humanen Flüchtlingspolitik

Mein Konzept sieht vor, dass EU, Afrikanische Union (AU) und UNO die Flüchtlingsströme aktiv organisieren und systematisch regulieren. Ich versuche nicht, die Flüchtlingsströme durch Anwendung von Verboten und Gewalt aufzuhalten. **Ich sage: Die Migration muss auf humane Art strukturiert werden**. So müssen Menschen auf ihrem Weg nach Europa nicht leiden und die Zahl der Zuwanderungen kann von der EU reguliert werden.

Folgende Prinzipien liegen meinem Ansatz zugrunde:

1. Jedem Flüchtling **muss** humanitäre Hilfe gewährt werden.
2. Jeder Flüchtling muss die Möglichkeit und das Recht haben, Asyl zu beantragen.
3. Niemand hat das Recht, durch direkte oder indirekte Maßnahmen Flüchtlinge daran zu hindern, dieses Recht auszuüben oder dessen Wahrnehmung zu erschweren. Dies gilt sowohl für legale als auch für illegale Flüchtlinge.
4. Zu jedem Zeitpunkt der Migration ist die Menschenwürde der Flüchtlinge zu wahren.

Einführung und Überblick

Die EU stellt an mehreren sicheren Häfen Afrikas Flüchtlingsschiffe bereit, die 2x täglich pendeln. Für Flüchtlinge, die über den türkischen Landzugang in Griechenland eintreffen, wird im griechischen Alexandroupolis ebenfalls ein Schiff zur Verfügung gestellt. Die EU teilt den Migranten per App mit, wann diese Schiffe fahren. Der Weg zu den Schiffen erfolgt über verschiedene Sicherheitskorridore durch Afrika, die von Soldaten der AU und UNO bewacht werden. Flüchtlinge erhalten in regelmäßigen Abständen Nahrung, Wasser und sichere Schlafmöglichkeiten in Zelten. Jeder hat ein Recht darauf, dieses Schiff zu besteigen. Die einzige Voraussetzung ist die Vorlage eines nationalen oder panafrikanischen Reisepasses und ein Stempel in ihrem Ausweisdokument, den sie beim Betreten des Sicherheitskorridore erhalten. Die Schiffe bringen die Flüchtlinge auf von der EU gekaufte oder angelegte unbewohnte Inseln, auf denen sie ihren Antrag auf Asyl stellen; binnen zwölf Monate muss über diesen entschieden werden. Jedes EU-Land muss Kontingente aufnehmen. Die Kontingente berechnen sich folgendermaßen: Jede Nation nimmt an Asylanten maximal fünf Prozent im Verhältnis zu seiner Bevölkerung auf. Bei einer ungefähren EU-Einwohnerzahl von 500 Millionen könnten 25 Millionen Menschen als Flüchtlinge in Europa aufgenommen werden. Sobald Plätze in den EU-Ländern frei werden, werden Asylsuchende der entsprechenden Nation zugewiesen. Sie müssen zehn Jahre in dem Land bleiben und erhalten dann (sofern sie die Staatsbürgerschaft des Landes angenommen haben) das Recht der Freizügigkeit innerhalb der EU. Um auch osteuropäische Staaten, die Stand heute keinerlei Flüchtlinge aufnehmen, zu „motivieren", zahlt die EU jedem Land bis zu 42 Milliarden Euro pro Jahr, wenn sie ihr Kontingent bei den fünf Prozent halten. Finanziert wird dies durch das Geld, das man vorher den afrikanischen Staaten und der Türkei dafür gezahlt hat, Flüchtlinge aufzuhalten oder zurückzunehmen. Kein EU-Land wird gezwungen, Flüchtlinge aufzunehmen, erhält dann aber die Zahlungen nicht. Asylsuchende auf der Insel, deren Antrag abgelehnt wurde, müssen umgehend mit einem Schiff in den Hafen zurückgebracht werden, in dem sie an Bord gingen. Von dort eskortieren sie Blauhelm- und AU Soldaten zurück durch die Korridore in ihr Heimatland. Die zurückgekehrten Menschen dürfen erst nach fünf Jahren wieder Korridore und Schiffe betreten.

Der Weg zu den Schiffen über Schutzkorridore

Ich schlage vor, für Flüchtlinge ein Netzwerk von fünf Kilometer breiten Schutzkorridoren in Afrika zu schaffen, damit Flüchtlinge sicher bis zu den Häfen gelangen. Soldaten der Afrikanischen Union und UN- Schutztruppen bewachen diese Wege. Sie schützen die Fliehenden vor Verschleppung, Menschenhandel und Mord. Darüber hinaus versorgen sie die Flüchtlinge mit Wasser und Nahrung. Beim Betreten und Verlassen der Korridore erhalten alle Flüchtlinge einen Stempel mit Nummer in den Reisepass. Die Nummer wird an die Schiffe gesendet. Die Nummer berechtigt sie, an Bord zu gehen, wenn sie den Hafen erreichen. Es darf sich immer nur eine begrenzte Anzahl Flüchtlinge gleichzeitig innerhalb des Korridors befinden, damit die Versorgung gewährleistet bleibt. Die Anzahl wird in Abhängigkeit von Schiffskontingenten erhöht oder gesenkt, damit es in den Häfen nicht zu großen Staus der Flüchtlinge kommt. Die Schiffskontingente ihrerseits hängen von den Flüchtlingskontingenten der Inseln ab.

Zugänge zu den Korridoren, die Schiffe und die Flüchtlingsinseln müssen in ständigem Austausch bleiben, um eine reibungslose Organisation der Migration zu garantieren.

Menschen, die (sozial) schwächer sind, dürfen als erste an Bord. Die Reihenfolge, ist folgende:

a) **Gruppe 1**: Alleinstehende Minderjährige, alleinstehende Kranke und Behinderte, alleinstehende Alte ab 70 Jahren *Punktzahl = 20*

b) **Gruppe 2:** Alleinstehende Kinder mit einem volljährigen Begleiter, alleinstehende Kranke und Behinderte mit einem volljährigen Begleiter, alleinstehende Alte (ab 70) mit einer minderjährigen Begleitung, Alleinstehende Alte (ab 70) mit einer volljährigen Begleitung | *Punktzahl = 10,*

c) **Gruppe 3:** Familie (umfasst mind. drei Personen) mit kranken Mitgliedern, Familien mit Minderjährigen, Familien mit Alten, Familien | *Punktzahl = 5,*

d) **Gruppe 4:** Alleinstehende zwischen 40-70 Jahren, alleinstehende zwischen 20-40 Jahre | *Punktzahl = 0,*

Insel und Unterbringung

Alle Flüchtlinge werden auf unbewohnten Inseln unter EU-Administration untergebracht. Man könnte Griechenland viele der kleinen Mittelmeerinseln abkaufen oder Griechenland im Gegenzug mit einem (teilweisen) Schuldenerlass verrechnet werden. Eine andere Möglichkeit besteht darin, dass die EU künstliche Eilande in ihrem Hoheitsgebiet anlegt.

Die Vorteile unbewohnter Inseln besteht darin, dass sich Flüchtlinge frei bewegen können, ohne dass es zu Konfrontation und sozialen Spannungen mit der einheimischen Bevölkerung kommt. Aufgrund der Insellage können die Asylsuchenden nicht fliehen. Um die Flüchtlinge nicht in Versuchung zu bringen, sollten die Inseln weit genug vom Festland entfernt liegen und die Infrastruktur so angelegt sein, dass Schlauchboote nicht zu Wasser gelassen werden können. Die Insel ist ein Sperrgebiet, dass nur zugänglich ist für Militär, Hilfsorganisation und Presse. Dies verhindert, dass, wie in Lesbos geschehen, linke und rechte Gruppen aufmarschieren, um sich zu inszenieren. Jede Insel verfügt über einen kleinen Marinehafen. Dort kommen die Schiffe mit den Flüchtlingen an. Der Hafen und die Insel werden von Soldaten der EU bewacht. Es wird eine Verwaltung vor Ort eingesetzt.

Die Unterbringung der Flüchtlinge muss jederzeit menschenwürdig und freundlich sein. Die Menschen sollen eingebunden werden in soziale Strukturen. Die Insel soll ihnen für die Zeit ihres Aufenthalts ein Heim sein, ein Ort, an dem sie in menschenwürdigen Umständen leben und nicht vor sich hinvegetieren. Um das zu erreichen, schlage ich vor, keine Flüchtlingscamps zu bauen, sondern Siedlungen ohne Stacheldraht, Ausgangssperren und Bewegungseinschränkungen. Um eine Vielzahl an Menschen unterbringen zu können, sollen Migranten in kleinen Sozialwohnungen mit Elektrizität, Miniküchen, Zentralheizung und anständigen sanitären Anlagen wohnen. Städteplaner sollen kleine Städte errichten mit:

- Grünanlagen und Freizeitangeboten wie Fußballplätze oder Fitnesscenter,
- Dienstleistungen wie Arztpraxen mit einfachen OPs, Friseursalons, Waschsalons,
- Sozialen Treffpunkten wie einfachen Cafés, Internetcafés oder Cafeterias,
- Supermärkten, in denen die Menschen Grundnahrungsmittel, Putzmittel, Zahnbürsten, Zahncreme, Binden und Waschmittel erwerben können.

Die Flüchtlinge erhalten Rabattmarken, mit denen sie pro Familie oder Person Warenkontingente oder Dienstleistungen erwerben können.

Jeder Asylsuchende hat die Möglichkeit, Sprachkurse in Englisch, Deutsch, Französisch Italienisch, Spanisch oder Polnisch[217] zu belegen. Diese Sprachen werden am häufigsten in der EU gesprochen. Deshalb sollten die Flüchtlinge bereits auf den Inseln die Möglichkeit erhalten, diese Sprachen kennen zu lernen. Darüber hinaus können Asylsuchende Berufsausbildungen beginnen.

Die Menschen sollen in soziale Abläufe integriert werden. Deshalb bietet man ihnen Arbeit für eine symbolische Bezahlung von 1 Euro pro Tag an. Männer könnten beim Aufbau der Städte auf Baustellen helfen oder technisches Gerät warten, instand halten und reparieren. Frauen könnten beim Anlegen von Parks helfen, die

217 Falls Polen bereit ist, Flüchtlinge aufzunehmen

Treppenhäuser der Sozialwohnungen reinigen oder Kleidung waschen bzw. nähen. Männer und Frauen könnten zusammen Ackerbau betreiben, soweit dies Böden, geografische und topografische Lage zulassen.

Die oben beschriebenen Maßnahmen sind Vorbereitungen zu einer einfacheren und effektiveren Integration in europäische Staaten. Asylsuchende sollen erfahren, welche Möglichkeiten ein Leben in der EU bietet. Sie sollen lernen, welche Pflichten und Erwartungen sie erfüllen müssen. Dazu gehört, Regeln und europäische Werte einzuhalten. Asylsuchende sollen bereits auf den Inseln lernen, dass Fleiß und Engagement belohnt werden, wohingegen Faulheit und asoziales Verhalten von den europäischen Gesellschaften sanktioniert werden. Um sich an europäische Vorstellungen von Sauberkeit und Ordnung zu gewöhnen, sind die Bewohner der Städte dazu verpflichtet, Wohnungen, Einrichtungen und Parks sauber zu halten. Vandalismus, Graffiti, Dreck, Gestank und Schimmel dürfen nicht auftreten. Größere Schäden in den Wohnungen müssen den Hausmeistern umgehend gemeldet werden. *Wiederholte Verstöße* gegen obige Regeln führen zur Ablehnung des Asylantrags und zur sofortigen Abschiebung in den Herkunftshafen. Gleiches gilt für wiederholtes asoziales Verhalten wie Pöbeln, Saufen[218], Bettelei oder Prostitution.

Asylsuchende, *die kriminelle Handlungen* begehen, werden *umgehend* und ohne weitere Vorwarnung abgeschoben. Alle Flüchtlinge werden beim Betreten der Insel in ihrer Landessprache über ihre Rechte und Pflichten belehrt.

Digitalisiertes Asylverfahren und Kontingente

Flüchtlinge sollen nur eine möglichst kurze Zeit auf der Insel verbringen. Die EU ist verpflichtet, die Möglichkeit zu schaffen, dass der Asylantrag binnen einer Woche nach Ankunft gestellt werden kann und spätestens innerhalb eines Jahres darüber entschieden wird. Dies soll verhindern, dass die Menschen auf der Insel „stranden" und jahrelang nicht wissen, wie es weitergeht.

Die Verteilung der Flüchtlinge erfolgt nach EU-Länderkontingenten. Die gleichmäßige Verteilung der Flüchtlinge ist entscheidend für den Frieden in Europa und die Lösung der Flüchtlingsproblematik. Ich bin für Integration, aber zu viele Flüchtlinge konzentriert in einem Land stören den sozialen Frieden. So sehr ich ein Freund der Gleichheit bin, muss man aber auch die Verschiedenheit und Einzigartigkeit der Kulturen würdigen. Alle Kulturen, Religio-

218 Generell gilt ein Alkohol- und Drogenverbot.

nen und Rassen sind absolut gleichwertig. Ich verabscheue deshalb jede Art von Diskriminierung und Rassismus, um das hier ganz klar zu sagen. Ich sage aber auch, dass die so unterschiedlichen Sozialisierungen, Werte, Überzeugungen, Anschauungen und Lebensstile der Kulturen zu immensen sozialen Spannungen führen, wenn die Anzahl der Flüchtlinge in Relation zur Einwohnerzahl des sie aufnehmenden Landes zu hoch wird. Ich schlage deshalb vor, dass **jedes** EU-Land nicht mehr als fünf Prozent Flüchtlinge im Verhältnis zu seiner Einwohnerzahl aufnimmt. In Deutschland müssten bei einer momentanen Einwohnerzahl von 83 Millionen maximal 4,15 Millionen Flüchtlinge aufgenommen und integriert werden. Die EU zahlt jedem seiner Mitgliedsländer, das bereit ist, Asylberechtigte aufzunehmen,10.000€ pro aufgenommenen Asylberechtigten. Länder verpflichten sich im Gegenzug, bis zur Kontingentobergrenze Asylanten aufzunehmen, denn nur dann erhalten sie die 10.000 € pro Flüchtlinge.[219] Die EU verteilt die Asylanten nach einem noch festzulegenden Algorithmus, welches das fünf Prozent Kontingent beinhaltet. Das könnte Staaten in östlichen EU-Ländern wie Ungarn, Polen und Tschechien dazu bewegen, Flüchtlinge aufzunehmen, obwohl sie das bisher verweigern.[220]

Das Gesetz, dass ein Flüchtling in dem Land aufgenommen wird, in dem er den Asylantrag stellt, muss abgeschafft werden. Asylsuchende können sich das EU-Land nicht aussuchen, in dem sie Asyl suchen. Die Verwaltung auf den Inseln steht in einem intensiven Austausch mit den EU-Ländern. Sobald in der EU Plätze frei werden, werden Asylanträge genehmigt und sie in das entsprechende Land gebracht. Um zu verhindern, dass die Flüchtlinge nach Ankunft weiterziehen, um in reichere Länder zu gelangen, dürfen sie das Land, das sie aufgenommen hat, zehn Jahre nicht verlassen. Danach und unter Voraussetzung, dass sie die Staatsangehörigkeit des ihnen zugewiesen Landes angenommen haben, ist ihnen die Freizügigkeit eines EU-Bürgers zu gewähren.

Flüchtlings-Punktequotient

Sobald Plätze des EU-Kontingents frei werden, wird eine entsprechende Anzahl von Asylanträgen bewilligt. Sämtliche Härtefälle wie Menschen mit Behinderungen, Schwerstkranke, Schwerstverletzte, stark traumatisierte Personen, Minderjährige

219 In Ausnahmesituationen wie großen Wirtschaftsproblemen, starken sozialen Spannungen, Katastrophen oder Staatskrisen, ist eine Aussetzung des Kontingents erlaubt. In dieser Zeit können andere EU-Staaten einspringen.
220 Tagesschau 2020

ohne Begleitung und Alleistehende mit minderjährigen Kindern, deren Versorgung in ihrer Heimatregion unzureichend ist, erhalten umgehend Asyl in der EU. Die restlichen Plätze werden nach einem digitalen Punkte-Quotienten ausgerechnet, der jedem Asylantrag zugewiesen wird. Die Anträge werden in der Reihenfolge der Höhe des errechneten Punkt-Quotienten genehmigt. Ich habe einen einfachen Algorithmus entwickelt, der diesen berechnet[221]. Dieser Algorithmus fasst Flüchtlinge nach der Genfer Konvention und der New Yorker Erklärung von 1967 (also Menschen, deren Leben oder ihre Freiheit in ihrem Herkunftsland aufgrund ihrer Ethnie, Religion, Nationalität, Zugehörigkeit zu einer bestimmten sozialen Gruppe oder ihrer politischen Überzeugung bedroht wäre), Flüchtlingen, die unter subsidiären Schutz nach EU-Recht fallen[222], sowie Flüchtlingen, die aufgrund von Armut aus ihrem Land fliehen und als Wirtschaftsflüchtlinge gelten, zusammen. Diese Zusammenfassung vereinfacht den komplizierten Genehmigungsprozess. Außerdem ist es m.E. oft nicht möglich, die unterschiedlichen Fluchtgründe fein säuberlich zu trennen. Eine gerechte objektive Beurteilung ist aus der Entfernung nicht durchführbar. Deshalb habe ich die verschiedenen Schutzmaßnahmen in einem einzigen Algorithmus zusammengefasst.

Der von mir aufgestellte Algorithmus ist darauf angelegt, dass die sozial Schwächsten und Menschen, deren Leben in ihrer Heimatregion am hochgradigsten gefährdet ist, deutlich bevorteilt werden: Menschen, die aus einem Kriegsgebiet kommen, brauchen dringender Schutz als Menschen, die aufgrund der Verhältnisse in ihrem Land arm bleiben. Trotzdem sollten auch diese Menschen die Chance haben, nach Europa zu kommen.

---

221 Dieser sollte von IT-Spezialisten in Zusammenarbeit mit Flüchtlingsbehörden komplexer und differenzierter werden auf Grundlage einer Datenbank.

222 „Bei erheblichen Gefahren im Herkunftsstaat ist subsidiärer Schutz zu gewähren. Dieser Schutzstatus ist dann zuzuerkennen, wenn die Verfolgungsgründe der Genfer Flüchtlingskonvention nicht greifen, allerdings eine begründete Annahme besteht, dass dem Asylsuchenden in seinem Herkunftsland ernsthafter Schaden droht. Unter dem Begriff "ernsthafter Schaden" versteht man beispielsweise Verhängung oder Vollstreckung der Todesstrafe, Folter, unmenschliche oder erniedrigende Behandlung, Bestrafung oder eine ernsthafte individuelle Bedrohung des Lebens. Auch willkürliche Gewalt im Rahmen eines internationalen oder innerstaatlichen bewaffneten Konflikts, der die Unversehrtheit einer Zivilperson bedroht, gehört dazu."
Quelle: Bundesamt für Migration, Flüchtlinge und Integration | https://www.integrationsbeauftragte.de/ib-de/themen/asyl-und-fluechtlinge/schutzformen#tar-3

Die Formel des Algorithmus lautet:

Flüchlingspunktequotient = Migrationsgrund x (Reisestatus + Familie im Heimatland + Berufsausbildung + Arbeit + Sprachkurs + Anzahl Sprachen + Verhalten) / Dauer des Antrags

Folgende Parameter fließen in den Algorithmus ein:

1. Migrationsgrund

Der wichtigste Punkt bei der Entscheidung, ob und welchen Asylschutz Menschen erhalten, liegt in den Ursachen ihrer Flucht. Deshalb habe ich diesen Punkt als größten Multiplikator im Algorithmus angewendet. Ich habe die Ursachen nach der **Unmittelbarkeit der Bedrohung** der betroffenen Person gestaffelt. Ich habe nicht danach getrennt, ob die Bedrohung in Diskriminierung aufgrund persönlicher Merkmale, wie in der Genfer Flüchtlingskommission und Artikel 16a des deutschen Grundgesetzes festgelegt, oder aufgrund allgemeiner Umstände erfolgt. Es spielt am Ende für den Betroffenen keine Rolle, ob er nun als politisch Verfolgter oder als Zivilist im Krieg stirbt oder leidet. Beides ist gleichermaßen grausam und muss unter allen Umständen verhindert werden. Flüchtlinge, die direkter Lebensgefahr ausgesetzt sind, erhalten Faktor 3,5.

Mittelbare Gefahr für Menschen besteht, wenn aufgrund verschiedener Umstände ein Leben im Heimatland nicht mehr möglich ist, weil ihre Existenzgrundlagen z.B. durch Naturkatastrophen, Epidemien, Hungersnöte und den Folgen des Klimawandels zerstört worden sind. Würden diese Menschen in ihrem Land bleiben, in dem der eigene Staat nicht in der Lage ist zu helfen (was in armen Ländern meist der Fall ist), droht ihnen über kurz oder lang Gefahr für Leib und Leben aufgrund von Hunger, Durst und Krankheiten. Im Unterschied zur unmittelbaren Gefahr treten die (tödlichen) Folgen der Ereignisse zeitlich nach hinten versetzt ein. Flüchtlinge, die in mittelbarer Lebensgefahr sind, erhalten Faktor 2,5.

Menschen, die aus ihrer Armut fliehen und gerne als „Wirtschaftsflüchtlinge" bezeichnet werden, sind weder unmittelbar noch mittelbar mit dem Leben bedroht. **Langfristig** gesehen können diese Menschen aber an den Begleitumständen der Armut sterben, wie im vorherigen Kapitel detailliert beschrieben. Schlechte hygienische Bedingungen, keine ausreichende ärztliche Versorgung, verunreinigtes Trinkwasser, Krankheiten und schlechte medizinische Versorgung verkürzen ihr Leben um 20 bis 25 Jahre.

Da die Armen zumeist wenig oder keinen Zugang zu Bildung haben, besteht für sie nicht die Möglichkeit, in besser bezahlte Arbeit aufzusteigen, um sich bessere gesundheitliche Versorgung leisten zu können. Denn ohne Schul- und Berufsausbildung erhalten die Menschen nur Zugang zu geringbezahlter Hilfsarbeit oder Tagelöhner-Jobs. Flüchtlinge, die in langfristiger Lebensgefahr sind, erhalten Faktor 1.

Ich bilde also 3 Gruppen:

a) Unmittelbare Gefahr für Psyche, Leib und Leben: Verfolgung aufgrund persönlicher Merkmale (Ethnie, Religion, Nationalität, Politische Überzeugung, sexuelle Orientierung, Zugehörigkeit zu einer bestimmten sozialen Gruppe), Freiheitsentzug [223], Folter, Todesurteile, Menschenrechtsverletzungen, Krieg, Vertreibung, Terrorismus (**Faktor 3,5**)

b) Mittelbare Gefahr für Psyche, Leib und Leben: Hungersnöte, Seuchen, Naturkatastrophen (Brände, Flutkatastrophen, Erdbeben, Vulkanausbrüche, Stürme (Tornados, Taifun), Folgen des Klimawandel **(Faktor 2,5**)

c) Langfristige Gefahr für Leib und Leben: Armut, unzureichender Zugang zu medizinischer Versorgung, unzureichende hygienische Verhältnisse, Perspektivlosigkeit, unzureichender Zugang zu Bildung **(Faktor 1)**

2. Dauer des Antrags

Je länger ein Antrag läuft, desto größer sollte die Wahrscheinlichkeit werden, hohe Punktzahlen zu erreichen. Denn es ist gerecht, dass Menschen, die schon länger auf die Genehmigung warten, mehr Chancen erhalten als diejenigen, deren Antrag erst kürzlich gestellt wurde. In unserem Algorithmus erhöht sich die Punktzahl, weil der Divisor der Gleichung mit der Dauer des Asylantrags immer niedriger wird. Allerdings ist die Gewichtung viel geringer als der Migrationsgrund-Faktor von 1 bis 3,5, da der Fluchtgrund viel schwerer wiegt als die Antragsdauer. So hätten auch einige wenige Wirtschaftsflüchtlinge mit langer Wartezeit eine Chance. Denn wenn diese Menschen in anderen Bereichen punkten (fertige Ausbildung, Fleiß beim Sprachenlernen, faires Sozialverhalten), sollten sie die Möglichkeit bekommen, sich in der EU zu beweisen.

223 Davon ausgeschlossen ist die Verfolgung durch die Behörden aufgrund einer begangenen Straftat, die die allgemeinen Gesetze des Landes verletzt und nicht in den persönlichen Merkmalen der Person begründet liegt.

Quotienten Regelung:
- 270 bis 365 Tage: Quotient 0,5,
- 180 bis 269 Tage: Quotient 1,
- 90 bis 179 Tage: Quotient 1,5,
- 0 bis 89 Tage: Quotient 1,8.

1. **Reise-Status Zugehörigkeit**
   Je schwächer der soziale Reise-Status, umso mehr Punkte erhalten die Flüchtlinge in ihrem Antrag.
   Gruppe 1: Alleinstehende Minderjährige, alleinstehende Kranke und Behinderte, alleinstehende Alte (ab 70), Punktzahl = 20,
   Gruppe 2: Alleinstehende Kinder mit einem volljährigen Begleiter, alleinstehende Kranke und Behinderte mit einem volljährigen Begleiter, Alleinstehende Alte (ab 70) mit einer minderjährigen Begleitung, alleinstehende Alte (ab 70) mit einer volljährigen Begleitung, Punktzahl = 10,
   Gruppe 3: Familie (umfasst mind. drei Personen) mit kranken Mitgliedern, Familien mit Minderjährigen, Familien mit Alten, Familien, Punktzahl = 5,
   Gruppe 4: Alleinstehende zwischen 40-70 Jahren, Alleinstehende zwischen 20-40 Jahre. Punktzahl = 0.

2. **Familie im Heimatland**
   Wer eine Familie im Heimatland hat, bekommt Punkte, da Flüchtlinge zum einen oft Geld nach Hause schicken, womit durch einen genehmigten Asylantrag, gleichzeitig mehreren Menschen Hilfe zukommt. Zweitens sind deren Familien oft weiterhin in großer Not, so dass durch einen Familiennachzug weitere Menschen gerettet werden können. Bewertung *Familie* = 6 Punkte

3. **Teilnahme an Integrationsvorbereitungen auf der Insel**
   Wer Fleiß und Engagement zeigt, die angebotenen Sprachkurse regelmäßig besucht, eine Berufsausbildung beginnt oder auf der Insel arbeitet, wird mit Punkten im Bewertungssystem belohnt. Diese Punkte fließen erst nach drei Monaten in den Antrag ein, da man beobachten muss, welche Angebote angenommen werden und wie regelmäßig die Teilnahme war.
   a) Berufsausbildung = 15 Punkte,
   b) Sprachkursen = 15 Punkte (1 Sprache) plus 2 Punkte für jede weitere Sprache,
   c) Arbeit: 12 Punkte.

4. **Verhalten auf der Insel**
Die Insel dient den Flüchtlingen zur sozialen Vorbereitung auf ihr Leben in Europa. Wer sich fair verhält, sich an europäische Gesetze hält und sich westlichen Regeln und Sitten anpasst, hat es später leichter, sich zu integrieren. Das hilft dem Flüchtling und der Gesellschaft, die ihn aufnimmt. Deshalb erhalten Flüchtlinge Punkte dafür, wie sehr sie sich an die Vorschriften der Insel halten und andere Flüchtlinge fair behandeln. Diese Punkte können erst nach drei Monaten in den Antrag einfließen, da man beobachten muss, wie sich der einzelne verhält.
    - Positiv = 20 Punkte.
    - Mittel = 10 Punkte.
    - Negativ = 0 Punkt.

Flüchlingspunktequotient = Migrationsgrund x Sicherheitsstatus Heimatland x (Reisestatus + Familie im Heimatland + Berufsausbildung + Arbeit + Sprachkurs + Anzahl Sprachen + Verhalten) / Dauer des Antrags

Die Formel lautet:

$$\mathbf{F}_{pq} = \frac{\mathbf{Mg\ x\ (Rs + Fh + Sh + B + A + S + V)}}{\mathbf{D}_{aq}}$$

Abschiebung

Abschiebungen in sichere Herkunftsländer sind heutzutage legal, funktionieren in der Praxis aber nicht. Abschiebungen können zum Beispiel erfolgen, weil Flüchtlinge aus schwerwiegenden Gründen als eine Gefahr für die Sicherheit der Bundesrepublik Deutschland anzusehen sind oder eine Gefahr für die Allgemeinheit bedeuten. Das ist bspw. dann der Fall, wenn sie aufgrund eines Verbrechens oder besonders schweren Vergehens rechtskräftig zu einer Freiheitsstrafe von mindestens drei Jahren verurteilt worden ist.

Häufig scheitert eine Abschiebung an mangelnder oder fehlender Kooperation der Herkunftsstaaten. Hauptsächliche Probleme im Kooperationsverhalten der Herkunftsstaaten sind:

- hohe Nachweisforderungen,
- Schutzhaltung für eigene Staatsangehörige,
- Korruption,
- kein politisches Interesse an Rückführungen,
- Rückführungsverweigerungen als Druckpotential in bilateralen oder internationalen Verhandlungen (z.T. mit Gegenforderungen),

- fehlende Strukturen bzw. fehlender Wille zur Nachforschung,
- persönliche Einstellung des konsularischen Personals,
- Intransparentes Verfahren,
- Willkürentscheidungen.

Bei meinem System umgeht man diese Problematik: Falls Asylanträge abgewiesen werden, müssen die Menschen umgehend zurück in den Hafen gebracht werden, von dem aus sie zu der Insel gekommen sind. Dort werden sie von Soldaten der UNO oder AU durch die Sicherheitskorridore in ihr Heimatland zurück eskortiert. Die zurückgekehrten Menschen dürfen erst nach fünf Jahren wieder Korridore und Schiffe betreten. Falls ihnen durch die Rückkehr in ihre Heimat Gefahr für Leib und Leben droht (unsichere Herkunftsländer) oder sichere Herkunftsländer, die Rücknahme boykottieren oder verweigern, haben sie die Möglichkeit, am Settlement-Programm des UNCR teilzunehmen. Sie werden in Aufnahmelagern möglichst nah der Außengrenze ihres Herkunftslandes aufgenommen, bis es in ihren Heimatstaaten wieder sicher ist oder das Land der Rücknahme zustimmt. Dann werden sie aus den Lagern in ihre Heimat überführt. Nach fünf Jahren haben sie auch wieder die Erlaubnis, Korridore und Schiffe zu betreten, um auf den Inseln Asyl zu beantragen.

Um die eigentliche Funktion des Resettlement-Programms nicht zu gefährden, sollten EU, AU und UNO ein Netzwerk aus Flüchtlingscamps für rückgeführte Flüchtlinge errichten.

Bei abgeschobenen Flüchtlingen, deren Heimatländer die „Rücknahme“ verweigern, sollte wie oben beschrieben vorgegangen werden, um sie in das Resettlement-Programm des UNCR zu integrieren. Dasselbe gilt für Asylanten, die abgeschoben werden sollen.

Zusammenfassung

Die Prinzipien einer wahrhaft humanen Flüchtlingspolitik führen dazu, dass Flüchtlinge auf ihrer Reise nicht ihre Würde verlieren und ihre Menschenrechte stets gewahrt bleiben. Die unsägliche Tragödie an Mord, Vergewaltigung, Erpressung und Verschleppung von Flüchtlingen ist einer EU nicht würdig. In ihrem verzweifelten Spagat, Flüchtlingen helfen zu wollen und gleichzeitig dem Murren großer Teile der Bevölkerung nachzugeben, bricht die EU mit ihrer Menschlichkeit. Mein Ansatz verhindert, dass eine Nation kulturelle Entfremdung fürchten müsste. So gelingt der Spagat für alle ohne Hass und Gewalt. Dies fördert ein friedliches Europa.

DIE KLIMAKATASTROPHE UND DAS SCHEITERN DES PARISER ABKOMMENS

Bevor wir das Kapitel beginnen ein Hinweis in eigener Sache: Aufgrund meiner schweren Muskelkrankheit ist es mir nur noch möglich zu schreiben, indem ich mit der Maus jeden einzelnen Buchstaben auf der virtuellen Tastatur eintippe. Das ist bei großen Textpassagen sehr mühsam und anstrengend für mich. Deshalb habe ich in diesem langen Kapitel häufig englische Texte mit dem Google-Translator übersetzt, korrigiert und in das Buch eingefügt.

Der Mensch fügt der Atmosphäre seit Beginn der industriellen Revolution um 1850 zusätzliches Kohlendioxid hinzu, was zu einer Erhöhung der Temperatur innerhalb der letzten 170 Jahre um 1,2 Grad geführt hat. Das ist gemessen an erdgeschichtlichen Zeitdimensionen Lichtgeschwindigkeit.

Es gab in der Vergangenheit immer wieder teils massive Veränderungen in den Geo- und Ökosystemen, die zu Massenaussterben und extremen Klimaveränderungen geführt haben. Vor ungefähr 2,4 Milliarden Jahren im frühen Proterozoikum veränderte sich die Atmosphäre. Der hohe Methangehalt wich einer erhöhten Sauerstoffkonzentration. Der Sauerstoff reicherte sich auch in den Gewässern der Erde ab. In der Folge starben fast alle Organismen unseres Planeten aus, da sie zum Leben auf ein sauerstoffarmes Milieu angewiesen waren.[224] Der Sauerstoff zerstörte den Methangehalt in der Atmosphäre. Es gilt als sehr wahrscheinlich, dass die folgende 300 Millionen Jahre dauernde Huronische Eiszeit diesem Prozess geschuldet ist.

Die Ursachen, die im Massenaussterben und der Eiszeit mündeten, begannen 600 Millionen Jahre vorher, als die ersten Cyanobakterien in großem Maße Sauerstoff als Abfallprodukt ihres Stoffwechsels freisetzten.[225]

Dem ordovizischen Massenaussterben vor ungefähr 450-470 Millionen Jahren gingen starke Veränderungen am Sauerstoff- und Kohlenstoff-Isotop voraus. Dies führte zu einer Verringerung des Kohlenstoffdioxid in der Atmosphäre. Die resultierende Abkühlung führte in eine 30 Millionen Jahre lange schwere Eiszeit, die vor 460 Millionen Jahren begonnen hatte. Die Folgen beider

224 Wikipedia, Suchbegriff: Massenaussterben. Abruf März 2021
225 Ebd.

Ereignisse waren katastrophal: „Etwa 85 % der Arten, 60 % der Gattungen und 26 % der Familien aller meeresbewohnenden Arten starben aus, darunter zwei Drittel aller Armfüßer und Moostierchen; auch Muscheln, Stachelhäuter und Korallen waren stark betroffen."[226] Beim Kellwasser-Ereignis vor 372 Millionen Jahren starben 50-75 % aller Arten aus. Als Ursache werden verschiedene Hypothesen diskutiert. Die chemische Beschaffenheit der Meere veränderte sich in diesem Erdzeitalter mehrfach massiv. Deshalb glauben viele Forscher, dass Sauerstoffmangel in den Ozeanen das Massensterben verursachte. Insbesondere der massive Artenverlust des Phytoplanktons (Phytoplankton Blackout) sorgte dafür, dass die Biodiversität des Oberdevons erst wieder hundertsiebzig Millionen Jahre später im Jura erreicht wurde.[227] Das nächste Massenaussterben ereignete sich beim Perm-Trias-Übergang vor 252 Millionen Jahren. 75 % der Landtiere sowie große Teile der Vegetationsbedeckung starben aus. Der Ozean war davon noch stärker betroffen: 95 % der wirbellosen maritimen Bewohner starben.

Wie kam es dazu? 900 000 Jahre lang gab es in Sibirien immer wieder den sogenannten „Flussbasalt-Vulkanismus". Dieser Megavulkanismus „emittierte dabei erhebliche Mengen an Kohlenstoffdioxid, Fluor, Chlorwasserstoff und Schwefeldioxid, das als Schwefelsäure im Regenwasser gleichermaßen ozeanische und kontinentale Biotope schädigte. […] Aufgrund der hohen CO2-Ausgasungen […] stieg die globale Temperatur innerhalb einer geologisch sehr kurzen Zeitspanne um 5 °C. Diese signifikante Erwärmung leitete unmittelbar zur Kernphase des Massenaussterbens über."[228] Zu Beginn des Perms bestand die Atmosphäre aus 30 % Sauerstoff. Fünfzig Millionen Jahre später, verursacht durch eine Phase neunhunderttausend Jahre dauernden Vulkanismus, waren es noch zehn bis fünfzehn Prozent Sauerstoff und mehrere 1000 ppm. Weiteres Massenaussterben ereignete sich vor 201 Millionen Jahren beim Übergang von Trias zum Jura und schließlich vor 65 Millionen Jahren, als ein Meteorit die Existenz der Dinosaurier jäh beendete. Die von mir erwähnten Massenaussterben (in der Fachsprache auch *Faunenschnitt* genannt) werden in der Wissenschaft *Big Five* bezeichnet, weil es sich um die größten Faunenschnitte der Weltgeschichte handelt.

Warum erzähle ich Ihnen das alles? Wir sehen, wie langsam sich geo-ökologische Veränderungen vollziehen. Meistens kann die Natur sich anpassen. Es gibt aber, wie obige Beispiele zeigen, Fälle, auf die sich die Natur nicht einstellen kann. Dann stirbt das Leben

226 Wikipedia, Suchbegriff: Ordovizisches Massenaussterben. Abruf März 2021
227 Wikipedia, Suchbegriff: Kellwasser Ereignis. Abruf März 2021
228 Wikipedia, Suchbegriff: Perm-Trias Grenze. Abruf März 2021

auf dem Planeten fast vollständig aus. Wenn die Natur in manchen Phasen der Erdgeschichte kollabierte, war die Folge ein Massenaussterben. *Die Prozesse, die zum Massenaussterben führten, dauerten teilweise hunderttausende oder Millionen von Jahren.* Trotz dieses langsamen Tempos konnte die Natur sich bei den Big Five nicht adäquat anpassen.

Der Mensch hat innerhalb von weniger als zwei Jahrhunderten den CO2 Anteil von 280 ppm (aus dem Jahre 1850) auf heute 416,75 ppm[229] erhöht. Das bedeutet einen Anstieg um 50 %. *Die Geschwindigkeit ist im Vergleich zu natürlichen System-Veränderungen tausend bis zehntausendmal schneller.* Die Wahrscheinlichkeit, dass sich die Natur auf die menschengemachte, schlagartige Veränderung des CO_2-Gehalts in der Atmosphäre (mit der einhergehenden Temperaturerhöhung der Oberfläche und der Meere) nicht wird einstellen können, ist in meinen Augen äußerst groß. Das Artensterben hat bereits begonnen, und wenn der Prozess nicht umgekehrt wird, geht er in Kürze in ein Massenaussterben über, dem wahrscheinlich auch die Spezies des *Homo Sapiens* zum Opfer fallen wird.

Begrenzung auf 1,5 °C Temperaturanstieg

Warum führt eine Zunahme des CO_2 Anteils in der Atmosphäre zu solchen Problemen? Um die Frage zu beantworten, muss ich etwas ausholen. Der **natürliche** Treibhauseffekt sorgt dafür, dass die durchschnittliche Temperatur der Erdoberfläche bei angenehmen 15 °C liegt. Ohne den Treibhauseffekt läge die mittlere Oberflächentemperatur nur noch bei lausigen -18 C. Diesen Erwärmungseffekt erreicht Mutter Erde mit folgendem Kniff. Der Kohlenstoffkreislauf sorgt unter anderem dafür, dass sich Kohlenstoffdioxid (Kohlenstoff reagiert mit Sauerstoff der Atmosphäre) in der Atmosphäre anreichert. Das Gas hat zwei Funktionen: Erstens reflektiert es einen Teil des kurzwelligen Lichts der Sonne. Die kurzwelligen Strahlen sind sehr aggressiv, da dieser Typus Strahlung viel Energie besitzt. Das CO_2 verhindert, dass die Erde mit voller Wucht der Energie getroffen wird. Vorher bereits sorgen Erdmagnetfeld, Atmosphäre und Ozonschicht dafür, dass die tödliche Infrarot- und Gammastrahlung und die Hitze der Sonne herausgefiltert bzw. abgelenkt werden. Was dann noch durchkommt, schnappt sich zu einem gewissen Teil das Kohlenstoffdioxid. Die zweite und wesentlich wichtigere Funktion hat das CO_2

229 Siehe: Global Monitoring Laboratory, Mauna Loa Hawaii, www.esrl.noaa.gov/gmd/ccgg/trends/mlo.html Abruf: März 2021

bei der Wärmespeicherung in der Atmosphäre. Das kommt so: Die kurzwelligen Sonnenstrahlen treffen auf Land oder Wasser der Erdoberfläche, geben einen Teil ihrer Energie in Form von Wärme und Licht ab. Dann werden sie als langwellige Wärmestrahlen nach oben zurückreflektiert. Ein Teil dieser Wärmestrahlung gelangt durch atmosphärische Fenster zurück in den Weltraum, ein anderer Teil wird durch das Kohlendioxid in der Luft zurückgehalten und ein weiterer zurück zur Oberfläche gespiegelt.

Der natürliche Treibhauseffekt reguliert auf diese Weise den Wärmehaushalt der Erde. Die Systemkreisläufe des Planeten sorgen dafür, dass der CO_2-Gehalt mit kleinen Abweichungen konstant bleibt. Dadurch konnten sich Klima, Fauna und Flora in Jahrtausenden relativ ungestört anpassen. Sie sind absolute Spezialisten und an die herrschenden Temperaturen optimal angepasst.

Aber da nichts für die Ewigkeit ist, hat sich der CO_2-Anteil in der Atmosphäre im Laufe der Milliarden der Erdgeschichte immer mal wieder verändert. Stieg das CO2, erwärmte sich die Erde, fiel der Gehalt, konnte es eine Eiszeit geben. Wir reden hier über Veränderungsprozesse, die Millionen von Jahren dauerten. Die Natur hatte genug Zeit, sich an die Veränderungen anzupassen. Der **menschengemachte Treibhauseffekt** lässt der Natur keine Zeit. Natur ist auf allmähliche Evolution ausgelegt, nicht auf donnernde Revolutionen. Die Menschheit erhöht den CO_2-Anteil in der Atmosphäre in einem irrsinnigen Tempo. Durch die Verbrennung fossiler Brennstoffe steigt der Anteil rasant an.

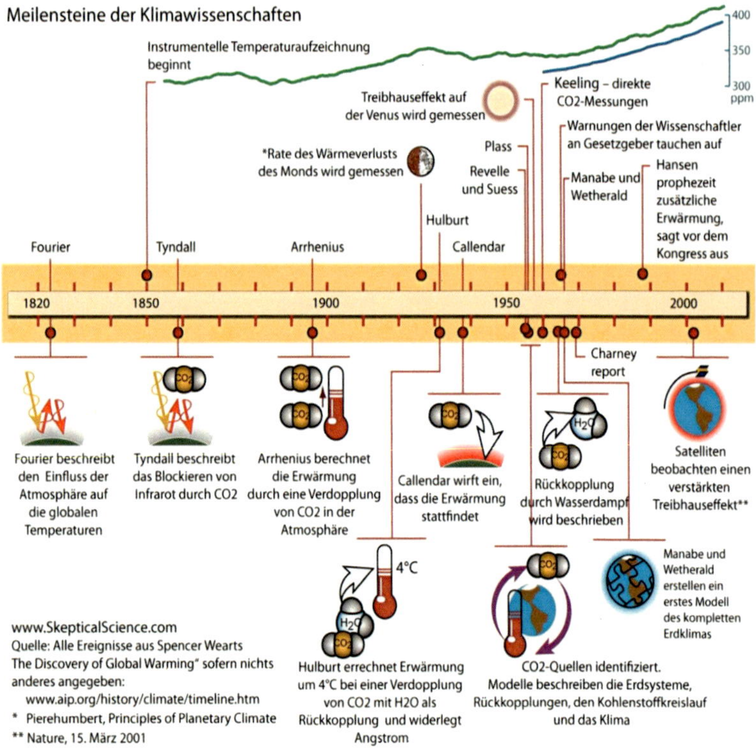

Die Erwärmung ist bereits messbar und spürbar. Die globale Durchschnittstemperatur stieg seit 1850 um 1,2 °C.[230] Wetterextreme wie extreme Hitzeperioden, Kälteeinbrüche, Regenphasen, Unwetter und Stürme nehmen zu. Es kommt in der Folge weltweit zu starken Waldbränden, Missernten, Überschwemmungen und Tornados. Weltweit ist man sich einig, dass der Temperaturanstieg nicht mehr auf 1,2 °C zu begrenzen ist. Im Pariser Klimaabkommen von 2015 haben sich die 192 unterzeichnenden Länder verpflichtet, die Temperaturerhöhung auf deutlich unter 2 °C, idealerweise 1,5° zu begrenzen. Simulationen zeigen, dass die negativen Folgen bei einer Erwärmung von 2 °C erheblicher sind. Die klimabedingten Risiken für natürliche und menschliche Systeme sind bei einer globalen Erwärmung um 1,5 °C höher als heute, aber geringer als bei 2 °C.“ [231]

230 IPCC (Weltklimarat) Sonderbericht 2018, *1,5° Globale Erwärmung*
231 Ebd.

Wie das Niveau der globalen Erwärmung die mit den Gründen zur Besorgnis (*Reasons for Concern*, RFCs) verbundenen Risiken sowie bestimmte natürliche, bewirtschaftete und menschliche Systeme beeinflusst

Fünf Gründe zur Besorgnis (RFCs) stellen die Folgen und Risiken unterschiedlicher Erwärmungsniveaus für Menschen, Wirtschafts- und Ökosysteme über Sektoren und Regionen hinweg dar.

Mit den Gründen zur Besorgnis (RFCs) verbundene Folgen und Risiken

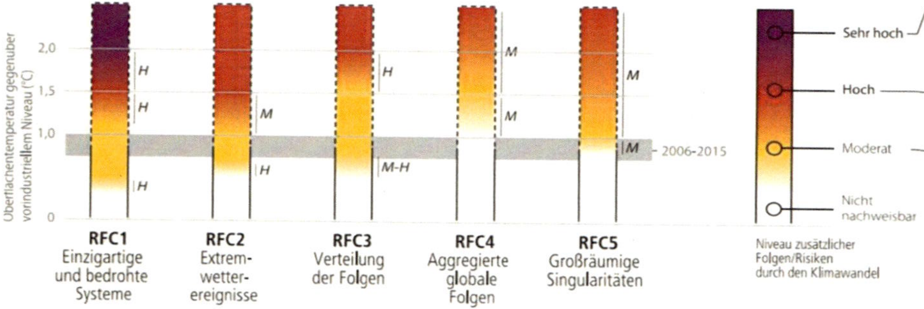

Violett zeigt sehr hohe Risiken schwerwiegender Folgen/Risiken an sowie die Existenz signifikanter Unumkehrbarkeit oder das Fortbestehen klimabedingter Gefährdungen, kombiniert mit begrenzter Anpassungsfähigkeit aufgrund der Beschaffenheit der Gefährdung oder der Folgen/der Risiken.

Rot zeigt schwerwiegende und weitverbreitete Folgen/Risiken an.

Gelb zeigt an, dass Folgen/Risiken mit mindestens mittlerem Vertrauen sowohl nachweisbar sind als auch dem Klimawandel zugeordnet werden können.

Weiß zeigt an, dass keine Folgen nachweisbar sind und dem Klimawandel zugeordnet werden können.

Quelle: IPCC (Weltklimarat) *Sonderbericht 2018*, 1,5° Globale Erwärmung

Ich möchte dies an ausgewählten Beispielen[232] illustrieren:

1. Bei 2 °C Temperaturerhöhung im Vergleich zur vorindustriellen Zeit wäre der Anstieg des Meeresspiegels schneller als bei einer Erhöhung um 1,5 °C. Je schneller der Anstieg, desto mehr kommt es zu Überschwemmungen, Versalzung von Süß- und Grundwasser, Landverlusten und Zerstörung von Ökosystemen. Insbesondere kleine Inseln, niedrig gelegene Küstengebiete und Deltas sind davon betroffen.
2. Zu den Bevölkerungsgruppen, die einem überproportional hohen Risiko nachteiliger Konsequenzen einer globalen Erwärmung um 1,5 °C und mehr ausgesetzt sind, zählen benachteiligte und verwundbare Bevölkerungsgruppen, manche indigene Völker sowie lokale, von landwirtschaftlichen oder küstengeprägten Lebensgrundlagen abhängige Gemeinschaften.
3. An Land sind die Folgen für Biodiversität und Ökosysteme, einschließlich des Verlusts und des Aussterbens von Arten, laut Projektionen bei 1,5 °C globaler Erwärmung geringer als bei 2 °C.
   a. Bei 2 °C verlieren von 105.000 untersuchten Arten 18 % der Insekten, 16 % der Pflanzen und 8 % der Wirbeltiere über die Hälfte ihres natürlichen Lebensraums. Bei einer Erwärmung um 1,5 °C wären es nur 6 % bei Insekten, 8 % bei Pflanzen und 4 % bei Wirbeltieren.
   b. Bei 2 °C ist der Wandel der terrestrischen Land-Ökosysteme in andere Typen fast doppelt so hoch wie bei 1,5 °C.
   c. Eine Begrenzung der globalen Erwärmung auf 1,5 °C statt 2 °C wird laut Projektionen das Jahrhunderte andauernde Tauen des Permafrosts von 1,5 bis 2,5 Millionen km verhindern (mittleres Vertrauen).
4. Das Risiko irreversibler Verluste vieler Meeres- und Küstenökosysteme nimmt mit der globalen Erwärmung zu, insbesondere bei 2 °C oder mehr.
5. Die Versauerung der Meere durch CO_2 und die 1,5 °C Erwärmung beeinträchtigen Wachstum, Entwicklung, Kalkbildung, Überleben und somit die Bestandsdichte einer Vielzahl von Arten. Bei 2°C wären die negativen Auswirkungen deutlich massiver.
6. Bei 2 °C würden die Korallenriffe einen irreversiblen To-

232 IPCC-Sonderbericht 2018, *1,5° Globale Erwärmung; Übersetzung & Herausgeber: Umweltbundesamt GmbH, Deutsche IPCC-Koordinierungsstelle, DLR Projektträger*

talverlust erleiden. Korallen würden weltweit verschwinden, das Ökosystem der Korallen würde vollständig untergehen. Deren Verlust führt u. a. zum Zusammenbruch von Fischbeständen und gefährdet damit die Lebensgrundlagen von Menschen in Küstenregionen, die von der Fischerei abhängig sind. Bei einer Begrenzung auf 1,5 °C würden zumindest 10-30 % der Korallen erhalten bleiben.[233] Ob es dann trotzdem noch möglich wäre, die Art und das Ökosystem zu regenerieren, weiß keiner ganz genau.

Kipp-Punkte

Es gibt einen Punkt, an dem die Untergangs- bzw. Änderungsprozesse nicht mehr aufzuhalten sind und eine Rückkehr zum Ausgangszustand ausgeschlossen ist, selbst wenn die sie verursachenden Faktoren eliminiert werden. Diesen Zeitpunkt, am dem ein System kippt, bezeichnet man als Kipp-Punkt. Das Kippen des Klimasystem kann schleichend geschehen, aber auch abrupt: „Die meisten Menschen denken an eine allmähliche Erwärmung des Klimas, wenn sie den Begriff „anthropogene[234] Klimaänderung“ hören. Es ist jedoch auch möglich, dass besonders starke oder sogar abrupte Klimaänderungen einsetzen.“[235] Eine schöne Metapher, die leider nicht von mir stammt, ist eine gefüllte Kaffeetasse, die man ganz langsam auf den Tischrand zuschiebt, immer näher und näher, bis sie über den Rand steht und der Abgrund gähnt. Bis zu diesem Zeitpunkt ist das System Kaffee-Tasse-Tisch stabil und funktional. Dann wird die Tasse 1cm weitergeschoben und – fällt schlagartig in die Tiefe. Das ist der Kipp-Punkt, an dem das System zusammenbricht und dysfunktional wird.

Die Erreichung des Kipp Punkts eines Systems wirkt sich oft wie ein Dominostein auf andere Ökosysteme aus, die Veränderung des einen beeinflussten Systems kann sich schlagartig auch auf andere Systeme auswirken. Durch das Zusammenbrechen eines Klima- oder Ökosystems, kippen weitere Geosysteme, und so weiter. Es dauert oft sehr lange, bis der erste Dominostein fällt. Tut er es schließlich, reißt er alle anderen Steine leicht und schlagartig um. Am Ende fallen alle Systeme. Das komplette Ökosystem bricht zusammen. Danach setzt mit größter Wahrscheinlichkeit das sechste

---

233 Umweltbundesamt, *Kernbotschaften des IPCC-Sonderberichts über 1,5 °C globale Erwärmung zur Verbreitung in der Öffentlichkeit Dokumentation des UBA-Webinars für Multiplikatoren, 5. April 2019*

234 anthropogen = durch den Menschen verursacht

235 Umweltbundesamt, *Kipp-Punkte im Klimasystem, Dessau, 2008*

Massenaussterben der Erdgeschichte ein. Wann das passiert, kann kein Simulationsprogramm vorhersagen. Meiner Ansicht nach wird es viel schneller eintreten, als wir uns vorstellen, wahrscheinlich bereits am Ende des 21. Jahrhundert. Wenn das erste bedeutsame Ökosystem in absehbarer Zukunft kollabiert, wird die Welt, wie wir sie heute kennen, aufhören zu existieren. Die Elemente werden uns mit ungebändigter Wucht treffen. Die vermehrten Wetterextreme, die wir heute erleben, sind ein müder Vorgeschmack.

Ein weiterer Kipp-Punkt ist der Rückgang des **Albedo-Effekts**[236]**:**

- Das helle *arktische Meereis* spiegelt die Sonnenstrahlen wider, so dass sie in den Weltraum zurückgeworfen werden. Dies hat eine kühlende Wirkung auf die Erdatmosphäre. Durch die Klimaerwärmung wird die Eisdecke kleiner und dünner. Die Sonnenstrahlen werden nicht mehr in dem Maße zurückprojiziert wie noch im vorindustriellen Zeitalter. Sie treffen jetzt auf das Meer und erwärmen es. Dies hat unter anderem zur Folge, dass das Meereis immer schneller schmilzt. An diesem Beispiel erkennen wir einen Effekt, der typisch ist für klimasystemische Änderungen: Effekte verstärken sich selbst, werden dadurch schneller und kippen früher.
- Der *Grönlandeisschild* verkleinert sich durch verstärktes Abschmelzen im Sommer und dadurch, dass die Gletscher des Eisschildes ins Meer rutschen. Die Höhe dieser Gletscher liegt bei 3000m. Dadurch liegen die oberen Teile in Kaltluft, wodurch sie bis jetzt nicht im Sommer abtauen oder ins Meer fließen. Dies hat uns bisher davor gerettet, dass das Grönlandeisschild nicht noch mehr Eis verloren hat. Inzwischen ist aber die Höhe des Gletschers durch den Verlust der unteren Schichten gesunken. Dadurch verlassen die oberen Schichten die Kaltluft und nähern sich wärmeren Zonen. In der Folge sind auch die obersten Gletschermassen von der Schmelze und dem Abrutschen betroffen. Je mehr Gletscher jedoch verloren gehen, desto mehr dunkle Fläche erscheint darunter (felsiges Gletscherbett). Diese Fläche spiegelt das Sonnenlicht nicht wider, sondern nimmt es als Wärme auf, was wiederum das Schmelzen des Grönlandeisschilds beschleunigt.
- Ein weiteres Beispiel für ein gefährdetes Öko- und Klimasystem ist der *Amazonas-Regenwald*, die grüne Lunge der Erde. Der Wald hat die Fläche der Vereinigten Staaten und

236 Potsdam Institut für Klimafolgen Forschung (PIK), Website: www.pik-potsdam.de/de/produkte/infothek/ kippelemente; Abruf: April 2021

bindet riesige Mengen Kohlendioxid. Er bleibt bis heute trotz systematischer Abholzung größtenteils funktionsfähig, obwohl die ersten Zeichen der Vertrocknung zu erkennen sind. Die Trockenzeiten haben sich an einigen Stellen seit 50 Jahren von vier auf fünf Monate verlängert.[237] 2005 gab es eine Dürre, die viele Nebenflüsse vollständig austrocknete. Viele Seitenarme des Amazonas sanken auf historische Tiefststände.[238] Der Amazonas-Regenwald ist in der Lage, seinen Regen selbst zu erzeugen: Bäume nehmen Regen und Feuchtigkeit auf. Sie transportieren das Wasser in ihre Blätterkrone und geben einen Teil an ihre Umgebung ab. Durch die unvorstellbare Größe des Waldes mit seinen Abermillionen Bäumen kann so viel Feuchtigkeit erzeugt werden, dass es zur Wolkenbildung kommt. Die Wolken verteilen sich über den gesamten Regenwald und regnen auf ihn ab. Der Wasserkreislauf beginnt von vorne. Damit das Ökosystem so funktioniert, muss ausreichender Baumbestand vorhanden sein. Wir nähern uns dem Kipp-Punkt. Bis jetzt sind 15 bis 17 % des Waldes abgeholzt. Der brasilianische Klimaforscher Carlos Nobre schrieb 2018, dass der Kipp-Punkt erreicht sei, wenn 20 bis 25 % des Waldes abgeholzt seien.[239] Dann würde der Regenkreislauf versiegen, mit der Folge, dass das Regenwaldgebiet sich binnen weniger Jahrzehnte in eine Savannenlandschaft verwandelt.

Politiker sprechen heute davon, dass Arbeitsplätze, Wirtschaft und soziale Sicherheit beim Klimaschutz berücksichtigt werden müssen. Deshalb setzen sie sich dafür ein, den Klimaschutz sozial und ökonomisch verträglich umzusetzen. Das klingt auf den ersten Blick vernünftig, birgt aber einen Denkfehler: Politiker gehen davon aus, dass die Auswirkungen der Klimaveränderungen so bleiben wie jetzt. Das Wetter in Europa ist zwar extremer geworden, gefährdet aber weder die europäische Infrastruktur noch die Wirtschaft. Die Stabilität und Aufrechterhaltung der westlichen Gesellschaften sind nicht nachhaltig in Gefahr.

In diesen Überlegungen ist es sinnvoll, ökologische Maßnahmen so zu gestalten, dass auch wirtschaftliche und soziale Aspekte berücksichtigt werden. Denn Klimaschutz soll ja in letzter Konsequenz dafür sorgen, dass wir unseren Wohlstand und unseren Lebensstil beibehalten können, ohne dafür persönliche Opfer zu

---

237 Spektrum der Wissenschaft, *Wann kippt der Amazonas-Regenwald? (Übersetzung des Originals aus Nature) 2020*

238 Umweltbundesamt, *Kipp-Punkte im Klimasystem, Dessau 2008*

239 Spektrum der Wissenschaft 2020

bringen. Damit wir das aber können, darf die Wirtschaft sich dem Klimaschutz nur begrenzt unterordnen.

Jetzt der Denkfehler: Wenn das jetzige Klimasystem kollabiert, werden die Auswirkungen die Wirtschaft, Infrastruktur und Stabilität der westlichen Gesellschaften vernichten. Was man durch gemäßigten Klimaschutz eigentlich schützen wollte, zerstört man. Der Wohlstand und die Stabilität der westlichen Welt und Südostasiens gehören dann der Vergangenheit an. Der Logikfehler besteht darin, dass die heutigen Maßnahmen die Sicherheit und Stabilität der Wirtschaft erhalten sollen, aber in Wahrheit zu deren Zerstörung führen. Anstatt unseren Wohlstand zu erhalten, vernichten sie ihn – wahrscheinlich endgültig.

Ich sage nicht, dass es falsch sei, den Klimaschutz sozial und wirtschaftlich verträglich zu machen. Ich habe jedoch den Eindruck, dass dieses Argument vorgeschoben ist. In Wahrheit sucht die bürgerliche Politik nach Möglichkeiten die Industrie zu schonen. Der Umbau wird billiger, wenn er langsamer vonstattengeht. Dadurch kann die Industrie mehr verdienen. Ich vertraue der Industrie nicht, weil Menschen mit viel Macht und Geld, die nur geringfügig kontrolliert werden, ausschließlich zu ihrem eigenen Vorteil handeln. Den Klimaschutz für die Reichen und Mächtigen zu verlangsamen, ist nicht akzeptabel. Die Armen und sozial Schwachen zu benutzen, um die Reichen zu schonen, ist Verrat an den Menschen. Die Industrie hat bereits durch die „Klima-Lüge" über fünfzig Jahre Zeit geschunden, die uns jetzt so dringend fehlt. Ich will keine Klimadiktatur, aber endlich Klimaschutz ohne Wenn und Aber.

Zurück zu den Kipp-Punkten. Wenn das Klima nachhaltig kippt, müssen Menschen nicht mehr um ihren Arbeitsplatz fürchten. Sie haben andere Sorgen: Sie möchten überleben. Lassen Sie mich dies an einem fiktiven **Zukunfts-Szenario illustrieren, welches in zwanzig bis dreißig Jahren durchaus Realität werden könnte:**

Figure 2: Global Distribution of Frequency and Severity of Tornadoes[40]

Zwei Mal pro Woche wüten Tornados der Stärke EF3 bis EF5 in Deutschland, schwere Stürme und Unwetter erschüttern das Land. In einer engbesiedelten Region wie Deutschland, die ganzjährig und regelmäßig von Tornados obiger Stärke heimgesucht wird, wird die Infrastruktur nachhaltig zerstört werden (siehe Tabelle 2). Regelmäßig werden oberirdische Industrieanlagen, Produktionsstätten, Schulen und Krankenhäuser beschädigt oder völlig zerstört. Das Verkehrswesen bricht zusammen, da LKWs und PKWs nicht mehr fahren können und entwurzelte Bäume Straßen und Verkehrsschienen blockieren. Menschen sind in akuter Lebensgefahr, verlieren ihre Obdach und hungern, da kaum mehr Lebensmittel produziert werden oder sie erreichen.

EF Stärke	Windgeschwindigkeit	Schäden
EF3	219 bis 226 km/h	**Schwere Schäden**; komplette Stockwerke von stabil gebauten Häusern werden zerstört; Große Gebäude wie z.B. Fabriken, Einkaufszentren, Krankenhäuser und Schulen werden stark beschädigt; Züge entgleisen, Bäume und Wälder werden entwurzelt; Autos und Lastwagen werden angehoben und durch die Luft geschleudert; Gebäude mit schwachen Fundamenten werden vollständig weggeweht bzw. verschoben.
EF4	267 bis 332 km/h	**Verheerende Schäden**: Stabil gebaute Häuser und komplette Holzhäuser werden dem Erdboden gleichgemacht; Kleinteile und große Gegenstände werden zu lebensgefährlichen Geschossen.
EF5	Mehr als 333 km/h	**Unglaubliche Schäden**: Stabile Holzhäuser werden aus ihren Fundamenten gerissen und durch die Luft geschleudert. Geschosse groß wie Autos werden über 100m durch die Luft geschleudert; Gebäude aus Stahlbeton werden massiv beschädigt. Hochhäuser erleiden strukturelle Schäden.

Tabelle 1 Enhanced Fujita-Skala

In oberer Grafik (Figure 2) sehen wir, dass Deutschland, Südengland und die Beneluxstaaten bereits heute zu einer der stärksten Tornadozonen der Welt gehören, da sie in der europäischen Tornado-Alley liegen.[240] Obiges Szenario habe ich mir nicht aus den Fingern gesogen, es liegt durchaus im Bereich des Möglichen, dass es dazu kommt, wenn die Erderwärmung zunimmt.

Es ist verwunderlich, dass für die Kompensierung der Corona-Krise in Deutschland plötzlich zweistellige Milliardensummen zur Verfügung stehen. Das ist richtig und gut. Ich frage mich aber, wo diese Summen so plötzlich herkommen und warum sie in den letzten dreißig Jahren nicht schon längst für den Klimaschutz bereit-

240 Lloyd's Versicherungen, *Tornadoes: A rising risk, 2012*

gestellt worden sind. Die Klimakrise hat deutlich stärkere negative Auswirkungen auf die Welt als Corona. Im Gegensatz zur jetzigen Pandemie sind einmal einsetzende dramatische Klimaveränderungen dauerhaft und meistens unumkehrbar – außer vielleicht durch riskante Geoengineering Projekte.

Was ist der Unterschied zwischen Corona- und Klimakrise? Ich schätze, dass eine unmittelbare Konfrontierung mit einer akuten Gefahr wie bei Corona den Geldbeutel lockert. Die Gefahr und der „Virus-Feind" sind konkret in unserem Land bzw. auf der Welt. Der Klimawandel hingegen ist eine bis jetzt noch schleichende Gefahr. Die Gefahr ist abstrakt. Das Wissen um zukünftige Gefahren ist nur als Theorie in den Köpfen. Wir wissen, irgendwann wird es kommen. Das ist alles noch weit weg. Worte genügen scheinbar nicht, um eine zukünftige Gefahr genauso real erscheinen zu lassen wie eine akute. Das ist umso merkwürdiger, da die Menschheit sich rühmt, das einzige vernunftbasierte Lebewesen zu sein, welches nicht rein trieb- und impulsgesteuert Entscheidungen trifft. Doch genau das geschieht. Obwohl jeder weiß, was passieren wird, wird viel zu wenig Klimaschutz betrieben. Es muss erst etwas Schlimmes passieren, eine Naturkatastrophe, die uns wachrüttelt, bevor der Ernst der Lage wirklich erfasst wird. Die Gefahr wird dann erst real, wenn wir ihr direkt ins Auge sehen. Das mag als Vorgehensweise in der Vergangenheit eine erfolgreiche Strategie gewesen sein. Hier scheitert sie. Denn wenn die Gefahr der Klimakatastrophe akut ist, dann ist es bereits zu spät. Die Strategie sollte deshalb folgendermaßen lauten: **Wir müssen heute so tun, als ob die Folgen der Klimakatastrophe bereits eingetreten wären und dementsprechend handeln, damit sie morgen nicht tatsächlich eintreten – und wir nichts mehr tun können.**

Pariser Abkommen

Damit das Klima sich nicht noch weiter erwärmt, wurde auf der 21. Klimakonferenz (COP 21) 2015 in Paris ein umfassendes und teils rechtsverbindliches Abkommen unterzeichnet. 196 Länder sind dem Abkommen beigetreten. Es ist das Nachfolgedokument des Kyoto-Protokolls, welches 2005 in Kraft trat. Der wesentliche Unterschied besteht darin, dass jetzt nicht nur die reichen Industrieländer ihre CO_2-Emissionen reduzieren sollen, sondern auch ärmere Länder. Diese Tatsache berücksichtigt die veränderte Leistungsfähigkeit der Schwellen- und Entwicklungsländer und deren steigenden Anteil an den globalen Emissionen. Damit ärmere Nationen in der Lage sind, die Maßnahmen umzusetzen, haben sich die reichen Industrienationen dazu bereit erklärt, jährlich 100 Milliarden zur Verfügung zu stellen.

Bereits 1992 auf der Klimakonferenz von Rio der Janeiro wurde der erste bedeutende Grundstein für den Klimaschutz gelegt. Die sogenannte Klimarahmenkonvention (United Nations Framework Convention on Climate Change, UNFCCC) wurde am 9. Mai 1992 in New York von der UNO verabschiedet und im selben Jahr auf der Konferenz der Vereinten Nationen über Umwelt und Entwicklung (UNCED) in Rio de Janeiro von 154 Staaten unterschrieben. Sie trat zwei Jahre darauf am 21. März 1994 in Kraft. Die Klimakonferenzen (Conference of Parties) finden seitdem innerhalb der Klimarahmenkonferenzen statt.

Das Ziel von Paris ist die Begrenzung des Anstiegs der durchschnittlichen Oberflächentemperatur auf deutlich unter 2 °C, idealerweise auf 1,5 °C seit dem Beginn der industriellen Revolution. Im letzten Sonderbericht des Weltklimarats (IPCC) von 2018 sprach man sich erneut dafür aus, den Anstieg auf 1,5 °C zu limitieren, „in der Erkenntnis, dass dies die Risiken erheblich verringern würde.“[241]

1. Mit welchen Maßnahmen[242] **soll die Temperaturerhöhung auf 1,5 C begrenzt bleiben?**
2. 45 % Reduzierung der CO_2-Emissionen weltweit bis 2030 im Vergleich zu 2010,
3. Das IPCC SR1.5 (*IPCC-Sonderberichts über 1,5 °C globale Erwärmung)* hat gezeigt, dass die Fähigkeit, die Erwärmung auf 1,5 °C zu begrenzen, beeinträchtigt wird, wenn die bis 2030 erforderlichen Emissionsminderungen nicht erreicht werden.
4. Weltweiter Kohleausstieg bis 2050,
5. 100 % Reduzierung der CO_2-Emissionen weltweit bis 2050 (CO2 Neutralität),
6. Energieversorgung mit 70 % bis 85 % aus erneuerbaren Energien bis 2050,
7. Übriggebliebene fossile Energiequellen, die ab 2050 CO_2 $_e$mittieren, sollen eingefangen und unterirdisch einlagert werden. „Carbon Capture and Storage“; CCS).

241 Pariser Abkommen 2015, Artikel 2.1

242 Kernbotschaften des IPCC-Sonderberichts über 1,5 °C globale Erwärmung zur Verbreitung in der Öffentlichkeit Aus: Dokumentation des Umweltbundesamt-Webinars für Multiplikatoren vom 05. April 2019, Im Sonderbericht des IPCC von 2018. Über 1,5 °C globale Erwärmung werden vier Möglichkeiten (Pfade) vorgestellt, die globale Erwärmung ohne oder mit geringer Überschreitung auf 1,5 °C zu begrenzen. In deren Summe veranschaulichen diese Szenarien bestimmte gemeinsame Tendenzen. Auf diesen Werten basieren obige Maßnahmen

8. Notwendigkeit von Direct Capture-Anlagen zum Absaugen von CO_2 aus der Atmosphäre (Negative Emissionen).

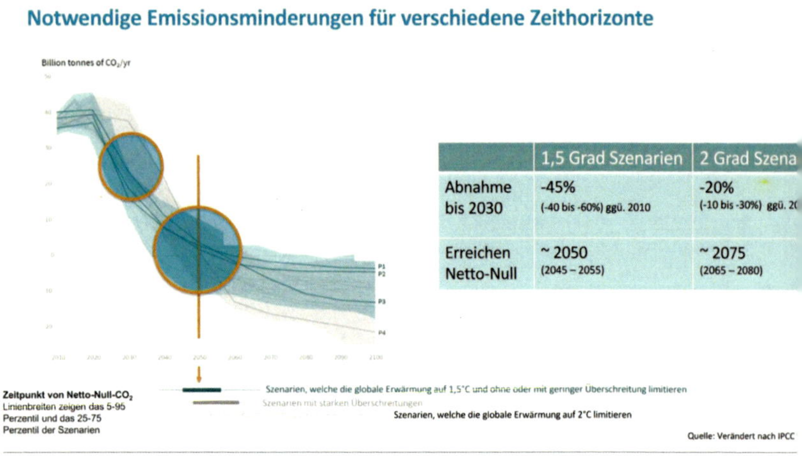

Quelle: Umweltbundesamt 2019

Abb. 20: Notwendige globale Emissionsminderungen für verschiedene Zeithorizonte

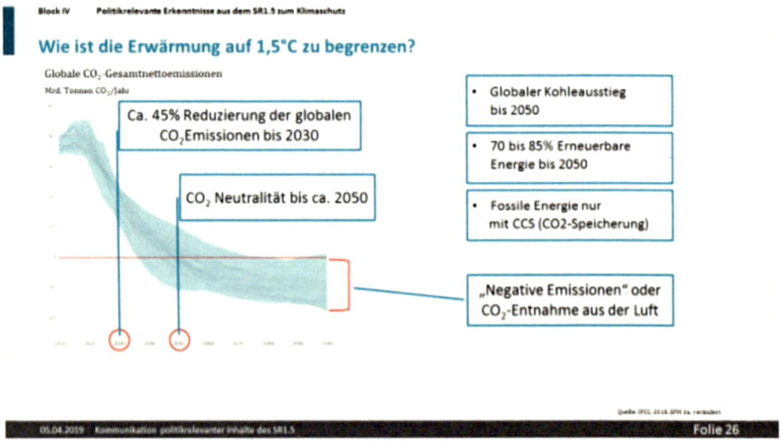

Quelle: verändert nach IPCC, 2018[17]

Ohne negative Emissionen, allein nur durch Treibhausgasminderung, ist es in keinem Pfad-Szenario möglich, Emissionen so schnell zu reduzieren, um die Erwärmung auf 1,5 °C zu begrenzen.

Zurzeit werden folgende Ansätze diskutiert, die zum Teil in Pilotprojekten getestet werden:

1. Direct Capture-Anlagen,
2. Massiver Pflanzenanbau zur CO_2-Entnahme + Verbrennen zu Bioenergie + „Carbon Capture and Storage" des entweichenden CO2 (BECCS),
3. Um die jährliche Menge an CO_2-Emissionen (je nach Pfad 100 bis 1000 Milliarden Tonnen) zukünftig durch Pflanzenanbau aus der Atmosphäre zu ziehen, benötigt es eine Ackerfläche von der doppelten Größe Indiens (das sind 80 % von Australien oder die 17-fache Fläche Deutschlands),
4. Aufforstung und Wiederaufforstung,
5. Erhöhen des Bodenkohlenstoffgehaltes (Soil Carbon Sequestration),
6. Künstlich beschleunigte Verwitterung von Gesteinen (Enhanced Weathering).

Abb. 21: Die Rolle von negativen Emissionen für die Emissionsminderung im SR1.5

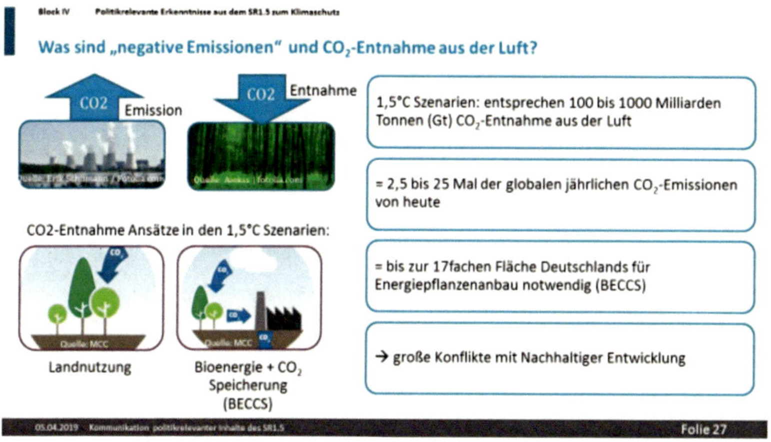

Quelle: UBA, nach IPCC 2018; Fotos: Fotolia Eric Schumann, Alekss

Wie läuft das in der Praxis? Auf welche Art und Weise wird das Pariser Abkommen umgesetzt? Auf der Website des Bundesministeriums für wirtschaftliche Zusammenarbeit und Entwicklung habe ich eine hervorragende Erklärung des Vorgehens gefunden:

„Die nationalen Klimabeiträge (englisch: Nationally Determined Contributions, **NDCs**) bilden das Herzstück des Pariser Klimaabkommens von 2015. Alle Vertragsstaaten – sowohl Industrie- als auch Entwicklungs- und Schwellenländer – haben sich verpflichtet, eigenständig festzulegen, wie stark sie ihre Treibhausgas-Emissionen bis zum Jahr 2030 senken und wie sie sich an den Klimawandel anpassen wollen. [...]

Die Länder melden ihre nationalen Klimabeiträge dem UN-Klimasekretariat. Dieses prüft sie und ermittelt den **Gesamtklimanutzen**. Wenn die Beiträge nicht ausreichen, um die globale Erwärmung wie vereinbart deutlich unter zwei Grad Celsius zu beschränken, sollen die NDCs **nachgebessert** werden. Für dieses „Nachbessern" hat das Pariser Klimaabkommen einen langfristigen Prozess in Gang gesetzt, die sogenannte Globale Bestandsaufnahme:

Bis 2020 können die Staaten ihre Beiträge anpassen oder auch neue Maßnahmen vorlegen. Ab 2020 müssen sie ihre Klimaschutzziele alle fünf Jahre fortschreiben. Dabei gilt das ‚Progressionsprinzip': Nachfolgende Beiträge müssen **ehrgeiziger** sein als die vorangegangenen. Transparenzregeln sollen sicherstellen, dass die Staaten ihre Verpflichtungen einhalten.

Klimaschutz und Anpassung an den Klimawandel sind immer an praktische Themen wie Energieversorgung, Stadtentwicklung, Wasser, Verkehr oder Landwirtschaft gebunden. Die Klimaschutzziele der NDCs müssen also mit anderen Entwicklungszielen des Landes in Einklang gebracht und in konkrete Politikansätze, Regelwerke und Investitionspläne übersetzt werden."

Im sogenannten Transparenzrahmen berichten die Länder regelmäßig ab 2024 über ihre Fortschritte in der Umsetzung ihrer NDCs. Die Berichte werden von der internationalen Gemeinschaft begutachtet, einer unabhängigen technischen Überprüfung unterworfen, und es werden multilateral Vorschläge für weitere Fortschritte und Verbesserungen gemacht. Alle so erstellten Informationen (neben NDCs werden die neuesten Erkenntnisse des Weltklimarats und Ergebnisse nicht-staatlicher Organisationen berücksichtigt) fließen ab 2023 alle fünf Jahre in die globale Bestandsaufnahme (Global Stocktake) ein. Diese Bestandsaufnahme wiederum hat Einfluss auf zukünftige NDCs der einzelnen Nationen, denn ein negatives

Global Stocktake wird sie anspornen, ehrgeizigere Ziele in den NDCs festzuschreiben.

Sie fragen sich sicher, warum die Vertragsparteien zusätzliche Motivation benötigen, um ihre Klimaziele zu erreichen. Das liegt an einer Merkwürdigkeit des Abkommens: Das *Erreichen* der Klimaziele ist **völkerrechtlich nicht bindend,** nur die Vorlage der NDCs, der Bericht über deren Umsetzung und die Begutachtung durch die Gemeinschaft sind es. Durch die so entstehende Transparenz wird ein hoher moralischer und sozialer Druck aufgebaut. Denn welches Land möchte schon an den Pranger gestellt werden oder von anderen Nationen ausgestochen werden. German Watch drückt das folgendermaßen aus: „Es gibt zwar keine offensichtliche Strafe bei Fehlverhalten, aber in einem solchen Fall droht der Verlust von Glaubwürdigkeit, politischem Gewicht und diplomatischem Ansehen. Dies kann erhebliche politische und wirtschaftliche Konsequenzen in anderen Politik- und Wirtschaftsbereichen haben."[243]

Insbesondere bei den stärksten Industrienationen USA, China, EU, Deutschland und Japan geht es um internationales Prestige Man kann nur hoffen, dass ein Wettstreit darüber ausbricht, wer am meisten für das Klima tut. Die Länder sollten sich gegenseitig in der CO-2 Reduzierung überbieten, ähnlich deni olympischen Spielen. Das entspräche dann einer CO-2 Olympiade. Entschuldigen Sie den Kalauer, aber diesem Wortspiel konnte ich einfach nicht widerstehen.

Der Global Stocktake wiederum wird anonymisiert ausgewertet. Das heißt, es ist nicht möglich, die Resultate auf einzelne NDCs zurückzuverfolgen. Ich schätze, dass man so gegenseitige Schuldvorwürfe vermeiden möchte, die zu Spannungen unter den 196 Vertragsstaaten und zu einem möglichen Bruch des Abkommens führen könnten.

Um die Berichte von 196 verschiedenen Ländern vergleichbarer zu machen und um sie einfacher und schneller auszuwerten, einigten sich alle Länder auf eine Standardisierung der Berichtsform. Denn manche Länder hatten z.B. wirtschaftsweite Reduktionsziele gegenüber einem Basisjahr gewählt, andere kündigten Reduktionen gegenüber einem business-as-usual-Szenario an, und wieder andere entschieden sich für Klimaschutzmaßnahmen in einzelnen Sektoren, zum Beispiel beim Verkehr oder beim Waldschutz. Damit ist es oft unmöglich, die tatsächlichen Leistungen eines Landes zu bewerten.

243 Christoph Bals et al. *Wendepunkt auf dem Weg in eine neue Epoche der globalen Klima- und Energiepolitik; Hintergrundpapier von German Watch zu denie Ergebnisse des Pariser Klimagipfels COP 21*, Berlin 2016

Das so entstandene standardisierte Regelbuch wurde auf der 24. Klimakonferenz (COP 24) im polnischen Katowice verabschiedet. Das Regelbuch legt fest, „welche Informationen ein Land zu seinem NDC bereitstellen muss, damit jeder verstehen kann, was genau sich dahinter verbirgt. Dazu gehören beispielsweise Informationen dazu, welche Klimagase in das Ziel einbezogen werden und ob nur Treibhausgasemissionen oder auch Senken (wie Wälder und Moore) angerechnet werden."[244]

Paris ist mehr als ein reines Vertragswerk zur Reduzierung der CO_2-Emissionen. Es stellt den Beginn eines weitgreifenden globalen Strukturwandels hin zu klimafreundlicher Technologie dar. Dieser tiefgreifende Wandel ist verbunden mit weltweit finanziellen, sozialen und ökologischen Transformationsprozessen. Alle Finanzströme sollen dahingehend umgelenkt werden, um sie mit den Klimazielen in Einklang zu bringen. Man könnte dies als den Beginn der ökologischen Revolution bezeichnen.

Weiterhin soll Paris alle Länder auf den Umgang mit Klimaschäden vorbereiten: Deiche müssen höher gebaut und die Landwirtschaft an bereits veränderte klimatische Bedingungen angepasst werden, die Städte müssen durch Schaffung von Kaltschneisen die innerstädtisch entstehende Wärme kompensieren. Durch vermehrte Hitzeperioden verbrauchen Kühlsysteme in Kraftwerken mehr Wasser, das aber oft durch niedrige Pegelstände nicht zu Verfügung steht. Das könnte zu Problemen in der Energieversorgung führen, da Kraftwerke aufgrund Überhitzungsgefahr abgeschaltet werden müssten. Straßenasphalt könnte aufgrund zunehmender Hitze aufplatzen, so dass z.B. beim Bau neuer Autobahnen auf hitzebeständige Materialen zurückgegriffen werden müsste. [245]

244 BMU, 2021 www.bmu.de/themen/klima-energie/klimaschutz/internationale-klimapolitik/un-klimakonferenzen/cop-24-was-bleibt

245 Wikidedia, Suchbegriff: *Übereinkommen von Paris, Abruf März 2021*

Die wichtigsten Ergebnisse von Paris

- **Drei langfristige Ziele:**
  - Begrenzung der Erwärmung auf deutlich unter 2 °C und Anstrengungen, um eine Begrenzung auf 1,5 °C zu erreichen.
  - Erhöhung der Fähigkeit zur Anpassung an den Klimawandel (Resilienz).
  - Umlenken aller Finanzströme, um sie mit diesen Klimazielen kompatibel zu machen.
- **Gemeinsames Emissionsziel:** Globales Ziel von Netto-Null-Treibhausgasemissionen in der zweiten Hälfte des Jahrhunderts, was auch eine globale Dekarbonisierung bis Mitte des Jahrhunderts bedeutet.
- **Nationale Klimaziele:**
  - Verbindliche Verpflichtung aller Staaten, ihre Ziele einzureichen und Maßnahmen zu ergreifen, um die Ziele zu erreichen.
  - Nachschärfungsrunden alle fünf Jahre, beginnend 2018.
- **Kapazitätsaufbau:** Neuer Mechanismus zum Aufbau von Kapazitäten in Entwicklungsländern.
- **Finanzierung:**
  - Fortsetzung der Klimafinanzierung durch Industrieländer mit 100 Milliarden US-Dolla jährlich von 2020–25 plus freiwillige Ergänzung durch Schwellenländer. Danach Festlegung eines neuen, weitergehenden Ziels unter Berücksichtigung des Beitrags der Schwellenländer.
  - Regelmäßige Finanzierungsberichte und -zusagen der Geber alle zwei Jahre.
- **Klimawandelbedingte Schäden und Verluste:** Anerkennung als eigenes Thema.
- **Berichte:** Verbessertes einheitliches Berichtswesen.

Quelle: German Watch: Wendepunkt auf dem Weg in eine neue Epoche der globalen Klima- und Energiepolitik, S.5, 2015; Bals, Sönke Kreft & Lutz Weischer

Der Stand 2020

Bevor wir uns mit der Effizienz und der Umsetzung des Pariser Vertragswerks beschäftigen, werfen wir einen Blick auf unseren Planeten. Die Resultate[246] sind ernüchternd: „2020 war leider ein weiteres außergewöhnliches Jahr für unser Klima. Wir haben neue extreme Temperaturen an Land, auf See und besonders in der Arktis gesehen. Waldbrände verzehrten weite Gebiete in Australien, Sibirien, der Westküste der USA und Südamerikas und ließen Rauchwolken den Globus umrunden. Wir haben eine Rekordzahl von Hurrikans im Atlantik gesehen, einschließlich beispielloser Hurrikans der Kategorie 4 in Mittelamerika im November. Überschwemmungen in Teilen Afrikas und Südostasiens führten zu massiver Vertreibung der Bevölkerung und untergruben die Ernährungssicherheit von Millionen Menschen ", sagte der Generalse-

246 World Meteorlogical Organisation, Bericht, Dezember 2020 & Story Map: State of the Global Climate 2020, Januar 2021

kretär der Globalen Meteorlogen Organisation (GMO) Prof. Petteri Taalas.

1. Temperatur[247]

- Die globale mittlere Oberflächentemperatur (GMST) hat sich 2020 im Vergleich zur vorindustriellen Zeit auf 1,2°C (± 0,1, Abweichung) erhöht.
- Es besteht eine Wahrscheinlichkeit von 40 %, dass die mittlere Oberflächentemperatur zwischen 2021 bis 2025 in einem dieser Jahre 1,5 °C überschreitet. Aber dass die *Durchschnittstemperatur* der Jahre 2021-25 bereits 1,5 °C erreicht, ist sehr unwahrscheinlich (10 %)[248]
- Trotz der der kühlenden Bedingungen des La Niña war 2020 eines der drei wärmsten Jahre seit Bestehen der Aufzeichnungen im Jahr 1850.
- Das letzte Jahrzehnt war das wärmste, das je gemessen wurde.
- Seit Mitte der 1980er Jahre haben sich die arktischen Oberflächenlufttemperaturen mindestens doppelt so schnell erwärmt wie der globale Durchschnitt.
- In der sibirischen Arktis lag die gemessene mittlere Oberflächentemperatur 2020 um 5 °C höher als in der vorindustriellen Zeit.
- Die sibirische Hitze gipfelte Ende Juni, als sie in Werchojansk am 20. August 38,0 °C erreichte, vorläufig die höchste bekannte Temperatur nördlich des Polarkreises

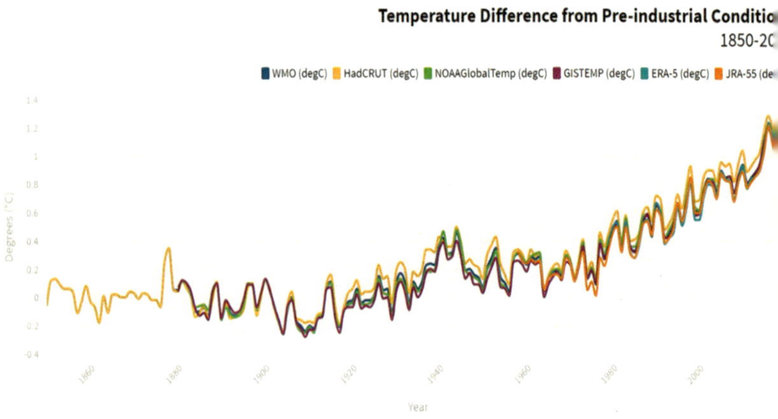

247 World Meteorlogical Organisation 2020

248 WMO: *United in Science 2021, A multi-organization high-level compilation of the latest climate science information*

2. CO_2-Emissionen

- Der Ausstoß von CO_2 lag 2019 mit 35,91 Milliarden Tonnen auf einem neuen Höchststand.
- Er stieg seit 2015 um 1,37 Milliarden Tonnen
- Das CO_2-Treibhausgas in der Atmosphäre lag 2019 bei 410,5 ppm und stieg zwischen Februar 2020 und 2021 auf 416,75 ppm.
- Der Distickstoffmonoxid-Anteil (Lachgas) in der Atmosphäre lag mit 332 ppb bei 123 % über dem vorindustriellen Niveau.
- Der Methan-Anteil in der Atmosphäre lag bei 1877 ppb – 260 % über vorindustriellem Niveau.
- Rechnet man alle Treibhausgase zusammen, so befinden sich bereits 500 ppm Kohlendioxidäquivalent in der Atmosphäre[249].
- Im Jahr 2019 erreichten die gesamten Treibhausgasemissionen einschließlich der Landnutzungsänderung einen neuen Höchststand von 59,1 Gigatonnen Kohlendioxidäquivalent (GtCO 2 e)[250].
- Seit 2010 erhöhten sich die Emissionen jährlich um durchschnittlich 1,2 %.

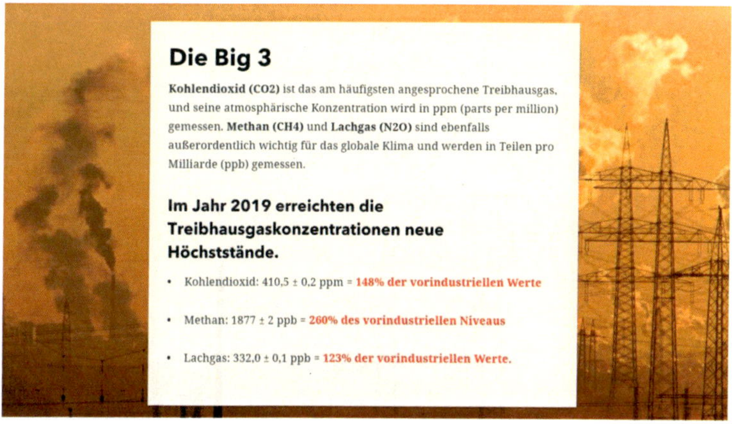

3. Ozeane, Meere und Gletscher[251]

Erwärmung der Meere

---

249 Global Monitoring Laboratory, www.esrl.noaa.gov/gmd/aggi | Abruf 2021
250 UNO, *Emissions Gap Report 2020*
251 World Meteorlogical Organisation, 2020

- Rund **90 % der überschüssigen Energie**, die sich aufgrund zunehmender Treibhausgaskonzentrationen im Erdsystem ansammelt, gelangt in den Ozean.
- Großteile der Ozeane erlebten irgendwann im Jahr 2020 eine starke maritime Hitzewelle.
- Seit 1990 stimmen alle Datensätze darin überein, dass die Erwärmungsraten der Ozeane in den letzten zwei Jahrzehnten und in allen Tiefen besonders stark gestiegen sind.
- Die Wärmekonzentration sämtlicher Meere, gemessen mit dem *Ocean Heat Content* (OHC,) stieg von 1990 bis 2020 um ca. 8 J/m^2 auf einen neuen Höchststand 2 J/m2. Das bedeutet eine Erwärmung um 400 %

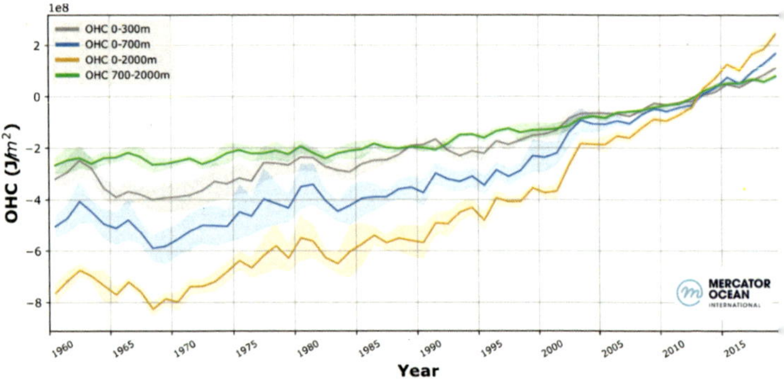

Mittlere Zeitreihen des Ensembles 1960-2019 und Standardabweichung des Ensembles (2-Sigma, schattiert) der Anomalien des globalen Ozeanwärmegehalts (
im Vergleich zur Klimatologie 2005-2017 für 0-300 m (grau), 0-700 m (blau), 0-2000 m (gelb) und 700-2000 m tiefe Schicht (grün).

Anstieg des Meeresspiegels

- Der **Meeresspiegel** stieg zwischen 1993 bis 2020 um 9,5cm.
- Allein seit 2011 hat sich der Anstieg von 4,45cm mehr als verdoppelt.
- Seit 1993 ist der Meeresspiegel im Schnitt um 3,29 mm pro Jahr gestiegen.

Schmelzen der Arktis

- Die **grönländische Eisdecke** verlor weiterhin an Masse. Eine der stärksten Verluste seit dem Beginn der Satellitenbeobachtung. Dies lag insbesondere an der massiven Eisbergkalbung.
- Insgesamt gingen zwischen September 2019 und August 2020 etwa 152 Milliarden Tonnen Eis aus der Eisdecke verloren.

- Das **arktische Meereis** erreichte im September 2020 sein jährliches Ausdehnungsminimum. Es lag auf dem zweitniedrigsten Stand seit dem Beginn der Satellitenaufzeichnungen vor 42 Jahren.

CO_2 EMISSIONEN 2015 bis 2019		2015	2017	2018	2019
		CO_2 / Gigatonnen (Milliarden)			
Quellen:					
Internationle Energiebehörde (IEA)		32,2	32,7	33,51	33,3
Emissions Database for Global Atmospheric Research (EDGAR)		36,24	36,7	37,6	38
Global Carbon Project (GCP)		35,2	35,69	36,42	36,44
	Mittelwert	**34,54**	**35,03**	**35,84**	**35,91**

- Die Ausdehnung des arktischen Meereises für Juli und Oktober 2020 war das niedrigste seit Beginn der Aufzeichnungen.
- Das Meereis in der arktischen Laptev-See war im Frühling, Sommer und Herbst außergewöhnlich niedrig, die Nordseeroute von Juli bis Oktober 2020 eisfrei oder nahezu eisfrei.

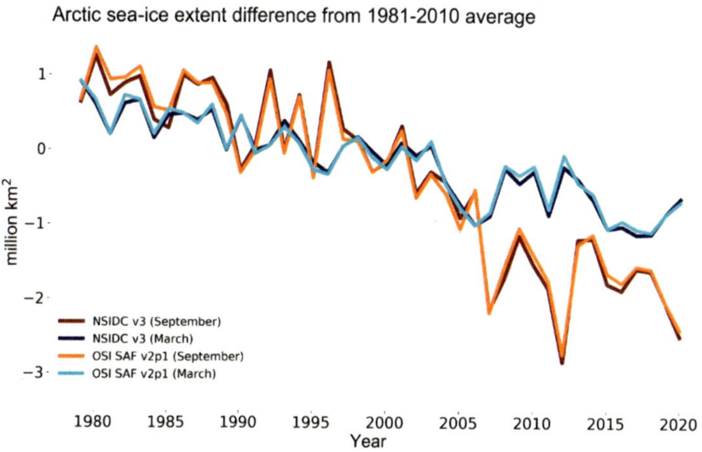

Unterschied der Meereisausdehnung gegenüber dem Durchschnitt von 1981-2010 in der Arktis für die Monate mit maximaler Eisbedeckung (März) und minimaler Eisbedeckung (September). Daten von EUMETSAT OSI SAF v2p1 (Lavergne et al., 2019) und NSIDC v3 (Fetterer et al., 2017).

- Der **Gletscherverlust** hat erhebliche und direkte Auswirkungen sowohl auf das globale Klima als auch auf die nachhaltige Entwicklung.

Versauerung der Meere

- Die Meere nehmen 23 % des anthropogenen CO_2 auf. Da sich CO2 im Meer löst, erhöht dies den Anteil der Kohlesäure in den Ozeanen.252 Dadurch sinkt der pH-Wert, wodurch der **Säuregehalt steigt**. Die pH-Werte sind seit 1985 um 0,06 und seit 2015 um 0,01gesunken. Das klingt wenig. Da aber die pH-Wert Skala logarithmisch ist, hat sich der Säuregehalt seit 1985 aber um 13 % erhöht, davon um 2 % innerhalb der letzten 5 Jahre. Der Säuregehalt liegt 2020 bei einem pH-Wert von 8,05.

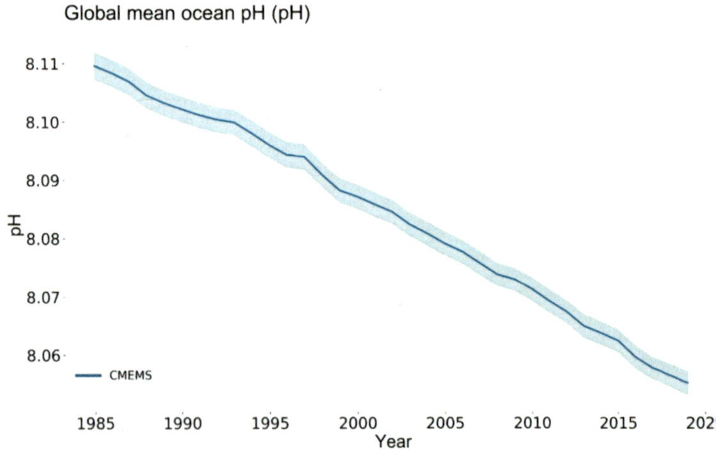

Globaler mittlerer Oberflächen-pH von 1985 bis 2020. Der schattierte Bereich gibt die geschätzte Unsicherheit in jeder Schätzung an.

252 Wikipedia, *Suchwort Kohlenstoffdioxid in der Erdatmosphäre; Abruf: April 2021*

4. Klimakatastrophen 2020

Dürre. Hitzewellen und Brände

- Im Inneren Südamerikas waren 2020 viele Teile von schwerer **Dürre** betroffen, wobei die am stärksten betroffenen Gebiete Nordargentinien, Paraguay und die westlichen Grenzgebiete Brasiliens waren.
- Die geschätzten landwirtschaftlichen Verluste betrugen allein in Brasilien fast 3 Milliarden US-Dollar. In der gesamten Region gab es erhebliche **Waldbrand**aktivitäten, die in den Pantanal-Feuchtgebieten im Westen Brasiliens am schwerwiegendsten waren.
- In den USA ereigneten sich die größten jemals verzeichneten **Brände** im Spätsommer und Herbst. Weit verbreitete **Dürre und extreme Hitze** trugen zu den Bränden bei, und Juli bis September waren die heißesten und trockensten, die je im Südwesten verzeichnet wurden. Das kalifornische Death Valley erreichte am 16. August **54,4 °C**, die höchste bekannte Temperatur der Welt seit mindestens 80 Jahren.
- In der **Karibik** traten im April und September große **Hitzewellen** auf. Die Temperaturen in Veguitas erreichten am 12. April 39,7 °C, ein nationaler Rekord für **Kuba**, während Havanna mit 38,5 °C ebenfalls seinen heißesten Tag hatte.
- In Ostmexiko lagen die Temperaturen an mehreren Orten über 45 °C und erreichten am 12. April in Gallinas bis zu 48,8 °C, während in Mittelamerika in San Agustin Acasaguatlan (Guatemala) 41,2 gemessen wurden.
- Während einer Hitzewelle im September wurden nationale oder territoriale Rekorde für Dominica, Grenada und Puerto Rico aufgestellt.
- Australien brach Anfang 2020 alle Hitzerekorde, einschließ-

lich der höchsten beobachteten Temperaturen in einer australischen Metropolregion. Penrith westlich von Sydney erreichte am 4. Januar 48,9 °C. In Canberra kletterten die Temperaturen in den drei Sommermonaten (Dezember bis Februar) auf neue Rekorde. Hier wurde die höchste Tagestemperatur mit 44 °C ebenfalls am 4. Januar 2020 erreicht.

- Es war ein sehr heißer Sommer in Teilen Ostasiens. Hamamatsu erreichte am 17. August mit 41,1 °C den nationalen Rekord Japans, und Taipeh hatte am 24. Juli mit 39,7 °C den heißesten Tag aller Zeiten. Hongkong stellte vom 19. Juni bis 1. Juli einen Rekord auf: 13 aufeinanderfolgende Nächten bei 28 °C oder mehr, gefolgt von einer 11-Nächte-Sequenz vom 5. bis 15. Juli.
- 2020 war in den meisten Teilen Russlands, insbesondere in Sibirien, ein außergewöhnlich warmes Jahr. Die von Januar bis August über Russland gemittelten Temperaturen lagen um 3,7 °C über dem Durchschnitt und 1,5 °C über dem vorherigen Rekord von 2007

Überschwemmungen

- In weiten Teilen Afrikas und Asiens kam es 2020 zu sehr starken Überschwemmungen.
- Überdurchschnittliche Niederschläge in der Sahelzone von Senegal bis Sudan während des Sommermonsuns. Die entstehenden Überschwemmungen waren in vielen Teilen der Region groß, wobei im Sudan 875.000 Menschen betroffen

waren. 155 Menschen starben. Kenia verzeichnete **285 Todesfälle.**

- Während der Regenzeit wurden in Indien, Pakistan, Nepal, Bangladesch, Afghanistan und Myanmar mehr als 2000 Todesfälle gemeldet, darunter 145 Todesfälle bei Sturzfluten in Afghanistan Ende August und 166 Todesfälle bei einem Erdrutsch in einer Mine in Myanmar Anfang Juli.
- Anhaltend hohe Niederschlagsmengen im Einzugsgebiet des Jangtse in China während der Monsunzeit verursachten ebenfalls schwere Überschwemmungen. Die gemeldeten wirtschaftlichen Verluste überstiegen 15 Milliarden US-Dollar, und im Berichtszeitraum wurden mindestens 279 Todesfälle gemeldet.
- In Teilen Südostasiens kam es im Oktober und November zu schweren Überschwemmungen. Das am schlimmsten betroffene Gebiet war Zentralvietnam, wo schwere Regenfälle, die für die Ankunft des nordöstlichen Monsuns typisch sind, durch eine Reihe tropischer Wirbelstürme und Tiefdruckgebiete verstärkt wurden. In weniger als fünf Wochen erreichten acht Stürme die Küste.

Wirbelstürme und Unwetter

- Der stärkste Wirbelsturm der Saison war der Taifun Goni (Rolly). Er überquerte am 1. November die nördlichen Philippinen mit einer mittleren Windgeschwindigkeit von 220 km/h und war damit einer der intensivsten Wirbelstürme, der die Philippinen je traf. In der nächsten Woche folgte Vamco (Ulysses), der weniger intensiv war, aber in Manila und anderen Gebieten schwere Überschwemmungen verursachte.
- Anfang September trafen innerhalb weniger Tage zwei große Wirbelstürme die koreanische Halbinsel. Am 3. September erreichte der Taifun Maysak (Julian) die Küste in der Nähe von Busan, gefolgt von Haishen (Kristine) am 7. September.
- Vier tropische Wirbelstürme und ein tropisches Tiefdruckgebiet trafen im Oktober binnen weniger als drei Wochen Vietnam und trugen zu großen Überschwemmungen in der Region bei (siehe oberer Abschnitt *Überschwemmungen*).
- Andere tropische Wirbelstürme, die durch Überschwemmungen zu vielen Todesfällen führten, waren der Wirbelsturm Diane in Madagaskar im Januar und der Tropensturm Amanda in Guatemala und El Salvador im Mai.
- Eines der kostspieligsten Extremereignisse des Jahres war ein Derecho (eine sich schnell bewegende Linie schwerer Gewitter), der sich am 10. August von South Dakota bis Ohio über den Mittleren Westen der USA erstreckte. Iowa war am schlimmsten betroffenen mit schweren landwirtschaftlichen Verlusten, einschließlich geschätzter 2 Millionen Hektar zerstörter Mais- und Sojabohnenkulturen.
- Eine Reihe schwerer nicht-tropischer Wirbelstürme traf Nord-, Mittel- und Westeuropa im Februar und trug zu einem sehr feuchten Monat mit Überschwemmungen in einigen Gebieten bei.

- Es war ein kalter Winter im Süden Südamerikas. Feuerland hatte Ende Juni und Anfang Juli die bedeutendste Kälteperiode seit 1995, wobei Rio Grande am 1. Juli Temperaturen von –8,8 °C bis –16,5 °C verzeichnete.
- Paraguay verzeichnete an mehreren Stellen Rekord-Tiefsttemperaturen für August. Die Schneedecke in Patagonien war die zweitgrößte seit 2000, und entlang Teilen der Küste von Feuerland bildete sich Meereis.
- Nordamerikas bedeutendster Schneesturm im Winter 2019/20 ereignete sich am 17. und 18. Januar in Neufundland. Auf St. John's fielen 75 cm Neuschnee, im Anschluss erlebte St. John's einen täglichen Rekordschneefalls mit Windböen von 126 km/h. Später im Jahr gab es im Herbst zwei extreme Kälteeinbrüche in der Frühsaison.
- In der zweiten Septemberwoche kam es im Tiefland von Colorado, einschließlich Denver, zu weit verbreiteten Schneefällen, nachdem erst drei Tage zuvor am 5. September ein Temperatur-Rekordhoch von 38,3 °C gemessen worden war.
- Später, im Oktober, brachte ein großer Kälteausbruch außergewöhnlich niedrige Temperaturen und Winternieder-

schläge in einer weiten Region der Rocky Mountains und der Zentralbundesstaaten.

- Bei einem verheerenden Eissturm in Oklahoma City kam es in mehr als der halben Stadt zu tagelangen Stromausfällen. Im weiter nördlich gelegenen Potomac und Montana fielen die Temperaturen am 25. Oktober auf –33,9 °C, dem frühesten Herbstdatum, an dem die Temperaturen in den USA jemals unter –30 ° gefallen waren (außer Alaska).

Das Pariser Klimaabkommen soll die Zunahme obiger Phänomene begrenzen. Dies möchte man durch eine 45-prozentige Reduktion von Emissionen bis 2030 und vollständige Klimaneutralität bis 2050 verhindern. Ziel von Paris ist es, den Temperaturanstieg auf deutlich unter 2 ° und wenn irgend möglich auf 1,5 ° im Vergleich zur vorindustriellen Zeit zu begrenzen. Im nächsten Kapitel untersuche ich, inwieweit Paris bis heute umgesetzt wurde und wie nahe die Welt der 1,5 °-Grenze gekommen ist.

Die Umsetzung des Pariser Klimaabkommen von 2015

Ich werde fünf Quellen für meine Untersuchungen verwenden: Den *Emission Gap 2020* der UNEP, das Potsdamer Institut für Klimafolgen-Forschung, die *Climate Policy Databank* des New Climate Institute, den *Climate Action Tracker* und dem *Climate Change Performance Index* von German Watch.

In einer großen Studie von Mark Roelfsema et. al[253] (koordiniert von der PBL Netherlands Environmental Assessment Agency und der Universität Utrecht in Zusammenarbeit mit dem Potsdam-Institut für Klimafolgenforschung), veröffentlicht in Nature Communications, untersuchte das internationale Forscherteam, inwieweit die NDCs (zugesagte nationale Beiträge) der sieben G-20 Staaten China, USA, EU, Indien, Japan, Russland und Brasilien die Ziele des Pariser Abkommens erfüllen. Diese Nationen verursachen fast 70 % des weltweiten CO_2 Ausstoßes (siehe Tabelle). Sie machen (ohne Brasilien) 51 % der Weltbevölkerung, 62,5 % des globalen Bruttoinlandsprodukts (Weltbank, 2020), und 62 % des gesamten globalen Verbrauchs fossiler Brennstoffe aus.254 Die Resultate dieser Untersuchung sind deshalb repräsentativ und ein deutlicher Fingerzeig für die Umsetzung von Paris.

253 Mark Roelfsema et. al, *Bestandsaufnahme der nationalen Klimapolitik zur Bewertung der Umsetzung des Pariser Abkommens, April 2020*

254 Quelle: JRC *Science for Policy Report 2020, Fossil CO2 emissions of all world countries*

Top emitting countries	Global share	Change between 2018 and 2019	Average annual % change since 2015
China	30.3%	3.4%	2.0%
United States	13.4%	-2.6%	-0.7%
EU27+UK	8.7%	-3.8%	-1.4%
India	6.8%	1.6%	3.2%
Russia	4.7%	-0.8%	0.9%
Japan	3.0%	-2.1%	-1.5%
Iran	1.8%	3.4%	3.0%
South Korea	1.7%	-3.2%	0.5%
Indonesia	1.6%	8.0%	6.2%
Saudi Arabia	1.6%	1.5%	0.4%
Canada	1.5%	-1.4%	-0.1%
South Africa	1.3%	1.5%	0.9%
Mexico	1.3%	-1.6%	-0.3%
Brazil	1.3%	-0.4%	-2.1%
Australia	1.1%	4.2%	1.8%
Turkey	1.1%	-1.5%	3.5%
International shipping	1.9%	2.4%	2.6%
International aviation	1.7%	3.6%	4.3%

Quelle: JRC Science for Policy Report 2020, Monica Grippa et. al: *Fossil CO2 emissions of all world countries*, 2020

Die Forscher stellten fest, „dass in allen Ländern eine große Lücke klafft zwischen den tatsächlichen Effekten der umgesetzten Klimamaßnahmen und den vom Pariser Abkommen geforderten Reduktionen.“[255] Stand jetzt sei, dass die CO_2-Emissionen bis 2030 nur um 5,3 % (2,5-5 Gt) gesenkt werden. Das Ziel von Paris liegt bei 45 %. Die Emissionsreduktionen bedürfen einer Steigerung um 800 % bis 2030. Selbst wenn obigen Staaten ihre bis dato zugesagten Ziele vollständig, konsequent und ohne Wenn und Aber bis 2030 umsetzen würden, was nach den Erfahrungen der letzten dreißig Jahre eher unrealistisch anmutet, würden sie den Treibhausausstoß nur um 17 % (5-10 Gt) senken. Die nächsten NDCs obiger Staaten müssten ihre Ziele grob gesprochen um das Dreifache verbessern, um eine 45-prozentige CO2-Reduktion bis 2030 erreichen zu können.

Emission Gap Report 2020

Der seit 11 Jahren erscheinende *Emission Gap Report* der UNEP (United Nation Environment Programme) vergleicht und analysiert den Status quo der Treibhausemissionen mit den Zielen von Paris.

255 Ebd., Zitiert aus www.pik-potsdam.de/de/aktuelles/nachrichten/fuenf-jahre-nach-dem-pariser-abkommen-eine-grosse-luecke-zwischen-versprechen-und-gegenwaertiger-umsetzung

In den FAQ's des Berichts werden die bedeutendsten Erkenntnisse des Reports zusammengefasst, die ich zum großen Teil ins Deutsche übersetzt habe:

1. Basierend auf den vor COVID geltenden Richtlinien werden sich die Emissionen bis 2030 voraussichtlich nicht weiter reduzieren und auf dem Stand von 2019 bei **59 GtCO2e** bleiben, was einen **Temperaturanstieg von 3,5 °C** in diesem Jahrhundert zu Folge haben wird.
2. Selbst wenn alle NDCs vollständig umgesetzt würden, würden die Emissionen voraussichtlich 2030 56 GtCO2e erreichen, was einen Anstieg um 3,2 °C in diesem Jahrhundert bedeuten würde.
3. Beide obige Szenarien würden große Teile des Planeten unbewohnbar machen und zu einem biologischen Massenaussterben von Fauna und Flora führen. Die Kosten für den Schutz unserer Häuser, Städte und Menschen vor extremem Wetter werden schnell steigen, kein Land wird von den Folgen verschont bleiben.
4. Um eine realistische Chance zu haben, das 2 °C-Ziel [*von Paris*] zu erreichen, müssen die Emissionen im Jahr 2030 41 GtCO2e betragen. Für das 1,5 °C-Ziel müssten es 25 GtCO2e sein.
5. Die Ambitionen im Pariser Abkommen müssen sich für den 2 °C-Pfad grob gesagt verdreifachen und für den 1,5 °C-Pfad mindestens verfünffachen.

Table ES.1. Global total GHG emissions in 2030 under different scenarios (median and 10th to 90th percentile range), temperature implications, and the resulting emissions gap (based on the pre-COVID-19 current policies scenario)

Scenario (rounded to the nearest gigaton)	Number of scenarios in set	Global total emissions in 2030 [$GtCO_2e$]	Estimated temperature outcomes			Closest corresponding IPCC SR1.5 scenario class	Emissions Gap in 2030 [$GtCO_2e$]		
			50% probability	66% probability	90% probability		Below 2.0°C	Below 1.8°C	Below 1.5°C in 2100
2010 policies	6	64 (60–68)							
Current policies	8	59 (56–65)					17 (15–22)	24 (21–28)	34 (31–39)
Unconditional NDCs	11	56 (54–60)					15 (12–19)	21 (18–25)	32 (29–36)
Conditional NDCs	12	53 (51–56)					12 (9–15)	18 (15–21)	29 (26–31)
Below 2.0°C (66% probability)	29	41 (39–46)	Peak: 1.7–1.8°C In 2100: 1.6–1.7°C	**Peak: 1.9–2.1°C In 2100: 1.8–1.9°C**	Peak: 2.4–2.6°C In 2100: 2.3–2.5°C	Higher 2°C pathways			
Below 1.8°C (66% probability)	43	35 (31–41)	Peak: 1.6–1.7°C In 2100: 1.3–1.6°C	**Peak: 1.7–1.8°C In 2100: 1.5–1.7°C**	Peak: 2.1–2.3°C In 2100: 1.9–2.2°C	Lower 2°C pathways			
Below 1.5°C in 2100 and peak below 1.7°C (both with 66% probability)	13	25 (22–31)	Peak: 1.5–1.6°C In 2100: 1.2–1.3°C	**Peak: 1.6–1.7°C In 2100: 1.4–1.5°C**	Peak: 2.0–2.1°C In 2100: 1.8–1.9°C	1.5°C with no or limited overshoot			

In welchen Ländern entstehen die meisten Treibhaugasemissionen? Der *GAP Report* verwendet dafür die Daten von EDGAR (Grippa et. al 2020). Die G20-Staaten verursachen zusammen weltweit 78 % der Treibhausgase.[256] Die Länder China, USA, EU, UK, Indien, Japan und Russland zeichnen allein für 32,5 GtCO2e *ohne LUC* (Land-using change)[257] im Jahre 2019 verantwortlich, das sind 62 % der weltweiten GtCO2e-Emissionen ohne LUC und über 55 % sämtlicher Emissionen mit LUC. China verursacht mit 14 GtCO2e absolut gesehen den weltweit größten Ausstoß an Treibhausgasen (25 % der weltweiten Emissionen). China emittiert mehr als doppelt so viel wie die USA, die dreifache Menge der EU (inkl. Großbritannien) und 0,6 GtCO2e mehr als sämtliche Emissionen der USA, EU, UK und Russlands zusammen. Betrachtet man jedoch die Einwohnerzahlen, relativiert sich das Bild, demnach verursacht jeder Bürger in der EU oder Japan ungefähr dieselbe Menge CO_2 wie

256 UNEP, *Emission Gap Report 2020*

257 LUC bedeutet, dass Treibhausgase aus der Landnutzung (Landwirtschaft, Forstwirtschaft etc.) mit eingerechnet werden oder nicht. Die LUC-Emissionen lagen 2019 weltweit bei 6,7%, wovon 94% aus CO_2 und der Rest Methan bzw. Distickstoffmonoxid (Lachgas) besteht.

ein Chinese. Absoluter Spitzenreiter beim Pro-Kopf-Ausstoß von tCO_2e sind die USA mit 20 Tonnen gefolgt von Russland mit 17,4.

Table 2.1. Key statistics for GHG emissions shares and trends and highest emitting countries and regions

	GHG emissions 2019 ($GtCO_2e$)	GHG emissions 2019 (tCO_2e/person)	Emissions share 2010–2019 (%)	Emissions growth 2010–2019 (%/yr)	Growth in 2019 (%)
Fossil CO_2	38		65	1.3	0.9
Methane (CH_4)	9.8		17	1.2	1.3
Nitrous oxide (N_2O)	2.8		4.9	1.1	0.8
Fluorinated gases	1.7		2.6	4.7	3.8
GHGs without LUC	**52.4** (range: ±5.2)		**89**	**1.4**	**1.1**
LUC CO_2	6.3		10	1.3	13.3
LUC CH_4 & N_2O	0.5		0.5	3.7	84.6
GHGs with LUC	**59.1** (range: ±5.9)		**100**	**1.4**	**2.6**
Countries (GHGs without LUC)					
China	14	9.7	26	2.3	3.1
United States of America	6.6	20.0	13	-0.1	-1.7
EU27+UK	4.3	8.6	9.3	-1.1	-3.1
India	3.7	2.7	6.6	3.3	1.3
Russian Federation	2.5	17.4	4.8	1	0.8
Japan	1.4	10.7	2.6	0.1	-1.6
International transport	1.4		2.5	2.3	2.9
GHGs without LUC	**52.4** (range: ±5.2)	**6.8**	65	**1.4**	**1.1**

Die Grüne Hoffnung Covid-19

Ein Lichtschimmer im Dunkeln stellt für die UNEP absurderweise die Folge der Corona-Pandemie dar[258]. Die Kohlendioxidemissionen werden aufgrund der Corona-Pandemie im Jahr 2020 voraussichtlich um bis zu 7 % sinken. Langfristig bedeute dieser Rückgang jedoch nur eine Verringerung der globalen Erwärmung um 0,01 °C bis 2050. Dieser Rückgang werde keinen signifikanten Unterschied für den langfristigen Klimawandel darstellen. Die Möglichkeit bestehe laut des Berichts jedoch darin, dass, wenn Covid weiter andauern sollte, sich die Natur erholen könnte. Dies würde möglicherweise dazu beitragen, die Welt nahe dem Weg zum 2 °C-Ziel des Pariser Abkommens zu bringen (obwohl deutlich mehr Arbeit erforderlich wäre, um das 1,5 °C-Ziel zu erreichen).

258 Ebd.

Eine solche grüne Erholung würde die Emissionen im Jahr 2030 auf 44 GtCO2e bringen und 25 Prozent der Emissionen einsparen, die wir aufgrund der vor COVID geltenden Politik hätten erwarten können. Das könne aber nur dann geschehen, wenn die Staaten bei Finanzmitteln, die sie bereitstellen, um den sozio-ökonomischen Schaden durch Covid-19 zu reparieren, auch gleich viel Geld in nachhaltigen Klimaschutz investieren würden: „Der Generalsekretär der Vereinten Nationen fordert die Regierungen auf, die Erholung von COVID-19 als Gelegenheit zu nutzen, um nachhaltigere, widerstandsfähigere und integrativere Gesellschaften zu schaffen. In diesem Zusammenhang hat das Rahmenübereinkommen der Vereinten Nationen über Klimaänderungen (UNFCCC) betont, dass die Regierungen einige ihrer Pläne und Strategien zum Wiederaufbau nach COVID-19 in ihre neuen oder aktualisierten NDCs und langfristigen Strategien zur Eindämmung des Klimawandels integrieren und spezifizieren könnten, die alle Länder im Jahr 2020 einreichen müssen.“[259] Bis jetzt nutzt nur die Minderheit der G20- Staaten diese Möglichkeit: Nur fünf Länder investierten bis zu drei Prozent ihres BIP in Maßnahmen zum Klimaschutz. Die meisten Nationen investierten nichts in verbesserten Klimaschutz, da sich ihre Emissionen weder verbesserten noch verschlechterten. Ein weiterer Großteil der G20- Staaten steckte die Haushaltsgelder weiter in CO_2 basierte Infrastruktur. Gleichzeitig betont der Bericht aber auch, dass die Datenlage zu den positiven Auswirkungen von Corona auf CO2 Emissionen äußerst dünn und sehr unsicher ist.

Einen weiteren Grund, etwas Hoffnung zu schöpfen, sieht der Bericht darin, dass sich inzwischen 126 Vertragsstaaten zur Klimaneutralität bis 2050 bekennen, sie angekündigt haben oder in Betracht ziehen.

Climate Action Tracker (CAT)

Der Climate Action Tracker ist eine unabhängige wissenschaftliche Analyse, die Klimaschutzmaßnahmen der einzelnen Regierungen verfolgen und diese mit den Zielen des Pariser Abkommens vergleicht. In Zusammenarbeit mit zwei Organisationen, dem Climate Analytics und dem New Climate Institute, bietet der CAT auf seiner Website *www.climateactiontracker.org* seit 2009 politischen Entscheidungsträgern diese unabhängigen Analysen an.

CAT quantifiziert und bewertet die Verpflichtungen zur Eindämmung des Klimawandels und bewertet, ob die Länder auf dem richtigen Weg sind, diese zu erfüllen. Anschließend werden die

259 UNEP, *Emission Gap Report 2020, Executive Summary,* Seite IV

Maßnahmen der Länder auf globaler Ebene zusammengefasst und der wahrscheinliche Temperaturanstieg bis zum Ende des Jahrhunderts ermittelt. Die CAT-Analysen decken sowohl alle großen Emittenten als auch eine repräsentative Stichprobe kleinerer Emittenten ab. Die untersuchten Länder machen in etwa 80 % der globalen Emissionen und etwa 70 % der Weltbevölkerung aus.[260]

Bewertung der Länder

CAT beurteilt die Länder, ob eine Regierung im Vergleich zu anderen ihren **„gerechten Anteil" (Fair Share)** an den globalen Bemühungen zur Begrenzung der Erwärmung im Einklang mit dem Pariser Abkommen leistet. Dies bedeutet, dass der gesamte NDC-Aktionsbereich „gerechter Anteil" eines Landes die Gesamtsumme der inländischen Treibhausgasreduzierungen plus Emissionsreduzierungen in Übersee[261] ist (aus Klimafinanzierung, Bereitstellung von Mitteln oder Implementierung oder Erwerb von Emissionseinheiten, sofern diese wiederum im Gastland abgezinst werden). In der Bewertung der Anstrengungen der einzelnen Länder hat CAT eine breite Palette von Literatur darüber zusammengestellt, was verschiedene Forscher aus vielen Perspektiven als „gerechten Anteil" zur Reduzierung von Treibhausgasen[262] betrachten würden, darunter 40 vom IPCC verwendete Studien.

CAT hat daraus sechs hierarchische Kategorien gebildet:

- Stufe 1: Dunkelgrün (Vorbild) & Leistet mehr als seinen gerechten Anteil,
- Stufe 2: Hellgrün (1,5 °C-kompatibel) & Gerechter Anteil,
- Stufe 3: Gelb (2 °C-kompatibel) & Gerechter Anteil,
- Stufe 4: Orange (Unzureichend) & Gerechter Anteil,
- Stufe 5: Rot (Sehr Unzureichend),
- Stufe 6: Schwarz-Blau (Kritisch Unzureichend).

260 Climate Action Tracker, www.climateactiontracker.org/about

261 Produzierte CO2 Emission durch Eigenproduktionen und Auftragsproduktionen im Auslanx

262 Ohne LULUCF

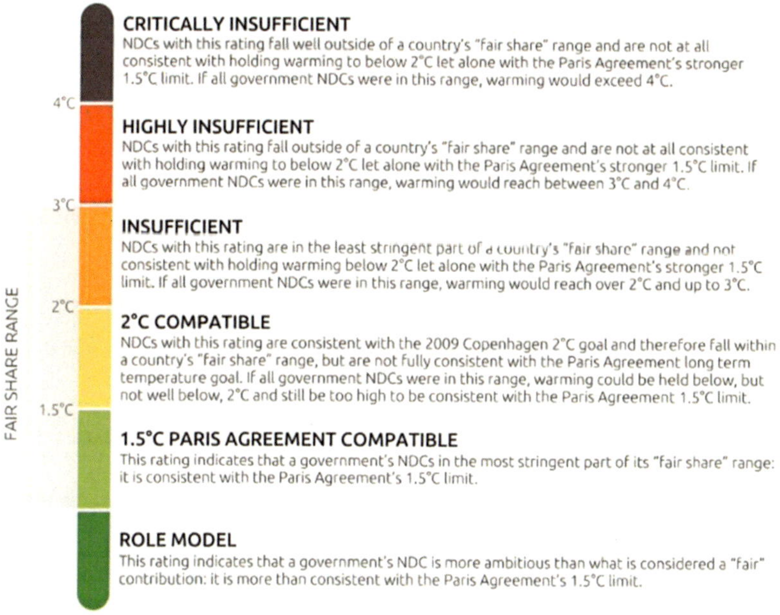

Abbildung 1. Das Bewertungssystem des Climate Action Tracker für NDCs

Quelle: Climate Action Tracker

Stufe 1 erreicht kein Land.
Stufe 2 liegt im Bereich hoher „Gerechter Anteil". NDCs des bewerteten Landes führen global mit 66 % Wahrscheinlichkeit (oder mehr) zu einer Begrenzung der Erwärmung deutlich unter 2 °C oder auf 1,5 °C (wenn alle Regierungen dieses Niveau hätten).
Stufe 3 liegt im Bereich mittlerer „Gerechter Anteil". NDCs des bewerteten Landes führen global mit 66 % Wahrscheinlichkeit (oder mehr) zu einer Erwärmung unter 2 °, jedoch nicht weit unter 2 °C oder unter 1,5 °C (wenn alle Regierungen dieses Niveau hätten).

Stufe 4 liegt im Bereich unterer „Gerechter Anteil". NDCs des

bewerteten Landes führen global zu einer Erwärmung von 2 ° bis 3 °C (wenn alle Regierungen dieses Niveau hätten).[263]
Stufe 5 liegt außerhalb des Bereichs „Gerechter Anteil“. NDCs des bewerteten Landes führen global zu einer Erwärmung von 3 ° bis 4 °C (wenn alle Regierungen dieses Niveau hätten).
Stufe 6 liegt außerhalb des Bereichs „Gerechter Anteil“. NDCs des bewerteten Landes führen global zu einer Erwärmung von über 4 °C (wenn alle Regierungen dieses Niveau hätten).

In unterer Abbildung sehen wir einen globalen Überblick. Die meisten Nationen liegen auf Stufe 4. Damit erfüllen sie zwar gerade noch ihren „gerechten Anteil“, verfehlen aber deutlich die Ziele des Pariser Abkommens.

Datenquelle: CAT, 2021 und Crippa et al. 2020

263 Eine „unzureichende“ Bewertung bedeutet daher, dass der NDC zwar von einigen Ansätzen als fair angesehen werden kann, es jedoch nicht ausreicht, die Erwärmung unter 2 °C und viel weniger als 1,5 °C zu halten, es sei denn, andere tun wesentlich mehr.

	GERECHTER ANTEIL					
G20	1,5 °C-kompatibel	2 °C-kompatibel	Unzureichend	Sehr Unzureichend	Kritisch Unzureichend	Mt/CO2
Argentinien					x	199.141
Australien			x			433.379
Brasilien			x			478.147
China				x		11.535.200
EU			x			3.303.975
Indien		x				2.597.360
Indonesien				x		625.663
Japan				x		1.153.717
Kanada			x			584.846
Mexiko			x			485.004
Russland					x	1.792.015
Saudi-Arabien					x	614.607
Südafrika				x		494.862
Südkorea				x		651.870
Türkei					x	415.783
USA					x	5.107.261
Gesamt CO2 Mt/CO2						**30.472.830**
World			x			**38.016.573**

Wenn wir uns nur auf die G20 Staaten konzentrieren, erhalten wir fünf Staaten (USA, Türkei, Saudi-Arabien, Argentinien, Russland) auf Stufe 6, fünf Staaten (China, Indonesien, Südkorea, Japan und Südafrika) auf Stufe 5 und wiederum fünf Staaten (Australien, Brasilien, Mexiko, Kanada und die EU) auf Stufe 4. Das einzige G20-Land, das sowohl seinen gerechten Anteil leistet als auch das 2 °-Ziel erreicht, ist Indien auf Stufe 2.

Wenn wir die sechs Staaten mit den weltweit höchsten Treibhausgasemissionen betrachten, ergibt sich folgendes Bild: Die Top 6 erzeugen momentan 67 % des globalen CO_2. Russland und die USA stehen auf Stufe 6 „Kritisch unzureichend", China und Japan stehen auf Stufe 5 „Sehr unzureichend", die EU steht auf Stufe 4 „Unzureichend" und Indien auf Stufe 3 „2 °C-kompatibel". Die Länder der Stufe „Kritisch unzureichend" sind für über 18 % der weltweiten CO2 Emissionen verantwortlich, während Staaten der Stufe „Sehr unzureichend" über 33 % des CO2 Ausstoßes verursachen. Insgesamt leisten vier der sechs Top-Emittenten, die für 51 % der globalen CO2 Emissionen sorgen, nicht ihren gerechten Anteil am Pariser Klimaabkommen. Nur Indien und die EU, die 15 % des weltweiten CO2 freisetzen, leisten ihren gerechten Anteil am Abkommen.

CAT entwirft ein zum Teil etwas optimistischeres Bild bezüglich der globalen Erwärmung.

	GERECHTER ANTEIL						
TOP 6	**1,5 °C-kompatibel**	**2 °C-kompatibel**	**Unzureichend**	**Sehr Unzureichend**	**Kritisch Unzureichend**	**Mt/CO2**	
China				x		11.535.200	
EU			x			3.303.975	
Indien		x				2.597.360	
Japan				x		1.153.717	
Russland					x	1.792.015	
USA					x	5.107.261	
Gesamt CO2 Mt/CO2		2.597.360	3.303.975	12.688.917	6.899.276	**25.489.528**	67,05

Der **BAU-Pfad** (Business-as-usual), wenn nichts Wesentliches gegen den Klimawandel unternommen wird, würde zwar zu einer durchschnittlichen globalen Oberflächenerwärmung von 4 °C bis 4,8 °C (im Vergleich zur vorindustriellen Zeit) bis zum Ende des Jahrhunderts führen. Da aber in der Gegenwart einiges getan wird, wenn auch nicht genug, würde die Oberflächentemperatur bis zum Ende des Jahrhunderts obige Werte unterschreiten.

Wenn wir also weiter machen wie bisher **(Current Policy**), sind wir auf dem Weg zu einer Erhöhung von 2,9 °C (2,1 °C bis 3,9 °C) bis 2100. Falls alle Vertragsstaaten ihre NDCs, Langzeitmaßnahmen und Versprechungen umsetzen **(Pledges and Targets)** wird die Klimaerwärmung auf 2,6 °C (2,1 °C bis 3,3 °C) geschätzt. CAT hat aus der Tatsache, dass sich inzwischen 127 Staaten zur Klimaneutralität bekannt haben, neue Berechnungen angestellt und daraus ein etwas **positiveres Vorhersagemodell** entwickelt **(Optimistic Target**): Die Temperaturerhöhung bis 2100 wird auf 2,1 °C (1,7 °C bis 2,7 °C) begrenzt bleiben.

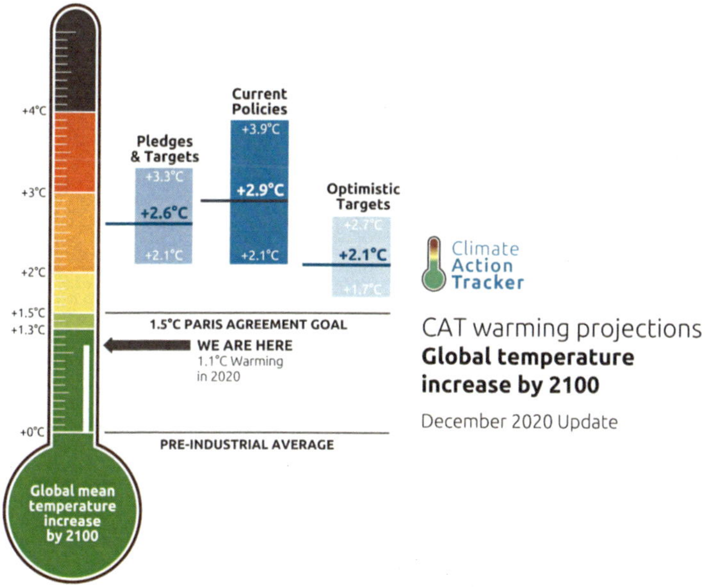

Letzterer Ansatz basiert in meinen Augen auf sehr vielen hypothetischen Annahmen: Erst zwei Länder[264], UK und Neuseeland, haben die Klimaneutralität gesetzlich verabschiedet. In Kanada, Chile und der EU liegen Gesetzesentwürfe dazu vor. In allen anderen Ländern liegen nur Ankündigungen zur Klimaneutralität bis Mitte des 21. Jahrhundert vor; zum Beispiel haben Südafrika, Japan, Südkorea, die USA und China kürzlich Netto-Null-Ziele angekündigt. Bis diesen Worten Gesetzesentwürfe folgen und diese verabschiedet werden, könnten noch Jahre vergehen. Während die Netto-Null-Ziele für 2050 lobenswert sind, müssen die Regierungen vorher erst einmal ihre 2030-Ziele (national festgelegte Beiträge oder NDCs) festlegen, um ihre Netto-Null-Ziele zu erreichen und die verbleibende Emissionslücke auf 1,5 °C bis 2050 zu schließen. Den Worten müssten dann auch Taten folgen. Ob die guten

264 Einzelne EU-Staaten wie Deutschland haben dies bereits verabschiedet. CAT fasst aber scheinbar alle EU-Länder in einen einzigen Block zusammen, so dass erst nach Verabschiedung durch das EU-Parlament alle Länder der Gemeinschaft als Staaten gelten, die Klimaneutralität im Gesetz verankert haben.

Vorsätze konsequent in die Praxis umgesetzt werden, erscheint mir nach dreißigjähriger Erfahrung mehr als fraglich.

Climate Change Performance (CCPI)

In den Bereichen Treibhausgasemissionen, erneuerbare Energien, Energieverbrauch und Klimapolitik vergleicht der Climate Change Performance Index 57 Länder und die EU, die zusammen über 90 % der globalen Treibhausgasemissionen verursachen, und bietet so einen umfassenden Überblick über die aktuellen Bemühungen und Fortschritte der analysierten Länder. Außerdem wird gemessen, inwieweit die Länder auf dem richtigen Weg sind, um die globalen Ziele des Pariser Abkommens zu erreichen; dafür werden der aktuelle Status und die künftigen Ziele jeder Kategorie anhand eines Klimapfads bewertet, der die Erwärmung auf 1,5 °C begrenzt.

Als unabhängiges Überwachungsinstrument spielt die CCPI eine führende Rolle bei der Dokumentierung zur Umsetzung des Pariser Abkommens. Es schafft Transparenz in der Klimapolitik, ermöglicht den Vergleich von Klimaschutzbemühungen und lässt deren Fortschritte und Rückschläge erkennen. Dies ist nur durch fortgesetzte Unterstützung und die Beiträge von rund 350 bis 400 Klima- und Energieexperten möglich.

Rund 80 % der Bewertung der Leistung eines Landes basiert auf quantitativen Daten der Internationalen Energieagentur (IEA), PRIMAP, der Ernährungs- und Landwirtschaftsorganisation (FAO) und den nationalen Treibhausgasinventaren, die dem UNFCCC vorgelegt werden. Der CCPI 2021 wird anhand der im Jahr 2018 aufgezeichneten Daten berechnet, da dies die neuesten verfügbaren Daten sind. Die CCPI-Methodik wurde 2017 überarbeitet, um die Ergebnisse der Verhandlungen über das Pariser Abkommen vollständig zu berücksichtigen. Seitdem basieren die CCPI-Maßnahmen teilweise auf den Versprechen, die die Länder selbst in ihren Nationally Determined Contributions (NDCs) formuliert haben.

Zur Erstellung des Index werden die Treibhausgasemissionen jedes Landes mit 40 % gewichtet, der Anteil der erneuerbaren Energie, des Energieverbrauchs und die Klimapolitik mit jeweils 20 %. Jede dieser vier Hauptkategorien unterteilt sich in weitere Unterkategorien und beträgt je nach Hauptkategorie zwischen fünf und zehn Prozent.

Components of the CCPI

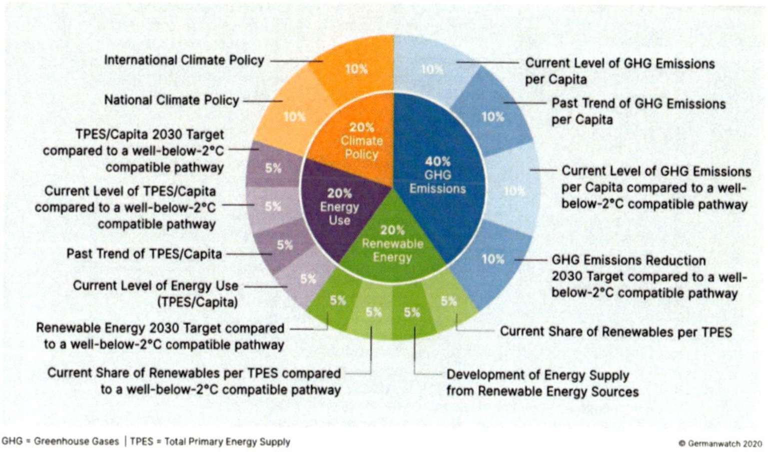

Quelle: German Watch, CCPI: *Results - Climate Mitigation Efforts of 57 Countries plus the EU. Covering 90 % of the Global Greenhouse Gas Emissions 2021*

Die Kategorie des CCPI zur Klimapolitik bewertet die Fortschritte der Länder bei der Umsetzung von Maßnahmen zur Erreichung der Ziele des Pariser Übereinkommens. Mit dieser Kategorie deckt der Index die jüngsten Entwicklungen in den nationalen klimapolitischen Rahmenbedingungen ab. Die quantitativen Daten allein können diese nicht abbilden. Die Indikatoren dieser Kategorie sind *Nationale Klimapolitik* und *Internationale Klimapolitik*. Die qualitativen Daten für diese Indikatoren werden jährlich in einer umfassenden Studie bewertet. Hierfür dient eine Leistungsbewertung von Experten der Klima- und Energiepolitik aus den jeweiligen Ländern. In dieser Kategorie wird berücksichtigt, dass die von den Regierungen ergriffenen Klimaschutzmaßnahmen häufig mehrere Jahre dauern, um die Treibhausgasemissionen, die erneuerbaren Energien und den Energieverbrauch zu beeinflussen.

Die Ergebnisse

Die Gesamt-Rangliste basiert auf der Gesamtpunktzahl jedes Landes. Dies wird aus den Einzelbewertungen in vier Kategorien berechnet, die aus 14 Indikatoren bestehen. Kein Land erzielt genug Punkte, um das Rating „Very high“ zu erreichen. Die ersten drei Gesamtpositionen bleiben daher leer.

Rank		Country	Score**	Categories
1.*	-	-	-	
2.	-	-	-	
3.	-	-	-	
4.	-	Sweden	74.42	
5.	▲	United Kingdom	69.66	
6.	▼	Denmark	69.42	
7.	▼	Morocco	67.59	
8.	▲	Norway	65.45	
9.	▲	Chile	64.05	
10.	▼	India	63.98	
11.	▼	Finland	62.63	
12.	▲	Malta	62.21	
13.	▲	Latvia	61.88	
14.	▲	Switzerland	60.85	
15.	▼	Lithuania	58.03	
16.	▲	European Union (28)	57.29	
17.	▲	Portugal	56.80	
18.	▲	Croatia	56.69	
19.	▲	Germany	56.39	
20.	▼	Ukraine	55.48	
21.	▼	Luxembourg	55.23	
22.	▼	Egypt	54.33	
23.	▼	France	53.72	
24.	▲	Indonesia	53.59	
25.	▼	Brazil	53.26	
26.	▲	Thailand	53.18	
27.	▼	Italy	53.05	
28.	▲	New Zealand	51.30	
29.	-	Netherlands	50.96	
30.	▼	Romania	50.33	
31.	▼	Slovak Republic	49.51	
32.	-	Mexico	48.76	
33.	▼	China	48.18	
34.	▼	Greece	48.11	
35.	▲	Austria	48.09	
36.	▲	Belarus	47.27	
37.	▼	South Africa	46.13	
38.	▼	Estonia	46.01	
39.	▲	Ireland	45.47	
40.	▼	Belgium	45.11	
41.	▼	Spain	45.02	
42.	▲	Turkey	43.47	
43.	▲	Algeria	43.27	
44.	▲	Bulgaria	42.64	
45.	▲	Japan	42.49	
46.	▼	Argentina	40.48	
47.	▼	Czech Republic	38.98	
48.	▲	Poland	38.94	
49.	▼	Cyprus	38.73	
50.	▼	Hungary	38.22	
51.	▼	Slovenia	37.02	
52.	-	Russian Federation	30.34	
53.	▲	Korea	29.76	
54.	▲	Australia	28.82	
55.	▼	Kazakhstan	28.04	
56.	▼	Malaysia	27.76	
57.	▲	Chinese Taipei	27.11	
58.	▼	Canada	24.82	
59.	▼	Islamic Republic of Iran	24.58	
60.	-	Saudi Arabia	22.46	
61.	-	United States	19.75	

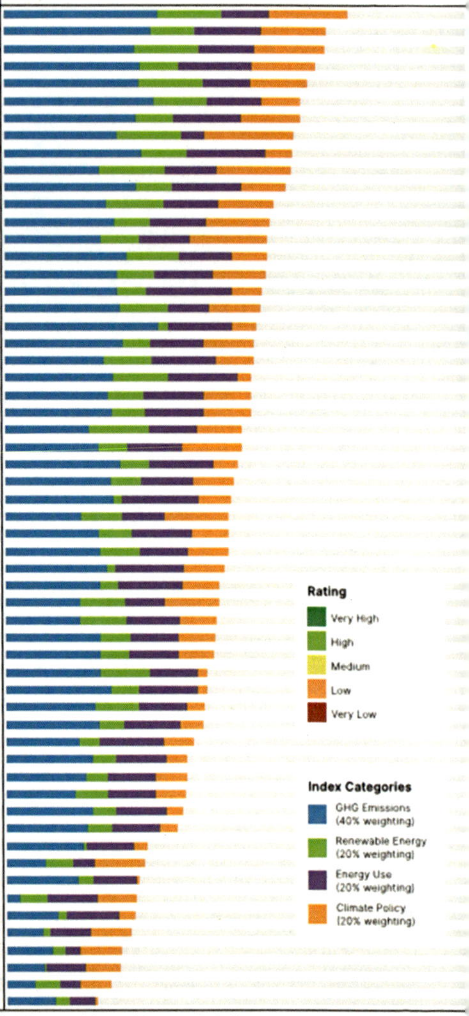

* None of the countries achieved positions one to three. No country is doing enough to prevent dangerous climate change.
** rounded

© Germanwatch 202

Die Ergebnisse zeigen, dass, selbst wenn alle Länder so engagiert wären wie die derzeitigen Spitzenreiter, die Anstrengungen zur Verhinderung eines gefährlichen Klimawandels immer noch unzureichend wären.

Auch die Länder mit hohen Rankings haben keinen Grund, sich zu entspannen. Noch größere Anstrengungen und Maßnahmen der Regierungen sind erforderlich, um die Welt auf den richtigen Weg zu bringen und die globale Erwärmung unter einem Anstieg von 1,5 °C zu begrenzen.

Skandinavien nimmt mit den Positionen 4, 6, 8 und 11 eine regionale Führungsrolle ein. Der erste Staat im Ranking, der ein global hohes Treibhausgasaufkommen besitzt, ist Großbritannien auf Platz 5 mit einem Punktestand von 69,66. Das ist ein hervorragendes Resultat. Noch viel bemerkenswerter ist Indien: Als viertgrößter Treibhausemittent weltweit (6,8 % Anteil) belegt es den zehnten Platz mit 63,98 Punkten und erzielt ein „High"- Rating. Indien liegt damit sieben Plätze vor der EU, die für 8,7 % der globalen CO_2 Emissionen verantwortlich zeichnet. Trotzdem hat die EU große Fortschritte gemacht. Sie stieg von einem mittleren Rating um sechs Plätze nach oben (57,29) zu einem hohen Rating.

2. Overall Results CCPI 2021

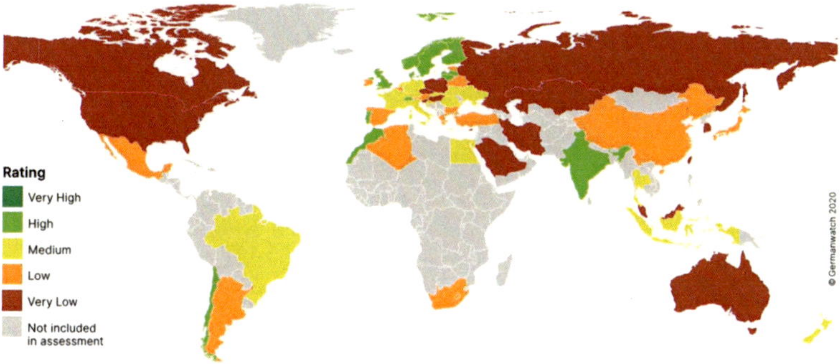

Die schlechten Nachrichten: Die Vereinigten Staaten, die 13,4 % der weltweiten Treibhaugase in die Atmosphäre blasen und das Land mit dem größten Pro-Kopf Verbrauch sind (20 %), rangieren zum zweiten Mal auf dem letzten Platz. Sie erhalten nur 19,75 Punkte und das Rating „Very Low". Fünf weitere G20-Länder, Russland, Kanada, Saudi-Arabien, Australien, Südkorea, zählen ebenfalls zu den Staaten, deren Rating mit „Very Low" bewertet werden.

Rangliste der Treibhausgas-Emissionen

Ich habe die Originaltabelle des CCPI Treibhaus-Rankings auf die Staaten 25 mit dem höchsten Ausstoß gekürzt. All diese Länder zählen zu den größten Erzeugern von CO_2-Emissionen[265] weltweit. Sie emittieren 34 der globalen 38 Milliarden Tonnen jährlich. Das sind 86,84 % des gesamten Aufkommens. Das häufigste **Gesamt-Rating** der 25 bewerteten Staaten ist „Sehr niedrig" (Very Low). Dies ist zehn Mal der Fall. Darunter fallen Treibhausgas-Schwergewichte wie China, USA, Russland, Südkorea, Saudi-Arabien, Iran und Kanada. Die Kohlendioxid-Emissionen dieser 10 Länder ist fast doppelt so hoch wie die der restlichen 15 Staaten. Diese 15 Staaten teilen sich auf in fünf Länder mit einem „niedrigen" Rating (Low), sechs mit „Medium" und nur vier mit der Bewertung „Hoch" (High).

In der Sektion *Treibhausgasemissionen pro Kopf - Stand heute (inklusive LULUCF*) ist das mit Abstand häufigste Rating **„Sehr niedrig".** Das liegt daran, dass 9 der 10 Schlusslichter erneut nur ein „Sehr niedrig" als Bewertung erhielten (Nur China „stieg" auf ein Rating von „niedrig"). Im Bereich *Treibhausgasemissionen pro Kopf - verglichen mit einem Temperaturanstieg deutlich unter 2°C.* wurde sieben Mal „Sehr niedrig" und „Niedrig" und sechs Mal „Medium" vergeben. Wenn man aber die emittierten CO_2-Mengen als weiteren Indikator hinzuzieht, erzeugen die Staaten mit der Bewertung „niedrig" die mit Abstand höchsten Kohlendioxidmengen, was vor allem an China liegt. Im Sektor *Treibhausgasemissionen 2030-Ziel verglichen mit einem Temperaturanstieg deutlich unter 2°C* liegt der Fall klar. Das häufigste Rating ist „Sehr niedrig". 9 der 10 Schlusslichter des Treibhausgas Gesamt-Ratings tragen dafür die Verantwortung. Hinzu kommt das Treibhausgas-Großgewicht Japan, was den CO2-Anteil der Länder mit dem Rating „Sehr niedrig" weiter erhöht.

Resultat: Die Bilanz ist katastrophal. In allen 4 untersuchten Einzel-Bereichen und dem Gesamt-Rating werden die größten 25 Treibhausemittenten am häufigsten mit „Sehr niedrig" (30x) und „Niedrig" (24x) bewertet. Es fällt auf, dass in den Kategorien *Gesamt* und *Treibhausgasemissionen 2030-Ziel* die größten CO_2-Produzenten (bis auf Indien, UK und die EU) mit der Bewertung „Sehr niedrig" versammelt sind.

265 Grippa et. al 2020

Platz	Land	Punkte*	Gesamt-Rating	Treibhausgasemissionen pro Kopf – 2018 (inkl. LULUCF*)	Treibhausgas-emissionen pro Kopf - Stand heute (exkl. LULUCF)	Treibhausgasemissionen pro Kopf - verglichen mit einem Temperaturanstieg deutlich unter 2°C	Treibhausgasemissionen 2030-Ziel verglichen mit einem Temperaturanstieg deutlich unter 2°C	CO_2 Emissionen Mt CO_2/yr*
5.	Ägypten	33	Hoch	Sehr hoch	Hoch	Hoch	Hoch	255,37
7.	UK	31,77	Hoch	Medium	Sehr hoch	Hoch	Medium	364,91
12.	Indien	28,39	Hoch	Sehr hoch	Sehr niedrig	Sehr hoch	Sehr hoch	2597,36
15.	Frankreich	25,42	Hoch	Medium	Medium	Medium	Medium	314,74
18.	Deutschland	24,41	Medium	Niedrig	Hoch	Medium	Medium	702,6
21.	EU-27	23,66	Medium	Medium	Medium	Medium	Medium	3303,97
22.	Brasilien	23,45	Medium	Niedrig	Hoch	Niedrig	Medium	478,15
23.	Mexico	23,34	Medium	Medium	Niedrig	Medium	Medium	485
24.	Italien	23,19	Medium	Medium	Medium	Medium	Niedrig	331,56
30.	Indonesien	21,39	Medium	Medium	Sehr niedrig	Medium	Medium	625,66
32.	Spain	20,48	Niedrig	Medium	Niedrig	Niedrig	Niedrig	259,31
36.	Südafrika	20,39	Niedrig	Niedrig	Hoch	Niedrig	Niedrig	494,86
37.	Türkei	20,34	Niedrig	Hoch	Sehr niedrig	Hoch	Niedrig	415,78
40.	Japan	20,19	Niedrig	Niedrig	Hoch	Niedrig	Sehr niedrig	1153,72
46.	Poland	17,23	Niedrig	Niedrig	Sehr niedrig	Niedrig	Niedrig	317,65
47.	Russia	16,55	Sehr niedrig	Sehr niedrig	Sehr niedrig	Medium	Sehr niedrig	1792,02
48.	China	16,47	Sehr niedrig	Niedrig	Niedrig	Niedrig	Sehr niedrig	11535,2
53.	Australia	15,37	Sehr niedrig	Sehr niedrig	Medium	Niedrig	Niedrig	433,38
54.	Malaysia	11,02	Sehr niedrig	Sehr niedrig	Medium	Sehr niedrig	Sehr niedrig	248,83
55.	USA	10,44	Sehr niedrig	Sehr niedrig	Medium	Sehr niedrig	Sehr niedrig	5107,26
56.	Kanada	9,87	Sehr niedrig	Sehr niedrig	Medium	Sehr niedrig	Sehr niedrig	584,85
57.	Südkorea	8,34	Sehr niedrig	Sehr niedrig	Niedrig	Sehr niedrig	Sehr niedrig	651,87
58.	Iran	8	Sehr niedrig	Sehr niedrig	Niedrig	Sehr niedrig	Sehr niedrig	701,99
60.	Saudi Arabia	5,98	Sehr niedrig	Sehr niedrig	Medium	Sehr niedrig	Sehr niedrig	614,61
61.	Kasachstan	2,84	Sehr niedrig	Sehr niedrig	Sehr niedrig	Sehr niedrig	Sehr niedrig	277,36
Durchschnitt		**17,4**	**Sehr niedrig**	**Sehr niedrig**	**Medium**	**Niedrig - Medium**	**Sehr niedrig**	**34.048,01**

* Quelle: EDGAR 2020

Die wichtigsten Länder im Detail:
Wir werden jetzt die sechs größten Treibhausverursacher, die 67 % aller weltweiten CO_2-Emissionen ausmachen, im Detail untersuchen, denn das Klima der Erde hängt zu großen Teilen von der Entwicklung dieser Staaten ab.

China | Platz 33 (- 3)

Indicators	Weighting	Score**	Rating	Rank
GHG Emission	40%	41.2	Very Low	48
GHG per Capita - current level (including LULUCF)	10%	61.8	Low	37
GHG per Capita - current trend (excluding LULUCF)	10%	31.6	Low	42
GHG per Capita - compared to a well-below-two-degrees benchmark	10%	44.4	Low	44
GHG 2030 Target - compared to a well-below-two-degrees benchmark	10%	26.9	Very Low	51

Chinas Leistung in den Kategorien, aus denen sich der diesjährige CCPI zusammensetzt, ist uneinheitlich, was zu einem insgesamt niedrigen Rating führt. Besonders besorgniserregend ist das nicht ausreichend ehrgeizige Ziel des Landes, die Treibhausgasemissionen bis 2030 zu senken. Positiver bewertet wird Chinas nationale und internationale Klimapolitik, zu der die jüngsten Ankündigungen der Regierung gehören, die Emissionen vor 2030 zu senken und vor 2060 die Netto-Null-Emissionen zu erreichen, obwohl wichtige Details darüber, wie die Regierung diese Ziele erreichen wird, unbekannt sind.

Trotz seines Status als weltweit größter Emittent von Treibhausgasemissionen setzt China rasch erneuerbare Energiequellen ein und ist dabei, ein nationales Emissionshandelssystem zu entwickeln, das die CO_2-Emissionen aus dem Stromsektor begrenzen soll. Infolgedessen wird die nationale Klimapolitik des Landes als „Medium" eingestuft. In Kombination mit seinem Rating „Medium" bezüglich seines internationalen klimapolitischen Indikators wird die allgemeine Klimapolitik des Landes im Vergleich zu anderen Ländern als hoch bewertet. In den anderen Kategorien schneidet China jedoch nicht so gut ab. Das Land wird sowohl in den Kategorien *Energieverbrauch* als auch *Treibhausgasemissionen* als „Sehr niedrig" eingestuft und erhält ein „Medium"-Rating in der Kategorie *Erneuerbare Energien*, ein Spiegelbild der wachsenden Treibhausgasemissionen und des Energieverbrauchs sowie des noch geringeren Anteils erneuerbarer Energien am Energiemix. Wenn das lange verspätete Cap-and-Trade-Programm im nächsten Jahr startet und die Regierung weitere Informationen darüber veröffentlicht, wie es Netto-Null-Emissionen erreichen will, könnte China im CCPI des nächsten Jahres steigen.

Vereinigte Staaten | Platz 61 (+/- 0)

Indicators	Weighting	Score**	Rating	Rank
GHG Emission	40%	26.1	Very Low	55
GHG per Capita - current level (including LULUCF)	10%	17.8	Very Low	57
GHG per Capita - current trend (excluding LULUCF)	10%	59.2	Medium	20
GHG per Capita - compared to a well-below-two-degrees benchmark	10%	27.3	Very Low	54
GHG 2030 Target - compared to a well-below-two-degrees benchmark	10%	0.0	Very Low	61

Die Leistung der Vereinigten Staaten beim diesjährigen CCPI ist sehr niedrig. Die USA liegen weiterhin auf dem letzten Platz. Dies ist auf den Rückzug aus dem Pariser Abkommen und das Fehlen von Zielen auf nationaler Ebene unter der Trump Administration[266] zurückzuführen. Es wurden keine Pläne erstellt, um die nationalen Treibhausgas-Emissionen zu senken oder um den Einsatz erneuerbarer Energien zu erhöhen.

Experten stellen jedoch fest, dass in Ermangelung einer nationalen Führung eine Reihe von Staaten und Städten Klimaschutzmaßnahmen ergriffen haben. Dieser Faktor hat in Verbindung mit sinkenden Kosten für erneuerbare Energien und einer ungünstigen Wirtschaftlichkeit der Kohle zu einem anhaltenden Rückgang der Kohlenstoffemissionen aus dem Stromsektor und zu einem Anstieg des Anteils des durch erneuerbare Energien erzeugten Stroms geführt.

Die Pro-Kopf-Treibhausgas-Emissionen in den USA sind weiter gesunken, bleiben aber sehr hoch. Dies führt zur Bewertung „Sehr niedrig" in der Kategorie THG-Emissionen. Der hohe Pro-Kopf-Energieverbrauch des Landes führt zu einer identischen Bewertung von „Sehr niedrig" in der Kategorie Energieverbrauch. Experten stellen fest, dass die nationale Regierung zwar saubere Energietechnologien und Biokraftstoffe subventioniert, jedoch eine Überarbeitung der nationalen Politik gegenüber fossilen Brennstoffen erforderlich sein wird, um den Einsatz erneuerbarer Energien zu beschleunigen. Daher wird das Land in der Kategorie Erneuerbare Energien als „Niedrig" eingestuft. Experten stellen außerdem fest, dass trotz des Plans der Trump-Regierung, die Umweltauswirkungen des Agrarsektors bis 2050 zu halbieren und Milliarden von Bäumen pro Jahr zu pflanzen, das Fehlen einer übergreifenden Klimapolitik auf nationaler Ebene äußerst besorgniserregend ist. Außerdem weisen Fachleute darauf hin, dass die USA eine 180-Grad-Wende in ihrer Einstellung zur internationalen Klimapolitik in den vergangenen vier Jahren vollziehen müssen.

Insgesamt werden die Vereinigten Staaten in der Kategorie Klimapolitik als sehr niedrig eingestuft. Es ist jedoch wichtig anzumerken, dass der gewählte Präsident und Vizepräsident Biden und Harris während der Kampagne Emissionsreduktionsziele und Maßnahmen gegen den Klimawandel zugesagt haben. Diese würden, wenn sie erfüllt würden, die Vereinigten Staaten mit ziemlicher Sicherheit in die Rangliste des nächsten Jahres aufsteigen lassen. Dazu gehören, dass die Netto-Treibhausgas-Emissionen bis spätestens 2050 auf Null gesenkt werden, die Wiederaufnahme der internationalen Bemühungen zur Bekämpfung des Klimawandels und der Ausstieg aus den Subventionen für fossile Brennstoffe. Am

266 Der Ende 2020 neugewählte US-Präsident Biden ist dem Pariser Klimaabkommen wieder beigetreten und möchte, dass die USA zukünftig eine tragende Rolle beim Klimaschutz spielen wird.

22.4.2021 lud Joe Biden zu einem virtuellen Klimagipfel, vierzig Länder folgten seiner Einladung. Er verkündete, dass die USA nun wieder in die internationale Klimapolitik einsteigen werde und die CO_2-Emissionen im Vergleich zu 2005 um 50 % bis 2030 gesenkt würden. Er versprach, dass sich alle Bereiche seiner Politik dem Ziel einer CO-2 freien Welt unterordnen werden. Die Vereinigten möchten laut Biden wieder international eine Führungsrolle übernehmen. Er versprach den US-Bürgern eine große Anzahl neuer Jobs in einer sauberen Industrie.267

Europäische Union | Platz 16 (+6)

Indicators	Weighting	Score**	Rating	Rank
GHG Emission	40%	59.1	Medium	21
GHG per Capita - current level (including LULUCF)	10%	67.8	Medium	31
GHG per Capita - current trend (excluding LULUCF)	10%	54.5	Medium	23
GHG per Capita - compared to a well-below-two-degrees benchmark	10%	57.6	Medium	31
GHG 2030 Target - compared to a well-below-two-degrees benchmark	10%	56.7	Medium	24

Die EU hat aufgrund ihrer positiven Rolle bei den internationalen Klimaverhandlungen eine „Hoch"-Gesamtbewertung der CCPI sowie der zugrundeliegenden Kategorie der Klimapolitik. Die EU schneidet jedoch in keiner der anderen Kategorien so gut ab.

Experten stellen fest, dass die Ankündigung der EU, bis 2050 die Netto-Treibhausgasemissionen von Null zu erreichen und das Emissionsminderungsziel für 2030 gegenüber dem derzeitigen Niveau zu erhöhen, positive Signale für Klimaschutzmaßnahmen sind. Sie stellen ebenfalls fest, dass die EU in der Lage ist, ihre Nettoemissionen bereits vor 2050 auf null zu bringen. Dementgegen steht die Tatsache, dass es während der durch COVID-19 ausgelösten Wirtschaftskrise keine klaren Schutzmaßnahmen gegen Investitionen in fossile Brennstoffe und andere umweltschädliche Industrien gibt. Dieser eingeschlagene Pfad stellt ein Risiko dar, die das Erreichen des Netto-Nullpunkts vor 2050 gefährden. Folglich wird die klimapolitische Leistung der EU nur als „Medium" eingestuft. Die EU erhält ein „Medium"-Rating auch in den Kategorien Treibhausgasemissionen, Erneuerbare Energien und Energieverbrauch. Dies liegt daran, dass die Pro-Kopf-Treibhausgasemissionen in der EU weiterhin über dem globalen Durchschnitt liegen. Die Ziele für erneuerbare Energien für 2030 sind angesichts der Ressourcen und Kapazitäten der EU nicht ehrgeizig genug. Fachleute sehen auch in der schlechten Umsetzung von Investitionsprogrammen für Energieeffizienz und erneuerbare Energien einen Grund zur Besorgnis. Eine erneute Berücksichtigung des Klimawandels auf

267 Zeit Online: *Wie Joe Biden mehr Klimaschutz durchsetzen will, 2021*

europäischer Ebene, ehrgeizigere Anstrengungen bei Instrumenten und Führungsverhalten sowie die im Jahr 2021 vereinbarte grüne Konjunkturpakete, könnten zu einem verbesserten Ranking in der CCPI des nächsten Jahres führen.

EU-Performance: Ungarn und Slowenien haben Polen als das EU-Land mit der schlechtesten Performance im diesjährigen Index abgelöst. Obige Länder werden als sehr niedrig eingestuft. Sieben EU-Länder (ohne Großbritannien) und die EU als Ganzes rangieren in diesem Jahr unter den High-Performern. Die EU gewinnt sechs Plätze zurück.

Indien | Platz 10 (+1)

Indicators	Weighting	Score**	Rating	Rank
GHG Emission	40%	71.0	High	12
GHG per Capita - current level (including LULUCF)	10%	94.6	Very high	5
GHG per Capita - current trend (excluding LULUCF)	10%	3.3	Very Low	60
GHG per Capita - compared to a well-below-two-degrees benchmark	10%	100.0	Very high	4
GHG 2030 Target - compared to a well-below-two-degrees benchmark	10%	86.1	Very high	7

Ein Lichtblick ist Indien. Das Land erhielt „Hoch"-Ratings in allen CCPI-Kategorien mit Ausnahme der erneuerbaren Energien, wo es eine mit „Medium" bewertete Leistung zeigte, erhielt aber das Rating „Hoch" in der Kategorie der aktuellen „Entwicklung der Versorgung mit erneuerbaren Energien".

Länderexperten führen diese positiven Entwicklungen auf die politischen Rahmenbedingungen Indiens zurück. Sie erkennen jedoch die Notwendigkeit einer langfristigen Planung. Die CCPI-Ergebnisse zeigen einen ähnlichen Bedarf, da die Aufnahme erneuerbarer Energien und die Ziele des Landes aufgrund ihrer Vereinbarkeit mit einem Pfad deutlich unter 2 °C mit „Niedrig" bzw. „Medium" eingestuft wurden. Im Gegensatz zu China und seinem BASIC-Partner Südafrika hat Indien seine langfristige Minderungsstrategie noch nicht bekannt gegeben. Diese Strategie sollte nach Einschätzung von Experten einen Plan zum umweltfreundlichen Wiederaufbau nach COVID enthalten, der die Reduzierung von Subventionen für fossile Brennstoffe, den Ausstieg aus der Kohle, bessere Koordinierungsrahmen zwischen der Zentralregierung und den Regierungen der Bundesstaaten sowie die Erhöhung der Selbstversorgung durch Förderung der heimischen Produktion im Bereich der erneuerbaren Energien umfasst. In Bezug auf das Engagement Indiens in der internationalen Klimadiplomatie gaben einige Experten an, dass das Land nicht bereit sei, seine NDCs zu aktualisieren. Indien befürchtet mangelnde Gegenseitigkeit der Industrieländer.

Fazit: Das vorläufige Scheitern des Pariser Klimaabkommens 2015

Das Ziel von Paris war es, die globale Klimaerwärmung dadurch zu begrenzen, dass der Ausstoß von Treibhausgasen in die Atmosphäre, in der Hauptsache Kohlendioxid (CO_2), reduziert werden sollte. Die Verminderung sollte dabei schrittweise erfolgen: Bis zum Jahre 2030 sollten CO2-Emissionen weltweit um 45 % im Vergleich zu 2010 gesenkt werden und im Jahre 2050 sollten die Emissionen auf Null reduziert werden. Um diese Ziele zu erreichen, sollte ein globaler Strukturwandel hin zu kohlenstofffreien Gesellschaften vollzogen werden. Dabei oblag die Verantwortung der Umsetzung den 197 einzelnen Vertragsstaaten. Allerdings war die Umsetzung völkerrechtlich nicht bindend. Die Staaten waren nur verpflichtet, dem Sekretariat des Weltklimarat in regelmäßigen Abstand einen Maßnahmenplan vorzulegen.

Es stellt sich die Frage, ob die langsame CO_2 Reduzierung die richtige Therapie für den Patienten *Mutter Erde* ist. Stellen Sie sich vor, Sie sind Arzt. Ein Patient kommt in Ihre Praxis und teilt Ihnen mit, dass es ihm immer schlechter gehe, seitdem er vor zehn Jahren damit begonnen habe, sich viermal am Tag eine Quecksilberlösung zu injizieren. Wie sähe Ihre Therapie aus? Würden Sie dem Patienten raten, sofort mit dem Spritzen des Nervengifts aufzuhören? Oder raten Sie dem Patienten, weiterzumachen und innerhalb von fünf Jahren die Dosis auf 2 und innerhalb von zehn Jahren auf Null Injektionen pro Tag zu reduzieren? Selbstverständlich behandeln Sie den Kranken, indem Sie sämtliche Injektionen sofort absetzen.

Obwohl jedes Gramm weiteres Kohlendioxid für Jahrhunderte in der Atmosphäre bleibt, entschieden sich die Vertragsstaaten, zu denen bis auf Nordkorea alle Länder der Erde gehörten, den Ausstoß nicht sofort zu stoppen oder zu reduzieren. Mir ist bewusst, dass es nicht möglich war, sofort **alle K**ohlekraftwerke und Ölraffinerien abzuschalten. Aber es wäre 2015 möglich gewesen, global **umgehend 25-30 %** abzuschalten und dies durch effiziente Energieeinsparungen auszugleichen. Jedes Land hätte entscheiden können, welche Art von Einsparungen es umgesetzt hätte.

Beispielhafte Vorschläge, wie man das Energielevel hätte senken können:

- Globale CO_2-Steuer,
- Weltweites Nachtflugverbot zwischen 0h und 6h,
- Weltweites Autofahrverbot zwischen 0h und 6h,
- Zwei bis vier autofreie Tage im Monat,
- Verbot zur Herstellung von Luxusartikeln (Yachten, Privatflugzeuge, Sportwagen, Luxuslimousinen etc.),

- Weltweits Verbot von nächtlicher Lichtreklame,
- CO_2-Limit bei persönlichen Reisen,
- Stromlimit zwischen 0h bis 6h,
- Reduzierung der Textilindustrie um 30 %,
- Reduzierung der Alkoholindustrie um 50 %,
- Reduzierung der Tabakindustrie um 50 %,
- Reduzierung der Fleischindustrie um 50 %.

Dies wäre möglich gewesen. Es wurde nicht umgesetzt, da dies eine Veränderung des westlichen Lebensstils bedeutet hätte. Durch den enormen Wohlstand und die stabile Demokratie waren die Menschen es gewohnt, zu jeder Zeit an jedem Ort tun und lassen zu können, was immer sie wollten (innerhalb des gesetzlichen Rahmens). Mit diesem Lebensgefühl verbanden die Menschen ihre persönliche Freiheit. Obige Maßnahmen hätten zu gewissen Einschränkungen geführt, was die Menschen als Beschneidung ihrer Freiheit empfunden hätten. Paradoxerweise war dieser Lebensstil nur möglich, weil der Westen die Natur massiv ausgebeutet und zerstört hatte. *Eine* Folge davon war der exzessive CO2-Ausstoss. Insofern legte die karbonbasierte Wirtschaft die Grundlage für die Lebensart der Menschen. Obwohl den Menschen dieser Zusammenhang intellektuell bewusst war, wären Einschränkungen, um sofortige Kohlenstoffemissionen durch Energiesparen zu erzielen, auf Unverständnis gestoßen. Dies verwundert, da die Menschheit scheinbar eher dazu bereit war, ihre Art und die Natur aufs Spiel zu setzen, anstatt ihren Lebensstil anzupassen. Deshalb befürchteten die Staatsoberhäupter wahrscheinlich zu Recht, dass eine Umsetzung der Energiesparmaßnahmen von den Bevölkerungen nicht akzeptiert worden wäre. Deshalb wählte man eine Strategie, das Problem überwiegend technologisch zu lösen, ohne dass der westliche Lifestyle in Gefahr geriet.

Inwieweit der Homo sapiens sapiens (Der weise Mensch) seinen Namen zurecht trägt, muss an dieser Stelle bezweifelt werden. Die Menschheit, die sich ihrer geistigen Überlegenheit und Vernunft rühmt, handelte zur Zeit des Pariser Abkommens kurzsichtig und egoistisch.

Welche Möglichkeiten bietet das Klimaabkommen heute noch?

Das Klimaabkommen, das eine schrittweise Reduzierung der Treibhausgase bis 2030 bzw. 2050 vorsieht, ist gescheitert! Seit 2015 stieg der CO_2-Ausstoß weiter an, anstatt gesenkt zu werden. Dadurch sind sechs Jahre vergeudet worden. Wir hinken nicht nur etwas im Plan hinterher, wir haben ihn leider nicht einmal ansatzweise umgesetzt. Nach menschlichem Ermessen ist der Rückstand bis 2030 nicht mehr aufholbar, selbst wenn die NDCs sich stetig steigern. In einer Strategie, die auf sukzessivem Wandel angelegt ist, können die Staaten es sich nicht leisten, in den Jahren 2015 bis 2021 nichts zu tun, um dann in der Zeit von 2022 bis 2030 alles auf einen Schlag aufzuholen. Dies ist bei einem derart tiefgreifenden industriellen und wirtschaftlichen Strukturwandel, der weltumspannend ist, nicht möglich.

Sie können zum Beispiel erst dann ein Kohlekraftwerk abschalten, wenn Sie vorher einen Solarpark errichtet haben, und dafür benötigen Sie Zeit, die Sie nur bis zu einem gewissen Grad verkürzen können. Was sie tun können: Sie bauen gleichzeitig mehrere Solarparks. Dafür benötigen Sie auf einen Schlag intensive Ressourcen: Genehmigungen, Geld, Material, Zulieferer, Ingenieure und Handwerker müssen schnell und ausreichend verfügbar sein. Dies stellt extrem hohe Herausforderungen an nationale Wirtschaften.

Machen wir ein simples Rechenbeispiel. Der Weltklimarat schätzt die globale „durchschnittlichen Zusatzinvestitionen in energiebezogene Minderungsmaßnahmen in Pfaden, welche die Erwärmung auf 1,5 °C begrenzen, für den Zeitraum 2016 bis 2050 auf etwa 830 Milliarden USD pro Jahr.“[268] Rechnen wir ganz grob: Die weltweiten Kosten von 2015 bis 2030 (15 Jahre) betragen in Summe 12.450 Milliarden USD. Die G20-Staaten machen circa 80 % der weltweiten CO_2 Emissionen aus. Also nehmen wir achtzig Prozent der Gesamtkosten: Das sind 9.960 Milliarden USD. Diese Kosten teilen wir auf die 20 Staaten auf. Die durchschnittlichen Kosten jedes Landes betragen 498 Milliarden USD im Zeitraum von 2015 bis 2030. Die durchschnittlichen jährlichen Investitionskosten belaufen sich auf **33,2 Milliarden**. Die ersten 5 Jahre investierten die G20 Staaten so wenig Geld, dass die Emissionen in den G20-Staaten um 15 % anstiegen (2015 bis 2020).269 Das hat zur Folge, dass die G-20 Staaten anstatt 15 Jahre nur 10 Jahre Zeit haben, 15 % erhöhte Finanzmittel bereitzustellen, um den 15-prozentigen Anstieg zu kompensieren. Dadurch erhöhen sich ihre durchschnittlichen Investitionen pro Jahr auf **57,27 Milliarden USD**. Die jährliche Investitionslast steigt um72 % auf 24 Milliarden. Die Länder müssen zehn Jahre lang 24 Milliarden per anno aus anderen Etatbereichen abziehen, um die Summe zu erbringen. Da in solchen Fällen zumeist Sozialleistungen gekürzt werden, da diese Bereiche keinen wirtschaftlichen Mehrwert erschaffen, kommt es zu gesellschaftlichen Widerständen gegen den klimaneutralen Strukturwandel.

268 IPCC SR1.5 2018 (inoffizielle deutsche Übersetzung)
269 Grippa et. al 2020, Table 1

Zurzeit wird außerdem fast der gesamte Etat für die Kompensation von Covid-19 ausgegeben. Woher sollen die zusätzlichen Gelder für den klimafreundlichen Strukturwandel kommen?[270]

Dies alles sind Argumente, die, wenn wir sie mit dem gesunden Menschenverstand betrachten, nur den Schluss zulassen, dass das Erreichen des 1,5 °C-Ziels über den Weg der schrittweisen Reduzierung der Treibhausgase scheitern wird – scheitern muss! Es macht mir keinen Spaß, dies alles zu verkünden. Es betrübt mich zutiefst und ich bin entsetzt darüber, welche Chance vertan wurde.

Warum ist das Pariser Abkommen gescheitert?

- Wir sind auf dem Weg zu einem Temperaturanstieg von 3,5 °C in diesem Jahrhundert. Dies würde große Teile des Planeten unbewohnbar machen und zu einem Massenaussterben führen.
- Um das 2 °C–Ziel zu erreichen, müssten sich die Anstrengungen verdreifachen, für das 1,5 °C-Ziel verfünffachen.
- Die CO_2-Emissionen sind zwischen 2015 und 2019 um 1.7 GtCO2 auf 38 gestiegen. Um das 1,5 °C-Ziel im Blick zu behalten, müsste innerhalb von achteinhalb Jahren (2022 bis 2030) der Ausstoß um 45 % (17,1 GtCO2) auf 20,9 GtCO2 gesenkt werden.
- Der Treibhausgasanteil in der Atmosphäre lag 2015 bei 404,65 ppm und stieg zwischen Februar 2020 und 2021 auf 416,75 ppm.
- Die gesamten Treibhausemissionen (CO_2, Methan, Distickstoffmonoxid, Fluorkohlenwasserstoff) stiegen zwischen 2010 und 2019 um 13 %. Insgesamt wurden 2019 59,1 GtCO2e ausgestoßen. 2030 muss dieser Wert bei 25 GtCO2e liegen, um das 1,5 °C-Ziel zu erreichen. Der Ausstoß müsste dazu bis 2030 um 57 % reduziert werden.
- Der größte Treibhausemittent China steigerte seinen Treibhausgasausstoß von 2010 bis 2019 um 23 %.
- China, USA, Indien, EU, Japan, Russland und Brasilien machen 70 % der globalen Treibhausgasemissionen aus. Diese müssten ihre Anstrengungen um das 8-Fache steigern, um ihre Emissionsziele bis 2030 zu erreichen.
- Die Industrieschwergewichte USA, Russland, Kanada, Saudi-

270 Nur wenige G-20 Staaten wie Deutschland nutzen die Möglichkeit, den erhöhten Etat für den Wiederaufbau der Wirtschaft und Industrie gleich dazu zu nutzen, diese Bereiche klimafreundlich zu gestalten.

Arabien, Australien, Südkorea werden vom Climate Change Performance Index (CCPI) in der Umsetzung des Pariser Klimaabkommens insgesamt mit „Sehr niedrig“ bewertet.

- In den Kategorie *Treibhausgase* und der Umsetzung des Pariser 1,5 °C-Ziels durch Reduzierung der Treibhausgase bis 2030 erhalten die größten weltweiten CO_2-Produzenten (bis auf Indien, UK und die EU) vom CCPI die Bewertung „Sehr niedrig“.
- Die meisten G20-Staaten leisten weder ihren gerechten Beitrag, noch sind sie auf dem Weg zum 1,5 °C-Ziel.
- 30 Jahre Erfahrung im Umgang mit der Klimaerwärmung zeigen, dass viel geredet, gemahnt, geschrieben und zugesichert wird, aber am Ende, in Anbetracht dessen, was auf dem Spiel steht, so gut nichts getan wird.
- Die Temperaturen liegen bereits heute um 1,2 °C über dem vorindustriellen Wert. Die 1,5 °C werden sehr wahrscheinlich schon Mitte der 20er erreicht.
- Die Naturkatastrophen haben bereits heute ein beunruhigendes Maß erreicht.

Das Klimaabkommen ist leider gescheitert. Viele mögen jetzt von mir glauben, ich wäre zu pessimistisch. Andere mögen denken, ich will durch provokante Aussagen, nur Aufmerksamkeit erregen oder Menschen Angst machen. All dies ist mir fremd. Ich gehe so unvoreingenommen und wissenschaftlich, wie ich kann an die Sache. Ich werte das aus, was ich vorfinde. Die Zahlen und Fakten, welche ich über den Klimawandel analysiert habe, lassen nur oberen Schluss zu. Es ist wichtig, die Wahrheit zu sehen und diese anzuerkennen. Ich tue dies ohne Wut, Vorwürfe und Schuldzuweisungen. Ich blicke auf das, was ist, ohne es zu bewerten. Je eher die Welt sich eingesteht, dass die Menge der Treibhausgase zu langsam reduziert wird, umso schneller kann konstruktiv gehandelt werden. Obwohl Paris so nicht funktioniert, erscheint es mir so, dass die Menschheit die Klimakrise meistern wird – wenn auch anders als gedacht. Meistens täuscht mich meine Intuition nicht. Ein paar Tage nach der ersehnten Abwahl Donald Trumps 2020 unkte ich beispielsweise, dass da wohl noch irgendetwas nachkomme. Meine Assistentin meinte daraufhin zu mir, dass ihr meine Aussage wirklich Angst mache. Ich sah sie verwundert an und fragte, warum sie das so mitnehme.

„Weil Sie mit Ihrem Gefühl immer recht haben“, war ihre Antwort. Wochen später, als nichts geschah, sagte ich zu mir, dass ich mir wohl doch nur etwas vorgemacht habe – bis zum 6. Januar 2021. Da wurde das Kapitol von Trump-Anhängern gewaltsam gestürmt.

„Je würdiger ein Volk ist, um so edler verhält es sich gegen Schwächere, ritterlicher gegen Frauen, barmherziger gegen Tiere."
William Hickling Prescott (1796 - 1859), Historiker

LÖSUNGEN DES CO_2 -PROBLEMS

Wir haben jetzt acht bis neun Jahre Zeit, die anthropogenen Treibhausgas-Emissionen radikal zu senken. Gelingt dies nicht, drohen irreparable Schäden für Klima- und Ökosystem. Dies wird allein mit einer schrittweisen Reduzierung, welches das Klimaabkommen von Paris vorsieht, nicht mehr rechtzeitig gelingen. Je früher die politisch Verantwortlichen dies einsehen, desto schneller und tatkräftiger kann die Menschheit reagieren. 2030 wird das CO_2-Budget längst aufgebraucht sein, welches wir noch zur Verfügung haben, bevor in der Atmosphäre ein kritischer Grad überschritten wird. Wenn das Zwischenziel bis 2030 nicht erreicht ist, und da ist die Science Community sich ausnahmsweise einig, wird es immer schwieriger, teurer und unrealistischer karbonfreie Gesellschaften, Industrien und Wirtschaftssysteme im Laufe der zweiten Hälfte des 21. Jahrhunderts zu etablieren.

Ich schlage deshalb folgende Strategie vor:

Wir müssen uns einige Jahrzehnte Zeit erkaufen, Zeit, die wir in den letzten dreißig Jahren verschwendet haben. Wie soll das gelingen? CDR nutzt eine andere Möglichkeit, die Erderwärmung zu begrenzen, indem die ausgestoßenen Treibhausgase aus der Erdatmosphäre entfernt werden. **Wir brauchen schnelle und drastische CDR-Maßnahmen (Carbon Direct Removal), die den CO_2 Gehalt bis 2030 ausreichend senken und helfen, ihn bis 2050 auf Null zu reduzieren.** Im größten Notfall müssten vorübergehend Maßnahmen des Klima-Engineering eingesetzt werden. Im Klimaabkommen von Paris sollen CDRs frühestens ab 2030 zum Einsatz kommen, um die Reduzierungsmaßnahmen zu unterstützen. Ihre vollständige Wirkung sollen sie erst ab Mitte des Jahrhunderts entfalten. Ich sehe das anders. CDR-Maßnahmen müssen *jetzt sofort* intensiv angewendet werden, um das existentielle Zwischenziel 2030 überhaupt noch zu erreichen. Ohne Erreichung dieses Zwischenziels wird es nahezu unmöglich, das 2 °C-Ziel, geschweige denn das 1,5 °C-Ziel zu erreichen. Die Kosten der Umstrukturierung zu karbonfreien Gesellschaften und die Kosten zur Schadensbehebung durch Naturkatastrophen würden, je länger man nach 2030 wartet, drastisch steigen.

Nach Einschätzung des *Wissenschaftlichen Beirats Globale Umweltveränderungen (WBGU) kann die Erderwärmung nur dann deutlich unter 2 °C begrenzt werden, wenn die globalen CO2-Emissionen „etwa im Jahr 2020 ihren Scheitelpunkt erreichen. Falls das nicht gelingt, und davon ist auszugehen, helfen nur noch sogenannte negative Emissionen. Darunter wird der nachträgliche Entzug von Kohlendioxid aus der Atmosphäre durch Maßnahmen wie Aufforstung, Kohlenstoffabscheidung und -speicherung oder Ozeandüngung verstanden.*“[271] Bis 2030 müssten wir den Ausstoß von 59 GtCOe auf 25 GtCOe senken, um eine realistische Chance zu haben, den Temperaturanstieg auf 1,5 °C zu begrenzen. Da bis 2030 nur acht Jahre Zeit zur Verfügung stehen und für Grundlagenforschung keine Zeit mehr ist, sollten dafür bereits vorhandene, bewährte Techniken genutzt werden. Die Lösungsansätze sollten pragmatisch, bezahlbar und unkompliziert sein. Denn je unkomplizierter ein System arbeitet, desto weniger anfällig ist es und desto effektiver funktioniert es.

CDR METHODEN	
Aufforstung und Wiederaufforstung (Afforestation and Reforestation)	Erhöhen des Bodenkohlenstoffgehaltes (Soil Carbon Sequestration)
Direkte Abscheidung von CO2 aus der Atmosphäre mit anschließender Abscheidung und Speicherung des CO2 (Direct Air-capture with CCS-DACCS) oder einer Nutzung in langlebigen Produkten (CCU)	Biokohle/Pyrolyse von Biomasse (Biochar/PyCCS)
Künstlich beschleunigte Verwitterung von Gesteinen (Enhanced Weathering)	Bioenergie mit anschließender Abscheidung und Speicherung des CO2 (Bioenergy with Carbon Capture and Storage (CCS-BECCS)

Quelle: Bundesministerium für Bildung und Forschung, www.bmbf.de

Die CDR-Methoden müssten bis zum Jahr 2100 durchgeführt und können dann beendet werden. Bis dahin werden die meisten Staaten genügend Zeit gehabt haben, das Pariser Abkommen umzusetzen. Deshalb werden sie bis 2100 klimaneutral sein, so dass keine neuen Treibhausgas-Emissionen mehr ausgestoßen werden. Die massenhafte Verwendung von CDR bietet auch langfristig finanzielle Anreize, da es günstiger ist, $CO_{2\ a}$us der Atmosphäre herauszuziehen, als CO2-Emissionen zu vermeiden. Anderson and Peters schrieben bereits 2016: „Computergestützte *Integrierte Bewertungsmodelle für den Klimawandel (IAMs)* basieren stabil auf CDR, weil die Modelle davon ausgehen, dass der Einsatz

271 Zitiert aus: Hamburger Bildungsserver, *1,5- bzw. 2 °C-Ziel Abruf 2021*

von CDR in der Zukunft kostengünstiger ist als die Reduzierung der aktuellen Emissionen."[272] Ab 2050 steht uns darüber hinaus die Kernfusion zur Verfügung. Die Energie der Kernfusion ist sauber, ungefährlich, klimaneutral und unerschöpflich. Bis 2100 steht uns aller Voraussicht ein Netzwerk aus Kraftwerken mit Kernfusion zu Verfügung, die einen großen Anteil an Wärme- und Energiebedarf abdeckt.

Multilaterale Umwelt- und Klimaabkommen

Ich empfehle, dass China, USA, EU, Indien, Japan, und Russland sich an einen Tisch setzen und unabhängig von Paris ein multilaterales Klima- und Umweltabkommen schließen. Diese Nationen verursachen, wie bereits erwähnt, fast 70 % des weltweiten CO2 Ausstoßes. Sie repräsentieren die Hälfte der Weltbevölkerung, produzieren 62,5 % des globalen Bruttoinlandsprodukts (Weltbank, 2020) und verbrauchen über 62 % der gesamten globalen fossilen Brennstoffe.[273] Diese Staaten sollten umgehend intensive CDR-Maßnahmen treffen und parallel bei der CO_2-Reduzierung in allen Bereichen kooperieren, um bis 2030 in einer konzertierten Aktion den Kohlenstoffausstoß in ihren Gebieten um 60 bis 65 % zu reduzieren. Zwischen 2035 und 2038 könnten alle sechs Länder emissionsfrei sein. Aufgrund des enormen technologischen Potentials, des gewaltigen Bruttoinlandsprodukt und der politischen Macht dieser Länder wäre eine Umsetzung möglich. Durch finanzielle, technologische, logistische Zusammenarbeit dieser Länder jenseits politischer oder weltanschaulicher Differenzen könnte dies gelingen. Ich sehe darin die größte Chance.

Natürlich muss jedes Land seine egoistischen Befindlichkeiten hintenanstellen. Weltanschauliche Differenzen müssten überbrückt oder zumindest vorerst auf Eis gelegt werden mit Ausnahme der Russische Föderation. Es ist dringend Zeit, dass es zu einer Versöhnung Chinas mit der EU, den USA, Japan und Indien kommt. Denn es scheint mir unmöglich, dass sich verhasste Staaten an einen Tisch setzen, um eine gemeinsame Lösung für die Klimakatastrophe zu finden. Jetzt kann die Menschheit zeigen, ob sie in der Lage ist, sechs Parteien unter einen Hut zu bringen, wenn es um die Zukunft der Menschheit geht. Es wäre wesentlich erfolgsversprechender als das Pariser Abkommen, in dem sich fast 200 Staaten einigen müssen. Das ist zwar auf dem Papier gelungen, aber denken

272 Anderson, K. & Peters, G., 2016. The trouble with negative emissions. Science, 354(6309), pp. 182-183

273 EDGAR, 2020

Sie daran: Das Abkommen ist völkerrechtlich nicht bindend. Wenn ein Land beschließt, seine NDCs nicht einzuhalten oder umzusetzen, kann niemand es daran hindern. Es kann von der UNO weder verurteilt, noch wirtschaftlich sanktioniert werden.

Ein Abkommen zwischen China, USA, EU, Indien, Japan, und Russland müsste daher unbedingt **rechtlich verbindlich sein.** Stellen Sie sich vor, welch ein Zeichen das setzen würde, wenn die stärksten Nationen der Erde, die fast dreiviertel der CO_2-Emissionen verursachen, durch intensive Kooperationen binnen zwanzig Jahren zu treibhausfreien Gesellschaften werden. Damit hätte man die gröbste globale Last abgebaut. Ich bin sicher, dass es in der Folge weltweit zu weiteren regionalen Klimabündnissen käme.

Der Pfad P4 des Pariser Klima-Abkommens

Im SR 1.5[274] werden 4 mögliche Szenarien (Pfade) genannt, die Klimaerwärmung auf 1,5 °C zu begrenzen. Der einzig realistische Modellpfad des Weltklimarats, der uns geblieben ist, ist P4. Der Pfad geht nicht von einer schrittweisen Reduzierung der Emissionen aus, sondern prognostiziert einen intensiven Einsatz von Techniken zum Einfangen und Lagerung von Kohlendioxid.

Der P4 wird im SR 1.5 folgendermaßen definiert: „Ein ressourcen- und energieintensives Szenario, in dem Wirtschaftswachstum und Globalisierung zu weitverbreiteter Aneignung treibhausgasintensiver Lebensstile führen, einschließlich einem hohen Bedarf an Kraftstoffen für den Verkehr und Erzeugnissen aus Tierhaltung. Emissionsminderungen werden hauptsächlich mit technologischen Mitteln erzielt, wobei durch den Einsatz von BECCS stark von CDR-Methoden Gebrauch gemacht wird.“[275]

Dieser Pfad stellt eine hohe sozioökonomische Anforderung an Gesellschaften dar und geht von einem geringen Bevölkerungswachstum aus, welches zwischen 2050 und 2060 seinen Höhepunkt mit 8,5 Milliarden Menschen hat und bis 2100 auf den heutigen Stand abfällt. P4 ist charakterisiert durch ein sehr hohes Pro-Kopf-Wirtschaftswachstum und einen hohen Energie- und Lebensmittelverbrauch.[276]

Andere Pfade gehen von einer CO_2 Reduzierung zwischen 41 und 59 % im Vergleich zu 2010 bis 2030 aus, was aber in der Kürze

274 Sonderreport des Weltklimarats 2018, Ein IPCC-Sonderbericht über die Folgen einer globalen Erwärmung um
1,5 °C gegenüber vorindustriellem Niveau
275 IPCC 2018
276 IPCC 2018, Kapitel 2

der Zeit nicht mehr möglich ist. P4 geht von einem Kohlendioxidausstoß bis 2030 aus, der vier Prozent über dem Niveau von 2010 liegt. Laut EDGAR wurden 2010 ca. 33,97 Gigatonnen CO2 emittiert. Das wären bis 2030 insgesamt 35,33 Gt CO2. Dazu müssten die Emissionen von 2019 (laut EDGAR 38 GtCO2) um 2,7 GtCO2 gesenkt werden. Das klingt realistisch und liegt im Bereich des Möglichen.

In der Tabelle auf der nächsten Seite wird aufgeführt, welches Maßnahmenbündel erforderlich ist, um über P4 die Klimaerwärmung auf 1,5 °C ohne oder mit geringfügiger Überschreitung zu begrenzen. Die wichtigsten Eckpfeiler dieses Konzepts, in dem sie sich von P1 bis P3 deutlich unterscheiden, sind:

1. **Energiebedarf:** Im Gegensatz zu den Klimapfaden P1 und P2, bei denen der Energiebedarf um 17 % bzw. 7 % sinkt, steigt er bei P4 bis 2030 um 39 % und bis 2050 um 44 % im Vergleich zu 2010.
2. **Erneuerbare Energien bei der Stromversorgung:** Bei P4 steigt der Anteil bis 2030 im Vergleich zu 2010 nur um 25 %. Das ist die Hälfte der Klimapfade P1 bis P3 (48 bis 60 %). Bis 2050 sollen im P4 Erneuerbare Energien dann bei 70 % über 2010 liegen.
3. **Erdöl**: Der Anteil am Energiemix steigt bis 2030 um 86 % im Vergleich zu 2010. Bei P1 bis P3 sinkt der Erdölverbrauch bis 2030 um 3 % bis 37 %. 2050 sinkt der P4-Verbrauch um 32 % unter den Stand von 2010, womit P4 aber immer noch doppelt so viel Öl verbraucht wie die anderen Szenarien.
4. **Gas**: Der Anteil am Energiemix steigt bis 2030 um 37 % im Vergleich zu 2010, während der Gasverbrauch bei P1 und P2 um 20 % bzw. 25 % sinkt.
5. **Kernenergie**: Vielen ist nicht bewusst, dass die Kernkraft eine wichtige Rolle beim Kampf gegen den Klimawandel spielt. Bei allen Pfaden bis 2030 wird prognostiziert, dass Kernenergie um 59 bis 106 % (P4 ist hier Spitzenreiter) im Vergleich zu 2010 ausgebaut wird. 2050 wird P1 den Anteil der Atomkraftwerke von 59 % auf 150 % und P2 von 83 % auf 98 % im Vergleich zu 2010 erhöhen. P3 und P4 schlagen richtig zu: P4 baut die Kernkraft um 468 % und P3 um 501 % im Vergleich zu 2010 aus.
6. **Biomasse**: Der Anteil von Biomasse als Primärenergie steigt bis 2050 um 418 % im Vergleich zu 2010. P2 und P3 bauen hingegen Biomasse nur um 49 % bzw. 121 % im Vergleich zu 2010 aus.
7. **Erneuerbare Energien (ohne Biomasse)**: Bis 2030 wächst der Anteil erneuerbarer Energien im P4 nur um 110 % im

Vergleich zu 2010. Das ist ca. ein Viertel der anderen Pfade. In den Jahren bis 2050 werden die Erneuerbaren Energien um das 11-Fache (1137 %) im Vergleich zu 2010 hochschnellen. P2 legt um das 13-Fache zu, P1 und P3 um das 8-Fache.

8. **Carbon Capture Storage**: Bis 2100 werden im P4 ungefähr 1191 $GtCO_2$ überwiegend mit der BECCS-Methode (Bioenergy with Carbon Capture Storage) aus der Atmosphäre herausgezogen. Dazu baut man im großen Stil Pflanzen mit hoher CO2 Speicherkapazität an, die dann verbrannt werden, um Biokraftstoff oder Strom zu erzeugen. Das freiwerdende CO2 wird eingefangen und unterirdisch eingelagert. P1 bis P3 holen zwischen 0 und 414 GtCO2 aus der Atmosphäre. Die Fläche, die P4 für den Anbau der Pflanzen benötigt, beträgt 724 Millionen Hektar, während P1 bis P3 zwischen 0 und 282 Millionen Hektar Land benötigen.

Pfadklassifizierung	Keine/geringe Überschreitung	Keine/geringe Überschreitung	Keine/geringe Überschreitung	Hohe Überschreitung	Keine/geringe Übersch
CO_2-Emissionsänderung in 2030 (% gegenüber 2010)	-58	-47	-41	4	(-58, -40)
in 2050 (% gegenüber 2010)	-93	-95	-91	-97	(-107, -94)
Kyoto-THG-Emissionen* in 2030 (% gegenüber 2010)	-50	-49	-35	-2	(-51, -39)
in 2050 (% gegenüber 2010)	-82	-89	-78	-80	(-93, -81)
Endenergiebedarf** in 2030 (% gegenüber 2010)	-15	-5	17	39	(-12, 7)
in 2050 (% gegenüber 2010)	-32	2	21	44	(-11, 22)
Anteil Erneuerbare an Stromversorgung in 2030 (%)	60	58	48	25	(47, 65)
in 2050 (%)	77	81	63	70	(69, 86)
Primärenergie aus Kohle in 2030 (% gegenüber 2010)	-78	-61	-75	-59	(-78, -59)
in 2050 (% gegenüber 2010)	-97	-77	-73	-97	(-95, -74)
aus Öl in 2030 (% gegenüber 2010)	-37	-13	-3	86	(-34, 3)
in 2050 (% gegenüber 2010)	-87	-50	-81	-32	(-78, -31)
aus Gas in 2030 (% gegenüber 2010)	-25	-20	33	37	(-26, 21)
in 2050 (% gegenüber 2010)	-74	-53	21	-48	(-56, 6)
aus Kernenergie in 2030 (% gegenüber 2010)	59	83	98	106	(44, 102)
in 2050 (% gegenüber 2010)	150	98	501	468	(91, 190)
aus Biomasse in 2030 (% gegenüber 2010)	-11	0	36	-1	(29, 80)
in 2050 (% gegenüber 2010)	-16	49	121	418	(123, 261)
aus Erneuerbaren (nicht Biomasse) in 2030 (% gegenüber 2010)	430	470	315	110	(245, 436)
in 2050 (% gegenüber 2010)	833	1327	878	1137	(576, 1299)
Kumulatives CCS bis 2100 (Gt CO_2)	0	348	687	1218	(550, 1017)
davon BECCS (Gt CO_2)	0	151	414	1191	(364, 662)
Landfläche für Bioenergieanbau in 2050 (Mio. Hektar)	22	93	283	724	(151, 320)
CH_4-Emissionen aus Landwirtschaft in 2030 (% gegenüber 2010)	-24	-48	1	14	(-30, -11)
in 2050 (% gegenüber 2010)	-33	-69	-23	2	(-47, -24)
N_2O-Emissionen aus Landwirtschaft in 2030 (% gegenüber 2010)	5	-26	15	3	(-21, 3)
in 2050 (% gegenüber 2010)	6	-26	0	39	(-26, 1)

HINWEIS: Indikatorenauswahl erfolgte für die Darstellung globaler Trends, die in Kapitel 2 identifiziert wurden. Nationale und sektorale Eigenschaften können wesentlich von den oben gezeigten globalen Trends abweichen.

* Kyoto-Gas-Emissionen beruhen auf GWP-100 aus dem Zweiten IPCC-Sachs bericht.

** Änderungen des Energiebedarfs stehen in Zusammenhang mit Verbesseru der Energieeffizienz und Verhaltensänderungen.

Quelle: SR 1.5, 2018

Wie oben beschrieben, konzentriert man sich im P4 Pfad bei negativen Emissionen auf die BECCS-Methode. In der Fachliteratur werden zwar eine Anzahl von möglichen Vorgehensweisen diskutiert, „aber fast alle Szenarien stützen sich auf zwei bestimmte Ansätze.“[277] Es handelt sich dabei um Maßnahmen zur Landnutzung (z.B. Aufforstung) und Nutzung von Bioenergie mit CO2-Speiche-

277 UBA 2019

rung (BECCS). „Aber das Potential in der Landnutzung ist begrenzt. Deswegen verlassen sich die meisten Modell-Szenarien auf die Nutzung von Bioenergie, verknüpft mit CO2-Speicherung.“[278] Aus diesen Gründen beschäftigen wir uns näher mit BECCS (Bioenergy with Carbon Capture and Storage). Dieser Ansatz wurde in den Berichten des Weltklimarats IPCC am genauesten untersucht. Deshalb stelle ich Ihnen den Ansatz jetzt näher vor.

BECCS – Bioenergie mit Einfangen und unterirdischer Lagerung von Kohlendioxid

Das Grundprinzip von BECCS ist einfach: CO_2 natürlich durch den Anbau von Pflanzen aus der Atmosphäre ziehen und aus der Biomasse Strom und Biokraftstoff gewinnen. Geeignete Pflanzen dafür sind zum Beispiel Chinaschilf (Miscanthus), Pappeln, Weiden Eukalyptus sowie alle schnellwachsenden Arten. Sie alle liefern in sehr kurzer Zeit viel Biomasse. Laut einer Studie von Hansen aus dem Jahr 2020, die auf lignocellulosehaltigen Pflanzen basiert, könnten so in einem Zeitrahmen von 30 Jahren durchschnittlich bis zu 2,5 Gigatonen CO2 pro Jahr Emissionen eingefangen (2019 betrugen die jährlichen CO2-Emissionen 35,91 Gt) und bis zu 28 Exajoule Energie erzeugt werden (2018 betrug der weltweite Energiebedarf 598 Exajoule). In einem Zeitrahmen von 80 Jahren könnte BECCS nach Hansen durchschnittlich bis zu 40 Gigatonen CO2 pro Jahr einfangen und 220 Exajoule Energie erzeugen.[279] Andere Quellen wie das Global CCS Institut sind vorsichtiger und schätzen, abgeleitet vom letzten vollständigen Bericht des Weltklimarats im Jahr 2014[280], dass bis 2100 nur 3,3 Gt-CO_2 pro Jahr aus der Atmosphäre gezogen werden, während Fuss et al. nach umfassender Literaturrecherche nur eine Kohlendioxidreduzierung von 0,5 bis 5 Gigatonnen pro Jahr ab 2050 annehmen.[281]

Wie wir oben an den Pfaden aus dem 1.5 Report 2018 gesehen haben, könnte P4 bis 2100 insgesamt 1191 GtCO_2 durch BECCS der Atmosphäre entziehen. Seine volle Wirkung entfaltet BECCS allerdings erst Mitte des Jahrhunderts: Bis 2030 könnten nur bis zu 1 Gigatonne CO2 pro Jahr der Atmosphäre entzogen werden, ab

278 Ebd.

279 Hanssen, S.V., Daioglou, V., Steinmann, Z.J.N. et al. *The climate change mitigation potential of bioenergy with carbon capture and storage.* Nat. Clim. Chang. 10, 1023–1029 (2020). doi.org/10.1038/s41558-020-0885-y

280 Smith et al., 2015. *Biophysical and economic limits to negative CO2 emissions.* Nature Climate Change, Volume 6, pp. 42-50

281 Sabine Fuss et al. 2018 Umwelt. Res. Lette. 13 063002

2030 bis zu 8 GtCO2 und ab 2050 bis zu 16 GtCO2.[282] Exakte allgemeine Prognosen sind schwierig, da die Effektivität je nach Pflanzenart, Boden, Dünger, Dauer der Nutzung, Menge des regionalen Niederschlags und Klimazone variiert.

Wie funktioniert BECCS?

Die angebauten Pflanzen ziehen CO2 aus der Luft und wandeln es mittels Photosynthese in Sauerstoff und Stärke (Energie) um. Der entstandene Sauerstoff wird in die Atmosphäre abgegeben, die Energie in den Pflanzen gespeichert. Ein Teil der Pflanzen wird nach der Abtrennung des Kohlendioxids in einen brennbaren Treibstoff umgewandelt, der Wärmeenergie erzeugt, die teils zur Stromgewinnung umgewandelt in industriellen Anwendungen, einschließlich Zement-, Zellstoff- und Papierherstellung, Müllverbrennung, Stahl und Eisen sowie Petrochemie zum Einsatz kommt. Fast der komplette CO_2-Ausstoß kann dabei vom Kraftwerk wieder eingefangen werden[283], indem das bei der Verbrennung freiwerdende CO_2 durch Combustion abgetrennt wird. Anschließend wird das abgetrennte CO2 verflüssigt und in unterirdische Saline-Aquifere (ehemalige Salzwasserdepots) unter einer Glocke aus undurchdringlichem Gestein oder alten Lagerstätten für Erdgas und Erdöl eingelagert.

Die andere Nutzung liegt in der Umwandlung der Biomasse durch Fermentation oder Gärung in flüssige oder gasförmige Biokraftstoffe wie Äthanol, die von Diesel- und Kraftfahrzeugen benutzt werden.[284] Hierbei können allerdings nur Teile der entstehenden CO_2-Emissionen von der Produktionsanlage wieder eingefangen werden.[285] Darüber hinaus entsteht CO2, wenn der Kraftstoff in PKWs, LKWs usw. benutzt wird.

Der Vorteil von BECCS liegt darin, dass sämtliche Technologien erprobt und marktreif sind, dass die Lösung relativ natürlich ist und man mehrere Probleme auf einmal löst. Es zieht CO_2 aus der Atmosphäre, es erzeugt Wärme und Strom und natürlichen Kraftstoff. Da BECCS nicht ausreicht, den momentanen Ausstoß an Kohlendioxid zu kompensieren, muss BECCS mit weiteren Maßnahmen zur Gewinnung negativer Emissionen kombiniert werden.

---

282 IPPC 1,5, Kapitel 4.7

283 Süddeutsche Zeitung: *So könnten Treibhausgase aus der Luft geholt werden*, August 2019; Abruf 2021, https://www.sueddeutsche.de/wissen/beccs-negative-emissionen-klimawandel-1.4554682

284 Global CCS Institute: *Bioenergy and carbon capture storage*, 2019

285 Süddeutsche Zeitung 2019

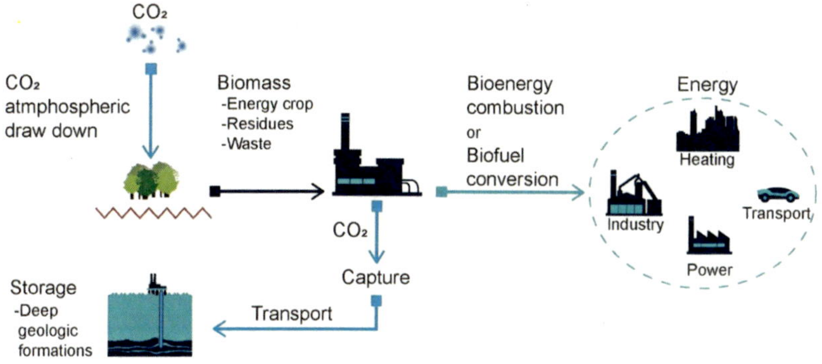

Quelle: Earth.org

Nachteile von BECCS

BECCS ist bis jetzt kaum verbreitet. Es existiert eine einzige großflächige Anlage in Decatur (Illinois) in den USA im Besitz der Illinois Industrial CCS. Inhaber Archer Daniels Midland verpresst Mais zu Äthanol. Es wurden in dieser Anlage bis zu einer Million Tonnen CO_2 pro Jahr eingefangen. Insgesamt gibt es weltweit nur 5 Betriebe, die BECCS kommerziell oder in Pilotprojekten anwenden. Insgesamt ziehen sie 1,5 Millionen Tonnen CO2 pro Jahr und lagern sie unterirdisch ein.[286] Das ist circa nur ein 40-Tausendstel der weltweiten Kohlendioxidbelastung. Es wurden schätzungsweise jährlich 52 Gigawatt Energie erzeugt und 68 Mtoe Biotreibstoff produziert.[287] Bis das Verfahren effektiv global angewendet wird, werden noch viele Jahre vergehen. Frühestens 2030 könnten genügend Anlagen gebaut sein, um die weiter oben indizierten Leistungen zu erbringen.

Eine Studie des Grantham Institute von 2019 besagt, dass bei der Produktion von Wärme mit BECCS von einer Tonne abgetrenntem CO_2 nur 0,5 Tonnen als negative Emissionen übrigbleiben, weil durch Transport, Bewirtschaftung, Baukosten sowie Wartung von Anlage und Pipeline, durch An- und Abfahrt von Mitarbeitern oder Lieferanten, überseeische Schiffs- oder Flugtransporte und die Nutzung von nicht-grünem Strom insgesamt 0,5 Tonnen CO2

286 Ebd.

287 Mtoe sind Millionen Tonnen Öl Äquivalent: Die Menge an Energie, die durch das Verbrennen einer Tonne Rohöl erzeugt wird.

entstehen. Bei der Erzeugung von Biokraftstoff reduzieren sich die negativen Emissionen auf 0,25 Tonnen.

Um eine ausreichende Biomasse herzustellen, müssten 300 bis 700 Millionen Hektar Land bebaut werden[288], was 3 bis 7 Millionen Quadratkilometern entspricht. Da wir auf dem P4 sind, wird man wohl die maximale Fläche benötigen. Sieben Millionen Quadratkilometer ergeben über 90 % der Landfläche Australiens und die 2,5-fache Größe Indiens. Ähnliche Annahmen macht das Deutsche Bundesamt für Umwelt.[289] Man ging 2019 davon aus, dass die 17-fache Fläche Deutschlands (entspricht der doppelten Landfläche Indiens) bepflanzt werden müsste, um BECCS effektiv zu machen. Das Gesamtareal ist so groß wie die Hälfte aller weltweiter Agrarnutzflächen. In diesem Maßstab geeignete Böden zu finden, stellt eine enorme Herausforderung dar und verursacht nachteilige Nebenwirkungen. Der Wasserverbrauch in der Landwirtschaft würde sich entsprechend durch BECCS je nach Pflanzenart, Böden, Dünger, Menge des regionalen Niederschlags und Klimazone um mindestens 50 % erhöhen.[290] Vorhandene Flächen, die jetzige und zukünftigen Generationen zur Ausdehnung des Acker- und Plantagenbaus bräuchten, würden verlorengehen. Biodiversität reduziert sich, da Millionen Tiere vertrieben und große Ökoregionen durch Monokulturen ersetzt würden.

In der wissenschaftlichen Literatur variieren die Kosten zwischen 30 $ und 400 $ pro Megatonne CO_2 negativer Emissionen.

---

288 Ebd.

289 Umweltbundesamt: *Kernbotschaften des IPCC-Sonderberichts über 1,5 °C globale Erwärmung zur Verbreitung in der Öffentlichkeit*; Dokumentation des UBA-Webinars für Multiplikatoren vom 05. April 2019

290 Heinrich-Böll-Stiftung: Bioenergie mit CO2-Abscheidung und Speicherung (BECCS), 2021

Autoren, die nur die BECCS-Kosten durch Äthanol-Fermentation berechneten, veranschlagten 20 bis 175 \$/tCO_2.[291] Das Global CCS Institute, dass sich auf Fuss et. al bezieht, gibt die Kosten der CO_2-Abtrennung für Combustion mit 88 bis 288 \$/tCO_2 an, in Zellstoff-stoff- und Papierfabriken mit 20 bis 70 \$/tCO_2.

Die neueste und optimistischste Untersuchung von Hansen wird von einigen Forschern kritisch gesehen. Matthias Honegger, wissenschaftlicher Mitarbeiter in der Forschungsgruppe Climate Engineering in Science, Society and Politics, Institute for Advanced Sustainability Studies e.V. (IASS), bemängelt, dass die Studie nur die Frage nach der naturwissenschaftlichen Machbarkeit, nicht aber nach der sozialen Machbarkeit beantworte. BECCS bedarf der Akzeptanz in der Gesellschaft. Es müssten sich in einer Demokratie erst politische Mehrheiten dafür bilden. BECCS und andere CDRs müssten von der Politik thematisch vorangetrieben werden, und die Wirtschaft müsste bereit sein, es zu finanzieren.

Prof. Dr. Felix Creutzig, Leiter der Arbeitsgruppe Landnutzung, Infrastruktur und Transport, Mercator Research Institute on Global Commons and Climate Change gGmbH (MCC) Berlin sagt, dass Hansens Ergebnisse ohne große Relevanz seien, da seine Prämisse davon ausgehe, dass Landflächen so groß wie China, Brasilien, USA und Russland zur Verfügung stünden. Optimistische Schätzungen in der Fachliteratur gehen aber maximal von 1/11 der Landfläche aus, die auf diese Weise erschlossen werden könnte. „Zum Vergleich: Solare Energiegewinnung bietet für das meiste Land einen um den Faktor 100 höheren Energieertrag pro Fläche an [*als BECCS].*" Creutzig ist außerdem der Meinung, dass BECCS ein Massensterben von Fauna und Flora beschleunigen würde, denn 25 bis 40 % biologische Produktivität der Erde nutze der Menschen bereits. Diese Zahl müsse laut Creutzig gesenkt werden, aber nicht erhöht. Er spricht sich für BECCS in kleinerem Maßstab in Kombi mit anderen NETs (Negative Emission Technology) aus, weist aber darauf hin, dass „alle NETs mit großer Unsicherheit bezüglich Risiken und Kosten insbesondere bei einer raschen Skalierung[292] verbunden" seien. Deshalb müssten verschiedene NETs jetzt getestet werden, um ihre systemischen Eigenschaften zu erforschen z.B. DAC (Direkte Abscheidung von CO_2 aus der Atmosphäre, in der Regel mit anschließender Abscheidung und Speicherung des CO_2: Direct Air-capture with CCS-DACCS). DAC sei zwar technologieintensiv und noch sehr teuer, doch seine modulare Einsetzbarkeit und die Möglichkeit einer raschen technischen Wei-

291 Fuss et. al 2018

292 Skalierung meint die erfolgreiche Ausweitung von NETs von kleinen Pilot- oder Einzelanwendung zu kommerziellen Massenprodukten.

terentwicklung könnte lang- oder mittelfristige zu Kostensenkungen führen. DAC habe den großen Vorteil zu BECCS, dass es nur 50 % der Landfläche benötigt.

FUSIONSTECHNOLOGIE

In wenigen Jahrzehnten wird uns eine kostengünstige, unerschöpfliche und treibhausgasfreie Energie zur Verfügung stehen: Die Plasmaenergie von Fusionskraftwerken.

Was ist das und was steckt dahinter?

Das Max-Planck-Institut für Plasmaphysik in Garching beschreibt das so: „Die Energiequelle von Sonne und Sternen auf der Erde nutzbar zu machen, ist das Ziel der Fusionsforschung: Ein Fusionskraftwerk soll aus der Verschmelzung von Atomkernen Energie gewinnen. Unter irdischen Bedingungen gelingt dies am einfachsten mit den beiden Wasserstoffsorten Deuterium und Tritium. Sie verschmelzen zu Helium, dabei werden Neutronen frei sowie große Mengen von Energie: Ein Gramm Brennstoff könnte in einem Kraftwerk 90.000 Kilowattstunden Energie freisetzen, die Verbrennungswärme von 11 Tonnen Kohle. Die für den Fusionsprozess nötigen Grundstoffe – Deuterium und Lithium, aus dem im Kraftwerk Tritium hergestellt wird – sind in nahezu unerschöpflicher Menge überall auf der Welt vorhanden."[293]

Im Gegensatz zu Atomkraftwerken sind Fusionskraftwerke sicher. Falls es zu unkontrollierten Reaktionen kommt, kann es allein aus physikalischen Gründen nicht zur Katastrophe kommen. Fusionskraftwerke gelten (nach heutigem Ermessen) als unbedenklich. Der entstehende radioaktive Abfall ist gering. Die Wände des Plasmagefäßes müssen nach ihrer Nutzung unterirdisch zwischengelagert werden, aber dies nur für 100 Jahre. Dann beträgt die Radioaktivität nur noch ein Zehntausendstel. Das gesamte Material wäre dann zum einen Teil freigegeben, zum anderen Teil in neuen Kraftwerken wieder verwendbar.[294]

Fusionskraftwerke werden nach heutigem Stand in der Lage sein, 1500 Megawatt elektrische Leistung zu liefern. Damit „würden Fusionskraftwerke vor allem die Grundlast bedienen und ließen sich wie heutige Großkraftwerke in das Verbundsystem der Stromversorgung einbinden."[295] Ab 2050 werden voraussichtlich die ersten

293 Max-Planck-Institut für Plasmaphysik, Infobroschüre Fusion Basics Kernfusion – Stand und Perspektiven

294 Ebd.

295 Ebd.

Kraftwerke ans Netz gehen. Bis 2100 könnten Fusionskraftanlagen nahezu 20 bis 30 % der europäischen Stromerzeugung ausmachen.

Science Fiction-Ausblick:

CCSS- Carbon Capture Space Storage:
Wie oben beschrieben, sprechen sich die meisten wissenschaftlichen Autoren für das BECCS-Verfahren aus. Doch BECCS ist schwierig umzusetzen, teuer und die unterirdische Einlagerung von Milliarden Tonnen CO_2 ist riskant. Die benötigte Landfläche von BECCS ist enorm. Die Biodiversität würde durch die vielen Monokulturen wie Raps- und Maisfelder drastisch zurückgehen. Da die Felder und Plantagen mit Pestiziden geschützt werden müssen, sterben die meisten Insekten. Die Population an Feld- und Wiesenvögeln würde weltweit abnehmen. Bereits heute kommen nur noch zwei bis drei Vögel auf einen Menschen, vor dreißig Jahren waren es noch vier.

Ich schlage deshalb einen alternativen Ansatz für CDR-Strategien vor. Warum deponiert man eingefangene Treibhausgase in der unterirdischen Enge der Erde, wenn unser Planet von unendlich leerem Raum umgeben ist? Es ist unlogisch, Treibhausgase innerhalb eines geschlossenen Bio-Systems zu deponieren, dem es entstammt und in dem es isoliert werden muss. Das relativ geschlossene Bio-System *Erde* ist umgeben von einem unendlichen, offenen System. Da sich die terrestrische Biosphäre zum System des *Kosmos* abgrenzt, indem natürlich entstandene Treibhausgase des Kohlenstoff-Zyklus der Atmosphäre, Ozonschicht und Magnetfeld kosmisch schädigende Einflüsse abhalten, schlage ich vor, eingefangene Treibhausgase in den Weltraum zu leiten, wo sie keinen Schaden anrichten. Das wäre der Königsweg.

Von der Logik her ist das Argument zwingend. Die technische Umsetzung ist eine andere Sache, sie stellt eine immense Herausforderung dar. Doch ich glaube an den menschlichen Erfindergeist und seine außerordentliche Ingenieurskunst. Ingenieure und Forscher haben zu allen Zeiten schon sehr viele als unlösbar geltende Schwierigkeiten gemeistert: Der Bau kilometerlanger Brücken über das Meer, das Bohren kilometertiefer Tunnelanlagen unter den Alpen, die Errichtung von Pyramiden, Hoover-Damms, Stonehenge und gotischen Kathedralen, die Nutzung von Kernenergie, die Landung auf Mond, das Absetzen des Mars Rovers und so weiter. Das Anpacken einer konkreten Aufgabe, der Wille, Probleme anzugehen und sie, koste es, was es wolle, zu meistern und dabei niemals aufzugeben, gehört zu den großen Stärken unserer

Spezies. Der Lösungsweg von Paris setzt auf Vernunft, Einsicht, Langfristigkeit, Nachhaltigkeit und freiwillige Kooperation. Wenn wir die Geschichte der letzten fünftausend Jahre betrachten, ist davon wenig bei Homo sapiens sapiens zu sehen. Seien wir ehrlich, das waren nicht unsere Stärken. Deshalb ist das Pariser Klimaabkommen wohl auch in großen Teilen gescheitert. Ob und wie die Treibhausgase ins All kommen – da kann ich nur spekulieren. Mir fehlt technisches und physikalisches Fachwissen, wodurch ich nur äußerst begrenzt in der Lage bin, die Umsetzbarkeit des Projekts zu beurteilen.

Ich möchte Sie deshalb in das Reiche meiner Fantasie entführen, wie einst der Schriftsteller Jules Vernes. Also los, Vorhang auf!

An ein oder zwei Stellen pro Land, Region oder Kontinent werden Schläuche, Hüllen, Rohre oder ähnliches aus ultraleichtem Material in den Weltraum führen. Sie werden an Satelliten, Raumstationen, Robotern oder Drohnen in möglichst großem Orbit befestigt. Durch die Leitung werden CO_2 *und anderen belastende Treibhausgase ins All gepumpt. Wie kommen die Treibhausgase in die Schläuche? Ich stelle mir ein weitverzweigtes Pipelinesystem vor, in die Fabriken, Landwirtschaftsunternehmen, Kraftwerke und Häuser ihre Abgase abgeben. Anstatt Kohlendioxid durch Schornsteine in die Atmosphäre zu blasen, in der die menschengemachten Treibhausgase ihre schädliche Wirkung entfalten, trennen es die Emittenten durch Pre-Combusting, Post-Combusting oder Oxyfuel CO2 ab und leiten es in die unterirdischen Pipelines. Bei Wohnanlagen und Häusern ist es aufgrund der riesigen Anzahl nicht wirtschaftlich, bei jeder einzelnen Wohneinheit das CO2 abzutrennen. Sämtliche Emissionen könnten aber durch Pipelines an zentrale CO2-Abtrennungswerke geleitet werden.*

Das verzweigte Netzwerk endet zentral an einem Ort, an dem Leitungen die abgetrennten Treibhausgase ins All leiten. Um das Absinken der Treibhausmoleküle in die Erdatmosphäre zu verhindern, benötigt man eine Flotte Raumschiffe, welche die Gaswolke regelmäßig absaugen und dann tiefer ins All fliegen. Die Gase werden in sicherer Entfernung in den Weltraum geleitet, so dass sie nicht mehr in Kontakt mit unserer Biosphäre kommen können. Treibhausgase sind an sich nichts Schlechtes und in der Unendlichkeit des Raums völlig harmlos. Private Firmen wie Space X könnten gegen Bezahlung die „Staubsauger" bauen und für die Sauberkeit der Atmosphäre sorgen. Man könnte auch eine Armada von

Staubsaugerdrohnen- und robotern auf der ISS (Internationale Raumstation) bereitstellen. Wie bereits oben erwähnt, könnte man CCSS auf achtzig Jahre begrenzen. Bis dahin hätten die Länder Zeit, um eine klimaneutrale Industrie zu errichten.

FRIEDEN UND VÖLKERVERSTÄNDIGUNG

Da alles Existierende den gleichen Wert besitzt, folgt daraus, dass auch jedes einzelne Land genauso wichtig ist wie alle anderen. Daraus leite ich folgende Prinzipien ab:

1. Menschenrechte sind universell.
2. Alle Kulturen und Länder sind gleichwertig.
3. Kein Staat steht über oder unter einem anderen Staat.
4. Keine Kultur steht über oder unter einer anderen Kultur.
5. Kein Wertesystem steht über oder unter einem anderen Wertesystem.
6. Es herrscht das Prinzip absoluter Gewaltlosigkeit zwischen Staaten.
7. Das beinhaltet neben dem Verbot physischer Gewaltanwendung auch die Unterlassung verbaler Drohungen, öffentlicher Verurteilungen und wirtschaftlicher Sanktionen.
8. Jedes Land ist ohne Vorbedingungen so zu akzeptieren, wie es ist – mit allen Stärken und Schwächen.
9. Jedes Land ist eine seit Jahrhunderten individuelle organisch gewachsene, historische, kulturelle, ethnologisch, soziale und wirtschaftliche Entität.
10. Daraus folgt, dass sich jedes Land in seiner Zeit und in seinem Rhythmus befindet
11. Einmischungen durch Druck, Verurteilungen, Drohungen, Sanktionen, Embargos oder Krieg gefährden die gewachsenen Strukturen von Ländern und sind völkerrechtlich verboten.
12. Die UNO ist die einzige Instanz, die Maßnahmen wie Druck, Verurteilungen, Drohungen, Sanktionen, Embargos oder Krieg gegen andere Staaten durch Mehrheitsbeschluss beschließen darf. Um diese zentrale Schlüsselrolle zu erfüllen, muss das Vetorecht von Russland, China, Frankreich, Großbritannien und den Vereinigten Staaten im Sicherheitsrat aufgehoben werden.
13. Daraus folgt eine Politik der strikten Nichteinmischung in die inneren Belange dritter Staaten.

14. Kooperation und der ständige Dialog zwischen Staaten bilden die Basis für Frieden.

Ich nenne diese Doktrin *Politik der Staaten in würdevoller Toleranz* oder kurz *Politik der würdevollen Toleranz.*

Die Werte der allgemeinen Menschenrechte sind von der Weltgemeinschaft gemeinsam erarbeitet worden. Die Werte entstammen der UNO. Alle Länder haben sich gemeinsam darauf geeinigt. Am 12. Dezember 1948 verabschiedete die UNO Generalversammlung in Dritter Lesung die *Allgemeine Erklärung der Menschenrechte (A/RES/217 A (III).* Die führenden Köpfe der Abfassung der Menschrechtserklärung waren der kanadische Jurist John Peters Humphrey, der libanesische Politiker und Philosoph Charles Malik, der französische Jurist René Cassin, der chinesische Philosoph Peng Chun Chang, Eleanor Roosevelt, die Witwe des vormaligen US-Präsidenten Franklin D. Roosevelt, sowie Jacques Maritain, ein französischer Philosoph.[296]

Die Menschenrechtserklärung steht in der Tradition westlichen Demokratieentwicklung. Insbesondere werden Bezüge zur *Virginia Declarations of Rights* und der Verfassung der Ersten Französischen Republik hergestellt.

Zu den wichtigsten Menschenrechten gehören:[297]

- ✓ **Menschenwürde**;
- ✓ **Das Recht auf:**
  Freiheit, Gedanken-, Gewissens- und Religionsfreiheit, Gleichheit, Gleichheit vor dem Gesetz, Leben, Rechtsmittel, Anerkennung als Rechtsperson, individuelle Privatsphäre, Freizügigkeit und Auswanderungsfreiheit, Asyl, Staatsangehörigkeit, Eigentum, Eheschließung, Schutz der Familie durch Staat und Gesellschaft, Meinungsfreiheit und deren öffentliche, globale Verbreitung in jeglicher Form, Versammlungs- und Vereinigungsfreiheit, geheime und gleiche Wahlen, soziale Sicherheit (wirtschaftliche, kulturelle, soziale Rechte) als unverzichtbare Grundlage der menschlichen Würde und freien Persönlichkeitsentfaltung, Arbeit und faire Arbeitsbedingungen, Arbeitslosenschutz, freie Berufswahl, gleiche Bezahlung („Gleicher Lohn für gleiche Arbeit"), gerechte und angemessene Bezahlung zur Existenzsicherung, Gründung von Gewerkschaften, Erholung, Freizeit und bezahlten Urlaub, einen Mindestlebensstandard, soziale Absicherung bei Krank-

---

296 Google, Suchwort: *Allgemeine Erklärung der Menschenrechte;* Abruf: März 2022

297 Website Amnesty International, https://www.amnesty.de/alle-30-artikel-der-allgemeinen-erklaerung-der-menschenrechte;Abruf: März 2022

heit, Unfall, Behinderung und Alter (Altersrente), Bildung: Unentgeltlichen Grundschulunterricht, Schulpflicht für Kinder, Freiheit, am kulturellen Leben teilzunehmen.

✓ **Verbot von:**
Sklaverei, Folter, Diskriminierung aufgrund rassistischer Zuschreibungen, Hautfarbe, Geschlecht, Sprache, Religion, politischer oder sonstiger Überzeugung, nationaler oder sozialer Herkunft, Vermögen, Geburt oder sonstigem Stand.

Völkerrechtlich war dies aber für Mitgliedsländer der UN nicht bindend. Erst 1966 goss man die Menschenrechte in völkerrechtlich bindende Vertragswerke des **International Covenant on Civil und Political Rights** (ICCPR, Zivilpakt) und des **International Covenant on Economic, Social and Cultural Rights** (ICESCR, Sozialpakt). Fast alle Staaten haben diese Verträge inzwischen ratifiziert. In diesen verpflichten sich die Vertragsstaaten, Gesetze und rechtliche Grundlagen zu schaffen, die Menschenrechte im jeweiligen Land in die Praxis umzusetzen. Die Verträge bilden zusammen mit der Erklärung der universellen Menschenrechte den *International Bill of Rights.*[298]

Um die Einhaltung der Verträge zu gewährleisten, überprüft die UNO alle Vertragsstaaten in regelmäßigen Abständen. Diese erhalten von ihr einen Sachstandsbericht. In diesem wird berichtet, inwieweit die Verpflichtungen umgesetzt worden sind. Es wird berichtet, was gut und was weniger gut ist. Im Bericht erscheint ein Sachmängelkapitel mit Empfehlungen der UNO, wie die Menschenrechte in dem betreffenden Land verbessert werden können. Bei massiven Verletzungen der Menschenrechte wie z.B. Folter, Angriffskrieg oder ethnische Säuberungen hat die Versammlung der UN das Recht, mit der Mehrheit seiner Mitgliedsstaaten Resolutionen zu erlassen. Darin können verurteilte Staaten mit Wirtschaftssanktionen belegt werden. Eine andere Möglichkeit besteht darin, mit Zustimmung der Regierung Schutztruppen aus dem internationalen UN-Friedenstruppenkontingent zu stationieren. Diese können bei Bürgerkriegen, ethnischen Unruhen oder Terrorismus den Frieden sicherstellen. Die UN hat auch die Möglichkeit Kampftruppen zu entsenden und das Mandat dazu einzelnen Staaten zu übertragen. In der Vergangenheit geschah dies bspw. Im Falle des Koreakriegs.

Das Scheitern westlicher Friedensbemühungen

Zurzeit steuern wir auf eine erneute Blockbildung zu. Die Fronten zwischen Ost und West verhärten sich. Spätestens der Ukraine-Krieg

298 Wikipedia, Suchwort: *Internationale Menschenrechtscharta*; Abruf: März 2022

beweist, dass die nach dem 2. Weltkrieg durch multilaterale Abkommen erschaffenen Rahmenbedingungen für Frieden nicht mehr ausreichend funktionieren. Die verwendeten Strategien sind nicht mehr zeitgemäß. Ich werde zeigen wie das jetzige Vetorecht im Sicherheitsrat, die zu starre Auslegung der Menschenrechte und die (damit häufig verbundene) Zunahme an Wirtschaftssanktionen tiefe, oft irreparable Gräben zwischen den Völkern hinterlässt. Der weltweite Frieden gerät so nachhaltig in Gefahr. Ich sehe im russischen Krieg gegen die Ukraine die Konsequenz dieser Verwerfungen. Das passiert, wenn man ursprünglich freundlich gesinnten Staaten mit Misstrauen, Vorwürfen und Arroganz begegnet. Obige Faktoren und die Weigerung der USA, Russland als gleichberechtigen, starken Partner neben sich in der NATO zu akzeptieren, führten dazu, dass Russland sich unter Putin zu Beginn des 21. Jahrhunderts vom Westen abwandte. Spätestens seit Putins Wutrede auf der Münchner Sicherheitskonferenz 2007 hatte der Westen die Russische Föderation verloren.

Dann aber begann Putin sein falsches Spiel. Der Westen glaubte noch nach 2014, Russland durch Diplomatie, Druck und Angebote zu mäßigen. Man erkannte nicht, dass Putin mit dem Westen, seinen Werten und Vorstellungen längst gebrochen hatte. Russland war weder Willens, noch daran interessiert, mit dem Westen politisch zu kooperieren. Putin zieht bis heute sein eigenes Ding durch. Es ist ihm egal, wie der Westen oder irgendwer anders das sieht. Der völkerrechtswidrige Angriffskrieg gegen die Ukraine geschieht in diesem Geist. Die KSZE-Schlussakte[299] von Helsinki über europäische Zusammenarbeit für Stabilität und Frieden in Europa und das Budapester Abkommen wurden durch den Angriff auf die Ukraine mehrfach von Russland als Nachfolgestaat der Sowjetunion gebrochen.

Die KSZE Schlussakte wurde von allen Ländern in Ost- und Westeuropa (außer Albanien), den Vereinigten Staaten, Kanada und der Sowjetunion 1975 unterschrieben. Er gewährleistet insbesondere die **Unverletzlichkeit bestehender Grenzen, die Achtung der territorialen Integrität aller Vertragsstaaten und die Nichteinmischung in die inneren Angelegenheiten der unterzeichnenden Länder.** Putin fühlt sich scheinbar nicht mehr an die Vereinbarung gebunden, denn er hat all das ignoriert. Man hat Putin verloren, jetzt sprechen seine Kanonen.

Ich verurteile diesen Krieg und die Gräueltaten an der ukrainischen Bevölkerung zutiefst. Putin hat sich in ein Monster wie Hitler verwandelt. Solche Despoten verstehen nur die Sprache der Gewalt und Härte. Russlands Faschismus ist wie Hitlers Ideologie völkisch gefärbt und

299 Bundeszentrale für Politische Bildung: 45 Jahre Schlussakte Helsinki www.bpb.de/kurz-knapp/hintergrund-aktuell/210407/45-jahre-schlussakte-von-helsinki/ Abruf: April 2022

zum Teil antisemitisch. Putin darf, kann und wird damit nicht durchkommen. Ich fordere die vollkommene wirtschaftliche, politische und kulturelle Isolation der Russischen Föderation weltweit. Ich spreche mich auch dafür aus, dass russische Staatsbürger keine Einreisevisa für Europa und den Rest der Welt erhalten. Je höher Putins innenpolitischer Druck, desto wahrscheinlicher sein Sturz und desto schneller endet der Ukraine-Krieg. Erst nach Rückzug sämtlicher russischer Truppen aus der Ukraine einschließlich der Krim, der Regionen Luhansk und Donezk, Putins Sturz und einer Reform der Demokratie in Russland, kann Russland wieder Schritt für Schritt in die Weltgemeinschaft aufgenommen werden. Wenn der Westen seine jetzige Sanktionspolitik weiter betreibt, wird es in Zukunft mehr Putins geben.

Auf der einen Seite stehen die EU, Kanada und die anglo-amerikanischen Staaten (USA, Großbritannien, Neuseeland, Australien, Neuseeland) mit einer starken Demokratie, weit entwickelter Umsetzung der Menschen- und Individualrechte und starker Wirtschaftskraft. Auf der anderen Seite stehen China, der Nahe Osten und Zentralasien mit einer geringen Zulassung von Individualrechten und der Betonung auf Kollektivrechten und staatlicher Kontrolle. Das Ziel der Westmächte besteht darin, Demokratie und die Umsetzung der Individual-Menschenrechte in solchen Ländern zu fördern, zu fordern und zu etablieren. Zu den Individualrechten in der *International Bill of Right zählen insbesondere* die persönliche Freiheit, die Gedanken-, Gewissens- und Religionsfreiheit, Gleichheit vor dem Gesetz, Diskriminierungsverbot, Recht auf Leben, Verbot von Folter und unmenschlicher Behandlung, Verbot der Sklaverei, Meinungsäußerungsfreiheit, Vereinigungs- und Versammlungsfreiheit, Schutz der Privatsphäre und des Familienlebens sowie das Recht auf ein faires Gerichtsverfahren.[300] Humanrights.ch beschreibt das Individualrecht oder auch Freiheitsrecht als „Abwehrrechte des Individuums gegen den Staat. Sie [die Freiheitsrechte] sollen Freiräume für das Individuum garantieren und im Falle einer Inhaftierung die Integrität der Person und ein faires Gerichtsverfahren sichern."[301]

In diesen Prämissen sieht der Westen die Voraussetzung für die völkerrechtliche Einhaltung und Umsetzung der im Zivilpakt zugesicherten Menschenrechte. Dazu nutzt die EU als Mittel den offenen Dialog, diplomatische Kanäle, Wirtschaftssanktionen und militärische Interventionen. Der Westen wirft China, dem Iran, Nordkorea, Kasachstan und Russland zu Recht vor, die Freiheitrechte ihrer Bürger zu unterbinden. Mittels Wirtschaftssanktionen

300 Humanrights.ch: Freiheitsrechte, Sozialrechte, Kollektivrechte: zur Kategorisierung der Menschenrechte www.humanrights.ch/de/ipf/grundlagen/was-sind-mr/freiheitsrechte-sozialrechte/ Abruf: April 2022
301 a.a.O.

übt man Druck auf die Länder aus, um die Staatsführungen in Moskau, Teheran und Peking dazu zu bewegen, mehr Demokratie und Menschenrechte zuzulassen. **Ich werde zeigen, dass der Weg des Druckes, wie ihn der Westen praktiziert, nicht nur nicht funktioniert, sondern Frieden zerstört und verhindert. Die Doktrin führt zu zunehmenden politischen Spannungen, was die Stabilität weltweit bereits ins Wanken gebracht hat.**

Wichtigste Ziele bei der Annahme von Sanktionen

- Wahrung der Werte, der grundlegenden Interessen und der Sicherheit der EU
- Friedenserhaltung
- Festigung und Förderung von Demokratie, der Rechtsstaatlichkeit, den Menschenrechten und den Grundsätzen des Völkerrechts
- Verhütung von Konflikten und Stärkung der internationalen Sicherheit

Um den Wahrheitsgehalt meiner Aussagen zu prüfen, stellen Sie sich einfach zwei Fragen:

Erstens: Hat sich die Situation der Menschenrechte in China und Russland in den letzten zwanzig Jahren verbessert?

Zweitens: Haben sich die Beziehungen zu China und Russland in den letzten zwanzig Jahren verbessert? Sind sie friedlicher und freundschaftlicher geworden?

Ich persönlich habe beide Fragen bereits vor dem Ukraine-Krieg mit *Nein* beantwortet und denke, dass Sie zu einem ähnlichen Schluss gekommen sind. Das bestätigen auch die Zahlen.

Ich werde einige Indizes wie den Demokratie-Index der Economists Intelligence Unit (EIU), die Rangliste von Reporter ohne Grenzen (RSF), den Global Peace Index (GPI) und die Global Sanctions Database (GSDB) als Referenz heranziehen. Um eine Aussage über die Wirkung von Sanktionen im 21. Jahrhundert zu treffen, werde ich ausgewählte Länder analysieren, die im Laufe des Jahrtausends von einer oder mehreren Sanktionen betroffen waren oder es noch sind. Im ersten Schritt analysiere ich Indizes bei China und Russland allgemein. Dazu vergleiche ich bei allen Indizes den ältesten vorliegenden Wert mit dem aktuellsten sowie den Verlauf dazwischen. Nach methodischen Vorüberlegungen untersuche ich dann, ob die Sanktionen die Werte beeinflussen, und wenn ja, in welche Richtung.

Indizes für Frieden, Demokratie und Pressefreiheit:

Der weltweit bedeutende **Demokratieindex** des Economists Intelligence Unit (EIU)[302] erschien erstmals im Jahre 2007 mit den Daten von 2006.[303] Der Index reicht von 1 bis 10 Punkten und umfasst 167 Länder. Bei acht bis zehn Punkten gilt ein Staat als starke Demokratie, bei sechs bis acht als geschwächte und bei vier bis sechs Punkten als Mischform aus Demokratie und Regime. Bei zwei bis vier Punkten stuft der EIU das Land als gemäßigtes Regime ein und bei null bis zwei als totalitäres, hartes Regime.

Der **Global Peace Index** wurde erstmals 2008 mit den Daten von 2007 publiziert. Er umfasste zunächst 140 Länder und wurde im Laufe der Zeit auf 163 Nationen aufgestockt. Der GPI misst dabei das Verhältnis zu anderen Ländern sowie die *innere* Friedfertigkeit mit Indikatoren wie Kriminalitätsrate, Wahrscheinlichkeit des Ausbruchs von gewalttätigen Demonstrationen, politische Unruhen, Zahl der Toten durch innere Konflikte. Letzteres analysiert man mit Indikatoren wie Beziehungen zu Nachbarländern, Anzahl, Dauer und Rolle des Lands bei externen Konflikten, Waffen Im- und Exporte, Bestände an schweren und nuklearen Waffen. Alle Staaten werden mit einem Quotienten von 1 bis derzeit 3,631 bewertet, wobei 1 für ein sehr friedliches Land und 3,631 für ein sehr gefährliches steht.

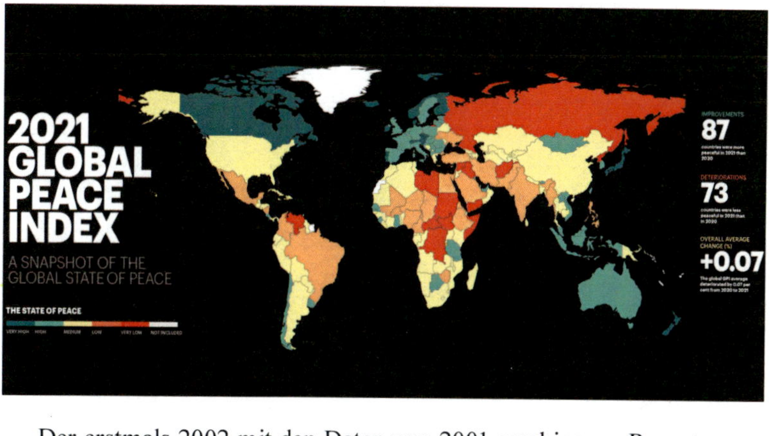

Der erstmals 2002 mit den Daten von 2001 erschienene Report

302 Economists Intelligence Unit, *Democracy Report*, 2006, 2014 und 2021
303 Laza Kekic *The Economist Intelligence Unit's index of democracy, 2007*

zur Messung der Pressefreiheit von **Reporter ohne Grenzen** umfasst derzeit 180 Staaten (2002 waren es noch 139). Die Range verläuft von 0 (Hochgradige Pressefreiheit) bis 100 (Nicht vorhandene Pressefreiheit).

Russland

Der Demokratieindex zeigt in Tabelle 1, dass **Russland** im Jahre 2005 mit einem Koeffizienten von 5.02 noch als eine *Mischform aus Demokratie und Regime* eingestuft wurde. Russland lag auf Platz 102 von 167 Staaten. 2019 stuft der EIU Russland mit nur noch 3.31 als Moderates Regime auf Platz 124 ein. **Der Demokratiewert ist innerhalb von vierzehn Jahren um 34 % gesunken.** Beim Global Peace Index (Tabelle 2) belegte Russland 2007 mit einem Quotienten von 2.927 Platz 155 von161 Staaten. 2020 belegte es Platz 153 mit 2.993 und gehört damit heute wie schon damals zu den gefährlichsten Ländern der Welt. Der Wert sank im Vergleich zu 2007 um 2,21 %. Durch den Angriffskrieg gegen die Ukraine im Februar 2022, den damit verbundenen Bruch jahrzehntelanger Rahmenabkommen und den in den Kampfhandlungen begangenen Kriegsverbrechen gehört Russland für mich aktuell zum kriegerischsten Land der Welt. Die Pressefreiheit hat sich seit 2001 nicht wesentlich verändert. Russland belegt mit 48,00 (2001) bzw. 48,95 (2020) einen hinteren Mittelfeldplatz. Der Wert verschlechterte sich um 1,92 %. Das Regime hat jedoch nach Ausbruch des Ukraine-Kriegs die Zensur der Medien drastisch verschärft und die persönliche Meinungsfreiheit hinsichtlich des Kriegs vollständig verboten.

Tabelle 1	DEMOKRATIE INDEX 0 bis 10 (167 STAATEN)				
	2006	RANG	2019	RANG	**TENDENZ**
AFGHANISTAN	3,06	135	2,85	139	-6,86%
CHINA	2,97	138	2,27	151	-23,57%
IRAK	4,01	112	3,62	118	-9,73%
IRAN	2,93	139	2,2	152	-24,91%
LIBYEN	1,84	161	1,95	157	5,98%
NORDKOREA	1,03	167	1,08	167	4,85%
RUSSLAND	5,02	102	3,31	124	-34,06%
SYRIEN	2,36	153	1,43	164	-39,41%
USA	8,22	17	7,92	25	-3,65%
	3,34	128	2,59	148	-22,46%

Quelle: Economists Intelligence Unit, Democracy Report, 2006 und 2021

Tabelle 2	PRESSEFREIHEIT 100 bis 0 (180 STAATEN)				
	2001	RANG	2020	RANG	**TENDENZ**
AFGHANISTAN	35,5	104	37,7	122	-6,20%
CHINA	97	138	78,48	177	19,09%
IRAK	79	130	55,37	162	29,91%
IRAN	48,25	122	64,81	173	-34,32%
LIBYEN	72,5	129	55,77	164	23,08%
NORDKOREA	97,5	139	85,82	180	11,98%
RUSSLAND	48	121	48,92	149	-1,92%
SYRIEN	62,83	126	72,57	174	-15,50%
USA	4,75	17	23,85	45	-402,11%
WEISSRUSSLAND	52,17	153	49,75	153	4,64%

Quelle: Reporter ohne Grenzen, Rangliste der Pressefreiheit 2002 und 2021

Tabelle 3	GLOBAL PEACE INDEX 1 bis 5 (163 STAATEN)				
	2007	RANG	2020	RANG	**TENDENZ**
AFGHANISTAN	3,129	159	3,631	163	-13,83%
CHINA	2,08	94	2,114	100	-1,61%
IRAK	3,583	161	3,257	160	10,01%
IRAN	2,527	144	2,637	141	-4,17%
LIBYEN	2,108	100	3,166	156	-33,42%
NORDKOREA	2,929	154	2,923	151	0,21%
RUSSLAND	2,927	155	2,993	154	-2,21%
SYRIEN	2,25	83	3,371	161	-33,25%
USA	2,201	97	2,337	122	-5,82%
WEISSRUSSLAND	2,112	94	2,285	117	-7,57%

Quelle: Institute for Economics & Peace. Global Peace Index 2021: Measuring Peace in a Complex World, Sydney, June 2021. Available from: http://visionofhumanity.org/reports (Abruf: Januar 2022)

Gegen **China** laufen Sanktionen wegen Menschenrechtsverletzungen. Die erste wurde 1989 nach dem Massaker auf dem Platz des himmlischen Friedens verhängt und ist bis heute gültig. Die zweite wurde 2021 aufgrund der Umerziehungslager für moslemische Uiguren verhängt. China galt 2005 mit einem Koeffizienten von 2.97 und Rang 138 noch als moderates Regime. Bis 2013 konnte China den Wert mit 3.0 halten. 2020 wird China mit 2.21 noch gerade als moderates Regime eingestuft. Meiner Meinung nach hat sich China aber bereits jetzt zu einem harten, totalitären Regime entwickelt. Ich kenne keinen Staat, der seine Bürger derart gründlich ausspioniert und überwacht wie Peking. Deshalb steht China zurecht auf Platz 151 von 167 bewerteten Staaten. **Der Demokratiewert ist innerhalb von vierzehn Jahren um 23,5 % gesunken.** Was die **Pressefreiheit** angeht, sieht es in China düster aus. Zwar hat sich der Wert zwischen 2001 und 2020 um 19 % verbessert, aber China belegt 2020 immer noch den viertletzten Platz von 180 Ländern hinter Diktaturen wie Syrien, Iran, Saudi-Arabien oder Jemen. Pressefreiheit existiert in China praktisch nicht. Die letzten Reste beseitigt Peking gerade in der Sonderprovinz Hongkong. Der **Global Peace Index** von China ist besser als Pekings Ruf. Bei der erstmaligen Veröffentlichung der Zahlen 2007 lag die Volksrepublik auf einem beachtlichen 94. Rang von 140. Damit lag man drei Plätze vor den USA. Auch 2020 belegt China aus 180 Ländern den 100. Platz. China liegt damit 22 Plätze vor den Vereinigten Staaten. Zwar verschlechtert sich Peking um 1,61 % auf 2,114, aber im Vergleich zu den USA, die sich seit 2007 um 5,82 % verschlechterte, kommt die Volksrepublik gut weg.

Der Versuch der westlichen Welt, die Demokratie in Russland und China zu verbessern, hat nicht funktioniert. In beiden Ländern nimmt die autoritäre Staatskontrolle der Bürger massiv zu. Russland hat sich endgültig von demokratischen Prinzipien verabschiedet und ist zu einem harten Kriegsregime geworden. Nach China droht nun auch Russland, endgültig in die Riege totalitärer Staaten abzurutschen.

Auswirkungen von Sanktionen auf Indizes

Leider muss ich Sie jetzt etwas mit methodischen Vorüberlegungen quälen. Wenn Sie das nicht möchten, überblättern Sie einige Seiten und lesen ab den Schlussfolgerungen weiter.

Oben haben wir uns die Tendenz einzelner Länder angesehen. Die Werte wurden schwächer oder stärker. Daraus konnten wir erkennen, ob sich Pressefreiheit, Demokratie und Frieden verbessert haben. Im Beobachtungszeitraum standen alle Länder außer den USA komplett oder teilweise unter Wirtschaftssanktionen.

Die Fragestellung lautet: Haben die Sanktionen Auswirkungen auf die Werte gehabt oder nicht? Wären die Werte ohne Sanktionen genauso ausgefallen? Oder haben die Sanktionen erst das Ergebnis verursacht?

Definieren wir die Variablen. Das Ziel der EU ist es, in anderen Ländern Demokratie, Rechtstaatlichkeit und die Einhaltung des Völkerrechts durch ihre Sanktionspolitik zu verbessern. Was das Ziel einer erfolgreichen Sanktion ausmacht, definiert die EU folgendermaßen:

„Sanktionen sollen eine Änderung in der Politik oder im Handeln derjenigen bewirken, gegen die sich die Maßnahmen richten, und so die Ziele der GASP [*Instrument der Gemeinsamen Außen- und Sicherheitspolitik*] fördern.“[304]

Mit „Änderung“ ist gemeint, dass die Politik sich dahingehend verändern soll, mehr Menschenrechte, Frieden und Demokratie umzusetzen. Kurz: Eine Sanktion gilt nur dann als erfolgreich, wenn eine Veränderung zum Guten eintritt. Das bedeutet, dass der Erfolg einer Sanktion eine Verbesserung der Werte im Beobachtungszeitraum voraussetzt. Eine Verschlechterung oder Stagnation ist gleichbedeutend mit einem Misserfolg. Prüfen wir also beim Global Peace Index, dem Demokratieindex und der Rangliste der Pressefreiheit, wie sich das im einzelnen auswirkt.

Fall 1: Der Wert verschlechtert sich

Wenn sich ein Wert im Beobachtungszeitraum der Sanktionen **verschlechtert,** könnte es sich um Zufall handeln. Das bedeutet, dass die Sanktion keine Wirkung auf die betroffenen Staaten hatte und die Verschlechterung ausschließlich aufgrund dritter Faktoren eingetreten ist. Die zweite Möglichkeit bestünde darin, dass die Sanktionen eine gewisse Auswirkung haben, aber aufgrund verschiedener Parameter zu schwach gewesen sind: Kombination, Zeitpunkt oder Umsetzung der Sanktionsmaßnahmen könnte falsch gewesen sein, so dass hemmende dritte Faktoren stärkeren Einfluss auf die Gesellschaft hatten, welche die Verschlechterung der Zahlen verursacht hat. Die dritte Möglichkeit besagt, dass die Sanktionen zwar wirken, die Verschlechterung aber aufgrund der Sanktionen eingetreten ist. Die negativen Kräfte der Maßnahmen wirken stärker als die positiven Drittfaktoren.

Nach obiger Definition der EU sind Sanktionen ergebnisorientiert, ganz gleich, ob die Maßnahmen nichts, zu schwach oder das Gegenteil bewirken. **Alle Varianten im Spiel der verschiedenen Kräfte führten dazu, dass der Wert sich verschlechtert hat, wodurch die Sanktionen per definitionem erfolglos ist.**

---

304 Website des Europäischen Rats und Rat der Europäischen Union www.consilium.europa.eu /de/policies/sanctions/

Fall 2: Stagnierender Wert

Wenn ein Wert im Beobachtungszeitraum der Sanktionen **stagniert**[305] oder er sich weniger als 1 % nach oben oder unten bewegt, könnte es sich um Zufall handeln. Das würde bedeuten, dass die Sanktion keine Wirkung auf die betroffenen Staaten hatte und die Stagnation der Variable ausschließlich aufgrund dritter Faktoren verursacht wird. Die zweite Möglichkeit bestünde darin, dass die Sanktionen wirken, aber aufgrund verschiedener Parameter zu schwach waren: Einige oder viele Sanktionsmaßnahmen bzw. Kombination, Zeitpunkt oder Umsetzung könnten falsch gewesen sein, so dass hemmende dritte Faktoren den positiven Effekt der Strafmaßnahmen neutralisieren. Im dritten Fall könnte es sein, dass die Maßnahmen wirken, aber eine Verbesserung verhindert haben. Die negativen Kräfte der Sanktionen wirkten stärker als positive Drittfaktoren. Auch hier gilt: Die Sanktionen sind ergebnisorientiert, ganz gleich, ob die Maßnahmen nichts, zu schwach oder das Gegenteil bewirken. Alle Varianten im Spiel der verschiedenen Kräfte führten dazu, dass der Wert sich nicht verbessert hat, wodurch die **Sanktionen per definitionem** erfolglos ist. Denn nur, wenn sich etwas zum Guten verbessert, gilt eine Sanktion als wirksam.

Fall 3: Verbesserung der Werte

Wenn die Zahlen eine **Verbesserung** innerhalb des Sanktionszeitraums zeigen, kann dies reiner Zufall sein. Das würde bedeuten, dass die Sanktion keine Wirkung entfaltet und die Verbesserung der Variable ausschließlich von dritten Faktoren verursacht worden ist. Die zweite Möglichkeit bestünde darin, dass die Sanktionen wirken und die Verbesserung verursacht haben. Im dritten Fall könnte es sein, dass das Sanktionspaket negativ wirkt und eine noch stärkere Verbesserung durch positive dritte Faktoren verhindert wird. Die Sanktionen sind ergebnisorientiert. Gleichgültig ob die Maßnahmen gar nicht wirken, wirken oder das Gegenteil bewirken. Alle Varianten im Spiel der verschiedenen Kräfte führten dazu, dass der Wert sich verbessert hat, wodurch die **Sanktionen per definitionem erfolgreich** sind. In einem Drittel der Fälle sind Verbesserungen durch die Sanktionen bewirkt worden. Allerdings ist die Kausalwirkung der Sanktionen in zwie Dritteln der Fälle negativ oder nicht vorhanden. Da sich aber das Resultat mit den

305 Ich definiere einen Wert als „stagnierend", wenn er sich in der Tendenz □1% nach oben oder unten verschoben hat.

Zielen der EU deckt, gilt die Sanktion laut Definition erfolgreich, wenn auch mehrheitlich durch Drittfaktoren determiniert.

Schlussfolgerungen:

- Wenn sich Werte der Indizes **verschlechtern**, bedeutet dies automatisch, dass die Sanktionsmaßnahmen **erfolglos** waren. 🡻 = ☹
- Wenn sich Werte der Indizes verbessern, bedeutet dies automatisch, dass die Sanktionsmaßnahmen erfolgreich waren. 🡹 = ☺
- Wenn die Werte der Indizes stagnieren (± 1,0 %), bedeutet dies automatisch, dass die Sanktionsmaßnahmen erfolglos waren 🡺 = ☹
- Man kann mit einer Wahrscheinlichkeit von 2/3 ein Scheitern von Sanktionen vorhersagen, was sich mit dem Resultat der Global Database der letzten 20 Jahre deckt., die wir im nächsten Abschnitt behandeln.

Soweit die methodischen Vorüberlegungen.

In den obigen Tabellen, in denen die Veränderungen bei den Indizes von zehn Ländern dokumentiert ist, befinden sich bis auf die USA nur Staaten, gegen die in den letzten zwanzig Jahren Sanktionen verhängt worden sind. Da diese Staaten im gemessenen Zeitraum vollständig oder teilweise mit Sanktionen belegt waren, lässt die Tendenz vom ersten bis zum aktuellen Jahr Schlüsse darüber zu, ob und wie stark die Sanktionen wirksam waren.

✓ Ergebnisse Demokratieindex

In Afghanistan, China, Iran, Irak, Russland, Syrien und Weißrussland wirkten die Sanktionen nicht, da sich die Werte verschlechtert haben. Insbesondere in China, Russland und Weißrussland fielen sie derart dramatisch, die Sanktionen wirkten wahrscheinlich also kontraproduktiv. Nur in Nordkorea und Libyen stieg der Wert um ca. 5 % an, was dafür spricht, dass die Sanktionen eine gewisse Wirkung entfaltet haben. Nordkorea bleibt weiterhin abgeschlagen auf dem letzten Platz. Weniger Demokratie findet sich in keinem anderen Land der Welt. Der Wert ist mit 1,08 unterirdisch, die Menschen Sklaven eines barbarischen, totalitären Regimes, welches ihnen keinen Spalt Freiheit und Individualität lässt.

✓ Ergebnisse des Global Peace Index

In Afghanistan, China, Iran, Nordkorea, Russland, Weißrussland bewirkten die Sanktionen keine Verbesserung beim Friedensindex. In den Kriegsgebieten Syrien und Libyen rutschte der Index massiv um 33 % ab. Der einzige Lichtblick ist der Irak, dessen Wert im Sanktionszeitraum um 10 % anstieg, der aber immer noch den weltweit viertletzten Rang von 163 Ländern belegt.

✓ Ergebnisse des Pressefreiheit Index

Endlich einmal gute Nachrichten. In China wirkten die Sanktionen. Die Pressefreiheit verbesserte sich seit 2001 um fast 20 %; im Irak stieg der Wert sogar um 30 %.

Trotzdem gehören beide Länder weiterhin zu den Ländern mit der geringsten Pressefreiheit weltweit. Sorgenkinder sind der Iran und die Vereinigten Staaten. Sämtliche Sanktionen gegen den Iran seit 2001 blieben ohne Wirkung. Die USA, die nicht sanktioniert wurden, verschlechterten sich seit 2001 um über 400 % von 4,75 auf 23,85.

Wie erfolgreich sind Sanktionen? Die Global Sanction Database

Laut obiger Definition der EU gilt eine Sanktion als „wirksam“, wenn sie die Politik und das Handeln derjenigen, gegen die sich die Sanktion richtet, zum Positiven verändern. Die Global Sanction Database sieht das ähnlich: „Die GSDB **definiert Sanktionen** als verbindliche restriktive Maßnahmen, die von einzelnen Nationen, Ländergruppen, den Vereinten Nationen (UN) und anderen internationalen Organisationen angewendet werden, **um gegen verschiedene Arten von Verstößen gegen internationale Normen vorzugehen**, indem Zielländer dazu veranlasst werden, ihr Verhalten zu ändern oder ihre Handlungen einzuschränken.“[306]

Was ist die Global Sanction Database? In ihr werden 1101 Sanktionen aufgelistet. Das sind sämtliche jemals auf der Erde verhängten Sanktionen im Zeitraum von 1949 bis 2019. Wir erfahren, wer von wem wann mit welcher Art Strafmaßnahmen belegt wurde. Die Ziele der Sanktionen werden beschrieben und auch, ob sie erreicht

306 Felbermayr, Kirilakha, Syropoulos, Yalcin, Yotov: *The Global Sanctions Data Base,* Working Paper, Kapitel 2, 2020

wurden oder scheiterten. Das Team um Professor Felbermayr ordnete die Wirksamkeit von Wirtschaftssanktionen in folgende mögliche Kategorien ein: (I) Erfolg [„total success"] (II) Misserfolg [„failed"] (III) Teilerfolg [„partial success"], (IV) Konfliktlösung durch Verhandlung [„negotiation settlement"] und (V) Andauernd [„ongoing"]. Eine Sanktion gilt bei Felbermayr et. al. als *ongoing*, wenn sie noch läuft und nicht abschließend bewertet wurde.

Ich lege zusätzlich in dieser Kategorie fest, dass alle Sanktion, die zehn Jahre oder länger andauern, als *Misserfolg* gewertet werden. Die Tatsache, dass sie andauern, besagt, dass sie bis dato nicht erfolgreich waren. Nach einem Zeitraum von einer Dekade ist es in meinen Augen äußerst unwahrscheinlich, dass sie nach dieser Zeit noch die gewünschte Wirkung erzielen. Die Welt wandelt sich enorm, Wirtschaftliche, politische und militärische Verhältnisse ändern sich, so dass die Sanktion keine Relevanz mehr besitzt. Sanktionen, die zwischen fünf und neun Jahren andauern, habe ich im Einzelfall geprüft und bewertet. Alle laufenden Strafmaßnahmen, die vier Jahre oder weniger angewendet werden, wurden von mir zur Kategorie „Andauernd" gezählt.

Wenn wir alle Sanktionen von **1949 bis 2019** auswerten, erhalten wir folgendes Ergebnis:

- 40,36 % der Sanktionen sind erfolgreich.
- 53,24 % sind gescheitert (37,44 %) oder nur zum Teil erfolgreich (15,8 %).
- 6,4 % der Konflikte wurden durch Verhandlungen gelöst.
- 114 Sanktionen dauern noch an.

Wenn wir alle Sanktionen von **1949 bis 1999** auswerten, erhalten wir folgendes Ergebnis:

- 43,1 % der Sanktionen sind erfolgreich.
- 47,83 % sind gescheitert (30,22 %) oder nur zum Teil erfolgreich (17,61 %).
- 9,4 % der Konflikte wurden durch Verhandlungen gelöst.

Wenn wir alle Sanktionen von **2000 bis 2019 a**uswerten, erhalten wir folgendes Ergebnis:

- 36,45 % der Sanktionen sind erfolgreich.
- 59,5 % sind gescheitert (43,14 %) oder nur zum Teil erfolgreich (18,23 %).
- 2,17 % der Konflikte wurden durch Verhandlungen gelöst.

Wenn wir alle Sanktionen seit 1949 betrachten, erhalten wir als Resultat eine 40-prozentige Erfolgsquote. Zu 60 % wirken sie allerdings nicht oder nur bedingt. Interessant ist der Vergleich des Zeitraums 1949 bis 1999 mit den Jahren 2000 bis 2019. Während in den ersten 50 Jahren der Erfolg von Sanktionen noch bei 43 % liegt, fällt der Wert in den beiden ersten Dekaden des neuen Jahrtausends um fast sieben Prozent. Im gleichen Maß wie die Erfolgsquote seit 2000 sinkt, sinkt auch die Anzahl von Konfliktlösungen am Verhandlungstisch. Während zwischen 1949 und 1999 noch 69 Konflikte durch Verhandlungen bereinigt wurden, fast jeder zehnte, sank der Wert zwischen 2000 und 2019 auf 13 gelöste Konflikte, was jedem 50. Konflikt (2,17 %) entspricht.

Das bedeutet: Es wird aktuell immer häufiger versucht, Konflikte mithilfe von Sanktionen zu lösen. Fast fünfzig Prozent der seit 1945 ausgesprochenen 1101 Sanktionen wurden in den letzten zwanzig Jahren verhängt. Sanktionen werden immer häufiger als politisches Instrument benutzt, während Diplomatie und eine Lösung auf gegenseitigem Einvernehmen in den Hintergrund treten. Die Zunahme an Sanktionen hat dazu geführt, dass weniger Friedensverhandlungen geführt werden. Streitkultur ersetzt das persönliche Gespräch. Die Völker reden meistens übereinander, statt miteinander.

Warum Sanktionen nicht funktionieren und Frieden verhindern

Wirtschaftssanktion sind lange nicht so brutal wie Terror oder Kriege, stellen aber trotzdem eine **Form von Gewalt** dar, bedienen sie sich doch der Methode des Zwangs, der Erpressung und des Oktroyierens.

Stellen Sie sich vor, ein Fremder betritt Ihre Wohnung, ein Mensch, den Sie nicht kennen und noch nie gesehen haben. Er sieht sich alles an und sagt dann zu Ihnen: „Ihr Haus ist zu schmutzig. Bei uns ist es deutlich sauberer. Entweder, Sie verbessern sofort die Sauberkeit Ihres Heims, so dass Sie unseren Maßstäben entsprechen, oder wir blockieren die Zufahrtswege zu Ihrem Haus, so dass Sie weniger Essen, Getränke und Medikamente geliefert bekommen."

Wie denken Sie über einen solchen Gast? Finden Sie ihn sympathisch, freundlich und einfühlsam?

„Nein", sagen Sie, „Was glaubt der Kerl denn, wer er ist? Kommt ungefragt in mein Haus, beleidigt mich und, als ob das nicht schon genug wäre, droht er mir mit Bestrafung, falls ich seine beleidigenden Forderungen nicht umgehend nachkomme."

So nehmen es Staaten wahr, wenn sie von westlichen Staaten mit Druck dazu bewegt werden sollen, Menschenrechte und Demokratie zu verbessern. Das Vorgehen des Westens ist an Arroganz, Überheblichkeit und Taktlosigkeit kaum zu überbieten. Dieses Vorgehen wird von den betroffenen Ländern als respektlos wahrgenommen. Es erzeugt Emotionen von Ärger, Wut, verletztem

Stolz und Erniedrigung. Die Bereitschaft, den Forderungen nachzukommen, ist gering, im Gegenteil: Die westliche Politik lässt Widerstand erwachen. Viele Länder weigern sich aus Trotz, die Forderungen umzusetzen („Jetzt erst Recht nicht!").

Kleinere und wirtschaftlich schwächere Staaten können der wirtschaftlichen Überlegenheit des Westens nichts entgegensetzen. Sie haben keine Wahl und müssen den Forderungen nachkommen. Der Westen kennt die Konstellation. Das wirtschafte Gefälle wird bewusst als Motivations- oder Druckmittel eingesetzt. Die sanktionierten Staaten erfüllen die Forderungen zähneknirschend, weil sie keine Wahl haben. All das führt auf psychologischer Ebene zu einem Gefühl der Demütigung und des Widerstands. Die Bereitschaft, aus Einsicht und Freiwilligkeit mehr Demokratie oder Menschenrechte einzuführen, wird so schon im Keim erstickt. Unter Druck und Zwang soll ein sanktionierter Staat nachgeben, das bildet keine Grundlage für Zusammenarbeit und Vertrauen.

Sie werden jetzt einwenden, dass üble Diktatoren freiwillig nichts ändern werden. Damit haben Sie recht. Aber Veränderungen sind nur dann nachhaltig, wenn sie freiwillig und nicht durch Zwang oder Erpressung verordnet sind. Das haben wir auch am Beispiel Afghanistan und an den Folgen des Irakkriegs gesehen.

Auf diplomatischer Seite führt es häufig dazu, dass ein Gespräch auf Augenhöhe nicht stattfindet. Die Art und Weise, wie westliche Politik vorgeht, macht es unmöglich, Forderungen anzunehmen. Selbst wenn Staatsoberhäupter bereit wären, sich den Sanktionen zu beugen, macht ihnen der Gesichtsverlust ein Einlenken unausführbar. Es käme politischem Selbstmord gleich, unverschämten Drohungen nachzugeben. Politiker, die sich auf den Handel einlassen, verlieren Vertrauen und Ansehen bei ihrem Volk oder bei Bündnispartnern, was zu außen- und innenpolitischem Machtverlust führt.

Was gibt der EU oder den Vereinigten Staaten das Recht, gegen Staaten Gewalt anzuwenden, indem sie diese wirtschaftlich erpressen. Die Vertragsstaaten haben den Zivilpakt und den Sozialpakt ausschließlich mit der UNO geschlossen. Deshalb besteht nur eine Rechenschaftspflicht ihr gegenüber. Weder die EU, noch die USA oder irgendein anderes Land haben die Legitimation zu Wirtschaftssanktionen aufgrund Verstoßes gegen die Menschenrechte. Wenn jemand das Recht hat, dies zu tun, dann ist es ausschließlich die UNO.

Darüber hinaus ist das Handeln einzelner Staaten oder Staatenbündnisse zu sehr von macht- und geopolitischen Interessen geprägt. Die EU liefert bspw. Waffen an afrikanische Diktatoren, um das Flüchtlingsproblem zu lösen. Sie nimmt bewusst den Tod von Tausenden in Kauf. Die EU ist deshalb gar nicht in der moralischen

Position, andere aufgrund des Verstoßes gegen die Menschenrechte zu verurteilen. Wer im Glashaus sitzt, sollte nicht mit Steinen werfen. Gleiches gilt für die USA: Die Vereinigten Staaten unterhielten Foltergefängnisse in Osteuropa und Guantanamo. Der Irakkrieg 2003 war ein verbotener Angriffskrieg. Die Resolution, um die USA zu verurteilen, scheiterte nur deshalb, weil die Vereinigten Staaten und Großbritannien ihr Vetorecht im Sicherheitsrat einlegten. Die NSA bespitzelt seit zwanzig Jahren die ganze Welt und sogar die eigene Bevölkerung.

Wenn die EU und die Vereinigten Staaten anderen ritten Ländern mit Sanktionen drohen, weil diese moralisch gefehlt haben, können diese das nicht ernst nehmen – das öffnet Gräben, weil sanktionierte Staaten das Vorgehen dann als willkürlich wahrnehmen. Diese aus Sicht der Betroffenen scheinbar wahllose Gewalt erzeugt Wut, Ohnmacht, Hass und Gewalt.

Ich fordere deshalb ein generelles Verbot für Wirtschaftssanktionen außerhalb der UNO. Dieses soll nicht nur im Rahmen von Verletzung der Menschenrechte gelten, sondern allgemein, da Sanktionen Gewalt anwenden, Gewalt aber immer Gegengewalt erzeugt. So kann kein Frieden entstehen.

Zusammenfassung

Wirtschaftssanktionen funktionieren nicht. Dafür habe ich folgende Beweise erbracht:

1. Die Wahrscheinlichkeit eines Erfolges von Sanktionen liegt bei 1 zu 3.
2. Die Resultate des GPI und des Demokratieindex sind ein starker Beleg dafür, **dass Sanktionen keinerlei Wirkung haben, Demokratie und Frieden in der Welt zu verbessern.**
3. **Sanktionen gefährden den Frieden.**
4. Wenn man den Aufwand, die Kosten und Entbehrungen für den Sanktionierenden und den Sanktionierten betrachtet, steht die Verschwendung von Ressourcen in keinem Verhältnis zur geringfügigen Wirkung.

Verabsolutierung von Freiheit und Menschenrechten

Die obige Argumentation zeigt einige Ursachen auf, warum Sanktionen ein schlechtes Mittel sind, Frieden, Menschenrechte und Demokratie in andere Länder zu bringen.

Warum aber bedient sich der Westen derart rüpelhafter Methoden, um seine Ideen durchzusetzen? Die Antwort liegt darin begründet, dass die Werte von Freiheit und Menschenrechten absolut gesetzt werden. Das bedeutet, dass das Erreichen oder Erhalten bestimmter Moralvorstellung allem übergeordnet wird. Umgekehrt bedeutet es, dass sich einzigartige kulturelle oder historische Verschiedenheiten dem Diktat der Menschenrechte unterordnen müssen. Im Bewusstsein der moralischen Überlegenheit ignoriert der Westen die individuellen Bedürfnisse anderer Staaten und deren moralischen Werte. Er fühlt sich dazu berechtigt, Gewalt (Krieg, Wirtschaftssanktionen) gegen Staaten anzuwenden, die nicht willens oder fähig sind, die Menschenrechte ausreichend umzusetzen. Es ist interessant, dass Gewalt benutzt wird, um Gewalt zu verhindern. Das kann nicht funktionieren, die Geschichte hat dies oft genug gezeigt.

Die EU und die Vereinigten Staaten verurteilen zum Beispiel die traditionelle Rolle der Frau im arabischen Raum. Sie verunglimpfen die arabische Kultur und betrachten sie als rückständig, weil Frauen weniger Rechte besitzen als Männer. Aufgrund der mit den Menschenrechten verbundenen Gleichheit zwischen den Geschlechtern, fühlt sich der Westen im Recht, die Kultur Andersdenkender herabzuwürdigen. Die Verwirklichung der Menschenrechte gibt dem Westen einen selbstausgestellten Freifahrtsschein.

Wie gefährlich die Verabsolutierung selbst nobelster und gutgemeinter Werte ist, zeigt die Geschichte: In den Kreuzzügen sah man es als sakrale Gottespflicht an, die heiligen Stätten von den barbarischen Ungläubigen zu befreien. Die heiligen Gebeine Jesu mussten gerettet werden, um die Reinheit von Religion, Glauben und Lehre zu erhalten. Zehntausende Moslems wurden im Namen Gottes getötet.

Während der französischen Revolution richteten die Jakobiner Tausende hin, weil sie in ihnen Feinde der Revolution sahen – Menschen, die beseitigt werden mussten, weil sie angeblich von den Werten der Freiheit, Gleichheit und Brüderlich abgefallen waren.

Denken Sie an die hehren Werte der Sozialisten: Materielle Gleichheit aller Bürger, ein Ende von Ausbeutung, Unterdrückung und Armut auf der ganzen Welt. Ein menschlicher Wunschtraum sollte endlich wahr werden. Um diesen Traum zu verwirklichen, war man bereit, Millionen Menschen zu opfern. Um einer Konterrevolution zuvorzukommen, welche die idealistischen Ziele massiv gefährdet hätte, errichtete Lenin einen Terrorstaat und tötete jeden, der auch nur ansatzweise kein Freund der Revolution war. Abermillionen fielen dem roten Terror zum Opfer. Im Namen des Weltfriedens wurden sie hingerichtet, in den Gulag gesteckt, was praktisch einem Todesurteil gleichkam, oder verschwanden spurlos in den Folterkammern des Geheimdienstes.

Denken Sie an den Untergang der nordamerikanischen Indianerkultur: Alles hat man ihnen im Namen des Fortschritts und der westlichen Werte und Kultur genommen. Der weiße Mann stahl den stolzen Ureinwohnern ihr Land, zerstörte ihre Heiligtümer, vernichtete die Natur,[307] ihre Lebensart und Kultur. Das schlimmste aber von alledem ist, dass die Weißen den Indianern ihre Würde nahmen, woran diese aufrechten Völker schließlich zerbrachen. Dieses Trauma lebt bis heute bei den wenigen Nachkommen weiter. Bürger indianischer Herkunft leben häufig in einem unerträglichen Zwiespalt zwischen der Wahrung indianischer Traditionen und der Anpassung an die Moderne. Der Schmerz dieser Schizophrenie führt zu Alkohol- und Drogenkonsum, Depression und Selbstmord. Und all das nur, weil man eine Ideenlehre über eine andere stellt.

Ein weiteres Beispiel aus der Geschichte ist die christliche Missionierung der heutigen Subsahara. Im Namen Gottes wollte man schwarzen Menschen, die man für rückständig und dumm hielt, den „richtigen" Glauben näherbringen. Man glaubte damals aufrichtig, ihnen etwas Gutes zu tun. Aus christlicher Sicht ist es die edelste Tat der Nächstenliebe, die Seele eines anderen Menschen zu retten. Die Missionare sahen damals nichts Verwerfliches darin, die Ureinwohner zu christianisieren, wenn nötig mittels Gewalt und Zerstörung, da sie die Schwarzen vor dem Fegefeuer und der ewigen Verdammnis zu retten glaubten.

Ich bin ein Anhänger der Menschenrechte und des International Bill of Rights. Ich teile die Auffassung, dass die Rechte universell als Leitmotiv gelten. Aber ich bin ein strikter Gegner, der Art und Weise, wie der Westen Länder verunglimpft, die in der Umsetzung der Normen (teils deutlich) zurückbleiben, weil sie aufgrund länderspezifischer Umstände (Kulturkreis, Wirtschaftsverhältnisse, Religion, Historie, Tradition etc.) nicht in der Lage oder willens sind, die Menschenrechte in Gänze umzusetzen. Dieser Weg, anderen aufgrund einer universellen Wertebasis, ihre Werte und Traditionen zu nehmen, ist entweder von vornherein zum Scheitern verurteilt oder verursacht unermessliches Leid bei den Betroffenen.

Die Menschenrechte sind ein möglichweise nie zu erreichendes Ideal. Ethik ist ein Sollen, das die Richtung anzeigt, aber keine gesetzliche Verhaltensvorschrift. Menschen machen Fehler, sind manchmal unzulänglich, schwach oder korrupt. Aber anstatt den Stab über solchen Staaten zu brechen, sollte man sich in Geduld

307 In den Augen der Indianer ist die Natur ein lebendiges Wesen. Die rücksichtslose Zerstörung ist in ihren Augen Mord an Mutter Natur.

und Verständnis üben. **Die Verwirklichung von Demokratie und Menschenrechten gedeiht individuell, denn jedes Land befindet sich in seiner Zeit und in seinem Rhythmus.** Jedes Land ist eine seit Jahrhunderten organisch gewachsene, historische, kulturelle, ethnologisch, soziale, wirtschaftliche Entität. Jede dieser nationalen Entitäten ist einzigartig, Niemand soll und darf deshalb verurteilt werden, wenn er die Menschenrechte langsamer oder auf Umwegen erreicht. Und nicht immer ist der direkte Weg der klügste. Es reicht nicht aus, eine demokratische Verfassung zu beschließen und die entsprechenden Gesetze und Strukturen bereitzustellen. Ohne ein demokratisches Bewusstsein werden die Strukturen nicht mit Leben gefüllt. Es sind dann nur dem Namen nach Demokratien, nämlich Scheindemokratien. Es ist eine weitverbreitete Fehlannahme zu glauben, dass auf der einen Seite der böse Diktator steht und auf der anderen das gute, geknechtete, freiheitsliebende Volk, das ohne den Diktator umgehend Demokratie und Menschenrechte verwirklichen würde. Aus dieser Annahme heraus wurden das Taliban-Regime und Saddam Hussein gestürzt. Man ging davon aus, dass dem Volk ohne Unterdrücker endlich die herbeiersehnte Demokratie und Freiheit in den Schoß fallen würde. Ende gut alles gut.

Die Formel, die hier angewendet wird, lautet wohl:

DEMOKRATIE =
Diktator stürzen + Demokratische Verfassung + Demokratische Gesetze

Aber so funktioniert das leider nicht. Das ist nicht nachhaltig. Die Taliban sind zurückgekehrt, die Demokratie vernichtet. Ohne die Zustimmung oder Duldung der breiten Masse hätten die Taliban niemals in der kurzen Zeit siegen können. Die afghanische Armee beispielsweise war in den letzten Monaten des Kriegs nicht mehr bereit, für die Demokratie zu kämpfen. Die Soldaten wollten dafür nicht mehr ihr Leben riskieren. Sie ließen sich von den Taliban ausbezahlen, gaben die Waffen ab und gingen nach Hause.[308]

Ein weiteres Beispiel, warum Demokratie kein Selbstläufer ist, zeigt die Einstellung der arabischen Bevölkerung im Nahen Osten zu Autoritäten. Im Gegensatz zu Europäern wünschen sich Araber meist nur autoritäre, starke Persönlichkeiten und respektieren nur solche, zu denen sie mit tiefstem Respekt aufschauen können. Ihre

---

308 ZDF.de: *Warum die Taliban Afghanistans Armee besiegen | Nils Metzger, 2021,* www.zdf.de/nachrichten/politik/afghanistan-taliban-armee-staerke-ausbildung-100.html | Abruf: April 2022

Denkmuster sind in den meisten Fällen hierarchisch geprägt. Sie sind erwachsen aus den traditionellen Werten der vielen arabischen Volksstämme, den Amir, den Anaiza, den Chazradsch, den Haschim, den Howeitat, den Quraisch, usw. Das Leben der Stämme musste streng hierarchisch gegliedert sein, um in der Wüste überleben zu können. Rigide Aufgabenteilung nach Fähigkeit und Kraft (was zur Geschlechtertrennung führte), starke Betonung von Tradition und Religion, Gehorsam und ein starkes Oberhaupt boten die besten Überlebenschancen. Trotz des Einzugs der Moderne in die arabische Welt ist dieses Denken weiterhin tief verwurzelt. Es gab im Nahen Ost nie eine nachhaltige Epoche der Aufklärung, keine Trennung von Religion und Staat. Es gab nur kurz zwischen 630 und 1000 n.Chr. eine wissenschaftliche und kulturelle Blütezeit. Astronomie, Architektur, Mathematik und Medizin waren hoch entwickelt.

In Europa existierte darüber keinerlei Wissen, da die Texte der griechischen Philosophen und Forscher verschwunden oder nicht übersetzt waren. Nach der Einnahme Bagdads durch die Araber entwickelte sich eine Hochkultur, deren Glanz und Wissen nach der Eroberung des heutigen Spaniens auch ihren Weg nach Europa fanden. Doch das Reich, welches in der Hochzeit von der arabischen Halbinsel über den Nahen Osten und ganz Nordafrika bis nach Spanien reichte, zerfiel. Bereits im 11. Jahrhundert fallen immer wieder Völker in den Randregionen ein: Spanien und Sizilien werden durch Europa zurückerobert, die Berber errichten ein eigenes Reich in Nordafrika, und türkische Stämme besetzen große Teile des heutigen Iran und Iraks. Zu Beginn des 13. Jahrhundert fallen die Horden Dschingis Khan im Nahen Osten ein. Ihr Feldzug führt sie brandschatzend und mordend durch das arabische Reich im Nahen Osten. Mitte des Jahrhunderts fällt Bagdad und wird dem Erdboden gleichgemacht.[309] Den endgültigen Untergang des arabischen Reichs besiegelte die Niederlage 1516/1517 gegen das osmanische Reich. Araber standen ab diesem Zeitpunkt für fünfhundert Jahre unter der Herrschaft der Osmanen. Die letzten aufklärerischen, modernen Elemente verschwanden aus dem orientalischen Kulturkreis. Sie erwachten erst wieder durch die europäische Kolonialisierung des Vorderen Orients, die im Jahr 1798 mit der Eroberung Ägyptens durch Napoleon begann.

Die wirtschaftliche Entwicklung und die industrielle Revolution des Nahen Ostens begannen zweihundert Jahre später als in Europa. Erst als die Petrochemie an Bedeutung gewann und die Euro-

309 Planet Wissen: *Arabische Welt, Tobias Aufmkalk*, www.planet-wissen.de/kultur/naher_und_mittlerer_osten/arabische_welt/index.html#Zerfall Abruf: April 2022

päer Mitte des 20. Jahrhunderts die Ölquellen an die ölfördernden Staaten abgaben, blühten viele Staaten auf. Das ließ in vielen arabischen Ländern großen Wohlstand entstehen. Aber arabische Länder wie der Jemen, Libanon, Sudan, Syrien, Jordanien oder Ägypten, die über kein oder wenig Öl verfügten, leben bis heute in einfachen wirtschaftlichen Verhältnissen. Das Leben auf der arabischen Halbinsel und im Vorderen Orient basierten bis zu Beginn des 20. Jahrhunderts auf mittelalterlichen Strukturen. Das bezieht sich sowohl auf das völlige Nichtvorhandensein industrieller Strukturen als auch auf die Ideenlehre und Werte. Diese waren durch den Islam stark religiös und hierarchisch geprägt. In Kombination mit den Jahrtausende alten Traditionen der Volksstämme und dem nomadischen Leben in der Wüste konnte bei der arabischen Bevölkerung nur ein geringes Verständnis und Bewusstsein für Demokratie gebildet werden. Das ist die Ursache, warum Demokratien bis jetzt keinen Bestand hatten und die arabische Welt fast ausschließlich autoritär von starken Alleinherrschern oder Clans regiert wird. In diesen Staaten sind die Freiheitsrechte der Staatsbürger deutlich eingeschränkt.

Aber wie kommt der Westen dazu, arabische Staaten für das zu verurteilen, was sie sind? Es gibt offensichtliche historische Gründe, weshalb es Demokratien und Freiheitsrechte schwer haben. Demokratie fällt nicht vom Himmel, Menschenrechte müssen erkämpft werden. Glaubt man wirklich, dass Gesellschaften, die einen völlig anderen Weg einschlugen als Europa, einfach so mit einem Fingerschnippen ihre Werte um 180 Grad drehen? Der Weg zur Umsetzung der Menschenrechte kann Jahrzehnte, vielleicht Jahrhunderte dauern. **Der Westen muss Geduld zeigen und den Prozess zur Demokratie behutsam begleiten bzw. fördern.** Behutsam meint, dass arabische Staaten nicht verurteilt, bedroht, unter Druck gesetzt, sanktioniert oder erobert werden.

Was ich damit sagen will, ist das Folgende: Staaten ohne westliche Tradition besitzen nicht die Voraussetzungen, **ad hoc** Demokratie und Menschenrechte in ihrem Land nachhaltig zu verwirklichen. Wenn man den Menschen dort von jetzt auf gleich denselben Grad an Freiheitsrechten wie im Westen gewähren würde, gäbe es früher oder später Unruhen, Gewalt, Chaos und Blutvergießen. Das Ende vom Lied wäre dann ein Militärputsch, um die Ordnung wiederherzustellen. Nichts wäre gewonnen! Die Verankerung westlicher Rechts- und Freiheitswerte spiegelte einen großen politischen Fortschritt wider. Es dauerte jedoch Jahrhunderte, bis sie im Okzident erkämpft wurden. In Europa brauchte es von den Ideen der Aufklärer bis zu stabilen Demokratien ab 1945 (In Osteuropa erst 1990) dreihundert Jahre. Selbst nach der französischen Revolution

1789 war es noch einer weiter Weg. Die liberalen Entwicklungen im 19. Jahrhundert in Deutschland waren dialektisch geprägt. Auf der einen Seite finden wir ein politisches Aufbegehren des Großbürgertums, das in den 1820ern und 1848 in Revolutionen mündete mit der Paulskirche in Frankfurt 1848 als Höhepunkt. Auf der anderen Seite steht das blutige Niederschlagen liberaler Aufstände durch die Heere der Aristokratie, allen voran Preußen und Österreich. Danach folgte die Reaktionszeit: „Nach der Niederschlagung der Revolution von 1848/49 wurden die nationale Bewegung unterdrückt und demokratische Rechte zurückgenommen. In den meisten deutschen Staaten nahmen mit der im "Bundesreaktionsbeschluss" vom 23. August 1851 legitimierten Beseitigung liberaler Errungenschaften Zensur und politische Verfolgung zu. Am selben Tag hoben die Fürsten die 1848 von der Paulskirchenversammlung beschlossenen "Grundrechte des deutschen Volkes" auf."[310] Erst nach der Niederlage im Ersten Weltkrieg endete die Vormacht der reaktionären Strukturen. Als die Weimarer Demokratie am neunten November 1918 von Scheidemann in Berlin ausgerufen wurde, wähnte sich die Bevölkerung am Ziel ihrer Wünsche. Doch das Ende der Weimarer Republik war tragisch. Sie endete mit der Machtergreifung des NAZI-Faschisten Adolf Hitler.

Warum scheiterte Weimar? Dafür gibt es viele Gründe. Die Hauptursache liegt m.E. im Mangel demokratischen Bewusstseins. Mit anderen Worten ausgedrückt: Die Mehrheit der Deutschen wollte diese Demokratie nicht. Die Eliten, das waren Adelige, Industrielle und reiche Bürger, sehnten sich nach dem Kaiserreich zurück, um ihre verlorenen Privilegien und Reichtümer wiederzuerlangen. Richter, Polizei, der gesamte Beamten- und Verwaltungsapparat waren mit Personen besetzt, die im Kaiserreich (1870 bis 1918) ausgebildet worden waren und gedient hatten.

Die linken Strömungen wollten die Demokratie zerstören und durch einen bolschewistischen Staat ersetzen. Sie sprachen sich für die Gleichheit aller aus, sie forderten die Abschaffung aller Privilegien, die Auflösung der Klassen und die Umwandlung des Nationalstaates in einen sozialistisch-bolschewistischen Sowjetstaat. Hitlers rechter Terror und die Nazis forderten die Betonung des Deutschtums, Rache für die Demütigung der Deutschen durch den Versailler Vertrag und die Abschaffung der schwachen Demokratie. Die Nazis versprachen der Bevölkerung Stabilität durch das faschistische Führerprinzip und predigten Judenhass. All dies stand den reichen Eliten näher als die Republik oder Bolschewismus. Es klang für sie wie die Wiederherstellung des guten alten Kaisers

310 LEMO: *Reaktionszeit und Nationalstaatsbildung 1850-1870*, www.dhm.de/lemo/kapitel/reaktionszeit Abruf: April 2022

und des Vaterlands. Gleiche Sympathien hegte die Beamtenschaft, die dem Kaiserreich nachtrauerte. Die häufigen Straßenschlachten zwischen linken und rechten, diverse rechte Putschversuche und die wirtschaftliche Not zermürbten mit den Jahren die Bevölkerung. Sie wurde zusehends anfälliger für Hitlers Nationalsozialismus.

Die Weimarer Republik wurde vom internationalen Weltgeschehen erschüttert (Inflation, Besetzung des Ruhrgebiets, Weltwirtschaftskrise) und von radikalen Kräften im Inneren zersetzt. Da ein zu geringes Demokratiebewusstsein in den Köpfen der Bevölkerung existierte, wendete man sich in der Not, die sich vor allem durch den Beginn der Weltwirtschaftskrise verschärfte, an radikale Kräfte. In der Hoffnung auf ein geordnetes, vorhersehbares, besseres Leben glaubte man, dass Adolf Hitler dafür der Richtige sei. Selbst das Parlament war mit der Situation überfordert. Die nichtdemokratischen Kräfte gewannen immer mehr an Einfluss und begannen im Hintergrund die Fäden zu ziehen. Die nationalkonservativen Eliten machten ihren Einfluss geltend und sorgten für den Bruch der letzten demokratischen Koalition am 27. März 1930. Die große Koalition, bestehend aus SPD, DDP (Deutsche Demokratische Partei), Zentrum, BVP (Bayerische Volkspartei) und DVP (Deutsche Volkspartei), zerbrach vordergründig an der Frage zur Erhöhung des Arbeitslosenversicherungsbeitrags. In Wahrheit jedoch erfolgte der „Bruch der Großen Koalition […] im Zusammenspiel einflussreicher Vertreter autoritärer politischer – wenn nicht monarchistischer – Bestrebungen und wirtschaftlicher Interessen.“[311] Dies wurde daran deutlich, dass Reichstagspräsident Hindenburg nur drei Tage nach der Auflösung der Koalition als neuen Reichskanzler Heinrich Brüning ernannte, ohne dass im Vorfeld Koalitionsverhandlungen stattfanden. Die bisherigen Koalitionspartner der SPD mussten eingeweiht gewesen sein, denn Brüning ersetzte lediglich die drei SPD-Minister durch Vertreter konservativer Kleinparteien und des gemäßigten Flügels der Deutschnationalen. Mit der Unterstützung von Reichspräsident Hindenburg regierte Brüning nun mit Notverordnungen und ohne Beteiligung des Parlaments.

Bei den Wahlen 1932 kam Hitlers NSDAP auf über 33 % der Stimmen und wurde mit Abstand zur stärksten Partei. Durch geschicktes politisches Taktieren gewann Hitler nationale und wirtschaftlichen Kräfte für sich. Schließlich wurde er zum Reichskanzler ernannt und unter „Wahrung des Anscheins verfassungsmäßiger Legitimi-

311 Bundeszentrale für Politische Bildung: Zerstörung der Demokratie 1930-1933, Reinhard Sturm , hwww.bpb.de/themen/erster-weltkrieg-weimar/weimarer-republik/275841/zerstoerung-der-demokratie-1930-1933/ Abruf: April 2022

tät schalteten sie [die NSDAP] politische Gegner mit Gewalt aus und bemächtigten sich der staatlichen Machtinstrumente.“[312] Die Demokratie war ausgeschaltet und durch die Diktatur der Nazis ersetzt worden. Hitler führte Deutschland in den Untergang. Die Erfahrungen des 2. Weltkriegs waren für das deutsche Volk und den Westen traumatisch, aber die Erfahrung, wohin der Faschismus und die Diktatur die Menschen führten, löste das alte Denken auf, wonach es hierarchischer, strenger Klassen bedarf, um ein Land stabil zu regieren. Deutschland und Europa hatten dazugelernt. Die Staaten des Westens haben vorbildlich gezeigt, dass man ohne den Ruf nach dem starken Mann, ohne die Etablierung autoritärer Strukturen, Krisen meistert. Seine Bürger sind frei und die Nationen stark, stabil und wohlhabend.

Wenn solch traditionelle Demokratieländer wie Deutschland schon an der Demokratie gescheitert sind, wie sollen es dann afrikanische, arabische, eurasische und asiatische Länder von heute auf morgen schaffen, dauerhafte Demokratien mit Menschenrechten zu errichten? Das wäre so, als würde man Erstklässlern Abituraufgaben geben. Dieses Vorgehen ist von vornherein zum Scheitern verurteilt, weil die Schüler *noch* nicht die Voraussetzungen mitbringen, um die Aufgaben zu lösen. In der Schule erhalten Schüler Aufgaben, die ihrem Wissens- und Entwicklungsstand angepasst sind. Im Laufe der Jahre wird das Wissen sukzessive erhöht und der Schweregrad der Aufgaben angehoben, bis die Schüler eines Tages in der Lage sind, Abituraufgaben zu lösen. Aber wenn Lehrer Erstklässlern mit harten Strafen drohen würden, falls sie Abituraufgaben nicht lösen würden, so wäre dies erstens sinnlos und zweitens kontraproduktiv: Durch diese aggressive Einmischung würden die Lehrer verhindern, dass Schüler sich in Ruhe ihren individuellen Fähigkeiten gemäß entwickeln. Dadurch wird es nur noch schwerer und dauert noch länger, bis sie den Anforderungen von Abituraufgaben gewachsen sind; darüber hinaus entwickeln die Schüler Widerstand, Hass und Wut gegen die Lehrer, sie fühlen sich ungerecht behandelt und überfordert, weil man von ihnen erwartet, etwas zu können oder zu wissen, was sie nicht gelernt haben. Die Anforderungen von Abituraufgaben ignorieren vollkommen Alter und Wissenstand der Erstklässler, niemand berücksichtigt ihre individuelle Situation und Entwicklung. Dieses Vorgehen ist offensichtlich dumm und von vornherein zum Scheitern verurteilt.

Um hier gleich Missverständnissen vorzubeugen: **Alle Kulturen und Länder sind gleichwertig. Kein Staat steht über oder unter einem anderen Staat. Keine Kultur steht über oder unter**

312 LEMO: Etablierung der NS-Herrschaft, www.dhm.de/lemo/kapitel/ns-regime/etablierung-der-ns-herrschaft.html Abruf: April 2022

einer anderen Kultur. Jeder Staat stellt für mich einen einzigartigen Organismus dar. Man kann Staaten nur hinsichtlich ausgesuchter Merkmale vergleichen. Aber dadurch wird *nichts* über deren (einzigartige) Wertigkeit ausgesagt. In puncto Herzlichkeit, Gastfreundschaft, Ernsthaftigkeit im Glauben sind islamische Länder den europäischen Völkern weit voraus. In puncto Demokratie und Menschenrechte jedoch haben islamische Staaten gegenüber dem Westen großen Nachholbedarf. Die arabische Welt ist großartig, ihre Kultur, ihre Menschen, ihre traditionellen Werte. Ich bin davon überzeugt, dass arabische Nationen im Laufe der nächsten fünfzig Jahre zu Stabilität finden und ihren Bürgern ein Stückchen mehr Freiheit zugestehen werden. Was ich über die arabische Welt gesagt habe, gilt selbstverständlich für alle Kulturen dieser Welt. Alle haben eine einzigartige Geschichte, die es zu respektieren gilt. Der Weg zu Demokratie und Menschenrechten verläuft dabei individuell.

Man könnte einwenden, dass es besser sei, eine fehlerhafte Demokratie zu installieren, als das Unrecht eines Diktators zu ertragen. Dazu zuerst eine theoretische Antwort und im Anschluss daran eine empirische. In einer stabilen Diktatur, wie z.B. China, haben Menschen geringe persönliche Freiheiten. Dafür finden die Bürger Chinas einen Staat vor, der für Recht und Ordnung sorgt: Gesetze werden eingehalten und Straftäter verfolgt – ein Staat, der die Sicherheit seiner Bürger gewährleistet, indem ein funktionierendes Rechtssystem etabliert ist. Jetzt stellen wir uns ein Land vor, dass seiner Bevölkerung sämtliche Freiheitsrechte einräumt, der Staat aber die Kontrolle verloren hat. Überfälle, Attentate und Plünderungen sind an der Tagesordnung, werden in den meisten Fällen aber nicht juristisch verfolgt. Nennen wir diesen Zustand „Wilder Westen". In der Theorie haben die Bürger alle Freiheiten. In der Praxis ängstigen sie sich zu Tode, trauen sich nicht aus dem Haus und hoffen, den nächsten Tag zu überleben. Sie haben keine Wahl, sind vollkommen unfrei. Freiheit ist nur dann möglich, wenn der Staat die Rechtshoheit besitzt, denn nur durch die Einhaltung der Gesetze entsteht Gerechtigkeit, ohne Gerechtigkeit aber kann es keine Freiheit geben. Mit anderen Worten: Menschen in einer instabilen Demokratie besitzen weder Freiheit noch Sicherheit, während sie in einer Diktatur sicher leben und mehr Freiheit besitzen als im Wilden Westen.

Jetzt das praktische Beispiel. Leider zeigt die Realität der letzten zwanzig Jahre, dass sich das Leid, das durch Gewaltherrschaft verursacht wird, durch die erzwungene Einrichtung einer schwachen Demokratie um ein Vielfaches vergrößert. Denken Sie an den Irakkrieg 2003 und den damit verbundenen Aufstieg des IS. Unter dem

Regime Saddam Hussein von 1979 bis 2003 wurden laut Human Right Watch schätzungsweise 270.000 Menschen im Irak durch Menschenrechtsverletzungen getötet. Saddam war ein Schlächter, der durch Staatsterrorismus, Attentate, Folterungen, Massenmord, Völkermord (u.a. durch Giftgas) und außergerichtliche Exekutionen eine oft stalinistische Diktatur führte, wenn auch im kleineren Maßstab.[313] Im Chaos nach der Eroberung Bagdads im April 2003 beschlagnahmten „US-geführte Koalitionstruppen, irakische Oppositionsgruppen und Einzelpersonen Hunderttausende von irakischen Staatsdokumenten aus Regierungsgebäuden, dem Hauptquartier der Ba`th-Partei und Büros der ersteren Geheimdienst- und Sicherheitsapparate, Militärgarnisonen und andere Räumlichkeiten in ganz Bagdad“[314] Später entdeckte man tausende geheime Dokumente in öffentlichen Gebäuden und Privathäusern ehemaliger Regierungsbeamter. Allerdings gingen durch amerikanische Luftangriffe und Plünderungen der irakischen Bevölkerung nach dem Sieg der alliierten Streitkräfte viele Aufzeichnung über die Gräuel des Regimes verloren. In Anbetracht dieser Tatsachen erscheint mir eine Zahl von 270.000 zu gering, ich schätze die Opferzahl auf mindestens 300.000 bis 360.000. Im Vergleich dazu jetzt die Opferzahlen des Irak-Kriegs.

Die Kampfhandlungen des zweiten Irak-Kriegs begannen am 20. März 2003 und endeten offiziell am 1. Mai desselben Jahres. Den Kampfhandlungen fielen schätzungsweise zwischen 40.000 und 100.000 irakische Zivilisten zum Opfer.[315] Während der Besatzungszeit bis Anfang 2012 herrschten teils bürgerkriegsähnliche Zustände. In dieser Zeit wurden mindestens 340.000 Iraker getötet und mindestens 600.000 wurden verwundet. 33.000 irakische Soldaten, Polizisten, Sicherheitskräfte und 4.633 amerikanische bzw. britische Soldaten fanden den Tod. Der nachfolgende Krieg gegen den IS bis 2018, überwiegend auf irakischem und syrischem Boden ausgetragen, kostete mindestens 50.726 Zivilisten (davon 38.000 auf irakischen Boden) und 131.400 Soldaten auf Seiten von IS und der Allianz das Leben.

Insgesamt komme ich bei meinen Recherchen auf 636.000 Tote[316], die in direkter Folge des Irak-Kriegs ums Leben kamen. Dies ist

313 Wikipedia, Suchbegriff: *Human rights in Saddam Hussein's Iraq,* Abruf: April 2022

314 Human Rights Watch: *Iraq: State of the Evidence*, (Übersetzt aus Englischen), 2004 www.hrw.org/report/2004/11/03/iraq-state-evidence#_ftn47 Abruf: April 2022

315 Wikipedia, Suchbegriffe: Irakkrieg, *International military intervention against the Islamic State*, List of terrorist incidents linked to the Islamic State; Abruf: April 2022

316 ebd.

eine konservative Einschätzung, realistischer sind Todeszahlen von mindestens 900.000 bis 1.000.000. Durch Attentate und Angriffe außerhalb des Irak tötete der IS weitere 3.650 Menschen.[317] Hinzu kommen 30.177 Selbstmorde von US-Army Veteranen, die am „Krieg gegen den Terror" (Afghanistan, Irak, Syrien, Jemen) teilnahmen. Vier Millionen Iraker und sieben Millionen Syrer wurden aus ihrer Heimat vertrieben. Der Irakkrieg destabilisierte eine ganze Region und hatte großen Anteil daran, dass sich Bürgerkriege in Syrien und Libyen zu internationalen Schlachtfeldern ohne Aussicht auf anhaltenden Frieden verwandelten. Er sorgte dafür, dass sich der Terror des IS auf die gesamte Welt ausdehnte. Er hatte großen Anteil daran, dass sich Millionen Flüchtlinge auf den Weg nach Europa machten. Boko Haram destabilisiert bis heute die Sahelzone, indem sie willkürlich Dörfer überfallen, Menschen töten oder sie zwingen, die Scharia umzusetzen.

Das Leid der Menschen durch das Saddam-Regime und den Irakkrieg sind unermesslich. Ein Vergleich des Leids verbietet sich eigentlich aus Pietätsgründen, denn das erlebte, subjektive Leiden kann und sollte nicht quantifiziert werden. Und doch müssen wir es tun, um bei zukünftigen moralischen Entscheidungen das geringere Übel zu wählen. Deshalb verzeihen Sie mir, wenn ich die Leichen zähle. Das wäre nicht nötig in einer besseren Welt. Aber wir besitzen nur diese Eine. Also, dann. Ich benutze die Zahl der getöteten Menschen, um quantitativ zu bestimmen, welche menschliche Katastrophe die größere war. Im Irak nahm Saddam Hussein ungefähr 350.000 Irakern das Leben, wahrscheinlich wurden noch einmal so viele der Folter und Repressalien ausgesetzt oder in Haft genommen. Den Krieg des Iraks gegen den Iran, der auf beiden Seiten eine Million Opfer forderte, nehme ich aus der Rechnung heraus.

Dafür gibt es folgende Gründe:

1. Der Krieg gegen Irak war ein überwiegend außenpolitisches Phänomen.
2. Der Krieg fand zu großen Teil auf iranischem Territorium statt.
3. Es stellt an sich keinen Bruch des Menschen- und Völkerrechts dar, wehrpflichtige Soldaten zu Kampfhandlungen einzuziehen. Darum sind der Einsatz und der Tod von Soldaten kein Gegenstand meiner Untersuchung.
4. Der Krieg gegen den Iran war allerdings ein widerrechtlicher Angriffskrieg. Doch dies kann nicht speziell der Eigentümlichkeit einer Diktatur zugeschrieben werden, da auch

317 CNN International: *ISIS goes global: 143 attacks in 29 countries have killed 2,043*

Demokratien dazu fähig sind, Angriffskriege zu führen, wie z.B. im Fall des Irakkriegs.

Dagegen war der Irakkrieg ein überwiegend innenpolitisches Phänomen für das Land. Die Kampfhandlungen fanden fast ausschließlich auf irakischem Hoheitsgebiet statt, und die meisten Opfer starben innerhalb der Grenze des eigenen Landes. Was ich, um die Vergleichbarkeit mit Saddams Staatsterrorismus zu ermöglichen, nicht einberechnet habe, sind die Toten im Krieg gegen den IS auf syrischen Boden, in weiteren Staaten, auf denen er aktiv war, und die weltweiten Anschlagstoten. Der Krieg gegen den Irak, die chaotische Besatzung und der Krieg gegen den IS auf irakischen Boden kostete schätzungsweise 900.000 Irakern das Leben. 450.000 bis 500.000 Menschen wurden teils schwer verletzt. Obwohl Saddam Hussein ein sadistischer, gewaltbereite Dämon war, seine Schreckensbilanz fällt vergleichbar gering aus im Vergleich zum Wahnsinn und der Anarchie des Irak-Kriegs aus.

Ergebnis: Der Irak-Krieg forderte drei Mal so viel Tote wie Saddams Terrorregime. Während sich seine Herrschaft überwiegend auf den Irak und seine Nachbarstaaten auswirkte, erschütterten die Folgen des Irakkriegs die ganze Welt. Der Kampf gegen den IS verschärfte die Bürgerkriege in Syrien, Libyen, Kaukasus und dem Jemen. Boko Haram, der afrikanische Ableger des IS, terrorisiert und destabilisiert große Teile der Subsahara. Durch den Fall Gaddafis und den Bürgerkrieg in Syrien flohen Millionen Flüchtlinge in die EU, die daran zu zerbrechen drohte. Die Probleme löst die EU mit noch mehr Gewalt, indem sie afrikanische Diktatoren mit Waffen und Geld vollpumpt, damit sich diese um das Flüchtlingsproblem „kümmern“. Die Anarchie des Irak-Kriegs erzeugte viel größeres menschliches Leid als Saddam Husseins Staatsterrorismus.

Es ist schon eigenartig: Ein Mann, der nur Böses wollte, erzeugte weniger Leid als jene, die mit Gewalt das Gute wollten. Deshalb sage ich immer wieder: Gewalt führt immer nur zu noch mehr Gewalt, sie führt nie zu Frieden, ganz egal, wie edel das Motiv ist.

Lösungen

Ist die Konsequenz also die, vor bestehendem Leid zu resignieren, da das Leid nur noch größer wird, sobald wir uns einmischen? Natürlich nicht. **Jedes Unrecht und jedes menschliche Leid muss angesprochen und nach Möglichkeit gelindert werden.** Aber niemals mit Zwang oder Gewalt. Die Methoden im Umgang mit menschlichem Leid, müssen sich grundlegend ändern. Freundlichkeit, Nachsicht und Toleranz sollten die Verurteilungs- und Sanktionsstrategie der westlichen Welt ersetzen:

1. Es herrscht das Prinzip absoluter Gewaltlosigkeit zwischen Staaten.
2. Das beinhaltet neben dem Verbot physischer Gewaltanwendung auch die Unterlassung verbaler Drohungen, öffentlicher Verurteilungen und wirtschaftlicher Sanktionen.
3. Jedes Land ist ohne Vorbedingungen so akzeptieren, wie es ist – mit allen Stärken und Schwächen.
4. Jedes Land ist eine seit Jahrhunderten organisch gewachsene, historische, kulturelle, ethnologische, soziale und wirtschaftliche Entität.

Daraus folgt, dass sich jedes Land in seiner je eigenen Zeit und in seinem je eigenen Rhythmus befindet.

5. Einmischungen (Druck, Drohung, Sanktion oder Krieg) gefährden die gewachsenen Strukturen von Ländern.
6. Kooperation und der ständige Dialog zwischen Staaten bilden die Basis für Vertrauen.

Die Umsetzung der Menschenrechte:

Das Ziel aller Gesellschaften sollte es sein, eines Tages Menschenrechte und Demokratie zu verwirklichen. Der Weg dorthin sollte langsam und behutsam begangen werden. Der Westen kann hier, ohne Druck auszuüben, beratend wirken. Der Impuls und die Bereitschaft müssen dazu aber ausschließlich aus dem Land selbst kommen.

Ich schlage vor, dass die UNO jedes Land in eine Kategorie einordnet. Die Kategorien definieren den Entwicklungsstand hinsichtlich der Umsetzung von Demokratie und Menschenrechten. Sie legen fest, welche Maßnahmen im jeweiligen Stadium sinnvoll sind. Die Schritte sollten immer so klein sein, dass Stabilität und Sicherheit des Staats gewährleistet bleibt. Wenn ein Staat, wie z.B. China, der der Meinung ist, jetzt nichts ändern zu wollen, ist das auch ok. Das chinesische Volk wird zur richtigen Zeit und zur richtigen Stunde Impulse setzen, und dann wird auch die Zeit reif sein für Veränderungen. Es muss jedoch bedacht werden, dass demokratische Strukturen einen gewissen ökonomischen Wohlstand voraussetzen. Solange in Staaten der Subsahara Armut und Mangel herrschen, können sich weder Menschenrechte noch Demokratie durchsetzen. Deshalb können die westlichen Werte erst greifen, wenn die reichen Staaten, wie in den vorherigen Kapiteln von mir beschrieben, zehn Prozent ihres Reichtums an die ärmsten Menschen abgeben.

Obige Maßnahmen werden **ausschließlich** von der UNO umgesetzt. Keine Einzelstaaten, keine Staatenbündnisse oder sonstige staatlichen Organisationen außerhalb der UNO dürfen sich einmischen oder irgendeine Form von Druck ausüben.

Deshalb fordere ich 3 Dinge:

1. Aufhebung des Vetorechts im Sicherheitsrat.
2. Völkerrechtliches Verbot von Wirtschaftssanktionen. Dieses Mittel ist ausschließlich der UNO vorbehalten.
3. Politik der strikten Nichteinmischung durch Druck, Verurteilung oder Gewalt in die inneren Belange dritter Staaten. Dieses Recht ist allein der UNO vorbehalten.

Zusammenfassung

Der globale Frieden ist in Gefahr. Es zeichnet sich eine erneute Blockbildung zwischen West und Ost ab. Auf der einen Seite steht der demokratische Westen, der seinen Bürgern ein großes Maß an Freiheitsrechten einräumt. Auf der anderen Seite stehen Staaten wie China, eurasische Länder, der Nahe Osten, die durch staatliche, hierarchische Kontrolle und einen geringen Grad an Freiheitsrechten ihr Land regieren. Der Westen verurteilt dies, denn durch die Einschränkungen werden Menschenrechte gebrochen. Somit verstoßen diese Länder aus westlicher Sicht gegen ihre Verpflichtungen aus dem Zivilpakt, dem fast alle Staaten beigetreten sind. Länder wie die USA oder die EU, die keine aus dem Zivilpakt hervorgehende Legitimation besitzen, üben deshalb Druck und Gewalt (und diese meist durch Wirtschaftssanktionen) auf jene Staaten aus, um sie zu zwingen, Menschenrechte und Demokratie umzusetzen. Der Westen mischt sich widerrechtlich in die Belange anderer Völker ein. Diese Strategie ist in zwei Drittel der Fälle nutzlos. Darüber hinaus bewirkt sie, dass Staaten sich vom Westen gedemütigt fühlen, und führt so zu Wut, Hass und Widerstand gegen westliche Werte. Am Ende wenden sich solche Staaten erbost vom Westen ab. Dies hat weltweit zu Gräben und Spannungen geführt. Westliche Nationen gefährden durch ihre Sanktionspolitik eine friedliche Koexistenz der Staaten. Das und die arrogante, rüpelhafte Art, wie westliche Länder vorgehen, empfinden dritte Staaten als Respektlosigkeit. Da die Vereinigten Staaten und die EU selbst Menschenrechte verletzen, empfinden es sanktionierte Länder als bodenlose Frechheit, ja als Willkür, wenn sie von Heuchlern mit Moral erpresst werden. Die gewaltsame Durchsetzung von Demokratie und Menschenrechten durch Krieg (Afghanistan, Irak) führte in menschliche Katastrophen und vermehrte das bereits vorhandene Leid um ein Vielfaches. Der Westen rechtfertigt sein Vorgehen mit der Universalität der Menschenrechte.

Da die Vertragsstaaten diesbezüglich nur der UNO verpflichtet sind, handelt der Westen widerrechtlich. Deshalb fordere ich das völkerrechtliche Verbot von Wirtschaftssanktionen. Diese dürfen ausschließlich nur von der UNO beschlossen werden. Die UNO sollte die Umsetzung der Menschenrechte reformieren. **Es sollte ein langsamer, stetiger Wandel initiiert werden, welcher die spezifischen kulturellen, sozialen, ökonomischen und historischen Bedürfnisse der Länder einbezieht.** Dieser Wandel kann Jahrzehnte oder hundert Jahre andauern. Die Entwicklung sollte von der UNO grundsätzlich mit Wohlwollen, Geduld und Toleranz begleitet werden. Bei eklatanten Verbrechen gegen die Menschlichkeit wie Völkermord oder Angriffskriegen sollte die UNO jedoch nicht zögern, um mit der Mehrheit seiner Mitglieder harte Sanktionen zu erlassen. Um der UNO diese zentrale Schlüsselrolle beim Frieden zukommen zu lassen, muss das Vetorecht im Sicherheitsrat aufgehoben werden.

AUFRUF

Jede Tötung unschuldiger Geschöpfe ist eine ethische Todsünde. Sie bringt die Menschheit weiter in Verruf. Ich fürchte mich vor dem Karma des Menschengeschlechts, denn jede Handlung führt zu Konsequenzen. Diese erleben wir gerade. Die Meere sind vergiftet, Tier- und Pflanzenarten sterben aus, Corona wütet, CO2 heizt die Erde auf und die Korallenriffe sterben. Der Planet lässt sich die Gewalt gegen ihn nicht mehr gefallen: Er schlägt zurück. Wir erleben Klimawandel, der sich in extremen Wetter niederschlägt, Hitzeperioden, Feuersbrünste, Supertornados, Kältewellen und sintflutartige Regenfälle sind bereits Teil unseres Alltags geworden.

Aber ich fürchte, das ist erst der Anfang. Dieses Jahrhundert steht die Menschheit am Scheideweg. Wenn wir so weitermachen wie bisher, wird es in absehbarer Zeit nicht mehr viele Menschen geben. Wir vernichten uns selbst. Denn wir sägen ohne Unterlass an dem Ast, der uns trägt. Aber wäre die Welt ohne Menschen wirklich schlechter dran? Seien wir ehrlich: Das wäre sie nicht. Das Gegenteil wäre der Fall.

Aber auch die Gewalt der Menschen untereinander ist grausam. An vielen Stellen herrschen Krieg, Armut, Krankheit, ethnische Säuberungen, Mord und Totschlag. Ungleichheit, Misstrauen, Hass und menschliche Gier beherrschen heute große Teile der menschlichen Gesellschaften. Eine wahrgewordene Dystopie.

Aber die Menschheit kann das Ruder herumreißen. Jetzt! Das

ist möglich, wenn die Menschen endlich verstehen, dass sie nicht die Herrscher über den Planeten sind. Das Bibelzitat „Macht Euch die Erde untertan“ wurde von den Menschen im Sinne der Beherrschung ausgelegt. Aber: „Das hebräische Verb *kabasch* (bisher übersetzt als „untertan machen“) hat auch die Bedeutung „als Kulturland in Besitz nehmen“, „dienstbar, urbar machen“, wie Vergleiche mit Verbübersetzungen in anderen biblischen Büchern (Num 32 EU und Jos 18 EU) zeigen“[318]. Der Mensch ist verantwortlich für das Wohlergehen der ganzen Welt, die ihm von Gott anvertraut wurde. Deshalb haben wir die Verpflichtung, respektvoll und wohlwollend mit der Erde umzugehen. Von einer Ausbeutung und Ausschlachtung der Natur zu anthropozentrischen Bedingungen war nie die Rede, denn „aus großer Kraft folgt große Verantwortung.“[319]

Wir sollten das Naturreich wie unsere Kinder behandeln. Wir sollten unsere Macht dazu nutzen, die Erde zu ihrem Besten zu hegen, sie lieben, sie vor allem Unrecht schützen. Der heutige Umweltschutz macht endlich erste Schritte. Aber Triebfeder ist die Angst vor der Natur und nicht die Liebe zu ihr! Wenn wir beginnen Mutter Natur als gleichwertigen Partner anzuerkennen, steht uns allen eine wunderbare Zukunft offen. Menschlicher Fortschritt muss nicht im Widerspruch zur Tier- und Pflanzenwelt stehen. Die Menschheitsentwicklung darf nur nicht mehr auf Kosten der belebten und unbelebten Natur erfolgen. Wir können den Planeten in einen blühenden Garten verwandeln. Ich bin davon überzeugt, dass der respektvolle Umgang mit Mutter Erde dazu führen wird, dass die Menschen sich untereinander im vermehrten Maße respektieren. Ich habe gangbare, praktische Modelle gezeigt, wie es möglich ist, ein friedliches Paradies zu erschaffen. Menschliche Gesellschaften könnten weltweit für alle Einwohner ein guter Ort zum Leben sein. Ein Ende von Gewalt, Armut und Ungerechtigkeit sind möglich.

Ich weiß, dass die meisten Leser sich nach einer gerechten und friedlichen Welt sehnen, die ich hier konzipiert habe. Aber wie schafft man das? Es wurden bis heute schon so viele Versuche gestartet, die alle scheiterten. Was unterscheidet mich also von jenen Philanthropen? Viele Forscher und Denker sind gebildeter wie ich und wissen auf ihrem Fachgebiet ungleich mehr. Ich kratze da oft nur an der Oberfläche. Meine große Stärke besteht jedoch darin, aus dem unendlich großen Wissen, der Flut von Daten, Ideen und

---

318 Radio AREF (Arbeitsgemeinschaft Rundfunk Evangelischer Freikirchen im Großraum Nürnberg): *Dominum Terrae,* www.aref.de/kalenderblatt/mehr/dominium-terrae.htm Abruf: August 2022

319 Stan Lee, (1962). *Spider Man,* Amazing Fantasy #15, 196

Möglichkeiten die wichtigsten herauszukristallisieren, sie in Beziehung zu setzen, um sie zu einem großen Ganzen zu verbinden. Ich verbinde oft nur lose verbundenes Wissen zu einem Netzwerk. Deshalb sind meine Ideen (hoffentlich) deutlich nachhaltiger als die meiner Vorgänger.

AKTIV WERDEN UND MITMACHEN

Helfen Sie mit, die Welt zu retten. Lassen Sie uns meine Ideen in die Tat umsetzen. Jeder, der Lust hat, kann und soll mitmachen. Ich brauche ein Team von Umweltschützern, Aktivisten, Webdesigner, Wissenschaftlern, IT-Spezialisten, Anwälten, Philosophen, Journalisten, Wirtschaftsfachleute, Lehrern, Grafikern, Politikern, Werbefirmen, usw.

Besuchen Sie unsere Website ***www.grischaeichfuss.de***, schließen Sie sich unserer Bewegung für Frieden, Würde und Einheit an!
Ich freue mich auf Sie.

Ihr Grischa Thomas W. Eichfuss

WICHTIGSTE THESEN

1. Alles Existierende besitzt den gleichen Wert.

2. Ein Menschenleben zählt so viel wie ein Tierleben, zählt so viel wie ein Pflanzenleben, zählt so viel wie ein Stein.

3. Würde und Einheit sind keine moralischen Postulate, sondern Naturgesetze. (Kapitel 5, Abschnitt 11)

4. Rechtliche Gleichstellung der Tiere und der Natur mit dem Menschen. (Kapitel 5)

5. Personen-, Bürger- und Menschenrechte für Tiere und Natur. (Kapitel 5, S.101)

6. Einsatz von regierungsunabhängigen Ethikkommissionen zur Kontrolle der weltweit 1000 reichsten Großkonzerne. (Kapitel 7, S.152)

7. Gehaltsobergrenze von 10.000 € (Kapitel 7, S.159)

8. Angestellte bestimmen ihr Gehalt selbst durch digitale Abstimmung. (Kapitel 7, S.163)

9. Reiche Staaten zahlen 10 % ihres nationalen Nettoeinkommens per Cash Transfer an die Armen. (Kapitel 7, S.197)

10. Organisation sicherer Routen für Flüchtlinge mittels Schutzkorridore. (Kapitel 7, S.237)

11. Aufenthalt der Flüchtlinge auf unbemannten Inseln in menschenwürdigen Siedlungen ohne Zäune. (Kapitel 7, S.238)

12. Gleichmäßige Verteilung der Flüchtlinge auf alle EU-Staaten bis zu einer Obergrenze von 5 %. (Kapitel 7, S.240)

13. Das Pariser Klimaabkommen ist gescheitert. (Kapitel 7, S.248)

14. Abkommen und intensive Kooperation der Hauptverursacher von CO2: USA, EU, China. (Kapitel 7, S.305)

15. Regionale Klimaabkommen, weltweite Energieeinsparungen, sofortiger intensiver Einsatz von CDR - Technologien. (Kapitel 7, S.305) und intensive Förderung von Fusionsenergie. (Kapitel 7, S.316)

16. Änderung des westlichen Lebensstils: Mehr Dankbarkeit, Bescheidenheit und Demut.

17. Es herrscht das Prinzip absoluter Gewaltlosigkeit zwischen den Staaten. (Kapitel 7, S.319, § 6 und S.348/49)

18. Völkerrechtliches Verbot von Wirtschaftssanktionen außer durch die UNO. (Kapitel 7, S.336)

19. Jedes Land ist ohne Vorbedingungen so zu akzeptieren, wie es ist – mit allen Stärken und Schwächen. (Kapitel 7, S.319, § 8 und S.348/49)

20. Keine Kultur steht über oder unter einer anderen Kultur. (Kapitel 7, S.319, § 3)

21. Die Menschenrechte sind ein universelles Ideal. (Kapitel 7, S.319, § 1 und S.338)

22. Die nachhaltige Umsetzung der Menschenrechte muss in jedem Land langsam, vorsichtig und behutsam unter Einbeziehung der individuellen kulturellen Verhältnisse erfolgen. (Kapitel 7, S.339 und S.348/49)

23. Aufhebung des Vetorechts im Sicherheitsrat. (Kapitel 7, S.350)

ANHANG

Regionen und Staaten der Vereinten Nationen

Globaler Name	Code	Region	Code	Sub-Region	Code	Zwischenregion	Code	Land oder Gebiet
World	**1**	**Africa**	**2**	**Northern Africa**	**15**			
World	1	Africa	2	Northern Africa	15			Algeria
World	1	Africa	2	Northern Africa	15			Egypt
World	1	Africa	2	Northern Africa	15			Libya
World	1	Africa	2	Northern Africa	15			Morocco
World	1	Africa	2	Northern Africa	15			Sudan
World	1	Africa	2	Northern Africa	15			Tunisia
World	1	Africa	2	Northern Africa	15			Western Sahara
World	1	Africa	2	**Sub-Saharan Africa**	202	**Eastern Africa**	14	British Indian Ocean Territory
World	1	Africa	2	Sub-Saharan Africa	202	Eastern Africa	14	Burundi
World	1	Africa	2	Sub-Saharan Africa	202	Eastern Africa	14	Comoros
World	1	Africa	2	Sub-Saharan Africa	202	Eastern Africa	14	Djibouti
World	1	Africa	2	Sub-Saharan Africa	202	Eastern Africa	14	Eritrea
World	1	Africa	2	Sub-Saharan Africa	202	Eastern Africa	14	Ethiopia
World	1	Africa	2	Sub-Saharan Africa	202	Eastern Africa	14	French Southern Territories
World	1	Africa	2	Sub-Saharan Africa	202	Eastern Africa	14	Kenya
World	1	Africa	2	Sub-Saharan Africa	202	Eastern Africa	14	Madagascar
World	1	Africa	2	Sub-Saharan Africa	202	Eastern Africa	14	Malawi
World	1	Africa	2	Sub-Saharan Africa	202	Eastern Africa	14	Mauritius
World	1	Africa	2	Sub-Saharan Africa	202	Eastern Africa	14	Mayotte
World	1	Africa	2	Sub-Saharan Africa	202	Eastern Africa	14	Mozambique
World	1	Africa	2	Sub-Saharan Africa	202	Eastern Africa	14	Réunion
World	1	Africa	2	Sub-Saharan Africa	202	Eastern Africa	14	Rwanda
World	1	Africa	2	Sub-Saharan Africa	202	Eastern Africa	14	Seychelles
World	1	Africa	2	Sub-Saharan Africa	202	Eastern Africa	14	Somalia
World	1	Africa	2	Sub-Saharan Africa	202	Eastern Africa	14	South Sudan
World	1	Africa	2	Sub-Saharan Africa	202	Eastern Africa	14	Uganda
World	1	Africa	2	Sub-Saharan Africa	202	Eastern Africa	14	Republic of Tanzania
World	1	Africa	2	Sub-Saharan Africa	202	Eastern Africa	14	Zambia
World	1	Africa	2	Sub-Saharan Africa	202	Eastern Africa	17	Zimbabwe
World	1	Africa	2	Sub-Saharan Africa	202	Middle Africa	17	Angola
World	1	Africa	2	Sub-Saharan Africa	202	Middle Africa	17	Cameroon
World	1	Africa	2	Sub-Saharan Africa	202	Middle Africa	17	Central African Republic
World	1	Africa	2	Sub-Saharan Africa	202	Middle Africa	17	Chad
World	1	Africa	2	Sub-Saharan Africa	202	Middle Africa	17	Congo
World	1	Africa	2	Sub-Saharan Africa	202	Middle Africa	17	Democratic Republic of Congo
World	1	Africa	2	Sub-Saharan Africa	202	Middle Africa	17	Equatorial Guinea
World	1	Africa	2	Sub-Saharan Africa	202	Middle Africa	17	Gabon
World	1	Africa	2	Sub-Saharan Africa	202	Middle Africa	17	Sao Tome and Principe

World	1	Africa	2	Sub-Saharan Africa	202	**Southern Africa**	18	Botswana
World	1	Africa	2	Sub-Saharan Africa	202	Southern Africa	18	Eswatini
World	1	Africa	2	Sub-Saharan Africa	202	Southern Africa	18	Lesotho
World	1	Africa	2	Sub-Saharan Africa	202	Southern Africa	18	Namibia
World	1	Africa	2	Sub-Saharan Africa	202	Southern Africa	18	South Africa
World	1	Africa	2	Sub-Saharan Africa	202	**Western Africa**	11	Benin
World	1	Africa	2	Sub-Saharan Africa	202	Western Africa	11	Burkina Faso
World	1	Africa	2	Sub-Saharan Africa	202	Western Africa	11	Cabo Verde
World	1	Africa	2	Sub-Saharan Africa	202	Western Africa	11	Côte d'Ivoire
World	1	Africa	2	Sub-Saharan Africa	202	Western Africa	11	Gambia
World	1	Africa	2	Sub-Saharan Africa	202	Western Africa	11	Ghana
World	1	Africa	2	Sub-Saharan Africa	202	Western Africa	11	Guinea
World	1	Africa	2	Sub-Saharan Africa	202	Western Africa	11	Guinea-Bissau
World	1	Africa	2	Sub-Saharan Africa	202	Western Africa	11	Liberia
World	1	Africa	2	Sub-Saharan Africa	202	Western Africa	11	Mali
World	1	Africa	2	Sub-Saharan Africa	202	Western Africa	11	Mauritania
World	1	Africa	2	Sub-Saharan Africa	202	Western Africa	11	Niger
World	1	Africa	2	Sub-Saharan Africa	202	Western Africa	11	Nigeria
World	1	Africa	2	Sub-Saharan Africa	202	Western Africa	11	Saint Helena
World	1	Africa	2	Sub-Saharan Africa	202	Western Africa	11	Senegal
World	1	Africa	2	Sub-Saharan Africa	202	Western Africa	11	Sierra Leone
World	1	Africa	2	Sub-Saharan Africa	202	Western Africa	11	Togo
World	**1**	**Americas**	**19**					
World	1	Americas	19	**Latin America & the Caribbean**	**419**	**Caribbean**	**29**	Anguilla
World	1	Americas	19	Latin America and the Caribbean	419	Caribbean	29	Antigua and Barbuda
World	1	Americas	19	Latin America and the Caribbean	419	Caribbean	29	Aruba
World	1	Americas	19	Latin America and the Caribbean	419	Caribbean	29	Bahamas
World	1	Americas	19	Latin America and the Caribbean	419	Caribbean	29	Barbados
World	1	Americas	19	Latin America and the Caribbean	419	Caribbean	29	Bonaire, Sint Eustatius and Saba
World	1	Americas	19	Latin America and the Caribbean	419	Caribbean	29	British Virgin Islands
World	1	Americas	19	Latin America and the Caribbean	419	Caribbean	29	Cayman Islands
World	1	Americas	19	Latin America and the Caribbean	419	Caribbean	29	Cuba
World	1	Americas	19	Latin America and the Caribbean	419	Caribbean	29	Curaçao
World	1	Americas	19	Latin America and the Caribbean	419	Caribbean	29	Dominica
World	1	Americas	19	Latin America and the Caribbean	419	Caribbean	29	Dominican Republic

World	1	Americas	19	Latin America and the Caribbean	419	Caribbean	29	Grenada
World	1	Americas	19	Latin America and the Caribbean	419	Caribbean	29	Guadeloupe
World	1	Americas	19	Latin America and the Caribbean	419	Caribbean	29	Haiti
World	1	Americas	19	Latin America and the Caribbean	419	Caribbean	29	Jamaica
World	1	Americas	19	Latin America and the Caribbean	419	Caribbean	29	Martinique
World	1	Americas	19	Latin America and the Caribbean	419	Caribbean	29	Montserrat
World	1	Americas	19	Latin America and the Caribbean	419	Caribbean	29	Puerto Rico
World	1	Americas	19	Latin America and the Caribbean	419	Caribbean	29	Saint Barthélemy
World	1	Americas	19	Latin America and the Caribbean	419	Caribbean	29	Saint Kitts and Nevis
World	1	Americas	19	Latin America and the Caribbean	419	Caribbean	29	Saint Lucia
World	1	Americas	19	Latin America and the Caribbean	419	Caribbean	29	Saint Martin (French Part)
World	1	Americas	19	Latin America and the Caribbean	419	Caribbean	29	Saint Vincent & the Grenadines
World	1	Americas	19	Latin America and the Caribbean	419	Caribbean	29	Sint Maarten (Dutch part)
World	1	Americas	19	Latin America and the Caribbean	419	Caribbean	29	Trinidad and Tobago
World	1	Americas	19	Latin America and the Caribbean	419	Caribbean	29	Turks and Caicos Islands
World	1	Americas	19	Latin America and the Caribbean	419	Caribbean	29	United States Virgin Islands
World	1	Americas	19	Latin America and the Caribbean	419	**Central America**	**13**	Belize
World	1	Americas	19	Latin America and the Caribbean	419	Central America	13	Costa Rica
World	1	Americas	19	Latin America and the Caribbean	419	Central America	13	El Salvador
World	1	Americas	19	Latin America and the Caribbean	419	Central America	13	Guatemala
World	1	Americas	19	Latin America and the Caribbean	419	Central America	13	Honduras
World	1	Americas	19	Latin America and the Caribbean	419	Central America	13	Mexico
World	1	Americas	19	Latin America and the Caribbean	419	Central America	13	Nicaragua
World	1	Americas	19	Latin America and the Caribbean	419	Central America	13	Panama
World	1	Americas	19	Latin America and the Caribbean	419	**South America**	**5**	Argentina
World	1	Americas	19	Latin America and the Caribbean	419	South America	5	Bolivia(Plurinational State of)
World	1	Americas	19	Latin America and the Caribbean	419	South America	5	Bouvet Island

World	1	Americas	19	Latin America and the Caribbean	419	South America	5	Brazil
World	1	Americas	19	Latin America and the Caribbean	419	South America	5	Chile
World	1	Americas	19	Latin America and the Caribbean	419	South America	5	Colombia
World	1	Americas	19	Latin America and the Caribbean	419	South America	5	Ecuador
World	1	Americas	19	Latin America and the Caribbean	419	South America	5	Falkland Islands (Malvinas)
World	1	Americas	19	Latin America and the Caribbean	419	South America	5	French Guiana
World	1	Americas	19	Latin America and the Caribbean	419	South America	5	Guyana
World	1	Americas	19	Latin America and the Caribbean	419	South America	5	Paraguay
World	1	Americas	19	Latin America and the Caribbean	419	South America	5	Peru
World	1	Americas	19	Latin America and the Caribbean	419	South America	5	South Georgia & South Sandwich Islands
World	1	Americas	19	Latin America and the Caribbean	419	South America	5	Suriname
World	1	Americas	19	Latin America and the Caribbean	419	South America	5	Uruguay
World	1	Americas	19	Latin America and the Caribbean	419	South America	5	Venezuela
World	1	Americas	19	**Northern America**	**21**			Bermuda
World	1	Americas	19	Northern America	21			Canada
World	1	Americas	19	Northern America	21			Greenland
World	1	Americas	19	Northern America	21			Saint Pierre and Miquelon
World	1	Americas	19	Northern America	21			United States of America
World	**1**	**Asia**	**142**					
World	1	Asia	142	**Central Asia**	**143**			Kazakhstan
World	1	Asia	142	Central Asia	143			Kyrgyzstan
World	1	Asia	142	Central Asia	143			Tajikistan
World	1	Asia	142	Central Asia	143			Turkmenistan
World	1	Asia	142	Central Asia	143			Uzbekistan
World	1	Asia	142	**Eastern Asia**	**30**			China
World	1	Asia	142	Eastern Asia	30			China, Hong Kong
World	1	Asia	142	Eastern Asia	30			China, Macao
World	1	Asia	142	Eastern Asia	30			South Korea
World	1	Asia	142	Eastern Asia	30			Japan
World	1	Asia	142	Eastern Asia	30			Mongolia
World	1	Asia	142	Eastern Asia	30			Republic of Korea
World	1	Asia	142	**South-eastern Asia**	**35**			Brunei Darussalam
World	1	Asia	142	South-eastern Asia	35			Cambodia

World	1	Asia	142	South-eastern Asia	35			Indonesia
World	1	Asia	142	South-eastern Asia	35			Laos
World	1	Asia	142	South-eastern Asia	35			Malaysia
World	1	Asia	142	South-eastern Asia	35			Myanmar
World	1	Asia	142	South-eastern Asia	35			Philippines
World	1	Asia	142	South-eastern Asia	35			Singapore
World	1	Asia	142	South-eastern Asia	35			Thailand
World	1	Asia	142	South-eastern Asia	35			Timor-Leste
World	1	Asia	142	South-eastern Asia	35			Viet Nam
World	1	Asia	142	**Southern Asia**	**34**			Afghanistan
World	1	Asia	142	Southern Asia	34			Bangladesh
World	1	Asia	142	Southern Asia	34			Bhutan
World	1	Asia	142	Southern Asia	34			India
World	1	Asia	142	Southern Asia	34			Iran (Islamic Republic of)
World	1	Asia	142	Southern Asia	34			Maldives
World	1	Asia	142	Southern Asia	34			Nepal
World	1	Asia	142	Southern Asia	34			Pakistan
World	1	Asia	142	Southern Asia	34			Sri Lanka
World	1	Asia	142	**Western Asia**	**145**			Armenia
World	1	Asia	142	Western Asia	145			Azerbaijan
World	1	Asia	142	Western Asia	145			Bahrain
World	1	Asia	142	Western Asia	145			Cyprus
World	1	Asia	142	Western Asia	145			Georgia
World	1	Asia	142	Western Asia	145			Iraq
World	1	Asia	142	Western Asia	145			Israel
World	1	Asia	142	Western Asia	145			Jordan
World	1	Asia	142	Western Asia	145			Kuwait
World	1	Asia	142	Western Asia	145			Lebanon
World	1	Asia	142	Western Asia	145			Oman
World	1	Asia	142	Western Asia	145			Qatar
World	1	Asia	142	Western Asia	145			Saudi Arabia
World	1	Asia	142	Western Asia	145			State of Palestine
World	1	Asia	142	Western Asia	145			Syrian Arab Republic
World	1	Asia	142	Western Asia	145			Turkey
World	1	Asia	142	Western Asia	145			United Arab Emirates
World	1	Asia	142	Western Asia	145			Yemen
World	**1**	**Europe**	**150**					
World	1	Europe	150	**Eastern Europe**	**151**			Belarus
World	1	Europe	150	Eastern Europe	151			Bulgaria
World	1	Europe	150	Eastern Europe	151			Czechia

World	1	Europe	150	Eastern Europe	151			Hungary
World	1	Europe	150	Eastern Europe	151			Poland
World	1	Europe	150	Eastern Europe	151			Republic of Moldova
World	1	Europe	150	Eastern Europe	151			Romania
World	1	Europe	150	Eastern Europe	151			Russian Federation
World	1	Europe	150	Eastern Europe	151			Slovakia
World	1	Europe	150	Eastern Europe	151			Ukraine
World	1	Europe	150	**Northern Europe**	**154**		**830**	Åland Islands
World	1	Europe	150	Northern Europe	154	**Channel Islands**	830	Guernsey
World	1	Europe	150	Northern Europe	154	Channel Islands	830	Jersey
World	1	Europe	150	Northern Europe	154	Channel Islands		Sark
World	1	Europe	150	Northern Europe	154			Denmark
World	1	Europe	150	Northern Europe	154			Estonia
World	1	Europe	150	Northern Europe	154			Faroe Islands
World	1	Europe	150	Northern Europe	154			Finland
World	1	Europe	150	Northern Europe	154			Iceland
World	1	Europe	150	Northern Europe	154			Ireland
World	1	Europe	150	Northern Europe	154			Isle of Man
World	1	Europe	150	Northern Europe	154			Latvia
World	1	Europe	150	Northern Europe	154			Lithuania
World	1	Europe	150	Northern Europe	154			Norway
World	1	Europe	150	Northern Europe	154			Svalbard & Jan Mayen Islands
World	1	Europe	150	Northern Europe	154			Sweden
World	1	Europe	150	Northern Europe	154			United Kingdom
World	1	Europe	150	**Southern Europe**	**39**			Albania
World	1	Europe	150	Southern Europe	39			Andorra
World	1	Europe	150	Southern Europe	39			Bosnia and Herzegovina
World	1	Europe	150	Southern Europe	39			Croatia
World	1	Europe	150	Southern Europe	39			Gibraltar
World	1	Europe	150	Southern Europe	39			Greece
World	1	Europe	150	Southern Europe	39			Holy See
World	1	Europe	150	Southern Europe	39			Italy
World	1	Europe	150	Southern Europe	39			Malta
World	1	Europe	150	Southern Europe	39			Montenegro
World	1	Europe	150	Southern Europe	39			North Macedonia
World	1	Europe	150	Southern Europe	39			Portugal
World	1	Europe	150	Southern Europe	39			San Marino
World	1	Europe	150	Southern Europe	39			Serbia
World	1	Europe	150	Southern Europe	39			Slovenia
World	1	Europe	150	Southern Europe	39			Spain
World	1	Europe	150	**Western Europe**	**155**			Austria
World	1	Europe	150	Western Europe	155			Belgium
World	1	Europe	150	Western Europe	155			France
World	1	Europe	150	Western Europe	155			Germany

World	1	Europe	150	Western Europe	155			Liechtenstein
World	1	Europe	150	Western Europe	155			Luxembourg
World	1	Europe	150	Western Europe	155			Monaco
World	1	Europe	150	Western Europe	155			Netherlands
World	1	Europe	150	Western Europe	155			Switzerland
World	**1**	**Oceania**	**9**					
World	1	Oceania	9	**Australia and New Zealand**	**53**			Australia
World	1	Oceania	9	Australia and New Zealand	53			Christmas Island
World	1	Oceania	9	Australia and New Zealand	53			Cocos (Keeling) Islands
World	1	Oceania	9	Australia and New Zealand	53			Heard Island & McDonald Islands
World	1	Oceania	9	Australia and New Zealand	53			New Zealand
World	1	Oceania	9	Australia and New Zealand	53			Norfolk Island
World	1	Oceania	9	**Melanesia**	**54**			Fiji
World	1	Oceania	9	Melanesia	54			New Caledonia
World	1	Oceania	9	Melanesia	54			Papua New Guinea
World	1	Oceania	9	Melanesia	54			Solomon Islands
World	1	Oceania	9	Melanesia	54			Vanuatu
World	1	Oceania	9	**Micronesia**	**57**			Guam
World	1	Oceania	9	Micronesia	57			Kiribati
World	1	Oceania	9	Micronesia	57			Marshall Islands
World	1	Oceania	9	Micronesia	57			Micronesia (Federated States of)
World	1	Oceania	9	Micronesia	57			Nauru
World	1	Oceania	9	Micronesia	57			Northern Mariana Islands
World	1	Oceania	9	Micronesia	57			Palau
World	1	Oceania	9	Micronesia	57			United States Minor Outlying Islands
World	1	Oceania	9	**Polynesia**	**61**			American Samoa
World	1	Oceania	9	Polynesia	61			Cook Islands
World	1	Oceania	9	Polynesia	61			French Polynesia
World	1	Oceania	9	Polynesia	61			Niue
World	1	Oceania	9	Polynesia	61			Pitcairn
World	1	Oceania	9	Polynesia	61			Samoa
World	1	Oceania	9	Polynesia	61			Tokelau
World	1	Oceania	9	Polynesia	61			Tonga
World	1	Oceania	9	Polynesia	61			Tuvalu
World	1	Oceania	9	Polynesia	61			Wallis and Futuna Islands

Quelle: Vereinte Nationen, UN Statiistic Division 2021 Online Version der Standard Country oder Area Codes for Statistical Use (M49-Standard)

Weltbank Aufstellung aller Staaten nach Einkommen 2020

Staat	Code	Region	Einkommensgruppe
Andorra	AND	Europe & Central Asia	High income
Antigua and Barbuda	ATG	Latin America & Caribbean	High income
Aruba	ABW	Latin America & Caribbean	High income
Australia	AUS	East Asia & Pacific	High income
Austria	AUT	Europe & Central Asia	High income
Bahamas, The	BHS	Latin America & Caribbean	High income
Bahrain	BHR	Middle East & North Africa	High income
Barbados	BRB	Latin America & Caribbean	High income
Belgium	BEL	Europe & Central Asia	High income
Bermuda	BMU	North America	High income
British Virgin Islands	VGB	Latin America & Caribbean	High income
Brunei Darussalam	BRN	East Asia & Pacific	High income
Canada	CAN	North America	High income
Cayman Islands	CYM	Latin America & Caribbean	High income
Channel Islands	CHI	Europe & Central Asia	High income
Chile	CHL	Latin America & Caribbean	High income
Croatia	HRV	Europe & Central Asia	High income
Curaçao	CUW	Latin America & Caribbean	High income
Cyprus	CYP	Europe & Central Asia	High income
Czech Republic	CZE	Europe & Central Asia	High income
Denmark	DNK	Europe & Central Asia	High income
Estonia	EST	Europe & Central Asia	High income
Faroe Islands	FRO	Europe & Central Asia	High income
Finland	FIN	Europe & Central Asia	High income
France	FRA	Europe & Central Asia	High income
French Polynesia	PYF	East Asia & Pacific	High income
Germany	DEU	Europe & Central Asia	High income
Gibraltar	GIB	Europe & Central Asia	High income
Greece	GRC	Europe & Central Asia	High income
Greenland	GRL	Europe & Central Asia	High income
Guam	GUM	East Asia & Pacific	High income
Hong Kong SAR, China	HKG	East Asia & Pacific	High income
Hungary	HUN	Europe & Central Asia	High income
Iceland	ISL	Europe & Central Asia	High income
Ireland	IRL	Europe & Central Asia	High income
Isle of Man	IMN	Europe & Central Asia	High income
Israel	ISR	Middle East & North Africa	High income
Italy	ITA	Europe & Central Asia	High income
Japan	JPN	East Asia & Pacific	High income
Korea, Rep.	KOR	East Asia & Pacific	High income
Kuwait	KWT	Middle East & North Africa	High income
Latvia	LVA	Europe & Central Asia	High income
Liechtenstein	LIE	Europe & Central Asia	High income
Lithuania	LTU	Europe & Central Asia	High income
Luxembourg	LUX	Europe & Central Asia	High income

Macao SAR, China	MAC	East Asia & Pacific	High income
Malta	MLT	Middle East & North Africa	High income
Mauritius	MUS	Sub-Saharan Africa	High income
Monaco	MCO	Europe & Central Asia	High income
Nauru	NRU	East Asia & Pacific	High income
Netherlands	NLD	Europe & Central Asia	High income
New Caledonia	NCL	East Asia & Pacific	High income
New Zealand	NZL	East Asia & Pacific	High income
Northern Mariana Islands	MNP	East Asia & Pacific	High income
Norway	NOR	Europe & Central Asia	High income
Oman	OMN	Middle East & North Africa	High income
Palau	PLW	East Asia & Pacific	High income
Panama	PAN	Latin America & Caribbean	High income
Poland	POL	Europe & Central Asia	High income
Portugal	PRT	Europe & Central Asia	High income
Puerto Rico	PRI	Latin America & Caribbean	High income
Qatar	QAT	Middle East & North Africa	High income
Romania	ROU	Europe & Central Asia	High income
San Marino	SMR	Europe & Central Asia	High income
Saudi Arabia	SAU	Middle East & North Africa	High income
Seychelles	SYC	Sub-Saharan Africa	High income
Singapore	SGP	East Asia & Pacific	High income
Sint Maarten (Dutch part)	SXM	Latin America & Caribbean	High income
Slovak Republic	SVK	Europe & Central Asia	High income
Slovenia	SVN	Europe & Central Asia	High income
Spain	ESP	Europe & Central Asia	High income
St. Kitts and Nevis	KNA	Latin America & Caribbean	High income
St. Martin (French part)	MAF	Latin America & Caribbean	High income
Sweden	SWE	Europe & Central Asia	High income
Switzerland	CHE	Europe & Central Asia	High income
Taiwan, China	TWN	East Asia & Pacific	High income
Trinidad and Tobago	TTO	Latin America & Caribbean	High income
Turks and Caicos Islands	TCA	Latin America & Caribbean	High income
United Arab Emirates	ARE	Middle East & North Africa	High income
United Kingdom	GBR	Europe & Central Asia	High income
United States	USA	North America	High income
Uruguay	URY	Latin America & Caribbean	High income
Virgin Islands (U.S.)	VIR	Latin America & Caribbean	High income
Afghanistan	AFG	South Asia	**Low income**
Burkina Faso	BFA	Sub-Saharan Africa	Low income
Burundi	BDI	Sub-Saharan Africa	Low income
Central African Republic	CAF	Sub-Saharan Africa	Low income
Chad	TCD	Sub-Saharan Africa	Low income
Congo, Dem. Rep.	COD	Sub-Saharan Africa	Low income
Eritrea	ERI	Sub-Saharan Africa	Low income
Ethiopia	ETH	Sub-Saharan Africa	Low income

Micronesia, Fed. Sts.	FSM	East Asia & Pacific	Lower middle income
Moldova	MDA	Europe & Central Asia	Lower middle income
Mongolia	MNG	East Asia & Pacific	Lower middle income
Morocco	MAR	Middle East & North Africa	Lower middle income
Myanmar	MMR	East Asia & Pacific	Lower middle income
Nepal	NPL	South Asia	Lower middle income
Nicaragua	NIC	Latin America & Caribbean	Lower middle income
Nigeria	NGA	Sub-Saharan Africa	Lower middle income
Pakistan	PAK	South Asia	Lower middle income
Papua New Guinea	PNG	East Asia & Pacific	Lower middle income
Philippines	PHL	East Asia & Pacific	Lower middle income
São Tomé and Principe	STP	Sub-Saharan Africa	Lower middle income
Senegal	SEN	Sub-Saharan Africa	Lower middle income
Solomon Islands	SLB	East Asia & Pacific	Lower middle income
Sri Lanka	LKA	South Asia	Lower middle income
Tanzania	TZA	Sub-Saharan Africa	Lower middle income
Timor-Leste	TLS	East Asia & Pacific	Lower middle income
Tunisia	TUN	Middle East & North Africa	Lower middle income
Ukraine	UKR	Europe & Central Asia	Lower middle income
Uzbekistan	UZB	Europe & Central Asia	Lower middle income
Vanuatu	VUT	East Asia & Pacific	Lower middle income
Vietnam	VNM	East Asia & Pacific	Lower middle income
West Bank and Gaza	PSE	Middle East & North Africa	Lower middle income
Zambia	ZMB	Sub-Saharan Africa	Lower middle income
Zimbabwe	ZWE	Sub-Saharan Africa	Lower middle income
Albania	ALB	Europe & Central Asia	**Upper middle income**
American Samoa	ASM	East Asia & Pacific	Upper middle income
Argentina	ARG	Latin America & Caribbean	Upper middle income
Armenia	ARM	Europe & Central Asia	Upper middle income
Azerbaijan	AZE	Europe & Central Asia	Upper middle income
Belarus	BLR	Europe & Central Asia	Upper middle income
Belize	BLZ	Latin America & Caribbean	Upper middle income
Bosnia and Herzegovina	BIH	Europe & Central Asia	Upper middle income
Botswana	BWA	Sub-Saharan Africa	Upper middle income
Brazil	BRA	Latin America & Caribbean	Upper middle income
Bulgaria	BGR	Europe & Central Asia	Upper middle income
China	CHN	East Asia & Pacific	Upper middle income
Colombia	COL	Latin America & Caribbean	Upper middle income
Costa Rica	CRI	Latin America & Caribbean	Upper middle income
Cuba	CUB	Latin America & Caribbean	Upper middle income
Dominica	DMA	Latin America & Caribbean	Upper middle income
Dominican Republic	DOM	Latin America & Caribbean	Upper middle income
Ecuador	ECU	Latin America & Caribbean	Upper middle income
Equatorial Guinea	GNQ	Sub-Saharan Africa	Upper middle income
Fiji	FJI	East Asia & Pacific	Upper middle income
Gabon	GAB	Sub-Saharan Africa	Upper middle income

Georgia	GEO	Europe & Central Asia	Upper middle income
Grenada	GRD	Latin America & Caribbean	Upper middle income
Guatemala	GTM	Latin America & Caribbean	Upper middle income
Guyana	GUY	Latin America & Caribbean	Upper middle income
Indonesia	IDN	East Asia & Pacific	Upper middle income
Iran, Islamic Rep.	IRN	Middle East & North Africa	Upper middle income
Iraq	IRQ	Middle East & North Africa	Upper middle income
Jamaica	JAM	Latin America & Caribbean	Upper middle income
Jordan	JOR	Middle East & North Africa	Upper middle income
Kazakhstan	KAZ	Europe & Central Asia	Upper middle income
Kosovo	XKX	Europe & Central Asia	Upper middle income
Lebanon	LBN	Middle East & North Africa	Upper middle income
Libya	LBY	Middle East & North Africa	Upper middle income
Malaysia	MYS	East Asia & Pacific	Upper middle income
Maldives	MDV	South Asia	Upper middle income
Marshall Islands	MHL	East Asia & Pacific	Upper middle income
Mexico	MEX	Latin America & Caribbean	Upper middle income
Montenegro	MNE	Europe & Central Asia	Upper middle income
Namibia	NAM	Sub-Saharan Africa	Upper middle income
North Macedonia	MKD	Europe & Central Asia	Upper middle income
Paraguay	PRY	Latin America & Caribbean	Upper middle income
Peru	PER	Latin America & Caribbean	Upper middle income
Russian Federation	RUS	Europe & Central Asia	Upper middle income
Samoa	WSM	East Asia & Pacific	Upper middle income
Serbia	SRB	Europe & Central Asia	Upper middle income
South Africa	ZAF	Sub-Saharan Africa	Upper middle income
St. Lucia	LCA	Latin America & Caribbean	Upper middle income
St. Vincent and the Grenadines	VCT	Latin America & Caribbean	Upper middle income
Suriname	SUR	Latin America & Caribbean	Upper middle income
Thailand	THA	East Asia & Pacific	Upper middle income
Tonga	TON	East Asia & Pacific	Upper middle income
Turkey	TUR	Europe & Central Asia	Upper middle income
Turkmenistan	TKM	Europe & Central Asia	Upper middle income
Tuvalu	TUV	East Asia & Pacific	Upper middle income
Venezuela, RB	VEN	Latin America & Caribbean	Upper middle income

Multidimensionale Armut

Table A.1 Individuals in households deprived in each indicator, 124 economies, circa 2017, Date: March 19, 2021

Deprivation rate (share of population) in %

Economy	Survey year	Monetary	Educational attainment	Educational enrollment	Electricity	Sanitation	Drinking water	
Albania	2017	1,3	0,3	–	0,1	7	9,3	1,5
Angola	2018	49,9	29,8	27,4	52,6	53,6	32,1	58
Argentina	2019	1,5	1,5	0,6	0	0,4	0,3	1,5
Armenia	2019	1,1	0	2	0	2,4	1,1	1,1
Australia	2014	0,7	0,3		0		0	[illegible]
Austria	2018	0,6	0			0,5	0,2	0,6
Bangladesh	2016	14,3	22	8,4	23,6	54,5	2,8	21,2
Belarus	2019	0	0			4,6	3,3	3,2
Belgium	2018	0,2	0,5			0,7	0,3	0,7
Benin	2015	49,6	61,6	25,5	69	70,7	26,9	71,8
Bhutan	2017	1,5	40,8	4,1	1,9	14,3	0,4	3,9
Bolivia	2019	3,2	13,2	2,2	4,9	16,3	7,4	6,6
Botswana	2015	14,1	8,2	4,2	35,5	52	3,7	20
Brazil	2019	4,6	16	0,4	0,2	34,2	1,7	5,3
Bulgaria	2018	0,9	0,8		0	13,7	7,9	1,5
Burkina Faso	2014	43,8	64,7	58	85,2	63,3	20,6	74,8
Cabo Verde	2015	3,4	11,7	2,7	9,9	30,2	11,1	6,5
Cameroon	2014	26	24,4	15,9	1,2	38,9	23,2	37,7
Canada	2017	0,3	0,1		0		0	0,4
Chile	2017	0,3	4	0,4	0,3	0,6	0,1	0,4
Colombia	2019	4,9	5,1	2,8	1,3	8,2	2,4	5,5
Comoros	2014	19,1	15,3	7,3	28,5	67,2	6,4	26,7
Costa Rica	2019	1	4,5	0,5	0,3	1,5	0,4	[illegible]
Côte d'Ivoire	2015	29,8	53,2	25,6	37,4	59,5	23,3	50,8
Croatia	2018	0,5	0,3		0	1,1	0,9	0,7
Cyprus	2018	0	1,3		0	0,5	0,5	1,3
Czech Republic	2018	0	0		0	0,4	0,2	[illegible]
Denmark	2018	0,6	0,3		0	0,3	1,8	0,9
Djibouti	2017	17	30,1	18	34,2	45,4	7,1	27,9
Dominican Republic	2019	0,6	12,4	6,3	0,7	6,5	5,9	2,2
Ecuador	2019	3,6	3,9	2,9	1,4	3,6	4,3	4,2
Egypt, Arab Rep.	2017	3,8	10,6	4,2	0,5	3,2	0,8	4,7
El Salvador	2019	1,3	24,8	3,9	2,1	9,4	3,1	4,3
Estonia	2018	0,5	0		0	4,7	5,8	0,5
Ethiopia	2015	30,8	66,7	31,2	64,1	95,9	42,7	73,5

Finland	2018	0,1	1		0	0,3	0,3	1,1
France	2018	0,1	1,6		0	0,5	0,5	1,7
Gabon	2017	3,4	11,3	7,9	8,6	68,2	11,5	9,1
Gambia, The	2015	10,3	29,9	6,1	8	58,2	8,2	15,5
Georgia	2019	3,8	0	0,7	0	1,6	7	3,8
Germany	2016	0,1	0,3		0		0	0,4
Ghana	2016	12,7	15,1	9	19,5	79,9	40,8	23,2
Greece	2018	0,7	1,8		0	0,3	0,4	2,4
Guatemala	2014	8,8	24,8	18,3	16,5	46,7	8,4	21,6
Honduras	2019	14,7	10,1	10	6,7	5,8	5,7	16,6
Hungary	2018	0,4	0		0	3	2,8	0,4
celand	2017	0,2	0		0	0	0,2	0,2
ndonesia	2018	3,6	5	1,6	1,5	22,9	8,9	5
ran, Islamic Rep.	2018	0,5	4,5	1	0	2,2	1,8	0,7
reland	2017	0,2	0,4		0	0,3	0,1	0,6
srael	2016	0	0,3		0		0	0,3
taly	2017	1,6	1,3		0	0,6	0,5	2,9
Kazakhstan	2018	0	0		0	0,5	0,7	0
Kenya	2015	37,1	22,5	6,1	56,9	69	32,2	50,1
Korea, Rep.	2016	0	0,2		0		0	0,2
Kosovo	2017	0,4	0,5	23,6	0,2	1,4	0,7	0,8
Kyrgyz Republic	2019	0,6	0		48,2	0,2	7,8	0,6
Lao PDR	2018	10	12,8	5,7	1,7	23,7	7,8	12,8
Latvia	2018	0,6	0,2		0	8,8	10,2	0,8
esotho	2017	27,2	18,1	4,8	58,7	55,1	13,7	36,6
iberia	2016	44,4	30,5	54,1	79,7	61,8	25,7	64
ithuania	2018	1	0,4		0	9,9	9,5	1,4
uxembourg	2018	0,6	0,4		0	0,1	0,3	0,9
Macedonia, FYR	2018	3,4	0,4		0	5,1	0	3,7
Malawi	2016	69,2	56,2	3,1	6,7	48,1	12,9	75,2
Malaysia	2015	0	0,7	0,6	0,6	13,2	1,6	0,2
Maldives	2016	0	2,2	1,5	0	0,4	0,9	0
Malta	2018	0,2	0,1		0	0,1	0,1	0,3
Mauritania	2014	6	54,3	8,3	54,1	49,3	38,6	45,5
Mauritius	2017	0,2	7,2	0,2	0,2			0,4
Mexico	2018	1,7	4,3	2,5	0,5	6,2	4,2	3,3
Moldova	2018	0	0,1	0,4	0	26,7	17,2	0,3
Mongolia	2018	0,5	2,7	3,2	0,2	10,4	13	1,7
Montenegro	2014	0	0,1		1,4	2,5	1,2	1,2
Mozambique	2014	63,7	54,9	33,3	14,6	71,3	41,1	73,2
Myanmar	2017	1,4	28	6,8	50,9	9,7	20,6	15
Namibia	2015	13,8	11,3	6,1	53,8	68,3	9,2	26,3
etherlands	2018	0,4	1,2		0	0	0,1	1,6
icaragua	2014	3,4	14,1	8,1	20	42,7	12,5	15,2
iger	2014	45,4	70,6	11,7	87	83,7	48,5	79,3
igeria	2018	39,1	17,6	20,3	39,4	44,9	27,5	47,3
orway	2018	0,5	2,1		0	0	0,4	2,6
akistan	2018	4,4	34,6	28,8	9,3	30,9	7,4	21,2

Paraguay	2019	0,9	6,3	1,9	0,3	9	2,1	1,[illegible]
Peru	2019	2,2	5,4	0,8	4,1	12,1	6,2	3,9
Philippines	2015	6,1	7	0	9,1	16,4	9,7	7,9
Poland	2019	0	0	0,4	0	1	0,1	0
Portugal	2018	0,3	2,3		0	0,7	0,8	2,6
Romania	2016	0	0,3	2,9	0,9	21,6	1,6	0,8
Russian Federation	2015	0	0,2	0,3	4,5	10,7	8,3	3,3
Rwanda	2016	56,5	36,9	4,3	64	28,1	24,5	61
Sao Tomend Principe	2017	35,2	20,2	4,2	27,4	62,1	8,8	41,8
Serbia	2018	0	3,2	0,7	0,1	2,1	0,2	0,[illegible]
Seychelles	2018	0,5	0,4		0	0,2	5,5	0,8
Sierra Leone	2018	43	28,7	18,7	68,7	87,2	33,8	61,7
Slovak Republic	2018	0,2	0		0	1,8	1,4	0,[illegible]
Slovenia	2018	0	0		0	0,1	0,1	0
Somalia	2017	68,6	59,2	56,3	50,6	39,4	11,8	82,6
South Africa	2014	18,7	2,3	2,3	4,1	35,2	10,4	20
South Sudan	2016	76,4	39,3	62,2		88,1	13,9	87,5
Spain	2018	1	3		0	0,4	0,3	4
Sri Lanka	2016	0,9	3,8	4	2,5	0,8	12,5	1,4
Sudan	2014	12,2	40,2	22,7	48,5	92,9	44,9	51,5
Swaziland	2016	29,1	10,7	0,3	35,7	46,5	27,9	35,[illegible]
Sweden	2018	0,9	1,1		0	0	0,1	1,9
Switzerland	2018	0,2	0		0	0,1	0,1	0,[illegible]
Tajikistan	2015	4,1	0,3	26,8	2	3,5	39,4	5,[illegible]
Tanzania	2018	49,4	13,2	19,5	44,3	71,5	29,2	57,8
Thailand	2019	0,1	15	0,5	0,1	0,2	0,9	0,[illegible]
Timor Leste	2014	22	21,1	16,4	27,4	39,6	22,1	34,[illegible]
Togo	2015	51,3	26,7	2,3	0	51,8	40,6	62,[illegible]
Tonga	2015	1	1,9	0,8	8,3	0,4	0,1	[illegible]
Tunisia	2015	0,2	20,2	2,1	0,2	6,5	2,1	1,[illegible]
Turkey	2019	0,4	3,3	3	0	5,3	0,1	0,[illegible]
Uganda	2016	41,3	34,8	14	61,2	77,6	22,9	5[illegible]
Ukraine	2019	0	1,4		0	15,3	0	1,[illegible]
United Kingdom	2015	0,7	0,5		0	0,4	0,6	1,[illegible]
United States	2018	1	0,2		0		0	1,[illegible]
Uruguay	2019	0,1	2	0,7	0,1	1	0,5	0,[illegible]
Vietnam	2018	1,8	11,8	1,7	0,4	11,1	4,7	[illegible]
West Bank and Gaza	2016	0,8	1,2	5,8	0	0,1	3,2	0,[illegible]
Yemen, Rep.	2014	18,3	16	44,5	33,9	41,2	14	34,[illegible]
Zambia	2015	58,7	24,4	30,4	69,2	60	34,4	64,[illegible]
Zimbabwe	2019	39,5	0,9	0,3	38	38,3	19,3	41,[illegible]

Historische Dokumente

Gutachten der Stanford University 1968 für das American Petroleum Institute (API) zu den Auswirkungen der Verbrennung fossiler Brennstoffe

STANFORD RESEARCH INSTITUTE
MENLO PARK, CALIFORNIA

SRI

[redacted]

Final Report

February 1968

SOURCES, ABUNDANCE, AND FATE OF GASEOUS ATMOSPHERIC POLLUTANTS

Prepared for:

AMERICAN PETROLEUM INSTITUTE
1271 AVENUE OF THE AMERICAS
NEW YORK, N.Y. 10020
ATTN: MR. W. A. BURHOUSE
ASSISTANT DIRECTOR

By: E. ROBINSON AND R. C. ROBBINS

SRI Project PR-6755

Approved: N. K. HIESTER, DIRECTOR
CHEMICAL DEVELOPMENT AND ENGINEERING DIVISION

18 μ. As such CO_2 prevents the loss of considerable heat energy from the earth and radiates it back to the lower atmosphere, the so-called "greenhouse" effect. Thus the major changes which are speculated about as possibly resulting from a change in atmospheric CO_2 are related to a change in the earth's temperature.

The latest data available for estimating CO_2 temperature effects are those of Moller (1963). From Möller's data a CO_2 increase of 25% would result in an increase in temperature at the earth's surface of between 1.1 and 7°F, depending on the assumption made regarding the likely humidity changes accompanying this temperature change. If the amount of water vapor in the atmosphere remained unchanged, the smaller increase would occur, but if the relative humidity were to remain constant then the larger calculated increase would prevail. If, instead of a 25% increase, the CO_2 content were to double, the expected change would be about three times this figure. For atmospheric calculations, Möller's model is still a relatively simple one and has not included all of the possible major interactions occurring in the atmosphere. For this reason it is likely that Möller's calculations overestimate the effects on temperature of an increase in CO_2. More comprehensive models are under development and should be available shortly.

If the earth's temperature increases significantly, a number of events might be expected to occur, including the melting of the Antarctic ice cap, a rise in sea levels, warming of the oceans, and an increase in photosynthesis. The first two items are of course related since the increase in sea level would be mainly due to the added water from the ice cap. Estimates of the possible rate at which the Antarctic ice cap might melt have been made. If the poleward heat flux were increased 10%, the ice cap could disappear in about 4000 years. A shorter time, about 400 years, is estimated if it is considered that half the energy associated with a 2% increase in radiation were used to melt the polar ice cap. A 2% increase might result from a 25% increase in CO_2 by the year 2000.

With regard to sea level changes, if 1000 years were required to melt the Antarctic ice cap, the resulting 400 foot rise in sea level would occur at a rate of 4 feet per 10 years. This is 100 times greater than presently observed changes.

Changes in ocean temperature would change the distribution of fish and cause a retreat in the polar sea ice. This has happened in recent time on a very limited scale.

Changes in CO_2 might also bring about increased photosynthesis in areas where CO_2 might be a limiting factor in present growth patterns. Where temperature has been a limiting factor to growth and development, an increase in biological activity might be expected.

Although there are other possible sources for the additional CO_2 now being observed in the atmosphere, none seems to fit the presently observed situation as well as the fossil fuel emanation theory.

C. Summary of Carbon Dioxide in the Atmosphere

In summary, Revelle makes the point that man is now engaged in a vast geophysical experiment with his environment, the earth. Significant temperature changes are almost certain to occur by the year 2000 and these could bring about climatic changes.

Since Revelle's report, McCormick and Ludwig (1966) have studied the possible world-wide change of atmospheric fine particles. An increase in fine particulate material will have the effect of increasing the reflectivity of the earth's atmosphere and reducing the amount of radiation received from the sun. Thus this effect would be the opposite of that caused by an increase in CO_2. The argument has been made that the large-scale cooling trend observed in the northern hemisphere since about 1955 is due to the disturbance of the radiation balance by fine particles and that this effect has already reversed any warming trend due to CO_2.

It is clear that we are unsure as to what our long-lived pollutants are doing to our environment; however, there seems to be no doubt that the potential damage to our environment could be severe. Whether one chooses the CO_2 warming theory as described in detail by Revelle and others or the newer cooling prospect indicated by McCormick and Ludwig, the prospect for the future must be of serious concern.

It seems ironic that in our view of air pollution technology we take such a serious concern with small-scale events such as the photochemical reactions of trace concentrations of hydrocarbons, the effect on vegetation of a fraction of a part per million of SO_2, when the abundant pollutants which we generally ignore because they have little local effect, CO_2 and submicron particles, may be the cause of serious world-wide environmental changes.

the ambient atmosphere should be carefully checked, but probably the most important feature as far as atmospheric chemistry is concerned is to determine the source of the nitrate in the atmosphere. The source, on the basis of our analysis of the atmospheric nitrogen cycle, seems to be by the oxidation of NH_3. The oxidation mechanism for atmospheric NH_3 is unknown. This is a very difficult problem which has been evaded or ignored for several years. If NH_3 cannot be shown to be the source of the nitrate, then it will be necessary to find a sufficient natural source of NO or NO_2 to provide the nitrate.

In the area of atmospheric organic gases the almost complete absence of information on all the possible components except CH_4 should be remedied. Proven analytical techniques are available for such studies. While there may be some doubt in the cases of SO_2, H_2S, and other compounds that available techniques are sufficiently sensitive for use in the ambient atmosphere, this is not the case for the low molecular weight organics. Here, gas chromatography is presently capable of detecting the trace levels of many atmospheric organics present in the fractional part-per-billion range. Although the ambient concentrations are known, methane is in the same category as CO in that there is a major need to determine the sink or scavenging mechanism. At present this can only be guessed at.

Past and present studies of CO_2 are detailed and seem to explain adequately the present state of CO_2 in the atmosphere. What is lacking, however, is an application of these atmospheric CO_2 data to air pollution technology and work toward systems in which CO_2 emissions would be brought under control.

Another point which has been made in our discussion is that N_2O, CO, CH_4, and CO_2 have essentially the same atmospheric residence times because, we believe, vegetation plays a major role in the scavenging cycle for each of the materials. This postulate should obviously be carefully checked by

Fachartikel des Humble-Wissenschaftlers H.R. Brannon im Oktober 1957

Transactions American Geophysical Union

VOLUME 38 | OCTOBER 1957 | NUMBER 5

Radiocarbon Evidence on the Dilution of Atmospheric and Oceanic Carbon by Carbon from Fossil Fuels

H. R. BRANNON, JR., A. C. DAUGHTRY, D. PERRY, W. W. WHITAKER, AND M. WILLIAMS

Abstract—The dilution of atmospheric carbon dioxide by carbon dioxide from fossil fuels is estimated to be about $3\frac{1}{2}$ pct, on the basis of radiocarbon assays of tree rings of known ages from several trees of different genera, after allowance has been made for effects attributable to ecological differences. The cumulative mass of fossil carbon dioxide released to the atmosphere is 3.3×10^{17} gm, equivalent to about 14 pct of the carbon dioxide in the atmosphere. Based on these data, the fractional part of the atmospheric carbon dioxide which enters the ocean each year is estimated to be 0.062. Radiocarbon assays of several nineteenth-century marine shells and of their modern counterparts indicate a one to two per cent dilution of shallow oceanic carbonates by carbon dioxide from fossil fuels. Use of these data in a simplified mathematical model of atmosphere-ocean yields information on mixing times of the ocean.

Introduction—The effects of addition to the carbon cycle in nature of carbon dioxide from industrial activities have been the subject of speculation in several fields of science. Of particular interest is the fate of the enormous quantity of carbon dioxide which has been introduced into the atmosphere since the beginning of the industrial revolution in the 19th century, and the manner in which the added carbon dioxide has been distributed in the carbon cycle. Although appreciable amounts of carbon dioxide have undoubtedly been added from soils by tilling of land, apparently a much greater amount has resulted from the combustion of fossil fuels.

Callendar [1940] pointed out that direct measurements of the carbon dioxide concentration in air, made over a number of years by various investigators, indicate a significant increase in concentration over the period 1866–1935. From this he concluded that most of the carbon dioxide from the industrial revolution has remained in the air and, consequently, that the rate of absorption of carbon dioxide by the oceans is very slow. *Hutchinson* [1954] suggested that the radiocarbon content of woods from trees which have lived during the industrial revolution might throw light on the dilution of atmospheric carbon dioxide by carbon dioxide from the combustion of fossil fuels. *Suess* [1954] at about the same time determined the radiocarbon content of tree rings of known ages from several trees. These results indicated a dilution of about $3\frac{1}{2}$ pct. In later work *Suess* [1955], on the basis of results on additional samples, revised the probable dilution downward to less than one per cent and ascribed the former higher indicated dilution to localized effects of industrial activity.

Within the last several years there have been rapid advances in the methodology of radiocarbon assay, particularly as it pertains to radiocarbon dating. As a result, it is possible today to make routine radiocarbon assays in which the statistical uncertainty is less than one per cent for contemporary concentrations of natural radiocarbon. In view of such precision, a knowledge of the dilution effect becomes important in the precise radiocarbon dating of carbon-containing materials. It was to gain knowledge of the dilution effect in both plant material and shallow oceanic carbonates that the investigation described in the following sections was undertaken. In all of the experimental work, radiocarbon assays were made by proportional counting of the sample as carbon dioxide gas, contained in the counter under a pressure of five atmospheres absolute [*Brannon, Taggart*, and *Williams*, 1955]. The same counter was used for all assays. In the preparation of each sample the conversion to carbon dioxide and the recovery of the carbon dioxide were virtually complete, assuring an absence of effects due to isotopic fractionation. The results in all cases have been expressed in terms of net counts per minute for the particular counter employed. No attempt has been made to convert the results to a form which would reflect the absolute disintegration rate per unit mass of carbon.

Simultaneous solution of (3) and (4) yields

$$\frac{q_d'}{q_u} = \left[\left(\frac{q_a}{q_u} - 1\right) - \frac{\lambda M_u}{\alpha M_a}\right]\frac{\alpha M_a}{\lambda M_d} \qquad (5)$$

Introduction of

$$a = \frac{q_a}{q_u} - 1 \qquad (6)$$

gives

$$\frac{q_d'}{q_u} = a\frac{\alpha M_a}{\lambda M_d} - \frac{M_u}{M_d} \qquad (7)$$

To evaluate the transit time of the carbon dioxide components through the deep ocean in terms of the average concentration of radiocarbon as given in (7), it is necessary to postulate a mechanism for the transfer. If it be assumed that the transfer is as that through a uniform pipe, then it is easily shown that

$$\frac{q_d'}{q_u} = \frac{1 - e^{-\lambda T}}{\lambda T} \qquad (8)$$

where T = transit time through the pipe.

Combining (7) and (8) permits calculation of the transit time if values can be assigned to the quantities a, M_u, M_a, and α.

A value for a may be obtained by assuming that a radiocarbon fractionation of five per cent occurs in photosynthesis, and by use of extrapolated values of radiocarbon assays of historically-dated shell and wood samples. Values of M_u may be obtained by use of estimates of the dilution of radiocarbon in near-surface oceanic carbonates and in atmospheric carbon dioxide, and by consideration of the total masses of carbon dioxide in the atmosphere and in the ocean. In the estimation of the masses of carbon dioxide in the atmosphere and in the ocean, several sources of data were considered. The values chosen for carbon dioxide contents were

$$M_a = 2.4 \times 10^{18} \text{ gms.}$$

$$M_u + M_d = 1.4 \times 10^{20} \text{ gms.}$$

The value of α has been estimated in a preceding section. Use of these quantities in (7) and (8) yields the results shown in Table 5.

In this tabulation, the thickness of the upper ocean was computed from $\dfrac{M_u}{M_u + M_d}$ and from data on depth and volume of the oceans given by *Sverdrup* and others [1942].

In the particular model used, the value of the transit time, or turnover time, is strongly dependent on the values chosen for α and for a. These, in turn, depend strongly on the values used for the extent of dilution, for the extrapolated contemporary assays of woods and of shells, and for the isotopic fractionation of radiocarbon. An increase either in α or in a leads to a smaller transit time.

The transit times listed in the above table have been criticized by Roger Revelle (private communication) as being too great, on the ground that they are not consistent with estimates of turnover time made by use of data on heat flux through the ocean floor. In view of the crudeness of the model utilized, the assumptions employed, and the uncertainties in various of the values which were used, the results, quantitatively, are certainly open to question.

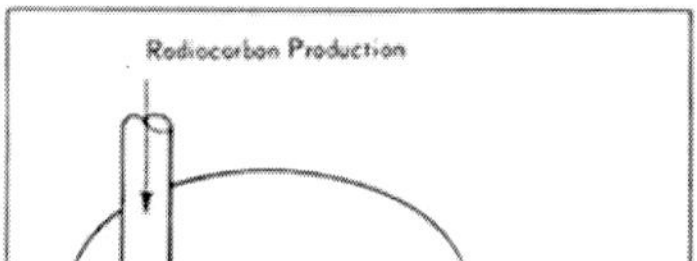

FIG. 2 — Model used for distribution of radiocarbon

TABLE 5 – *Results of computations*

Dilution of upper oceanic carbonates by carbon from fossil fuels	T	$\frac{M_u}{M_u + M_d}$	Thickness of upper ocean	Apparent age of carbon in upper ocean
pct	years		m	years
1	3200	0.22	800	620
1½	5100	0.16	600	580
2	7200	0.11	400	540

The simplified model employed in this treatment is by no means the only model that might be used to portray radiocarbon in the atmosphere-ocean system, and the choice of the particular model was influenced by its being amenable to a relatively simple analytical treatment. Models somewhat similar have been employed in unpublished works by Harmon Craig (private communication) and by J. R. Arnold and E. C. Anderson (private communication).

Summary and conclusions—The radiocarbon evidence indicates that, although there are variations in the degree of dilution with fossil carbon exhibited by different trees, these variations are probably a consequence of differences in ecologies of the trees. If allowance be made for this, it follows that atmospheric carbon dioxide has probably been diluted to the extent of about $3\frac{1}{2}$ pct with carbon dioxide from the combustion of fossil fuels.

The radiocarbon evidence indicates, on the basis of a comparison of the radiocarbon assays of old, historically dated marine shells from the Atlantic coast with the assays of their modern counterparts, that there has been a perceptible dilution of shallow oceanic carbonates with dead carbon from fossil fuels. The limited data available suggest that the extent of dilution is possibly one to two per cent.

Of interest in connection with the distribution of radiocarbon in the carbon cycle are (1) the rate of exchange of carbon dioxide between the atmosphere and the ocean, and (2) the rate of turnover of carbonates in the ocean. The use of simplified mathematical models and of assays of historically dated shell and wood samples allows an estimate to be made of the rate of exchange and turnover time. The limited experimental data available suggest a turnover time of a few thousand years and an exchange rate of about $\frac{1}{16}$ of the atmosphere per year. It may further be deduced that the thickness of the upper ocean, assumed to be thoroughly mixed, is a few hundred meters and that the apparent age of the carbon in the upper ocean is about 600 years.

The apparent age of about 600 years for the upper ocean is a consequence of return of old carbon from the deep ocean; in some shallow seas, where the rate of exchange with the atmosphere may be the governing factor, it may be expected that the apparent age will be much less. As a corollary, it is likely that significant variations will be found in the radiocarbon contents of marine shells from areas which participate to varying extents in the interchange of waters with the deep oceans.

Most of the conclusions reached in this work must necessarily be considered as tentative, and more data are required to substantiate, modify, or refute them. Many points remain obscure, and they can be elucidated only by bringing to bear on them new evidence from additional data.

References

Bannister, B., and T. L. Smiley, Dendrochronology, Chap. 11, pp. 177–195, in *Geochronology* (T. L. Smiley, ed.), *Univ. Arizona Bul. 26*, Tucson, 1955.

Brannon, H. R., M. S. Taggart, and M. Williams, Proportional counting of carbon dioxide for radiocarbon dating, *Rev. Sci. Inst.*, **26**, 269–273, 1955.

Callendar, G. S., Variations of the amount of carbon dioxide in different air currents, *Q. J. R. Met. Soc.*, **66**, 395–400, 1940.

Craig, H., Carbon 13 in plants and the relationship between carbon 13 and carbon 14 variations in nature, *J. Geol.*, **62**, 115–149, 1954.

Deevey, E. S., M. S. Gross, G. E. Hutchinson, and H. L. Kraybill, The natural C-14 content of materials from hard-water lakes, *Proc. Nat. Acad. Sci.*, **40**, 285–288, 1954.

DeGolyer, E., and Lewis MacNaughton, *Twentieth century petroleum statistics*—1955, DeGolyer and MacNaughton, Dallas, 87 pp., 1956.

Dorsey, N. E., *Properties of ordinary water-substance*, Reinhold Pub. Co., New York, 673 pp., 1940.

Godwin, H., Comments on radiocarbon dating for samples from the British Isles, *Amer. J. Sci.*, **249**, 301–307, 1951.

Hubbert, M. King, Nuclear energy and the fossil fuels, pp. 7–25, in *Drilling and Production Practice 1956*, American Petroleum Institute, New York, 1957.

Hutchinson, G. E., The biochemistry of the terrestrial atmosphere, Chap. 8, pp. 371–427, in *The Earth as a Planet* (G. P. Kuiper, ed.), Univ. Chicago Press, 1954.

Putnam, Palmer C., *Energy in the future*, D. Van Nostrand Company, Princeton, N. J., 556 pp., 1953.

Suess, H. E., Natural radiocarbon and the rate of exchange of carbon dioxide between the atmosphere and the sea, *Proc., on Nuclear Processes in Geologic Settings*, pp. 52–56, Joint Publication, Univ. Chicago, Nat. Res. Coun., and Nat. Sci. Foundation, 1953.

Suess, H. E., Natural radiocarbon measurements by acetylene counting, *Science*, **120**, 5–7, 1954.

Suess, H. E., Radiocarbon concentration in modern wood, *Science*, **122**, 415–417, 1955.

Sverdrup, H. U., M. W. Johnson, and R. H. Fleming, *The Oceans*, Prentice Hall, New York, 1087 pp., 1942.

Wickman, F. E., Variations in the relative abundance of the carbon isotopes in plants, *Geochim. Cosmochim. Acta*, **2**, 243–254, 1952.

Production Research Division, Humble Oil and Refining Company, P. O. Box 2180, Houston 1, Texas.

(Communicated manuscript received April 12, 1957; presented at the Thirty-Eighth Annual Meeting, Washington, D. C., April 30, 1957; open for formal discussion until March 1, 1958.)

mes Black Präsentation 1977 vor dem Exxon-Verwaltungsausschuss it dem Titel The Greenhouse Effect (Der Treibhaus Effekt)

EXXON RESEARCH AND ENGINEERING COMPANY

P.O. BOX 51, LINDEN, N.J. 07036

PRODUCTS RESEARCH DIVISION
J.F. BLACK
Scientific Advisor

June 6, 1978

The Greenhouse Effect

Ref. No: 78PR 461

Mr. F. G. Turpin, Vice President
Exxon Research and Engineering Co.
Petroleum Staff
P. O. Box 101
Florham Park, NJ 07932

Dear Frank:

The review of the Greenhouse Effect which I presented to the Exxon Corporation Management Committee last July used only vu-graphs, without a prepared text. Last month, I had the opportunity to present an updated version of this talk to PERCC. The attached text was dictated shortly afterward to satisfy requests for a written version of the talk from people who had not heard the presentation last July. Also attached is a summary.

Sincerely,

Jim

J. F. BLACK

JFB/mbh
Attachments: Summary
Text
Vugraphs

CC: Messrs. N. Alpert
W. M. Cooper, Jr.
E. E. David
E. J. Gornowski
R. L. Hirsch
F. A. L. Holloway
P. J. Lucchesi
L. E. Swabb, Jr.

THE GREENHOUSE EFFECT

J. F. Black, Products Research Division
Exxon Research and Engineering Co.

SUMMARY

The earth's atmosphere presently contains about 330 ppm of CO_2. This gas does not absorb an appreciable amount of the incoming solar energy but it can absorb and return part of the infrared radiation which the earth radiates toward space. CO_2, therefore, contributes to warming the lower atmosphere by what has been called the "Greenhouse Effect."

The CO_2 content of the atmosphere has been monitored since 1957 at two locations, the Mauna Loa Observatory, Hawaii and the South Pole. These and other shorter studies show that CO_2 is increasing. If the increase is attributed to the combustion of fossil fuels, it can be calculated that the CO_2 content of the atmosphere has already been raised by about 10 to 15% and that slightly more than half of the CO_2 released by fossil fuel combustion is remaining in the atmosphere. Assuming that the percentage of the CO_2 remaining in the atmosphere will stay at 53% as fossil fuel consumption increases, one recent study predicts that in 2075 A.D., CO_2 concentration will peak at a level about twice what could be considered normal. This prediction assumes that fossil fuel consumption will grow at a rate of 2% per year until 2025 A.D. after which it will follow a symetrical decrease. This growth curve is close to that predicted by Exxon's Corporate Planning Department.

Mathematical models for predicting the climatic effect of a CO_2 increase have not progressed to the point at which all the feedback interactions which can be important to the outcome can be included. What is considered the best presently available climate model for treating the Greenhouse Effect predicts that a doubling of the CO_2 concentration in the atmosphere would produce a mean temperature increase of about 2°C to 3°C over most of the earth. The model also predicts that the temperature increase near the poles may be two to three times this value.

The CO_2 increase measured to date is not capable of producing an effect large enough to be distinguished from normal climate variation. As an example of normal variations, studies of meteorological and historical records in England indicate that the mean temperature has varied over a range of about ±0.7°C in the past 1000 years. A study of past climates suggests that if the earth does become warmer, more rainfall should result. But an increase as large as 2°C would probably also affect the distribution of the rainfall. A possible result might be a shift of both the desert and the fertile areas of the globe toward higher latitudes. Some countries would benefit but others could have their agricultural output reduced or destroyed. The picture is too unclear to predict which countries might be affected favorably or unfavorably.

Über den Autor

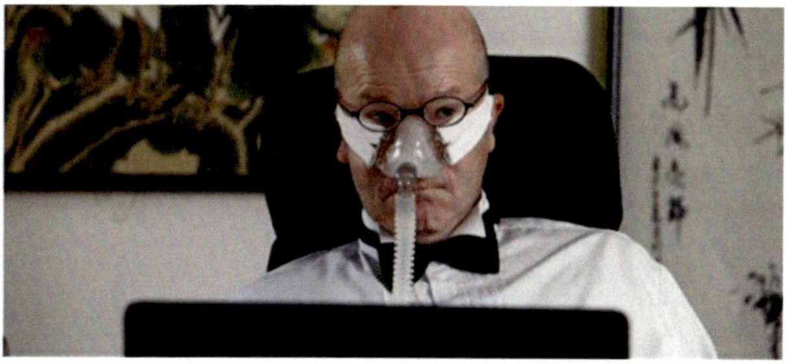

Grischa Thomas W. Eichfuss ist Jahrgang 1968 und studierte Philosophie und Soziologie in Heidelberg. Der Autor leidet seit seiner frühesten Kindheit an einer progressiven Muskeldystrophie. Inzwischen ist die Erkrankung so weit fortgeschritten, dass er rund um die Uhr gepflegt werden muss und ein Beatmungsgerät benötigt. Trotzdem oder gerade deshalb hat er ein besonderes Verständnis für Lebewesen entwickelt, die auf menschlichen Schutz angewiesen sind. Sein Thema ist die Ethik, sein Leitbild der Humanismus! Diesen erweitert der Autor auf alle Lebewesen und das gesamte Universum.
Grischa Thomas W. Eichfuss leitet seit 10 Jahren die von ihm gegründete Firma Manukana von seinem Wohnhaus im Neckar-Odenwald Kreis nahe Weinheim. Sein Kater Socke und sein Kaninchen Bello bewohnen mit ihm und seiner Mutter dort ein schönes, barrierefreies Haus, das Grischa Thomas W. Eichfuss 2001 dort erreichten ließ.